www.nanumant.com

한국세무사회 주관 국가공인 전산세무회계자격시험

NCS 국가직무능력표준
National Competency Standards

수험용 프로그램 다운로드

한국세무사회 자격시험 홈페이지
https://licenae.kacpta.or.kr/
기초데이터는 LG U+ 웹하드에서 제공
www.webhard.co.kr [ID:ant6545 / PW:1234]

2025 개정판

강선생

전산세무 2급

기출문제 풀이집

강원훈 편저

 /강선생(강원훈)

강선생 전산세무 2급

I. 재무회계

chapter 1. 회계의 첫걸음 ········· 8
   1. 회계개념과 순환과정 ········· 8
   2. 기초분개 60문제 ········· 13
   3. 거래의 종류 및 계정과목 ········· 25
   4. 회계 흐름 ········· 28

chapter 2. 재무제표의 작성과 표시를 위한 개념체계 ········· 32
   1. 재무제표의 작성과 표시를 위한 개념체계 ········· 32

chapter 3. 계정과목별 회계처리 ········· 33
   1. 현금 및 현금성 자산 ········· 33
   2. 단기투자자산 ········· 36
   3. 재고자산 ········· 37
   4. 매출채권과 기타채권 ········· 43
   5. 대손회계 ········· 46
   6. 지분증권 ········· 49
   7. 채무증권 ········· 54
   8. 유형자산 ········· 58
   9. 회계 변경과 오류수정 ········· 65
   10. 무형자산 및 기타 비유동자산 ········· 67
   11. 유동부채 / 비유동부채 ········· 69
   12. 주식회사 자본 ········· 71
   13. 수익과 비용 ········· 76

chapter 4. 재무회계 기출문제 ········· 81

Contents

II. 원가회계

chapter 1. 원가회계 이론 ··········· 112
   1. 원가 흐름 ··········· 112
   2. 요소별 원가계산(1) ··········· 113
   3. 요소별 원가계산(2) ··········· 115
   4. 제조간접비 배부 및 예정배부 ··········· 117
   5. 부문별 원가계산 ··········· 119
   6. 제품별 원가계산 ··········· 122

chapter 2. 원가회계 기출문제 ··········· 127

III. 부가가치세법

chapter 1. 부가가치세 이론 ··········· 142
   1. 부가가치세 총설 ··········· 142
   2. 매입세액 불공제 ··········· 148
   3. 부가가치세 과세대상 – 재화의 공급 ··········· 150
   4. 부가가치세 과세대상 – 간주공급 중 자가공급 ··········· 154
   5. 부가가치세 과세대상 – 용역의 공급, 재화의 수입 ··········· 159
   6. 영세율과 면세 ··········· 161
   7. 부가가치세 과세표준 및 납부세액 계산 ··········· 165
   8. 부가가치세 가산세 ··········· 173
   9. 세금계산서 실무 ··········· 175
   10. 간이과세 ··········· 177

chapter 2. 부가가치세 기출문제 ··········· 180

Ⅳ. 소득세법

chapter 1. 소득세 이론 ·· 186
 1. 소득세 총설 ·· 186
 2. 소득세 과세대상(이자소득, 배당소득) ·· 189
 3. 소득세 과세대상(사업소득) ·· 196
 4. 소득세 과세대상(근로소득, 연금소득) ·· 201
 5. 소득세 과세대상(기타소득) ·· 206
 6. 종합소득공제 및 과세표준계산 ·· 211

chapter 2. 소득세 기출문제 ·· 218

Ⅴ. 단원별 분개 연습

chapter 1. 단원별 분개 연습 ·· 222
 1. 현금 및 현금성 자산 ·· 222
 2. 재고자산 ·· 225
 3. 매출채권과 기타채권 ·· 227
 4. 대손회계 ·· 231
 5. 지분증권 ·· 234
 6. 채무증권 ·· 237
 7. 유형자산 ·· 239
 8. 무형자산 및 기타비유동자산 ·· 246
 9. 유동부채/비유동부채 ·· 247
 10. 주식회사 자본 ·· 250
 11. 수익과 비용 ·· 255

chapter 2. 매입매출전표 분개 연습 ·· 259
 1. 부가가치세 기초분개 ·· 259
 2. 매입매출전표 분개 연습 ·· 262
 3. 매입매출전표 분개 해답 ·· 270

Contents

Ⅵ. 실기기초흐름

chapter 1. 프로그램 다운로드 ·· 272
chapter 2. 전산세무회계실기 기초흐름 ································ 273

Ⅶ. 부가가치세 신고실무

chapter 1. 부가가치세신고서 부속서류 작성 ······················ 308
    1. 부가가치세 신고서 작성 ·· 310
    2. 신용카드매출전표 등 수령명세서 ··························· 312
    3. 신용카드매출전표 등 발행금액집계표 ···················· 313
    4. 공제받지못할 매입세액명세서 ································ 314
    5. 대손세액공제신고서 ·· 316
    6. 부동산임대공급가액명세서 ······································ 317
    7. 수출실적명세서 ·· 318
    8. 의제매입세액공제신고서 ·· 319
    9. 재활용폐자원세액공제신고서 ·································· 320

Ⅷ. 원천징수 및 연말정산 실무

chapter 1. 급여자료 입력 및 연말정산 ································ 322

Ⅸ. 기출문제 데이터 설치

chapter 1. 기출문제 데이터 설치 ··· 334

X. 기출문제 및 해답

- 제108회 전산세무2급 기출문제 ·· 338
- 제109회 전산세무2급 기출문제 ·· 350
- 제110회 전산세무2급 기출문제 ·· 363
- 제111회 전산세무2급 기출문제 ·· 374
- 제112회 전산세무2급 기출문제 ·· 386
- 제113회 전산세무2급 기출문제 ·· 399
- 제114회 전산세무2급 기출문제 ·· 413
- 제115회 전산세무2급 기출문제 ·· 426
- 제116회 전산세무2급 기출문제 ·· 438
- 제117회 전산세무2급 기출문제 ·· 452
- 전산세무2급 해답 ··· 467

XI. 전자신고

chapter 1. 부가가치세 전자신고 ·· 558
chapter 2. 원천징수 전자신고 ·· 565

I 재무회계

chapter 1 회계의 첫걸음

chapter 2 재무제표의 작성과 표시를 위한 개념체계

chapter 3 계정과목별 회계처리

chapter 4 재무회계 기출문제

 전산세무 2급

Chapter 1 회계의 첫걸음

01 회계 개념과 순환과정

1. 회계란: 정보제공 ⇒ 제공자(회사) → **전자공시시스템** → 이용자: 투자자, 경영자, 은행, 세무서, 잠재적 투자자

① 상장회사와 비상장회사 중 외부감사대상 회사의 재무제표는 전자공시시스템에서 다운받아 볼 수 있다.
  * 재무제표 : 재무상태표, 손익계산서, 현금흐름표, 자본변동표, 주석
② 회계란 회계이용자가 합리적인 판단이나 의사결정을 할 수 있도록 기업의 경제적 활동을 화폐로 측정, 기록 계산하여 회계 정보이용자들에게 전달하는 과정이다.
③ 기업이 외부이용자들인 투자자, 채권자, 은행, 세무서등에게 정보를 제공하는 것을 목적으로 하는 "재무회계"와 기업의 내부정보이용자인 경영자에게 관리적 의사결정에 유용한 정보를 제공하는 "관리회계"가 있다.
④ 회계단위 : 장부에 기록 계산하기 위한 장소적 범위 예) 본점과 지점, 본사와 공장 등
⑤ 회계연도(회계기간) : 재무상태나 경영성과를 계산하기 위해 인위적으로 정한 시간적 범위(1년을 초과할 수 없다.)

2. 회계 흐름: 거래 발생 → 전표 발행 → 결제 → 장부에 기록(부기) → 보고서작성(재무제표) → 정보제공(회계)

  1) **재무상태표** - 기업의 일정 시점의 재무 상태를 나타내는 정태적 보고서

    ① 자산 - 부채 = 자본 → 자본등식
    ② 자산 = 부채 + 자본 → 재무상태표 등식
    ex) 기업 설립 시 예상 자금 200,000,000원 필요
        순자산 150,000,000 : 자본
        대 출 50,000,000 : 부채
        총재산 200,000,000 : 자산

1/1	재무상태표			기업이름
자 산	금 액	부채·자본	금 액	
임차 보증금	50,000,000	차 입 금	50,000,000	
시 설 장 치	50,000,000	자 본 금	150,000,000	
비 품	20,000,000			
상 품	10,000,000			
보 통 예 금	70,000,000			
	200,000,000		200,000,000	

← 차변 : 자금의 운용상태   =   → 대변 : 자금의 조달 원천 표시

③ **자산** : 기업이 보유하고 있는 재화(현금, 비품, 상품 등)나 채권(외상매출금, 대여금 등)을 의미
④ **부채** : 기업이 미래에 갚아야 할 채무(차입금 등)
⑤ **자본** : 자산에서 부채를 차감한 순재산

12/31	재 무 상 태 표			기업이름
자 산	금 액	부채·자본	금 액	
임차 보증금	50,000,000	차 입 금	30,000,000	
시 설 장 치	50,000,000	미 지 급 금	20,000,000	
비 품	30,000,000	외상매입금	5,000,000	
차량 운반구	30,000,000	자 본 금	235,000,000	
상 품	20,000,000	(당기순이익)	(85,000,000)	
보 통 예 금	100,000,000			
현 금	10,000,000			
	290,000,000		290,000,000	

⑥ **기말자본 - 기초자본 = 당기순이익(당기순손실) ⇒ 재산법 등식**

2) 손익계산서 - 기업의 일정 기간 동안의 경영 성과를 나타내는 동태적 보고서

① 손익법 ➡ 총수익 - 총비용 = 당기순이익(당기순손실)

ex) 300,000,000 - 215,000,000 = 85,000,000

ex) 당기순이익

손 익 계 산 서
1/1 ~ 12/31

비 용	금 액	수 익	금 액
급 여	100,000,000	매 출	300,000,000
지급 임차료	50,000,000		
광고 선전비	30,000,000		
복리 후생비	10,000,000		
소 모 품 비	10,000,000		
이 자 비 용	15,000,000		
당 기 순이익	85,000,000		
	300,000,000		300,000,000

ex) 당기순손실

손 익 계 산 서
1/1 ~ 12/31

비 용	금 액	수 익	금 액
급 여	200,000,000	매 출	300,000,000
지급 임차료	50,000,000	당기순손실	20,000,000
광고 선전비	50,000,000		
복리 후생비	20,000,000		
	320,000,000		320,000,000

② 손익계산서 등식

㉠ 총비용 + 당기순이익 = 총수익
㉡ 총비용 = 총수익 + 당기순손실

③ 공식문제

서울상점	기초재무상태			기말재무상태			경영성과		
	자산	부채	자본	자산	부채	자본	총수익	총비용	순손익
	90,000	20,000	(①)	(②)	30,000	90,000	(③)	30,00	(④)

* 해답 : ① 70,000원 ② 120,000원 ③ 50,000원 ④ 20,000원
* 해설 : 기말자본과 기초자본을 비교한 당기순이익과 총수익, 총비용을 비교한 당기순이익은 항상 동일해야 한다.

3) 계정
  ① 재무상태표 계정 : ① 자산계정 : 현금, 보통예금, 상품, 비품, 차량운반구, 시설 장치 등
                    ② 부채계정 : 차입금, 미지급금, 외상매입금 등
                    ③ 자본계정 : 자본금
  ② 손익계산서 계정 : ① 수익계정 : 매출 등
                    ② 비용계정 : 급여, 임차료, 광고선전비, 복리후생비, 소모품비 등
  ★ 계정 : 거래가 발생하면 기록 계산하게 되는데, 이때 기록, 계산, 정리하기 위해서 설정한 단위를 계정이라고 하며, 명칭을 계정과목이라고 한다.

3. 분개와 거래의 8요소

거래의 8 요소	
자산 증가	자산 감소
부채 감소	부채 증가
자본 감소	자본 증가
비용 발생	수익 발생

1) 거래가 발생하면 전표를 발행해야 하는데 전표 발행하는 요령을 분개라고 하며, 분개가 가장 기초이지만 가장 중요하다.
2) 분개를 하기 위해서는 ① 계정과목, ② 금액, ③ 차변과 대변 결정을 할 수 있어야 한다.
3) 차변/ 대변 결정은 위에 있는 거래의 8요소를 이용해야 하지만 좀 더 쉽게 접근하려면 돈(현금, 보통예금, 당좌예금)이나 물건(상품, 비품, 건물, 차량운반구, 기계장치 등)이 들어오면 차변, 나가면 대변, 반대편에는 들어온 이유, 나간 이유를 적는다.
  ① 들어온 것 / 들어온 이유
  ② 나간 이유 / 나간 것
  ③ 비용은 차변에 기록, 수익은 대변에 기록.

예1 오늘 버스비 1,000원을 현금으로 낸 것을 분개해 보자.
  * 현금이 나갔으므로 대변에 현금을 적고, 반대편인 차변에는 현금이 나간 이유인 교통비를 적는다.
  여비교통비 1,000 / 현금 1,000

예2 오늘 점심 식대 10,000원을 체크카드로 결제한 것을 분개해 보자... 체크카드로 결제하면 보통예금통장에서 돈이 나가므로 대변에 보통예금을 적고, 반대편인 차변에는 돈이 나간 이유인 복리후생비를 적는다.

복리후생비 10,000 / 보통예금 10,000

예3 오늘 차량에 100,000원 주유를 하고 신용카드로 결제한 것을 분개해 보자... 신용카드로 결제하면 지금 당장 돈이 나가지 않으므로 현금이나 예금 대신에 대변에 미지급금을 적는다. 그리고 반대편인 차변에는 신용카드를 사용한 이유인 차량유지비를 적는다.

차량유지비 100,000 / 미지급금 100,000

예4 한 달 뒤 카드 대금이 보통예금에서 자동으로 이체된 것을 분개해 보자... 보통예금 통장에서 카드 대금이 나갔으므로 대변에 보통예금을 적고, 반대편인 차변엔 카드 대금(미지급금)이 나갔으므로 미지급금을 적는다.

미지급금 100,000 / 보통예금 100,000

※ 중요 - 대차평균원리에 의해 분개를 하면 차변 합계와 대변 합계는 항상 일치해야 한다.

4) 거래란? 자산·부채·자본의 증감 변화를 가져오는 것.

　※ 거래가 아닌 것(분개할 필요가 없는 것) : 계약, 주문, 약속, 담보를 제공, 종업원 채용

02 기초분개 60문제

1. 사무실 임차료 ₩150,000을 임대인에게 현금으로 지급하였다.
   - 현금이라는 돈이 나갔으므로 대변에 현금, 반대편인 차변엔 현금이 나간 이유인 임차료를 적는다.

차 변	대 변

2. 전화료 ₩50,300원과 전력비 ₩67,800을 보통예금 계좌에서 이체 납부하다.
   - 보통예금이 나갔으므로 대변에 보통예금을, 차변엔 보통예금이 나간 이유인 통신비와 전력비를 적는다.

차 변	대 변

3. ㈜석봉에서 상품 ₩2,500,000을 매입하고, ₩1,000,000은 현금 지급하고 나머지는 외상으로 하다.
   - 현금이라는 돈이 나갔으므로 대변에 현금, 상품이라는 물건이 들어왔으므로 상품은 차변, 그리고, 대변에 부족한 금액은 외상매입금을 적는다. 대차평균원리에 의해 항상 차변과 대변 금액은 동일해야 한다.

차 변	대 변

4. 영업에 필요한 컴퓨터(세진컴퓨터랜드)를 ₩1,750,000 외상으로 구입하다.
   - 이 문제에서는 돈이 없으므로 물건을 찾아본다. 영업에 필요한 컴퓨터나 책상 등을 비품이라고 하며, 비품이 들어왔으므로 차변에 비품, 반대편엔 대금을 아직 지급하지 않았으므로 미지급금을 적는다. 상품, 원재료일 때만 외상매입금을 사용하며, 그 외의 것을 외상으로 했을 때는 미지급금을 사용한다.

차 변	대 변

5. 백제도예에 상품 ₩3,000,000을 외상 매출하였다.
   - 이 문제에서는 돈이 없으므로 물건을 찾아본다. 상품을 판매했으므로 상품을 대변에 적되 매출 시에는 반드시 "상품매출"로 적는다. 반대 변인 차변에는 돈을 아직 받지 못했으므로 외상매출금을 적는다. 상품을 매입시에는 "상품", 상품 매출시에는 "상품매출"

차 변	대 변

6. 영업용 차량을 ₩7,000,000에 12개월 할부로 구입하다.
   - 이 문제에서는 돈이 없으므로 물건을 찾아본다. 차량을 구입하여 차가 들어왔으므로 차변에 차량운반구, 반대편인 대변에는 돈을 아직 지급하지 못했으므로 미지급금을 적는다. 상품, 원재료가 아니므로 외상매입금이 아니다.

차 변	대 변

7. 보험료 1년분 ₩100,000을 현금으로 지급하다.
   - 현금이라는 돈이 나갔으므로 대변에 현금, 반대편인 차변엔 나간 이유인 보험료를 적는다.

차 변	대 변

8. 예진에 상품 ₩4,500,000을 외상으로 매출하다.
   - 이 문제에서는 돈이 없으므로 물건을 찾아본다. 상품을 판매했으므로 상품을 대변에 적되 매출 시에는 반드시 "상품매출"로 적는다. 반대 변인 차변에는 돈을 아직 받지 못했으므로 외상매출금을 적는다.

차 변	대 변

9. 시외출장비 ₩100,000을 현금으로 지급하다.
   - 현금이라는 돈이 나갔으므로 대변에 현금, 반대편인 차변엔 나간 이유인 가지급금을 적는다. 가지급금이란 돈은 나갔는데, 출장 가서 얼마를 쓸지 정확하지 않을 때 잠시 사용하는 임시계정과목이다. 출장에서 돌아오면 확정된 금액을 여비교통비로 처리하여야 한다.

차 변	대 변

10. 자동차세 등 공과금 ₩170,000을 현금으로 납부하다.
    - 현금이라는 돈이 나갔으므로 대변에 현금, 반대편인 차변엔 나간 이유인 세금과공과를 적는다.

차 변	대 변

11. ㈜석봉에서 상품 ₩2,000,000을 외상매입하다.
    - 상품이라는 물건이 들어왔으므로 상품은 차변, 그리고, 대변에 외상매입금을 적는다.

차 변	대 변

12. 백제도예에 상품 ₩4,000,000을 현금으로 매출하다.
   - 현금이 들어왔으므로 차변에 현금, 반대편엔 상품매출을 적는다.

차 변	대 변

13. 백제도예의 외상매출금 ₩2,000,000을 현금으로 회수하다.
   - 현금이 들어왔으므로 차변에 현금, 반대편엔 들어온 이유가 외상대금 회수이니 외상매출금을 적는다.

차 변	대 변

14. 한빛은행에서 1년 이내 상환목적으로 현금 ₩15,000,000을 차입하였다.
   - 차입의 뜻이 빌려오는 것이다. 현금이 들어왔으므로 차변에 현금, 반대편엔 돈이 들어온 이유가 차입해서이니 차입금을 적는다. 다만, 기간이 1년 이내일 때는 "단기차입금", 1년 이상일 때는 "장기차입금"을 사용한다.

차 변	대 변

15. 백제도예에 상품 ₩2,500,000을 약속어음을 받고 매출하다.
   - 약속어음은 지금 돈을 주고받지 않고, 미래의 약속한 날짜(만기일)에 돈을 주고받기로 한 증서이다. 상품이 나갔으므로 대변에 상품매출을 기록하고, 반대편인 차변에는 약속어음을 받아 가지고 있으면 미래의 약속날짜인 만기일에 돈을 받을 수 있게 되는데 이때 "받을어음"이라고 한다.

차 변	대 변

16. 한빛은행에 차입금에 대한 이자 ₩15,000을 현금으로 지급하다.
   - 현금이 나갔으므로 대변에 현금, 반대편인 차변엔 나간 이유인 이자비용을 적는다.

차 변	대 변

17. ㈜석봉으로부터 상품 ₩2,000,000을 현금으로 매입하다.
   - 현금이 나갔으므로 대변에 현금, 반대편인 차변엔 나간 이유인 상품을 적는다.

차 변	대 변

18. 예진에 상품 ₩3,200,000을 매출하고 ₩1,200,000을 현금으로 나머지는 어음으로 받다.
   • 상품이 나갔으므로 대변에 상품매출을 기록하고, 반대편인 차변에는 현금과 약속어음을 받았으므로 받을어음을 기록한다.

차 변	대 변

19. 한빛은행에 단기차입금 중 일부분인 ₩1,200,000을 현금으로 지급하다.
   • 현금이 나갔으므로 대변에 현금, 반대편인 차변에는 나간 이유인 단기차입금을 기록한다.

차 변	대 변

20. 전화료 ₩65,350을 현금으로 납부하다.
   • 현금이 나갔으므로 대변에 현금, 반대편인 차변에는 나간 이유인 통신비를 기록한다.

차 변	대 변

21. 직원의 식대 ₩50,000을 현금으로 지급하다.
   • 현금이 나갔으므로 대변에 현금, 반대편인 차변에는 나간 이유인 복리후생비를 기록한다.

차 변	대 변

22. 직원회식비 ₩200,000을 현금으로 지급하다.
   • 현금이 나갔으므로 대변에 현금, 반대편인 차변에는 나간 이유인 복리후생비를 기록한다.

차 변	대 변

23. 직원의 급여 ₩1,500,000 중 소득세 등 ₩126,000을 차감한 후 현금으로 하다.
   • 현금이 나갔으므로 대변에 현금 1,374,000원, 반대편인 차변에는 나간 이유인 급여 1,500,000원을 기록한다. 대변에 소득세만큼 차이 나는데 이는 "예수금"으로 기록한다. 예수금이란 내 돈이 아닌 것을 잠시 보관하고 있을 때 사용한다. 급여 줄 때 세금을 징수하고 줬지만 세금은 다시 세무서에 납부해야 하는 돈이다.

차 변	대 변

24. 한빛은행에서 이자 ₩30,000이 보통예금 통장에 입금된 것을 통보 받다.
   • 보통예금이 들어왔으므로 차변에 보통예금, 반대편인 대변에는 들어온 이유인 이자수익을 기록한다.

차 변	대 변

25. 토우의 홍보를 위해 전단지를 각 회사별로 보냈는데, 우표값으로 ₩14,630, 전단지 ₩100,000 들었다. 우체국에는 현금으로, 광고 회사에는 외상으로 하다.
   • 우체국에는 현금이 나갔으므로 대변에 현금, 반대편인 차변에는 나간 이유인 통신비를 기록한다.
   • 광고비는 돈이 아직 안 나갔으므로 대변에 미지급금, 반대편인 차변에는 이유인 광고선전비를 기록한다.

차 변	대 변

26. 차량수리비 ₩200,000을 현금으로 지급하다.
   • 현금이 나갔으므로 대변에 현금, 반대편인 차변에는 나간 이유인 차량유지비를 기록한다.

차 변	대 변

27. 장부의 현금이 ₩5,000의 부족한 것을 발견하다. (잡손실로 처리할 것)
   • 현금이 나갔으므로 대변에 현금, 반대편인 차변에는 나간 이유를 모르므로 잡손실을 기록한다.

차 변	대 변

28. 한국통신에 전화요금 ₩200,000원을 현금으로 지급하다.
   • 현금이 나갔으므로 대변에 현금, 반대편인 차변에는 나간 이유인 통신비를 기록한다.

차 변	대 변

29. 거래처 동양상사에 상품 ₩4,500,000을 매출하고 대금은 동점 발행 수표로 받다.
   • 수표로 받으면 은행 가서 현금으로 찾으면 되므로 현금으로 분개한다. 반대편 입장에서는 돈이 은행에서 나가게 되는데 이때 당좌예금이라는 계정과목을 사용한다. 현금이 들어왔으므로 차변에 현금, 대변에는 상품매출을 기록한다.

차 변	대 변

30. 영업용 책상, 의자를 ₩800,000에 구입하고 대금은 현금으로 지급하다.
    • 현금이 나갔으므로 대변에 현금, 반대편인 차변에는 나간 이유인 비품을 기록한다.

차 변	대 변

31. 희망산업으로부터 상품 ₩3,000,000을 매입하고, 대금 중 ₩2,000,000은 수표를 발행하여 지급하고 잔액은 외상으로 하다.
    • 29번 수표로 받을 때는 현금이지만, 반대편 입장에서는 수표를 발행하여 지급하면 돈이 은행에서 나가므로 당좌예금이라는 통장에서 돈이 나간다. 그러므로 당좌예금으로 분개한다. 상품이 들어왔으므로 차변에 상품, 대변엔 당좌예금이 나갔으므로 당좌예금과 외상매입금을 기록한다.

차 변	대 변

32. 화재보험을 가입하고 보험료 ₩500,000을 현금으로 지급하다.
    • 현금이 나갔으므로 대변에 현금, 반대편인 차변에는 나간 이유인 보험료를 기록한다.

차 변	대 변

33. 거래처 승진산업㈜로부터 상품 ₩2,000,000을 매입하고 대금은 외상으로 하다. 단, 인수운임 ₩50,000은 현금으로 지급하다.
    • 외국 여행에서 돌아오는 길에 비싼 가방을 900만 원에 구입하고, 입국 시에 세관에 세금을 100만 원 납부하였는데, 친한 언니가 가방을 원가에 달라고 하면, 얼마를 받아야 할까? 900만 원? 아님 1,000만 원? 당연히 1,000만 원을 받아야 한다. 이런 경우처럼, 어떤 물건을 구입할 때 즉, 상품, 차량운반구, 건물, 토지를 구입할 때 운임, 취등록세, 중개 수수료와 같은 비용이 발생하게 된다. 이때 발생하는 돈은 물건값에 포함을 시킨다. 그러므로 상품 금액은 2,050,000이 된다. 상품이 들어왔으므로 차변에 상품, 대변에는 외상매입금, 현금을 기록한다.

차 변	대 변

34. A4용지 등 사무용 소모품 ₩1,200,000을 구입하고 대금은 월말에 지급하기로 하다.
    • 소모품(문구류 등)은 닳아서 없어지는 물건으로 비품(1년 이상 사용하는 물건으로 중고로 판매할 수 있음)과는 구분해야 한다. 소모품이 들어왔으므로 차변에 "소모품비", 대변에는 돈을 아직 지급하지 않았으므로 미지급금을 기록한다.

차 변	대 변

35. 사무직원 인건비 ₩20,000,000중 원천소득세 ₩350,000, 건강보험료 ₩150,000을 차감하고 현금으로 지급하다.
   • 현금이 나갔으므로 대변에 현금 19,500,000원, 반대편인 차변에는 나간 이유인 급여 20,000,000원을 기록한다. 대변에 소득세, 건강보험료만큼 차이 나는데 이는 "예수금"으로 기록한다.

차 변	대 변

36. 전화요금 ₩125,000을 현금으로 납부하다.
   • 현금이 나갔으므로 대변에 현금, 반대편인 차변에는 나간 이유인 통신비를 기록한다.

차 변	대 변

37. 거래처 광주상사에 상품 ₩3,300,000을 매출하고 대금은 외상으로 하다.
   • 상품이 나갔으므로 대변에 상품매출, 차변에는 외상매출금을 기록한다.

차 변	대 변

38. 영업용 토지 ₩50,000,000을 매입하고 대금은 수표를 발행하여 지급하다. 단, 취득세 및 등록세 ₩550,000은 현금으로 지급하다.
   • 33번에서 설명한 것처럼 토지를 구입할 때 취등록세, 중개 수수료와 같은 비용이 발생하게 된다. 이때 발생하는 돈은 토지 값에 포함을 시킨다. 그러므로 토지는 50,550,000원이 된다. 수표를 발행해서 지급하면 돈이 은행에서 나가므로 당좌예금이다. 차변에 토지, 대변에 당좌예금, 현금을 기록한다.

차 변	대 변

39. 희망산업으로부터 상품 ₩2,500,000을 매입하고 대금은 외상으로 하다.
   • 상품이 들어왔으므로 차변에 상품, 대변에는 외상매입금을 기록한다.

차 변	대 변

40. 종업원 근로소득세 예수금 ₩350,000과 건강보험료 예수금 ₩150,000을 서울은행에 현금으로 납부하다.
   • 현금이 나갔으므로 대변에 현금, 반대편인 차변에는 나간 이유인 예수금을 기록한다.

차 변	대 변

41. 점포건물에 대한 임대료 ₩2,000,000을 동점발행수표로 받아 당좌예금하다.
    • 수표로 받으면 현금이라고 했는데, 이 문제에서는 바로 당좌예금을 했으므로 당좌예금으로 분개한다. 차변에 당좌예금, 대변에는 집세를 받으면 임대료라고 한다. 참고로 지급하면 임차료이다.

차 변	대 변

42. 신문구독료 ₩16,000을 현금으로 지급하다.
    • 현금이 나갔으므로 대변에 현금, 반대편인 차변에는 나간 이유인 도서인쇄비를 기록한다.

차 변	대 변

43. 사무직원 인건비 ₩22,000,000중 원천소득세 ₩380,000, 건강보험료 ₩165,000을 차감하고 현금으로 지급하다.
    • 현금이 나갔으므로 대변에 현금 21,455,000원, 반대편인 차변에는 나간 이유인 급여 22,000,000원을 기록한다. 대변에 소득세, 건강보험료만큼 차이 나는데 이는 "예수금"으로 기록한다.

차 변	대 변

44. 소지하고 있던 약속어음 ₩5,000,000을 만기일 전에 할인하고 할인료 ₩100,000을 차감한 실수금은 당좌예금하다.
    • 어음을 할인한다는 것은 약속어음은 만기일이 되어야만 돈으로 받을 수 있는 것인데, 만기일 이전에 돈이 필요하여 거래은행에 만기일 이전에 매각(처분) 하는 것을 말한다. 즉, 은행에 정기예금을 했는데, 만기일 이전에 해약을 하면 이자를 손해 보듯이 어음도 만기일 이전에 할인하면 손해 보는 금액이 있는데, 이를 할인료라고 하며, "매출채권처분손실"로 분개한다. 받을어음을 은행에 매각하였으므로 대변에 받을어음을, 차변에는 당좌예금하였으므로 당좌예금, 손해 보는 할인료는 매출채권처분손실로 기록한다.

차 변	대 변

45. 단기매매목적으로 주식 500주 액면@₩5,000에 대하여 @₩4,000에 구입하고 대금은 수표를 발행하여 지급하다.
    • 단기 투자 목적으로 주식을 구입 시에는 "단기매매증권"으로 기록한다. 수표를 발행하여 지급하였으므로 대변에는 당좌예금을 기록한다.

차 변	대 변

46. 종업원 식대 ₩285,000을 현금으로 지급하다.
   • 현금이 나갔으므로 대변에 현금. 반대편인 차변에는 나간 이유인 복리후생비를 기록한다.

차 변	대 변

47. 종업원 근로소득세 예수금 ₩380,000과 의료보험료 예수금 ₩165,000을 서울은행에 현금으로 납부하다.
   • 현금이 나갔으므로 대변에 현금. 반대편인 차변에는 나간 이유인 예수금을 기록한다.

차 변	대 변

48. 직원의 시외 교통비 ₩52,500을 현금으로 지급하다.
   • 현금이 나갔으므로 대변에 현금. 반대편인 차변에는 나간 이유인 여비교통비를 기록한다.

차 변	대 변

49. 사무용 USB ₩500,000을 구입하고 대금은 월말에 지급하기로 하다.
   • USB는 소모품비로 처리하며, 대변에는 미지급금을 기록한다.

차 변	대 변

50. 동양상사에 상품 ₩12,000,000을 매출하고 대금은 외상으로 하다.
   • 상품이 나갔으므로 대변에 상품매출, 차변에는 외상매출금을 기록한다.

차 변	대 변

51. 종업원에 대한 급여 ₩22,900,000중 소득세 ₩386,000과 건강보험료 ₩238,000을 공제한 후 현금으로 지급하다.
   • 현금이 나갔으므로 대변에 현금 22,276,000원. 반대편인 차변에는 나간 이유인 급여 22,900,000원을 기록한다. 대변에 소득세, 건강보험료만큼 차이 나는데 이는 "예수금"으로 기록한다.

차 변	대 변

52. 종업원 김갑숙에게 출장을 명하고 출장여비 ₩250,000을 현금으로 지급하다.
   • 현금이 나갔으므로 대변에 현금, 반대편인 차변에는 나간 이유인 가지급금을 기록한다.

차 변	대 변

53. 영업용 비품 취득원가 ₩1,000,000을 ₩500,000에 매각 처분하고 대금은 현금으로 받다. 단, 감가상각 누계액은 250,000원이다.
   • 감가상각 누계액이라는 것은 차량운반구, 건물, 비품, 기계장치와 같은 자산을 유형자산이라고 하는데, 이런 자산은 사용할수록 가치가 떨어진다. 이때 가치가 떨어진 금액을 "감가상각 누계액"이라고 하며, 항상 비품 반대편에 기록한다.
   100만 원에 취득한 비품이 25만 원 가치가 하락하였으므로 실제 가치는 75만 원인데, 50만 원에 처분하였으므로 25만 원만큼 손실이 된다. 이 손실을 "유형자산처분손실"이라고 하며, 손실은 비용이므로 차변에 기록한다.
   제일 먼저 비품을 처분하여 나갔으므로 대변에 비품, 반대편인 차변에 감가상각 누계액, 유형자산처분손실, 현금을 기록한다.

차 변	대 변

54. 상공회의소 회비 ₩50,000과 조합비 ₩100,000을 현금으로 납부하다.
   • 상공회의소 회비, 조합비, 재산세, 자동차세를 납부 시에는 세금과공과로 처리한다.

차 변	대 변

55. 단기매매목적으로 사채를 ₩9,800,000으로 구입하고 대금은 수표를 발행하여 지급하다.
   • 단기 투자 목적으로 주식이나 사채를 취득시 "단기매매증권"으로 처리하며, 수표를 발행하여 지급 시에는 당좌예금으로 처리한다.

차 변	대 변

56. 외상 매출한 상품 중 ₩50,000이 불량으로 반품되다.
   • 불량품이 반품되어 오는 것을 "환입"이라고 하며, 이때는 매출 시 분개와 똑같이 하고, "-"를 붙인다.

차 변	대 변

57. 희망산업의 외상매입금 ₩15,000,000을 동점 앞 약속어음을 발행하여 지급하다.
   • 약속어음을 발행 지급 시에는 "지급어음"으로 처리한다. 어음이 나갔으므로 대변에 지급어음을 기록, 차변에는 외상매입금을 기록한다.

차 변	대 변

58. 건물 임대료 ₩250,000을 현금으로 받아 당좌예금하다.
   • 현금으로 받았지만 당좌예금하였으므로 차변에는 당좌예금을 대변에 임대료를 기록한다.

차 변	대 변

59. 거래처 동양상사의 외상매출금 ₩300,000이 당점의 당좌예금에 입금되었으나 기장 누락되어 있음을 발견하다.
   • 기장이 누락되었다는 표현은 분개를 하지 않았다는 표현이므로 그냥 분개를 하면 된다. 당좌예금이 들어왔으므로 차변에 당좌예금을 대변에는 이유인 외상매출금을 기록한다.

차 변	대 변

60. 외상으로 매입한 상품 ₩100,000은 불량품으로 확인되어 반품하다.
   • 불량품을 반품하는 것을 "환출"이라고 하며, 이때는 매입 시 분개와 똑같이 하고, "-"를 붙인다.

차 변	대 변

♠ 기초 분개 60문제를 반복해서 3~4번 풀어보시면 회계에서 사용하는 기본적인 계정과목을 습득할 수 있게 됩니다. 반드시 3~4번 풀어보신 후 다음 진도를 진행하시기 바랍니다.

해답

NO	차변		대변		NO	차변		대변	
1	임차료	150,000	현금	150,000	31	상품	3,000,000	당좌예금 외상매입금	2,000,000 1,000,000
2	통신비 수도광열비	50,300 67,800	보통예금	118,100	32	보험료	500,000	현금	500,000
3	상품	2,500,000	현금 외상매입금	1,000,000 1,500,000	33	상품	2,050,000	외상매입금 현금	2,000,000 50,000
4	비품	1,750,000	미지급금	1,750,000	34	소모품비	1,200,000	미지급금	1,200,000
5	외상매출금	3,000,000	상품매출	3,000,000	35	급여	20,000,000	예수금 현금	500,000 19,500,000
6	차량운반구	7,000,000	미지급금	7,000,000	36	통신비	125,000	현금	125,000
7	보험료	100,000	현금	100,000	37	외상매출금	3,300,000	상품매출	3,300,000
8	외상매출금	4,500,000	상품매출	4,500,000	38	토지	50,550,000	당좌예금 현금	50,000,000 550,000
9	가지급금	100,000	현금	100,000	39	상품	2,500,000	외상매입금	2,500,000
10	세금과공과	170,000	현금	170,000	40	예수금	500,000	현금	500,000
11	상품	2,000,000	외상매입금	2,000,000	41	당좌예금	2,000,000	임대료	2,000,000
12	현금	4,000,000	상품매출	4,000,000	42	도서인쇄비	16,000	현금	16,000
13	현금	2,000,000	외상매출금	2,000,000	43	급여	22,000,000	예수금 현금	545,000 21,455,000
14	현금	15,000,000	단기차입금	15,000,000	44	당좌예금 매출채권처분손실	4,900,000 100,000	받을어음	5,000,000
15	받을어음	2,500,000	상품매출	2,500,000	45	단기매매증권	2,000,000	당좌예금	2,000,000
16	이자비용	15,000	현금	15,000	46	복리후생비	285,000	현금	285,000
17	상품	2,000,000	현금	2,000,000	47	예수금	545,000	현금	545,000
18	현금 받을어음	1,200,000 2,000,000	상품매출	3,200,000	48	여비교통비	52,500	현금	52,500
19	단기차입금	1,200,000	현금	1,200,000	49	소모품비	500,000	미지급금	500,000
20	통신비	65,350	현금	65,350	50	외상매출금	12,000,000	상품매출	12,000,000
21	복리후생비	50,000	현금	50,000	51	급여	22,900,000	예수금 현금	624,000 22,276,000
22	복리후생비	200,000	현금	200,000	52	가지급금	250,000	현금	250,000
23	급여	1,500,000	예수금 현금	126,000 1,374,000	53	감가상각누계액 현금 유형자산처분손실	250,000 500,000 250,000	비품	1,000,000
24	보통예금	30,000	이자수익	30,000	54	세금과공과	150,000	현금	150,000
25	통신비 광고선전비	14,630 100,000	현금 미지급금	14,630 100,000	55	단기매매증권	9,800,000	당좌예금	9,800,000
26	차량유지비	200,000	현금	200,000	56	외상매출금	−50,000	상품매출	−50,000
27	잡손실	5,000	현금	5,000	57	외상매입금	15,000,000	지급어음	15,000,000
28	통신비	200,000	현금	200,000	58	당좌예금	250,000	임대료	250,000
29	현금	4,500,000	상품매출	4,500,000	59	당좌예금	300,000	외상매출금	300,000
30	비품	800,000	현금	800,000	60	상품	−100,000	외상매입금	−100,000

03. 거래의 종류 및 계정과목

1. **거래란** 자산, 부채, 자본의 증감변화를 가져오는 것
2. **거래가 아닌 것 :** 계약하다, 주문하다, 약속하다, 종업원을 채용하다, 담보로 제공하다는 회계상 거래가 아니므로 분개를 하지 않는다.

   1) **교환거래 :** 자산·부채·자본만 나타나는 거래
   2) **손익거래 :** 어느 한 변에 수익이나 비용이 독자적으로 발생하는 거래
   3) **혼합거래 :** 교환거래 + 손익거래
      즉, 수익이나 비용이 어느 한 변에 독자적이 아니라 자산·부채·자본과 함께 나타나는 거래

   ex1) 상품 100,000원을 매입하고 대금은 외상으로 하다.
   상품 100,000   /   외상매입금 100,000   ⇒ 교환거래
   자산증가   부채증가

   ex2) 급여 100,000원을 현금으로 지급하다.
   급여 100,000   /   현금 100,000   ⇒ 손익거래
   비용발생   자산감소

   ex3) 대여금 100,000원과 이자 10,000원을 현금으로 수령하다.
   현금 110,000   /   대여금 100,000   ⇒ 혼합거래
   자산증가   자산감소
                        이자수익 10,000
                        수익발생

3. **거래의 이중성**

   회계상의 모든 거래는 반드시 차변 요소와 대변 요소가 대립되어 성립하며, 양쪽에 같은 금액으로 기입되는데, 이것을 "거래의 이중성"이라고 한다.

4. **대차평균의 원리**

   모든 거래는 반드시 거래의 이중성에 의하여 차변과 대변에 같은 금액이 기입되어 차변 합계와 대변 합계는 반드시 일치하게 되는데, 이것을 "대차평균의 원리"라고 한다. (복식부기의 자기검증기능)

5. 계정과목 분류

1) 재무상태표 계정

① 자산

구 분		내 용
유동자산	당좌자산	현금및현금성자산, 단기금융상품, 단기매매증권, 단기대여금, 매출채권(외상매출금, 받을어음), 단기대여금, 미수금, 미수수익, 선급금, 선급비용
	재고자산	상품, 제품, 반제품, 재공품, 원재료, 저장품 등
비유동자산	투자자산	장기금융상품, 매도가능증권, 만기보유증권, 장기대여금, 투자부동산, 지분법적용투자주식 등
	유형자산	토지, 건물, 구축물, 비품, 기계장치, 선박, 차량운반구, 건설중인자산 등
	무형자산	산업재산권(특허권, 실용신안권, 의장권, 상표권), 라이선스와 프랜차이즈, 저작권, 소프트웨어, 개발비, 영업권, 광업권 및 어업권 등
	기타비유동자산	장기성매출채권, 보증금, 이연법인세자산, 장기미수금 등

② 부채

구 분	내 용
유동부채	매입채무(외상매입금, 지급어음), 단기차입금, 미지급금, 선수금, 선수수익, 예수금, 미지급비용, 미지급세금, 미지급배당금, 유동성장기부채 등
비유동부채	사채, 장기차입금, 이연법인세부채, 장기성매입채무, 퇴직급여충당부채 등

③ 자본

구 분	내 용
자본금	보통주 자본금, 우선주 자본금
자본잉여금	주식발행초과금, 감자차익, 자기주식처분이익, 전환권대가 등
자본조정	자기주식, 자기주식처분손실, 주식할인발행차금, 미교부주식배당금, 감자차손, 주식매입선택권 등
기타포괄손익	해외사업환산대(또는 해외사업환산차) 매도가능증권평가이익(또는 매도가능증권평가손실)

구 분	내 용		
이익잉여금	이익준비금		
	기타 법정적립금		기업합리화적립금, 재무구조개선적립금
	임의적립금	적극적 적립금	감채적립금, 사업확장적립금
		소극적 적립금	배당평균적립금, 결손보전적립금, 별도적립금, 퇴직급여적립금
	미처분이익잉여금		전기이월이익잉여금, 당기순이익

2) 손익계산서계정

① 수익

구 분	내 용
영업상수익	매출액
영업외수익	이자수익, 배당금수익, 대손충당금환입, 임대료, 보험수익, 단기매매증권처분이익, 단기매매증권평가이익, 외환차익, 외화환산이익, 지분법평가이익, 투자자산처분이익, 유형자산처분이익, 사채상환이익, 전기오류수정이익, 채무면제이익, 자산수증이익 등

② 비용

구 분	내 용
매출원가	
판매비와 일반 관리비	급여, 퇴직급여, 복리후생비, 임차료, 기업업무추진비, 감가상각비, 무형자산상각비, 세금과공과, 광고선전비, 연구비, 대손상각비 등
영업외비용	기타의 대손상각비, 이자비용, 재해손실, 단기매매증권처분손실, 단기매매증권평가손실, 재고자산감모손실, 외환차손, 외화환산손실, 기부금, 지분법평가손실, 투자자산처분손실, 유형자산처분손실, 사채상환손실, 전기오류수정손실 등
법인세비용	

04 회계 흐름

1. 거래 발생 → 장부기록 → 보고서 작성 → 정보제공
   　　　　　　　총계정원장　　1. 손익계산서
   　　　　　　　　　　　　　　2. 재무상태표

ex) 1. 현금 10,000,000원을 출자 영업을 개시하다.
　　　현금 10,000,000 / 자본금 10,000,000

　　2. 은행에서 20,000,000원을 차입하고 보통예금하다.
　　　보통예금 20,000,000 / 단기차입금 20,000,000

　　3. 인테리어 비용 5,000,000원을 현금 지급하다.
　　　시설 장치 5,000,000 / 현금 5,000,000

　　4. 영업용 컴퓨터·책상 등 10,000,000원에 구입하고, 보통예금에서 이체하다.
　　　비품 10,000,000 / 보통예금 10,000,000

　　5. 수강료 15,000,000원을 받고 보통예금하다.
　　　보통예금 15,000,000 / 매출 15,000,000

　　6. 광고비 1,000,000원을 월 말에 지급하기로 하다.
　　　광고선전비 1,000,000 / 미지급금 1,000,000

　　7. 급여 5,000,000원을 보통예금에서 이체하였다.
　　　급여 5,000,000 / 보통예금 5,000,000

　　⇓ 위 내용을 총계정원장에 "**전기**" 한다.

총계정원장

현금
| 자본금 10,000,000 | 시설장치 5,000,000 |

자본금
| | 현　금 10,000,000 |

보통예금
| 단기차입금 20,000,000 | 비　품 1,000,000 |
| 매　　출 15,000,000 | 급　여 5,000,000 |

시설장치
| 현　금 5,000,000 | |

비품
| 보통예금 10,000,000 | |

단기차입금
| | 보통예금 20,000,000 |

미지급금
| | 광고선전비 1,000,000 |

매출
| | 보통예금 15,000,000 |

광고선전비
| 미지급금 1,000,000 | |

급여
| 보통예금 5,000,000 | |

• 총계정원장의 정확 여부 확인 ⇒ 합계잔액시산표

합계잔액시산표

차 변		계정 과목	대 변	
잔 액	합 계		합 계	잔 액
5,000,000	10,000,000	현 금(자산)	5,000,000	
20,000,000	35,000,000	보 통 예금(자산)	15,000,000	
10,000,000	10,000,000	비 품(자산)	-	
5,000,000	5,000,000	시 설 장 치(자산)	-	
	-	미 지 급 금(부채)	1,000,000	1,000,000
	-	단기차입금(부채)	20,000,000	20,000,000
	-	자 본 금(자본)	10,000,000	10,000,000
	-	매 출(수익)	15,000,000	15,000,000
5,000,000	5,000,000	급 여(비용)	-	
1,000,000	1,000,000	광고선전비(비용)	-	
46,000,000	66,000,000		66,000,000	46,000,000

2. 시산표 등식

기말자산 + 총비용 = 기말부채 + 기초자본 + 총수익

* 참고 : 위 공식에서 알 수 있듯이 자산과 비용의 잔액은 항상 차변에, 부채, 자본, 수익의 잔액은 항상 대변에 남는다.

3. 시산표에서 발견할 수 없는 오류

시산표는 차변의 금액과 대변의 금액만을 가지고 정확성 여부를 판단하기에 아래와 같은 경우에는 시산표에서 오류를 발견할 수 없다.

① 누락
② 중복 기입
③ 차 / 대변 반대로 기록
④ 계정과목 잘못 선택(외상매입금을 미지급금으로 잘못 기재 등)

4. 보고서(재무제표) 작성 순서

1. 합계잔액시산표의 수익과 비용을 이용하여 손익계산서를 먼저 작성하면 당기순이익을 알 수 있다.
2. 합계잔액시산표의 기말자산, 기말부채를 비교하면 기말자본을 계산할 수 있는데, 이는 기초자본에 당기순이익을 더한 값과 같다.

1) 손익계산서 작성-당기순이익 계산

손익계산서			
급 여	5,000,000	매 출	15,000,000
광고선전비	1,000,000		
당기순이익	9,000,000		
	15,000,000		15,000,000

2) 재무상태표 작성-당기순이익을 자본금에 합산

재무상태표(개인회사)			
현 금	5,000,000	미 지 급 금	1,000,000
보통예금	20,000,000	단기차입금	20,000,000
비 품	10,000,000	자 본 금	19,000,000
시설장치	5,000,000	(당기순이익	9,000,000)
	40,000,000		40,000,000

3) 재무상태표 작성-당기순이익을 자본금에 합산하지 않고, 별도로 기재

재무상태표(주식회사)			
현 금	5,000,000	미 지 급 금	1,000,000
보통예금	20,000,000	단기차입금	20,000,000
비 품	10,000,000	자 본 금	10,000,000
시설장치	5,000,000	미처분이익잉여금	9,000,000
	40,000,000		40,000,000

① 주식회사의 재무상태표는 자본금 표시 방법이 다르다. 기초 자본금 밑에 당기순이익을 미처분이익잉여금으로 별도로 표시한다.
② 주식회사는 주주총회를 열어 당기순이익을 배당 등으로 처분해야 하는데, 처분하기 전까지 미처분이익잉여금이라는 계정과목을 사용한다.

Chapter 2. 재무제표의 작성과 표시를 위한 개념체계

01 재무제표의 작성과 표시를 위한 개념체계

1. 재무회계 목적

→ 외부이용자에게 정보제공

1) 기본전제 : 이해 가능성

2) 기본가정

① **계속기업** – 기업 실체는 그 목적과 의무를 이행하기에 충분할 정도로 장기간 **존속**한다고 가정하는 것.

② **기업 실체** – 기업을 소유주와는 **독립적으로 존재**하는 회계단위로 간주하고 이 회계단위의 관점에서 경제활동에 대한 재무정보를 측정, 보고하는 것.

③ **기간별 보고** – 기업 실체의 존속기간을 일정한 기간 단위로 분할하여 각 기간별로 재무제표를 작성하는 것. 즉, 기업 실체의 존속기간을 일정한 **회계기간 단위로 구분**하여 보고하는 것.

3) 질적 특성 :

① **목적 적합성** - 예측가치, 피드백 가치(확인, 수정), 적시성(반기 재무제표)

② **신뢰성** - **표현의 충실성**, 검증 가능성, 중립성(의도된 결과를 도출하면 안된다.)

⇓

①   재무상태표   ❷   재무상태표

차량운반구 10,000,000   차 량 운 반 구 10,000,000

                                감가상각누계액 3,000,000 7,000,000

4) 기타 질적 특성 : · 비교 가능성 - 회사 vs 회사 / 전기 vs 당기
                      · 중요성 - 소모품 → 소모품비로 처리

5) 제약요인 : 효익 ≥ 비용

Chapter 3. 계정과목별 회계처리

01. 현금 및 현금성 자산

1. 현금

1) 현금과부족

현금의 장부 재고액과 현금의 시재가 불일치할 경우 처리하는 가계정(임시계정)

ex1) 8/13 현금 장부잔액 100,000원, 현금시재 80,000원이다.
<u>20,000원 부족액은 원인불명이다.</u>
➡ **현금과부족 20,000** / 현　　금 20,000

9/05 위 부족액 중 15,000원은 교통비로 판명되었다.
➡ 여비교통비 15,000 / **현금과부족 15,000**

12/31 결산 시까지 현금과부족 차변 잔액 5,000원 원인불명이다.
➡ 잡　손　실 5,000 / **현금과부족 5,000**

ex2) 12/31 결산 시 현금 장부잔액 100,000원 현금시재 80,000원이다.
<u>20,000원 부족액은 원인불명이다.</u>
➡ **잡　손　실 20,000** / 현　　금 20,000

ex3) 8/13 현금 장부잔액 100,000원, 현금시재 150,000원이다.
<u>50,000원 과잉액은 원인불명이다.</u>
➡ 현　　금 50,000 / **현금과부족 50,000**

9/05 위 과잉액 중 30,000원은 계약금 수령으로 판명되었다.
➡ **현금과부족 30,000** / 선　수　금 30,000

12/31 결산 시까지 과잉액 20,000원 원인불명이다.
➡ **현금과부족 20,000** / 잡   이   익 20,000

ex4) 12/31 결산 시 현금 장부잔액 100,000원, 현금시재 150,000원이다.
50,000원 과잉액은 원인불명이다.
➡ 현   금 50,000 / **잡 이 익 50,000**

2. 예금

1) 보통예금

2) 당좌예금

3) 당좌차월 : 당좌예금 잔액을 초과하여 수표를 발행할 수 있는 것
   → 재무상태표에 "단기차입금"으로 표시

ex1) 2/1 국민은행과 당좌거래 계약을 맺고 현금 1,000,000원을 당좌예입하다.
건물 10,000,000원을 담보로 제공하고, 2,000,000원 한도의 당좌차월계약을 체결하였다.
➡ 당좌예금 1,000,000 / 현   금 1,000,000

2/5 상품을 700,000원에 매입하고 수표를 발행하여 지급하다.
➡ 상   품 700,000 / 당좌예금   700,000

2/10 비품을 500,000원에 구입하고 수표를 발행하여 지급하다.
➡ 비   품 500,000 / 당좌예금   300,000
                    / 당좌차월(단기차입금) 200,000

2/15 상품을 300,000원에 매입하고 수표를 발행하여 지급하다.
➡ 상   품 300,000 / 당좌차월(단기차입금) 300,000

2/20 현금 1,000,000원을 당좌예입하다.
➡ 당좌차월(단기차입금) 500,000 / 현   금 1,000,000
   당좌예금   500,000 /

3. 현금성 자산

1) 큰 거래비용 없이 현금 전환이 용이
2) 이자율 변동에 따른 가치 변동 위험이 적어야 함.

3) **취득 시**로부터 만기가 3개월 이내인 것

ex1)   20x1. 12. 31 **결산일** 현재 정기예금 10,000,000원
　　　(만기는 20x2. 2. 28) : 단기금융상품으로 분류한다.

　　　20x1. 12. 31 **취득한** 정기예금 10,000,000원
　　　(만기는 20x2. 2. 28) : 현금성 자산으로 분류한다.

ex2)   환매채(**90일**) : 현금성 자산으로 분류한다.
ex3)   환매채(**120일**) : 단기금융상품으로 분류한다.

02 단기투자자산

1. **단기투자자산** - 기업이 여유자금을 활용 목적으로 보유하고 있는 것

   1) 단기금융상품 : 보고 기간 말로부터 만기가 1년 이내인 정기예금, 정기적금, 환매체, 양도성예금증서
   2) 단기대여금 : 회수기간이 1년 이내에 도래하는 채권
   3) 유가증권 : 단기매매증권과 1년 이내 만기가 도래하는 만기보유증권, 1년 이내 처분이 확실한 매도가능증권

03 재고자산

1. 재고자산의 종류

1) 판매 목적으로 보유 : 상품, 제품, 반제품(부품), 원재료, 재공품
2) 영업 목적(1년 이내)으로 보유 : 저장품(소모품)
   ① **상품** : 판매 목적으로 구입한 상품, 미착상품, 적송품 등
   ② **제품** : 판매 목적으로 제조한 생산품
   ③ **반제품** : 타이어와 같은 부품
   ④ **재공품** : 현재 제조 진행 중인 미완성품
   ⑤ **원재료** : 제품 생산을 목적으로 구입한 원료와 재료
   ⑥ **저장품(소모품)** : 공장용, 영업용, 사무용으로 쓰이는 소모품

   　　　　　　　　〈공장(제조업)〉　〈문구점(도, 소매)〉　〈소비자〉
   ※ 원재료 구입　→　제품　→　상품　→　판매
   　　　　　　　→　재공품

2. 상품 매매 회계 처리

1) 매입 시(부가가치세는 고려하지 않는다.)

   ① 상품 1,000,000원을 외상으로 매입하다.
   * 세금계산서 발행 : 상품 1,000,000 / 외상매입금 1,000,000

   ② 위 상품 중 불량품 100,000원을 반품하다. (환출)
   * 수정세금계산서 발행 : 상품 -100,000 / 외상매입금 -100,000
   * 수정세금계산서 미발행 : 외상매입금 100,000 / 매입환출및에누리 100,000

   ③ 파손품이 있어 50,000원을 에누리 받다. (매입에누리)
   * 수정세금계산서 발행 : 상품 -50,000 / 외상매입금 -50,000
   * 수정세금계산서 미발행 : 외상매입금 50,000 / 매입환출및에누리 50,000

   ④ 외상매입금 850,000원을 조기 지급하면서 50,000원을 할인받고, 잔액은 현금으로 지급하다.
   * 수정세금계산서 발행 : 상품 -50,000 / 외상매입금 -50,000
   　　　　　　　　　　　　외상매입금 800,000 / 현금 800,000

* 수정세금계산서 미발행 : 외상매입금 850,000 / 매입할인 50,000
　　　　　　　　　　　　　　　　　　　　　　/ 현금 800,000

⑤　총 갚을 돈　1,000,000　⇒　총 매 입 액　1,000,000
　　- 반　　품　　100,000　　　- 매입환출및에누리　150,000
　　- 에 누 리　　 50,000　　　- 매 입 할 인　　 50,000
　　- 할　　인　　 50,000　　　순 매 입 액　　800,000
　　실제지급액　　800,000

2) 매출 시(부가가치세는 고려하지 않는다.)

① 상품 1,000,000원을 외상으로 매출하다.
　* 세금계산서 발행 : 외상매출금 1,000,000 / 상품매출 1,000,000

② 위 상품 중 불량품 100,000원이 반품되다(환입).
　* 수정세금계산서 발행 : 외상매출금 -100,000 / 상품매출 -100,000
　* 수정세금계산서 미발행 : 매출환입및에누리 100,000 / 외상매출금 100,000

③ 파손품이 있어 50,000원을 에누리해 주다(매출에누리).
　* 수정세금계산서 발행 : 외상매출금 -50,000 / 상품매출 -50,000
　* 수정세금계산서 미발행 : 매출환입및에누리 50,000 / 외상매출금 50,000

④ 외상매출금 850,000원을 조기 회수하면서 50,000원을 할인해 주고, 잔액은 현금으로 받다.
　* 수정세금계산서 발행 : 외상매출금 -50,000 / 상품매출 -50,000
　　　　　　　　　　　　현 금 800,000 / 외상매출금 800,000
　* 수정세금계산서 미발행 : 매출할인 50,000 / 외상매출금 850,000
　　　　　　　　　　　　　현 금 800,000 /

⑤　총 받을 돈　1,000,000　⇒　총 매 출 액　1,000,000
　　- 반　　품　　100,000　　　- 매출환입및에누리　150,000
　　- 에 누 리　　 50,000　　　- 매 출 할 인　　 50,000
　　- 할　　인　　 50,000　　　순 매 출 액　　800,000
　　실제수령액　　800,000
　　　　　　　　　⇓
⇒ 1) 총매입액 - 매입환출 및 에누리 및 매입할인 = 순매입액

2) 총매출액 - 매출환입 및 에누리 및 매출할인 = 순매출액
3) 기초상품 + 순매입액 - 기말상품 = 매출원가
4) 순매출액 - 매출원가 = 매출총이익

* 기초상품 + 순매입액 : 판매가능액

3. 재고자산 감모손실과 재고자산 평가손실

1) 상품 판매 시 수량 결정 방법 : 계속기록법, 실지 재고 조사법 ⇒ 병행하면 재고자산의 감모손실을 알 수 있다. ⇒ 도난, 천재지변, 부패

(계속기록법으로 장부에 기록하고 월말에 재고 조사를 함.)

(ex1) • 장부상 재고 2개 = 실지재고 2개 → 감모손실 없다.
➡ 회계 처리 없다.

(ex2) • 장부상 재고 4개 ≠ 실지재고 2개 → 감모손실 2개 ⇒ 50% 정상적, 50% 비정상적으로 발생했다고 가정하면 아래와 같이 회계 처리한다.

재고자산감모손실(영업외비용) 1개 / 상품 1개
정상감모손실은 회계처리하지 않는다.

☞ 정상적으로 발생했다는 표현은 반복적으로 발생한다는 의미이며, 비정상적으로 발생했다는 표현은 비반복적으로 발생한다는 의미이다.

(ex3)

자료 상품장부가액 100,000, 실지재고액 80,000, 순실현가능액(시가) 70,000
감모 손실 중 60%는 정상적 발생분이다.
* 장부가액과 실지재고의 차이가 감모손실
* 실지재고와 순실현가능액의 차이가 평가손실

재고자산감모손실(영업외비용) 8,000 / 상품 8,000
* 정상감모손실은 회계처리 하지 않는다.
재고자산평가손실(매출원가) 10,000 / 상품평가손실충당금 10,000
(재고자산차감계정)

4. 상품 판매 시 단가 결정방법 - 개별법, 선입선출법, 후입선출법, 이동평균법, 총평균법

(ex1)

1/1	기초재고	100개	100원	10,000원
1/10	매입	200개	130원	26,000원
1/15	매출	100개	200원	
1/20	매입	300개	150원	45,000원
1/25	매출	200개	200원	
1/31	매입	400개	170원	68,000원

1) 선입선출법

① 계속기록법

매출			창고			
			기초	100개	100원	10,000원
			매입	200개	130원	26,000원
100개	100원	10,000원	재고	200개	130원	26,000원
			매입	300개	150원	45,000원
200개	130원	26,000원	재고	300개	150원	45,000원
			매입	400개	170원	68,000원

⇒ 매출원가 : 36,000원, 기말재고 : 113,000원

② 실사법(실지재고조사법)

기초	100개	100원	10,000원	⇒ 판매
매입	200개	130원	26,000원	⇒ 판매
매입	300개	150원	45,000원	⇒ 재고
매입	400개	170원	68,000원	

⇒ 총 1,000개 중 300개 판매

⇒ 매출원가 : 36,000원, 기말재고 : 113,000원

※ 계속기록법과 실사법의 값이 같은 것은 선입선출법!!

2) 후입선출법
  ① 계속기록법

매출			창고			
			기초	100개	100원	10,000원
			매입	200개	130원	26,000원
100개	130원	13,000원	기초	100개	100원	10,000원
			재고	100개	130원	13,000원
			매입	300개	150원	45,000원
200개	150원	30,000원	기초	100개	100원	10,000원
			재고	100개	130원	13,000원
			재고	100개	150원	15,000원
			매입	400개	170원	68,000원

⇒ 매출원가 : 43,000원, 기말재고 : 106,000원

  ② 실사법(실지재고조사법)

기초	100개	100원	10,000원	⇒ 재고
매입	200개	130원	26,000원	⇒ 재고
매입	300개	150원	45,000원	⇒ 재고
매입	400개	170원	68,000원	⇒ 100개 재고, 300개 판매
	⇒ 총 1,000개 중 300개 판매			

⇒ 매출원가 : 51,000원, 기말재고 : 98,000원

3) 이동평균법
  ① 계속기록법만 가능

매출			창고			
			기초	100개	100원	10,000원
			매입	200개	130원	26,000원
			(평균)	300개	(120원)	36,000원
100개	120원	12,000원	재고	200개	120원	24,000원
			매입	300개	150원	45,000원
			(평균)	500개	(138원)	69,000원
200개	138원	27,600원	재고	300개	138원	41,400원
			매입	400개	170원	68,000원

⇒ 매출원가 : 39,600원, 기말재고 : 109,400원

4) 총평균법

① 실사법(실지재고조사법)만 가능

기초	100개	100원	10,000원
매입	200개	130원	26,000원
매입	300개	150원	45,000원
매입	400개	170원	68,000원
(평균)	1,000개	(149원)	149,000원

⇒ 총평균단가 149원 × 판매수량 300개 = 매출원가 44,700원
⇒ 총평균단가 149원 × 재고수량 700개 = 기말재고 104,300원

5)

	계속기록법		실사법
선입선출법	○	=	○
후입선출법	○	≠	○
이동평균법	○		×
총평균법	×		○

6) 요약 정리

① 물가가 상승 시
② 기초재고 ≦ 기말재고

　* 이익이 큰 순서

	선입선출법	이동평균법	총평균법	후입선출법
매출원가	36,000원	39,600원	44,700원	51,000원

⇓

비용 小, 이익 大

⇒ 선입선출법 > 이동평균법 > 총평균법 > 후입선출법

04 매출채권과 기타채권

1. **매출채권** : 상거래 관련(상품, 제품, 원재료) ○ → 외상매출금, 받을어음
2. **기타채권** : 상거래 관련 × → 대여금, 미수금, 선급금

1) 기타채권

(ex1) 현금 1,000,000원을 빌려주다.
➡ 단기대여금 1,000,000 / 현금 1,000,000

위 대여금 1,000,000원과 이자 100,000원을 현금으로 회수하다.
➡ 현금 1,100,000 / 단기대여금 1,000,000
                 / 이자수익   100,000

(ex2) 장부가액 700,000원의 토지를 1,000,000원에 매각하고, 월 말에 받기로 하다.
➡ 미수금 1,000,000 / 토   지 700,000
                / 유형자산처분이익 300,000

위 미수금을 현금으로 회수하다.
➡ 현금 1,000,000 / 미수금 1,000,000

(ex3) 상품 1,000,000원을 매입하기로 계약하고, 계약금 10%를 현금으로 지급하다.
➡ 선급금 100,000 / 현금 100,000

위 상품을 인수하고, 계약금을 제외한 잔액은 현금으로 지급하다.
➡ 상품 1,000,000 / 선급금 100,000
                / 현금   900,000

※ <u>계약하다, 주문하다, 담보 제공, 종업원 채용, 약속하다 → 회계상의 거래 ×</u>

2) 어음의 뜻 : 일정 금액을 일정 기일(만기일)에 일정 장소(은행)에서 지급할 것을 약속하는 증서
① **금융어음(융통어음)** : 상거래 외에서 발생한 어음으로 받을어음, 지급어음 계정과목을 사용할 수 없다.

→ 미수금, 미지급금, 대여금, 차입금

② **상업어음(진성어음)** : 상거래에서 발생 ○ → 받을어음, 지급어음

(ex1) 상품 1,000,000원을 매출하고 대금은 약속어음으로 수령하다.
➡ 받을어음 1,000,000 / 상품매출 1,000,000

상품 1,000,000원을 매입하고 대금은 약속어음으로 지급하다.
➡ 상품 1,000,000 / 지급어음 1,000,000

(ex2) 현금 1,000,000원을 빌려주고, 약속어음을 수령(차용증서 대신)하다.
➡ 단기대여금 1,000,000 / 현금 1,000,000

현금 1,000,000원을 차입하고, 약속어음을 발행 지급(차용증서 대신)하다.
➡ 현금 1,000,000 / 단기차입금 1,000,000

(ex3) 장부가액 700,000원의 토지를 1,000,000원에 매각하고, 대금은 약속어음으로 받다.
➡ 미수금 1,000,000 / 토   지 700,000
　　　　　　　　　　　/ 유형자산처분이익 300,000

(ex4) 토지를 1,000,000원에 취득하고, 대금은 약속어음으로 발행 지급하다.
➡ 토지 1,000,000 / 미지급금 1,000,000

㉠ **매입자**

2/1　상품 1,000,000원을 매입하고 대금은 약속어음으로 발행 지급하다.
➡ 상   품 1,000,000 / 지급어음 1,000,000

8/31　만기일에 약속어음 대금 1,000,000원을 보통예금에서 지급하다.
➡ 지급어음 1,000,000 / 보통예금 1,000,000

㉡ **매출자**

2/1　상품 1,000,000원을 매출하고, 대금은 약속어음으로 수령하다.
➡ 받을어음 1,000,000 / 상품매출 1,000,000

8/31　만기일에 약속어음 대금 1,000,000원이 보통예금에서 지급하다.
➡ 보통예금 1,000,000 / 받을어음 1,000,000

ⓒ 매출자 입장에서 만기일 전에 어음을 활용하는 방법

① 어음의 배서양도 : 제3자에게 어음상의 권리를 양도하는 것.
　(ex1) 4/1　홍길동으로부터 상품을 1,000,000원에 매입하고, 대금은 소유하고 있던 약속어음을 배서양도하다.
　　➡ 상품 1,000,000 / 받을어음 1,000,000

② 어음의 할인 : 어음을 은행에 매각하는 것.
　(ex2) 4/1　국민은행에 소유하고 있던 약속어음을 할인받고, 할인료 100,000원을 차감한 잔액은 보통예금되다.
　　➡ **매출채권처분손실** 100,000 / 받을어음 1,000,000
　　　 보 통 예 금 900,000 /

※ 어음의 할인 – 다음 조건을 모두 충족하면 매각거래
　① 양도인은 금융자산 양도 후 당해 자산에 대한 권리를 행사할 수 없어야 한다.
　② 양수인은 양수한 금융자산에 대하여 자유로운 처분권을 갖고 있어야 한다.
　③ 양도인은 금융자산 양도 후에 효율적인 통제권을 행사할 수 없어야 한다.

　위 조건을 충족하지 못하며 차입거래로 본다. 차입거래일 경우 회계 처리는 아래와 같다.
　이자비용 100,000 / 단기차입금 1,000,000
　보통예금 900,000 /

05 대손회계

1. **대손** : 채권을 받지 못하는 것을 대손이라고 하며, 일반기업회계에서는 장래에 발생할 것으로 보이는 대손 예상액을 추산하여 비용으로 인식함과 아울러 채권의 차감 계정인 대손충당금을 설정하도록 하고 있다. 이로 인해 재무상태표상의 매출채권은 순실현 가능가치(회수 가능액)로 평가되고 있다.

   회수불능 → 손실 → 비용처리 : "상각"

2. **채권**
   - **매출채권** : 외상매출금, 받을어음 → 대손상각비(판매관리비)
   - **기타채권** : 대여금, 미수금, 선급금 → 기타의 대손상각비(영업외비용)

   (ex1) 상품 1,000,000원을 외상으로 매출하다.
   ➡ 외상매출금 1,000,000 / 상품매출 1,000,000

   위 외상매출금이 회수 불능되다.
   ➡ 대손상각비 1,000,000 / 외상매출금 1,000,000
      ↳ (비용 中 판매관리비)

   (ex2) 현금 1,000,000원을 빌려주다.
   ➡ 단기대여금 1,000,000 / 현금 1,000,000

   위 대여금이 회수 불능되다.
   ➡ 기타의대손상각비 1,000,000 / 단기대여금 1,000,000
      ↳ (비용 中 영업외비용)

   (ex3) **20x1년** 10/1 상품 10,000,000원을 외상매출하다.
   ➡ 외상매출금 10,000,000 / 상품매출 10,000,000
                              ↳ 수익   10,000,000
                                - 비용   0
                              당기순이익 10,000,000

20x2년 1/2 외상매출금 中 1,000,000원이 회수불능되다.
➡ 대손상각비 1,000,000 / 외상매출금 1,000,000

　　　　↳　수익　　　　　　0
　　　　 - 비용　　　1,000,000
　　　　　　당기순손실　　1,000,000

※ 위처럼 회계 처리하게 되면 **수익은 20x1년에 비용은 20x2년에 인식**되어 손익계산서 작성기준 중 수익, 비용대응원칙에 위배 된다.

※ 손익계산서 작성기준
(1) 발생주의, 실현주의 원칙
(2) 총액주의 원칙
(3) 구분계산 원칙
(4) **수익·비용대응 원칙(대손충당금설정 이유)**

20x1　10/1　상품 10,000,000원을 외상 매출하다.
➡ 외상매출금 10,000,000 / 상품매출 10,000,000

　　　　　　　↳　수익(상품매출) 10,000,000
　　　　　　　 - 비용(대손상각비)1,000,000
　　　　　　　　　당기순이익　　9,000,000

20x1　12/31　결산 시에 외상매출금 중 1,000,000원을 대손 예상한다.
➡ 대손상각비 1,000,000 / **대손충당금 1,000,000** (채권 차감계정)

손익계산서			
대손상각비	1,000,000	상품매출	10,000,000

재무상태표			
외상매출금	10,000,000		
- 대손충당금	1,000,000	9,000,000	

20x2　1/2 외상매출금 中 1,000,000원이 회수불능되다.
➡ **대손충당금** 1,000,000 / 외상매출금 1,000,000

3. 대손예상 요약정리

(ex1) 결산 시 외상매출금 10,000,000원에 대해 1% <u>대손예상하다.</u>
(=대손충당금을 설정하다)

① 단, 대손충당금 잔액은 없다.
➡ 대손상각비 100,000 / 대손충당금 100,000

② 단, 대손충당금 잔액이 70,000원 있다.
➡ 대손상각비 30,000 / 대손충당금 30,000

③ 단, 대손충당금 잔액이 100,000원 있다.
➡ 분개없음

④ 단, 대손충당금 잔액이 150,000원 있다.
➡ 대손상각비 -50,000 / 대손충당금 -50,000 또는
➡ 대손충당금 50,000 / **대손충당금환입** 50,000

※ <u>비용처리 : 상각,   수익처리 : 환입</u>

* 매출채권 관련 대손충당금환입은 대손상각비가 판매관리비 계정이므로 대손충당금환입은 판매관리비 차감계정으로 처리하며,
* 기타채권 관련 대손충당금환입은 기타의대손상각비가 영업외비용이므로 대손충당금환입은 영업외수익으로 처리한다.

2) 대손 발생

(ex1) 외상매출금 100,000원이 회수 불능되다.

① 단, 대손충당금 잔액은 없다.
➡ 대손상각비 100,000 / 외상매출금 100,000

당기에 대손처리했던 외상매출금을 현금으로 회수하다.
➡ 현금 100,000 / 대손상각비 100,000

② 단, 대손충당금 잔액이 80,000원 있다.
➡ 대손충당금 80,000 / 외상매출금 100,000
   대손상각비 20,000 /

당기에 대손처리했던 외상매출금을 현금으로 회수하다.
➡ 현금 100,000 / 대손충당금 80,000
              / 대손상각비 20,000

※ <u>전기에 대손처리했던</u> 외상매출금 100,000원을 현금으로 회수하다.
➡ 현금 100,000 / **대손충당금** 100,000

전기에 대손처리했던 채권 금액을 회수 시에는 전기에 회계 처리한 내용을 수정할 수 없기 때문에 대손충당금을 회복시키는 회계 처리를 하는 것이다.

06 지분증권

1. 유가증권

1) 지분증권(주식) - 순자산에 대한 소유 지분을 나타내는 증권
2) 채무증권(사채) - 발행자에 대하여 금전을 청구할 수 있는 권리를 표시하는 증권

2. 주식회사의 자금조달방법

주식발행회사(자금조달)	주식취득회사
현금 ××× / 자본금 ×××	단기매매증권 ××× / 현금 ××× 매도가능증권 ××× / 지분법적용투자주식 ××× /

3. 지분증권

1) 단기매매증권 - 시장성이 있는 주식을 단기 시세차익 목적으로 취득
2) 매도가능증권 - 장기투자 목적으로 취득
3) 지분법적용투자주식 - 지분율이 20% 이상이거나 중대한(유의적인) 영향력을 행사할 수 있을 경우
4) 취득 시 : 단기매매증권 취득 시의 수수료는 수수료비용(영업외비용)으로 처리하며, 매도가능증권은 취득원가에 포함한다.

   * 단기매매증권과 매도가능증권 회계처리에 대해서만 설명

   ① 단기매매증권(유동자산 中 당좌자산) 10,000원에 취득, 수수료 1,000원과 함께 지급
   ➡ 단기매매증권 10,000 / 현금 11,000
      수수료비용   1,000 /
   ② 결산 시 공정가액 15,000원
   ➡ 단기매매증권 5,000 / 단기매매증권평가이익(영업외수익) 5,000

   ① 매도가능증권(비유동자산 中 투자자산) 10,000원에 취득, 수수료 1,000원과 함께 지급
   ➡ 매도가능증권 11,000 / 현금 11,000
   ② 결산 시 - 공정가액 15,000원
   ➡ 매도가능증권 4,000 / 매도가능증권평가이익(기타포괄손익) 4,000

5) 주식(단기매매증권, 매도가능증권) 보유 시 배당금 1,000원 수령
   ➡ 현금 1,000 / 배당금수익(영업외수익) 1,000

4. 단기매매증권평가손익(영업외손익)과 매도가능증권평가손익(기타포괄손익) 비교

[단기매매증권 사례]
   (1) 회사 설립 : 보통예금 100,000,000 / 자본금 100,000,000
   (2) 매출 발생 : 보통예금 300,000,000 / 매출 300,000,000
   (3) 급여 발생 : 급여 150,000,000 / 보통예금 150,000,000
   (4) 주식을 취득 : 단기매매증권 20,000,000 / 보통예금 20,000,000
   (5) 주식의 공정가액 25,000,000원
      ➡ 단기매매증권 5,000,000 / 단기매매증권평가이익 5,000,000
                                         ↳ "당기손익에 반영한다."

* 단기매매증권평가이익은 미실현이익이지만 1년 이내 실현 가능성이 크므로 수익으로 처리하여 당기순이익에 반영한다. 당기순이익은 재무상태표의 이익잉여금이 된다.

손익계산서	
매 출	300,000,000
+ 단기매매증권평가이익	5,000,000
- 급 여	150,000,000
당 기 순 이 익	155,000,000

재무상태표			
보 통 예 금	230,000,000	자 본 금	100,000,000
단기매매증권	25,000,000	이익잉여금	155,000,000
	255,000,000		255,000,000

※ 주식회사 총자본 : 255,000,000 ─┬ 자본금 : 100,000,000
　　　　　　　　　　　　　　　　　├ 자본잉여금 : ×
　　　　　　　　　　　　　　　　　├ 자본조정 : ×
　　　　　　　　　　　　　　　　　├ 기타포괄손익 : ×
　　　　　　　　　　　　　　　　　└ 이익잉여금 : 155,000,000

[매도가능증권 사례]

(1) 회사 설립 : 보통예금 100,000,000 / 자본금 100,000,000
(2) 매출 발생 : 보통예금 300,000,000 / 매출 300,000,000
(3) 급여 발생 : 급여 150,000,000 / 보통예금 150,000,000
(4) 주식을 취득 : 매도가능증권 20,000,000 / 보통예금 20,000,000
(5) 주식의 공정가액 25,000,000원
   ➡ 매도가능증권 5,000,000 / 매도가능증권평가이익 5,000,000
   ↳ "당기손익에 반영하지 않는다."

* 매도가능증권평가이익은 언제 실현될지 모르므로 수익으로 처리하지 않는다. 즉, 당기손익에 반영하지 않으므로 이익잉여금에도 반영되지 않는다. 이때 이익잉여금 바로 위에 적게 되는데 이 항목을 기타포괄손익이라고 한다.

손익계산서		
매 출		300,000,000
- 급 여		150,000,000
당 기 순 이 익		150,000,000

재무상태표			
보 통 예 금	230,000,000	자 본 금	100,000,000
매도가능증권	25,000,000	매도가능증권평가이익	5,000,000
		이 익 잉 여 금	150,000,000
	255,000,000		255,000,000

※ 주식회사 총자본 : 255,000,000
  ┌ 자본금 : 100,000,000
  ├ 자본잉여금 : ×
  ├ 자본조정 : ×
  ├ 기타포괄손익 : 5,000,000
  └ 이익잉여금 : 150,000,000

5. 단기매매증권과 매도가능증권 회계 처리 비교

1) 단기매매증권 - 평가이익 발생시

① 취득시 10,000원
   ➡ 단기매매증권 10,000 / 현금 10,000

② 결산시 공정가액 15,000원
  ➡ 단기매매증권 5,000 / **단기매매증권평가이익 5,000**
                        ↳ "당기손익에 반영한다."(수익처리)

③ 처분시 18,000원
  ➡ 현금 18,000 / 단 기 매 매 증 권 15,000
              / **단기매매증권처분이익 3,000**
              ↳ "당기손익에 반영한다." (수익처리) ➡ **총수익: 8,000원 인식**

2) 매도가능증권 – 평가이익 발생시

① 취득시 10,000원
  ➡ 매도가능증권 10,000 / 현금 10,000

② 결산시 공정가액 15,000원
  ➡ 매도가능증권 5,000 / **매도가능증권평가이익 5,000**
                    ↳ "당기손익에 반영하지 않는다." (수익 아님)
                        → 기타포괄손익(자본항목)으로 처리한다.

③ 처분시 18,000원
  ➡ 현   금 18,000 / 매 도 가 능 증 권 15,000
    매도가능증권평가이익 5,000 / **매도가능증권처분이익 8,000**
              ↳ 처분시에 처분손익 즉, "당기손익에 반영한다." (수익처리)

* 매도가능증권처분 시에는 당기손익에 반영하지 않았던 평가이익을 반대편으로 보내 정리하면서 처분이익에 반영한다. ➡ **총수익:8,000원 인식**

3) 단기매매증권 – 평가손실 발생 시

① 취득시 10,000원
  ➡ 단기매매증권 10,000 / 현금 10,000

② 결산시 공정가액 8,000원
  ➡ **단기매매증권평가손실 2,000** / 단기매매증권 2,000
      ↳ "당기손익에 반영한다." (비용처리)

③ 처분시 6,000원

　　➡ 현　　　　　　　금 6,000 / 단기매매증권 8,000
　　　단기매매증권처분손실　2,000 /
　　　　　　↳ "**당기손익에 반영한다.**" (비용처리)　➡　**총비용 4,000인식**

4) 매도가능증권 - 평가손실 발생시

　① 취득시 10,000원
　　➡ 매도가능증권 10,000 / 현금 10,000

　② 결산시 공정가액 8,000원
　　➡ **매도가능증권평가손실 2,000** / 매도가능증권 2,000
　　　↳ "**당기손익에 반영하지 않는다.**" (비용 아님)
　　　→ 기타포괄손익(자본항목)으로 처리한다.

　③ 처분시 6,000원
　　➡ 현　　　　　　　금 6,000 / 매 도 가 능 증 권 8,000
　　　매도가능증권처분손실　4,000 / **매도가능증권평가손실　2,000**
　　　　　　　　　　　　↳ 처분시에 처분손익 즉, "**당기손익에 반영한다.**" (비용처리)

* 매도가능증권처분 시에는 당기손익에 반영하지 않았던 평가손실을 반대편으로 보내 정리하면서 처분손실에 반영한다.　➡ **총비용 4,000인식**

07 채무증권

구분	사채발행회사(자금조달)	사채취득회사
발행 시	1. 현금 ××× / 사채 ×××	1. 단기매매증권 ××× / 현금 ××× 매도가능증권 ××× / 만기보유증권 ××× /
결산 시	2. 이자비용 ××× / 현금 ×××	2. 현금 ××× / 이자수익 ×××
만기 시	3. 사채 ××× / 현금 ×××	3. 현금 ××× / 만기보유증권 ×××

1. **사채** : 주식회사에서 운영자금을 조달하기 위해서 발행하는 증권

    ⇒ <u>현금 ×××</u> / <u>사채 ×××</u>

    현재 빌린 돈(현재가치) ≠ 미래에 갚을 돈(미래가치, 명목가액)
    ↳ 사채할인발행차금(이자 성격, 사채 차감계정)
    　사채할증발행차금(이자 성격, 사채 가산계정)

    3) 사채를 발행하는 방법 : 액면발행, 할인발행, 할증발행

    ①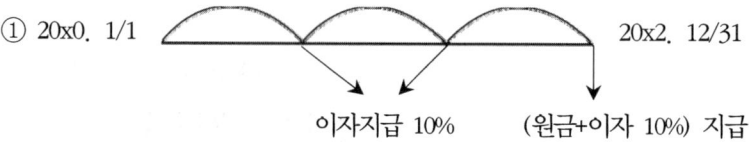
    　　　　　　　　　이자지급 10%　　(원금+이자 10%) 지급

    <u>3년 뒤에 1,000,000원을 갚기로 하고 1,000,000원을 빌림.</u>

    ⇒ **액면발행** : 20x0. 1/1　현금　　　1,000,000 / 사채 1,000,000
    　　　　　　　20x0. 12/31 이자비용　100,000 / 현금　100,000
    　　　　　　　20x1. 12/31 이자비용　100,000 / 현금　100,000
    　　　　　　　20x2. 12/31 이자비용　100,000 / 현금 1,100,000
    　　　　　　　　　　　　　사　채　1,000,000 /

    ②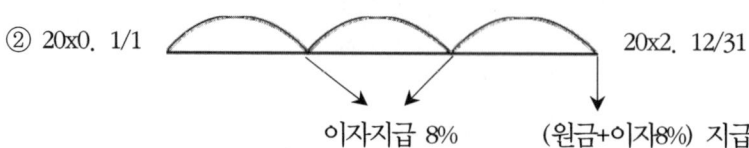
    　　　　　　　　　이자지급 8%　　(원금+이자8%) 지급

3년 뒤에 1,000,000원을 갚기로 하고 910,000원을 빌림.

⇒ <u>할인발행</u> : 20x0. 1/1 현   금 910,000 / 사채 1,000,000
　　　　　　　　　　<u>사채할인발행차금</u> 90,000 /
　　　　　　　　　↳ 이자성격　　　3년 동안 "상각한다"(비용처리)
　　　　　　20x0. 12/31 이자비용　110,000 / 현   금 80,000
　　　　　　　　　　　　　　　　　　　/ <u>사채할인발행차금</u> 30,000

　　　　　　20x1. 12/31 이자비용　110,000 / 현   금 80,000
　　　　　　　　　　　　　　　　　　　/ <u>사채할인발행차금</u> 30,000

　　　　　　20x2. 12/31 이자비용　110,000 / 현   금 80,000
　　　　　　　　　　　　　　　　　　　/ <u>사채할인발행차금</u> 30,000
　　　　　　　　　　사   채 1,000,000 / 현 금 1,000,000

* 사채할인발행차금은 상각액만큼 이자비용을 증가시킨다.

---

③ 20x0. 1/1 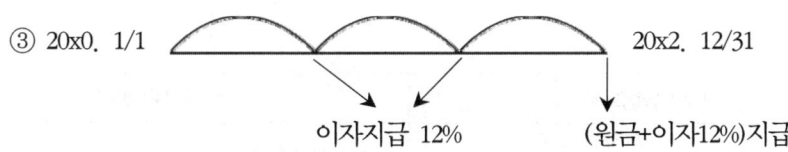 20x2. 12/31

　　　　　　　이자지급 12%　　　(원금+이자12%)지급

3년 뒤에 10,000,000원을 갚기로 하고 10,900,000원을 빌림.

⇒ <u>할증발행</u> : 20x0. 1/1 현금 1,090,000 / 사   채 1,000,000
　　　　　　　　　　　　　　　　　　/ <u>사채할증발행차금</u>   90,000
　　　　　　　　　　　이자성격 ↲　　　"환입된다"(이자비용과 상계)

　　　　　20x0. 12/31 이 자 비 용　90,000 / 현금 120,000
　　　　　　　　　　<u>사채할증발행차금</u> 30,000 /

　　　　　20x1. 12/31 이 자 비 용　90,000 / 현금 120,000
　　　　　　　　　　<u>사채할증발행차금</u> 30,000 /

20x2. 12/31 이 자 비 용	90,000 / 현금 120,000
사채할증발행차금	30,000 /
사 채	1,000,000 / 현금 1,000,000

* 사채할증발행차금은 환입액만큼 이자비용을 감소시킨다.

2. 사채발행회사와 사채취득회사의 회계 처리 비교

* 사채취득회사는 만기보유증권으로만 가정한다.

1) 액면발행

구 분	사채 발행회사	사채 취득회사
발행시	현금 1,000,000 / 사채 1,000,000	만기보유증권 1,000,000 / 현금 1,000,000
결산시	이자비용 100,000 / 현금 100,000	현금 100,000 / 이자수익 100,000
결산시	이자비용 100,000 / 현금 100,000	현금 100,000 / 이자수익 100,000
상환시	이자비용 100,000 / 현금 100,000	현금 100,000 / 이자수익 100,000
	사채 1,000,000 / 현금 1,000,000	현금 1,000,000 / 만기보유증권 1,000,000

2) 할인발행

구 분	사채 발행회사	사채 취득회사
발행시	현금 910,000 / 사채 1,000,000 사채할인발행차금 90,000 /	만기보유증권 910,000 / 현금 910,000
결산시	이자비용 110,000 / 현금 80,000 / 사채할인발행차금 30,000	현 금 80,000 / 이자수익 110,000 만기보유증권 30,000 /
결산시	이자비용 110,000 / 현금 80,000 / 사채할인발행차금 30,000	현 금 80,000 / 이자수익 110,000 만기보유증권 30,000 /
상환시	이자비용 110,000 / 현금 80,000 / 사채할인발행차금 30,000	현 금 80,000 / 이자수익 110,000 만기보유증권 30,000 /
	사채 1,000,000 / 현금 1,000,000	현금 1,000,000 / 만기보유증권 1,000,000

3) 할증발행

구 분	사채 발행회사	사채 취득회사
발행시	현금 1,090,000 / 사채 1,000,000 /사채할증발행차금 90,000	만기보유증권 1,090,000 / 현금 1,090,000
결산시	이자비용 90,000 / 현금 120,000 사채할증발행차금 30,000 /	현　　금 120,000 / 이자수익 90,000 / 만기보유증권 30,000
결산시	이자비용 90,000 / 현금 120,000 사채할증발행차금 30,000 /	현　　금 120,000 / 이자수익 90,000 / 만기보유증권 30,000
상환시	이자비용 90,000 / 현금 120,000 사채할증발행차금 30,000 / 사채 1,000,000 / 현금 1,000,000	현　　금 120,000 / 이자수익 90,000 / 만기보유증권 30,000 현금 1,000,000 / 만기보유증권 1,000,000

* 만기에는 액면발행, 할인발행, 할증발행 모두 액면금액으로 상환한다.
* 기업회계기준에서는 유효이자율법만 인정한다.

* 정액법과 유효이자율법 요약정리

할인발행	정액법	유효이자율법
이자비용	일정	증가
사채할인발행차금 상각액	일정	증가

할증발행	정액법	**유효이자율법**
이자비용	일정	**감소**
사채할증발행차금 환입액	일정	증가

08 유형자산

1. **유형자산** – 장기간 영업활동 목적으로 취득한 토지, 건물, 구축물(교량, 상하수도시설, 조경시설), 기계장치, 항공기, 선박, 비품, 건설중인자산으로 형태가 있는 자산을 말한다.

1) **특징** : 시간이 경과 → 외형적 가치 하락(감가)
2) **비상각자산** : 토지, 건설중인 자산
3) **구분**

비영업용토지구입	투자부동산 / 현금	비상각	투자자산으로 분류
비영업용건물구입	투자부동산 / 현금	상각	
영업용토지구입	토지 / 현금	비상각	유형자산으로 분류
영업용건물구입	건물 / 현금	상각	
판매용 토지, 건물구입	토지, 건물 / 현금	비상각	재고자산으로 분류

4) **취득 시**

※ 20x0년 1/1
- 차량 9,800,000원 취득
- 취득세, 등록세 등 200,000원 현금 지급
- 내용연수 5년
- 잔존가액은 0원

⇒ 20x0. 1/1 차량운반구 10,000,000 / 현금 10,000,000

취득원가 = 취득가액 + 취득제비용(취득세, 등록세, 공채 관련 비용, 시운전비, 설치비, 운송보험료, 하역비 등)

① 사채를 구입(액면가 100,000, 현재가치 80,0000)
→ 단기매매증권(매도가능증권, 만기보유증권) 80,000 / 현금 80,000

* 사채를 취득시에는 현재가치를 취득원가로 한다.

② 공채를 구입(액면 100,000, 현재가치 80,000)
   → 단기매매증권(매도가능증권, 만기보유증권) 80,000 / 현금 100,000
     차량운반구(토지, 건물)   20,000 /

③ 공채 관련 비용만 현금지급 (공채 할인료 지급)
   → 차량운반구   20,000   /   현금 20,000

* 공채는 지방자치단체의 수입원 중 하나로서 자동차, 건물, 토지 등을 취득하는 자는 의무적으로 구입을 해야 하는 유가증권으로 구입에 **강제성**이 있다.
* 공채의 액면가액은 사채처럼 미래가치(명목가액)이다. 시가(공정가액)가 현재가치이므로 시가로 취득하여야 하나 자산 취득 시에는 공채를 강제로 구입해야 하므로 액면가액으로 취득한다. 즉, 시가와 액면가액 차액만큼 취득하는 자는 손해를 보게 되는데, 이 금액만큼 취득원가에 가산한다.

5) 결산 시 → 감가상각비 계산
   • 취득원가 10,000,000
   • 잔존가액 0원, 내용연수 5년
   • 5년 뒤 처분 → 손실 10,000,000 ÷ 5년 = 1년 감가상각비 2,000,000

① 정액법 : 매년 가치가 하락하는 금액이 일정

$$\frac{\text{취득원가} - \text{잔존가액}}{\text{내용연수}} = 1년분\ 감가상각비$$

직접법 ⇒ 20x0. 1/1   차량운반구   10,000,000 / 현금   10,000,000
         20x0. 12/31 감가상각비   2,000,000 / 차량운반구   2,000,000
         20x1. 12/31 감가상각비   2,000,000 / 차량운반구   2,000,000
         20x2. 12/31 감가상각비   2,000,000 / 차량운반구   2,000,000

간접법 ⇒ 20x0. 1/1   차량운반구   10,000,000 / 현금   10,000,0000
         20x0. 12/31 감가상각비   2,000,000 / 감가상각누계액   2,000,000
                              ⬇
         마지막 12/31 감가상각비   1,999,000 / 감가상각누계액   1,999,000

* 마지막 연도에는 1,000원 비망기록 위해 남겨둔다.

④ 정률법 : 매년 가치가 하락하는 비율이 일정
(취득원가 - 감가상각누계액) × 정률 = 감가상각비
• 정률 0.451로 가정

⇒ 20x0. 1/1   차량운반구 10,000,000 / 현금   10,000,000
  20x0. 12/31 감가상각비   4,510,000 / 감가상각누계액 4,510,000
                          ↳ 10,000,000 × 0.451
  20x1. 12/31 감가상각비   2,475,990 / 감가상각누계액 2,475,990
                          ↳ 5,490,000 × 0.451

* 감가상각 초기에 정률법을 사용하면 감가상각비가 정액법에 비해 크게 계산되어 이익이 작게 계산되는데, 이를 보수주의라고 한다.

정액법, 정률법 외에도 아래와 같은 감가상각 방법이 있다.
③ 연수합계법 : (취득원가 - 잔존가액) × 잔존내용연수 / 내용연수의 합계
④ 생산량비례법 : (취득원가 - 잔존가액) × 실제생산량 / 총예정생산량

6) 처분 시

※ 20x2. 1/1 차량을 7,000,000원에 매각하고 현금으로 수령하다.(취득원가 10,000,000원, 감가상각누계액 4,000,000원)

⇒ 감가상각누계액 4,000,000 / 차량운반구   10,000,000
  현   금   7,000,000 / 유형자산처분이익   1,000,000

7) 수선비

① 수익적 지출 : 현 상태 유지, 원상 회복, 능률 유지, 지출 효과가 1년 이내에 소멸되는 수선
→ 즉시 비용 처리(수선비, 차량유지비)
(ex) 타이어 교체, 도색비 등
⇒ 수선비(차량유지비) ××× / 현금 ×××

② 자본적 지출 : 내용연수 연장, 가치증대되는 수선 → 자산처리
(ex) 증축, 엘리베이터 설치, 냉난방기 설치
⇒ 건물(차량운반구, 기계장치) ××× / 현금 ×××

8) 정부 보조금(국고보조금)

① 자산취득 조건으로 수령 시 : 해당 자산의 차감계정으로 처리

(ex) - 20x0. 1/1 기계를 취득하는 조건으로 10,000,000원 국고를 지원받다.

➡ 보통예금 10,000,000 / **정부보조금** 10,000,000
　　　　　　　　　　　　　　보통예금차감계정

1/1	재무상태표		
보 통 예 금		**********	
-정 부 보 조 금		10,000,000	****

- 20x0. 1/2 기계를 20,000,000원에 취득, 보통예금에서 지급 시.

➡ **기계장치**　20,000,000 / 보통예금　20,000,000
　정부보조금 10,000,000 / **정부보조금** 10,000,000
　보통예금차감계정　　　　기계장치차감계정

- 20x0. 12/31 (내용연수 5년, 잔존가액 0)

➡ 감가상각비 4,000,000 / 감가상각누계액 4,000,000
　정부보조금 2,000,000 / 감가상각비 2,000,000

또는 감가상각비 2,000,000　/ 감가상각누계액 4,000,000
　　　정부보조금 2,000,000　/

- 20x2. 1/1 기계장치 6,500,000원에 처분, 현금 수령(취득원가 20,000,000, 감가상각누계액 8,000,000, 정부보조금 잔액 6,000,000)

➡ 감가상각누계액 8,000,000 / 기계장치 20,000,000
　정 부 보 조 금 6,000,000 / 유형자산처분이익 500,000
　현　　　　 금 6,500,000 /

12/31	재무상태표		
기 계 장 치		20,000,000	
-감가상각누계액		8,000,000	
-정 부 보 조 금		6,000,000	6,000,000

9) 토지와 건물 일괄 구입

① 기존건물을 사용할 목적으로 토지를 취득한 경우 – **공정가치비율로 안분계산**

사례 토지와 건물을 100,000,000원에 일괄 구입하고 현금 지급하다.
토지의 공정가치는 30,000,000, 건물의 공정가치는 20,000,000이다.

토지 60,000,000 (1억원 × $\frac{3천}{5천}$) / 현금 100,000,000

건물 40,000,000 (1억원 × $\frac{2천}{5천}$) /

② 건물신축목적으로 기존건물이 있는 토지를 취득한 경우 – **건물철거비용은 토지 취득원가에 가산하고, 철거된 건물의 부산물 판매금액은 토지 취득원가에서 차감한다.**

사례 토지와 건물을 100,000,000원에 일괄 구입하고 현금 지급하다.
건물 철거비용 5,000,000원은 현금 지급하고,
건물철거 시 골재매각대금 2,000,000원 현금 수령하다.
⇒ 토지 103,000,000 / 현금 103,000,000
1억원 + 5,000,000 − 2,000,000 = 103,000,000 = 토지취득원가

③ 건물신축목적으로 기존건물을 철거하는 경우 – **건물신축을 위해 사용 중인 기존 건물을 철거하는 경우에는 건물의 장부금액은 제거하여 처분손실로 처리하며, 철거비용은 당기비용으로 처리한다.**

사례 건물을 철거하고, 철거비용 5,000,000원은 현금으로 지급하다.
(건물취득원가 100,000,000원, 감가상각누계액 90,000,000원)
⇒ 감가상각누계액 90,000,000 / 건물 100,000,000
유형자산처분손실 10,000,000 / 현금 5,000,000
수 수 료 비 용 5,000,000 /

10) 현물출자 – 주식발행에 의한 자산취득

사례 20x1년 1월 1일에 토지를 취득하고, 액면금액 5,000원인 주식 20,000주를 발행하여 교부하였다.
토지의 시가는 120,000,000원이며, 주식의 시가는 6,000원이다.
⇒ 토 지 120,000,000 / 자 본 금 100,000,000(액면가액)
/ 주식발행초과금   20,000,000

* 현물출자로 취득한 자산의 취득원가는 교부한 주식의 공정가치(시가)로 한다.

11) 교환에 의한 자산취득

　① 이종자산교환 - 다른 종류의 자산을 서로 교환하는 것으로 취득원가는 제공한 자산의 공정가치 + 현금지급(-현금수령)으로 결정하며, 처분손익을 인식한다.

　　사례 사용 중이던 건물을 기계장치와 교환하면서 100,000원은 현금으로 지급하였다. 건물취득원가 1,000,000원, 감가상각누계액 800,000원, 공정가치 600,000원

　　감가상각누계액　800,000 / 건물　1,000,000
　　기계장치　　　　　700,000 / 유형자산처분이익　400,000
　　　　　　　　　　　　　　 / 현금　100,000

　② 동종자산의 교환 - 성격이 유사한 자산과의 교환으로 취득원가는 제공한 자산의 장부가액 + 현금지급(-현금수령)으로 결정하며, 처분손익을 인식하지 않는다.

　　사례 사용 중이던 건물을 건물과 교환하면서 100,000원은 현금으로 지급하였다.
　　건물취득원가 1,000,000원, 감가상각누계액 800,000원, 공정가치 600,000원

　　감가상각누계액　800,000 / 건물　1,000,000
　　건물　　　　　　300,000 / 현금　100,000

12) 증여 또는 무상취득 - 공정가치를 취득원가로 한다.

　사례 대주주로부터 시가 100,000,000원의 토지를 기증받았다.
　토지　100,000,000 / 자산수증이익　100,000,000

13) 유형자산의 재평가

　사례 1. 토지를 100,000원에 취득하다.
　　➡ 토지 100,000 / 현금 100,000

　　2. 토지 재평가액 130,000원 - 취득원가보다 높은 금액으로 재평가 시 재평가잉여금(기타포괄손익)으로 처리한다.
　　➡ 토지 30,000 / <u>재평가잉여금</u> 30,000
　　　　　　　　　　　　↳ 기타포괄손익

3. 토지 재평가액 60,000원 - 재평가잉여금을 먼저 상계 후 남은 금액은 재평가손실(비용)로 처리한다.
   ➡ 재평가잉여금 30,000 / 토지 70,000
   　재평가손실　40,000 /
   　　↳ 비용

사례 1. 토지를 100,000원에 취득하다.
   ➡ 토지 100,000 / 현금 100,000

2. 토지 재평가액 80,000원 - 취득원가보다 하락 시 재평가손실(비용)로 처리한다.
   ➡ 재평가손실 20,000 / 토지 20,000
   　　↳ 비용

3. 토지 재평가액 140,000원 - 재평가손실금액만큼은 재평가이익(수익)으로 처리 후 취득원가를 초과하는 금액은 재평가잉여금(기타포괄손익)으로 처리한다.
   ➡ 토지 60,000 / 재평가이익 20,000(수익)
   　　　　　　 / 재평가잉여금 40,000(기타포괄손익)

14) 차입원가의 자본화
　↳이자비용　↳자산
건물을 신축하기 위해 은행에서 자금을 차입하고, 이자를 지급시
① 건물 신축기간 1년 이내 : 이자비용 ××× / 현금 ×××
② 건물 신축기간 1년 초과 : 건설중인자산 ××× / 현금 ×××
　　　　　　　　　　　　　　 "자본화"

* 차입원가는 기간비용으로 처리함으로 원칙으로 한다. 다만, 유형자산, 무형자산, 투자부동산과 제조, 매입, 건설 또는 개발이 개시된 날로부터 의도된 용도로 사용하거나 판매할 수 있는 상태가 될 때까지 1년 이상의 기간이 소요되는 재고자산(적격자산)의 차입금 관련 이자(차입원가)는 해당 자산의 취득원가로 회계 처리 할 수 있는데 이를 "차입원가의 자본화"라고 한다.

09 회계 변경과 오류수정

1. 회계 변경

1) 정책의 변경 → 소급적용, 직전 연도의 재무상태표 수정.
   : "~법 → ~법"으로 변경하는 것.
   (ex) 재고자산 평가방법
       선입선출법에서 → 이동평균법으로 변경

2) 추정의 변경 → 전진법, 직전 연도의 재무상태표 수정하지 않음.
   (ex) 대손율, 내용연수, 잔존가액 변경,
       감가상각방법 변경 : 정액법 → 정률법

3) 사례 - 감가상각방법의 변경은 추정의 변경으로 전진법을 사용해야 하지만, 이해를 돕기 위해서 전진법과 소급법을 비교 설명하면 아래와 같다.

   자료 2003년 차량을 10,000,000원에 취득
           내용연수 5년, 잔존가액 "0"
           정률 45%
           감가상각방법을 정액법을 적용하다 2004년 1/1 정률법으로 변경

   ① 추정의 변경 → 전진법

   2003. 01/01 차량운반구 10,000,000 / 현금 10,000,000
   2003. 12/31 감가상각비 2,000,000 / 감가상각누계액 2,000,000
   2004. 01/01 정률법으로 변경(정률 45%) : 회계처리 ×
   2004. 12/31 감가상각비 3,600,000 / 감가상각누계액 3,600,000
   2005. 12/31 감가상각비 1,980,000 / 감가상각누계액 1,980,000

   ② 정책의 변경 → 소급법

   2003. 01/01 차량운반구 10,000,000 / 현금 10,000,000
   2003. 12/31 감가상각비 2,000,000 / 감가상각누계액 2,000,000
   2004. 01/01 정률법으로 변경

: **회계변경누적효과 2,500,000** / 감가상각누계액 2,500,000
　　　　　　　　↳ 잉여금처분계산서에 반영 → 잉여금(−)
　　　　　⇒ 1차(2003)10,000,000 × 45% = 4,500,000
2004. 12/31 감가상각비 2,475,000 / 감가상각누계액 2,475,000

2. 오류수정

1) 금액 오류

2) 계정과목 오류

3) 분개 오류

　→ 전기오류수정이익(손실)

　① 중대한 오류(300번대) : ~~수익 비용~~, 이익잉여금처분계산서에 반영
　　- 정보이용자의 의사결정에 영향을 미칠수 있는 오류

　② 중대하지 않은 오류(900번대) : 수익 비용, 손익계산서에 반영(비용처리)
　　- 정보이용자의 의사결정에 영향을 미치지 않는 오류

　(ex) 기업업무추진비 관련 정상적 회계 처리
　　　12/20 기업업무추진비 카드결제 : 기업업무추진비 100,000 / 미지급금 100,000
　　　01/25 카드 대금 결제 : 미지급금 100,000 / 보통예금 100,000

　(ex) 기업업무추진비 관련 누락 회계 처리(중대한 오류 아님으로 가정)
　　　12/20 기업업무추진비 카드결제 : 회계 처리 ×
　　　01/25 카드 대금 결제 : 전기오류수정손실(900번대) 100,000 / 보통예금 100,000

10 무형자산 및 기타 비유동자산

1. 무형자산

1) 자산에서 발생하는 미래 경제적 효익이 기업에 유입될 가능성이 매우 높다.
2) 자산의 원가를 신뢰성 있게 측정할 수 있다.
3) 위 두 가지 조건을 모두 충족시켜야 무형자산으로 인식할 수 있으며, 다른 자산으로부터 식별 가능해야 하고(**식별 가능성**), 기업이 통제할 수 있어야 하며(**통제 가능성**), 미래 경제적 효익을 창출할 수 있어야 한다(**미래 경제적 효익 창출**).
4) 영업권(초과수익력), 산업재산권(특허권, 실용신안권, 의장권, 상표권), 광업권, 어업권, 차지권, 소프트웨어, 개발비가 있다.

2. 연구비와 개발비 구분

1) 연구단계 지출 : 연구비 10,000,000원을 현금으로 지급
   ① 판매관리비 처리 : 연구비 10,000,000 / 현금 10,000,000

2) 개발 단계 지출
   ① 미래 경제적 효익 ○ : 개발비 → 무형자산
   ② 미래 경제적 효익 × : 경상개발비(경상연구개발비) → 판매관리비

사례 1) 개발비 10,000,000원을 현금으로 지급하다.
   ① 무형자산 처리 : 개발비 10,000,000 / 현금 10,000,000
   ② 판매관리비 처리 : 경상연구개발비 10,000,000 / 현금 10,000,000

사례 2) 01/01 개발비 100,000,000원을 보통예금에서 지급하다.(5년간 상각)
   : 개발비 100,000,000 / 보통예금 100,000,000

   12/31 ① **무형자산상각비 20,000,000 / 개발비 20,000,000**
      ⇒ **직접법**
      ② 무형자산상각비 20,000,000 / 무형자산상각누계액 20,000,000
      ⇒ **간접법**

사례 3) 1/1 특허권을 취득(10년간 상각), 특허출원 제비용 10,000,000원 현금 지급하다.
: 특허권 10,000,000 / 현금 10,000,000
12/31 무형자산상각비 1,000,000 / 특허권 1,000,000

※ <u>무형자산의 상각은 관계 법령에서 정해놓은 것을 제외하고는 20년을 초과할 수 없으며, 회계 처리 방법은 직접법과 간접법 모두 허용되나 일반적으로 직접법을 사용한다.</u>

3. 기타비유동자산

장기성매출채권, 보증금(전세권, 전신전화가입권, 임차보증금, 영업보증금), 이연법인세자산

11. 유동부채 / 비유동부채

1. 부채

1) **유동부채** : 매입채무(외상매입금, 지급어음), 선수수익, 미지급비용, 단기차입금, 미지급금, 선수금, 예수금, **유동성장기부채**

   ① 유동성장기부채 : 장기차입금 中 상환기일이 1년 이내에 도래하는 것

   (ex) 20x0. 10/1   10,000,000원을 차입(만기는 20x3. 9/30)

   ➡ 보통예금 10,000,000 / <u>장기차입금</u> 10,000,000
   　　　　　　　　　　　　　　　↳ 비유동부채

   20x0. 12/31 : 회계 처리 ×
   20x1. 12/31 : 회계 처리 ×
   20x2. 12/31   유동성 대체 분개

   ➡ 장기차입금 10,000,000 / <u>**유동성장기부채**</u> 10,000,000

   20x3. 9/30   만기에 상환　　　　　↳ "**유동성 대체**" 한다

   ➡ 유동성장기부채 10,000,000 / 보통예금 10,000,000

2) **비유동부채** : 장기차입금, 장기성매입채무, 사채, **충당부채**

2. 퇴직급여충당부채

1) 충당부채 조건

   ① 과거 사건의 결과
   ② 현재 의무가 존재하며 금액을 신뢰성 있게 측정 가능
   ③ 미래 자원의 유출 가능성이 매우 높은 것

2) 퇴직금추계액 : 1년 이상 근무한 임·직원이 동시에 퇴직 시 지급해야 할 퇴직금

	일 급여	근속년수	추계액
대표이사	100,000원	5년	15,000,000원
홍길동	50,000원	3년	4,500,000원
임꺽정	30,000원	9개월	×

※ 일 급여 × 30일 × 근속년수 = 추계액

20x0. 12/31   퇴직급여 19,500,000 / 퇴직급여충당부채 19,500,000
20x1. 10/10   기초퇴직급여충당부채 19,500,000원
              홍길동 퇴사 → 퇴직금 4,500,000원 지급
              ➡ 퇴직급여충당부채 4,500,000 / 보통예금 4,500,000

20x1. 12/31   결산 시 퇴직금추계액 계상 : 20,000,000원으로 가정.
              * 추가설정액 : 퇴직급여 5,000,000 / 퇴직급여충당부채 5,000,000
※ 퇴직금추계액 20,000,000원 - 충당부채 잔액 15,000,000원

3. 퇴직연금제도

1) 확정급여형(DB형) 퇴직연금 – 회사가 납입한 연금 운용손익의 책임이 회사에 있는 것.
   ① 연금납부 시 : 퇴직연금운용자산 *** / 현금 ***
   ② 퇴직금 지급 시 : 퇴직급여(퇴직급여충당부채) *** /퇴직연금운용자산 ***

2) 확정기여형(DC형) 퇴직연금 – 회사가 납입한 연금 운용손익의 책임이 종업원에게 있는 것.
   ① 연금납부 시 : 퇴직급여 *** / 현금 ***
   ② 퇴직금 지급 시 : 회계 처리 없음.

4. 우발부채

현재 채무는 아니지만 장래 채무 가능성이 있는 것으로 보증채무가 대표적이다. 우발부채는 재무상태표상 부채로 인식하지 않고, 주석으로 기재한다.

자원유입가능성\금액추정가능성	신뢰성 있게 추정가능	추정불가능
가능성이 매우 높음	충당부채인식	우발부채로 주석공시
가능성이 어느 정도 있음	우발부채로 주석공시	
가능성이 거의 없음	공시하지 않음	공시하지 않음

5. 우발자산

자산으로 인식하지 않고, 자원 유입 가능성이 매우 높을 때는 주석으로 공시한다.

12 주식회사 자본

1. 주식회사의 자본구성

1) 자본금 : 법정 자본금 → 액면 단가 × 발행 주식 수
2) 자본잉여금 : 자본거래에서 발생할 이익을 유보 시키는 항목
3) 자본조정 : 자본잉여금에 속하지 않는 자본거래에서 발생한 항목
4) 기타 포괄손익 : 이익이나 손실 중 언제 실현될지 모르는 항목
5) 이익잉여금 : 영업활동에서 발생한 이익

2. 주식발행초과금과 주식할인발행차금

사례 1) 회사 설립 후 당기순이익 발생 시

㈜아카데미 : 발행할 주식 총수 1,000,000주 → 정관에 규정
　　　　　　 설립 시 200,000주 발행(1주당 @₩500원)

① 강선생 : 　100,000주 × @₩500 = 　50,000,000 (50%)
② 김선생 : 　 60,000주 × @₩500 = 　30,000,000 (30%)
③ 최선생 : 　 40,000주 × @₩500 = 　20,000,000 (20%)
　유통주식수 200,000주　　납입자본 100,000,000 (100%)

① 설립 시 : 신주 200,000주(@₩500)를 @₩500에 발행하고, 납입금은 보통예입하다.
　　➡ 보통예금 100,000,000 / 자본금 100,000,000

재무상태표

자산		부채·자본	
보통예금	100,000,000	자본금	100,000,000

➡ 자본총계 100,000,000원 ÷ 유통주식수 200,000주 = 1주당 가치 @₩500

② 매출 발생 : 보통예금 300,000,000 / 매출 300,000,000
③ 비용 발생 : 급여 100,000,000 / 보통예금 100,000,000

손익계산서	
매 출	300,000,000
- 급 여	100,000,000
당 기 순 이 익	200,000,000

➡ 당기순이익 200,000,000원 ÷ 유통주식수 200,000주 = 주당순이익 @₩1,000

재무상태표			
보통예금	300,000,000	자 본 금	100,000,000
		이 익 잉 여 금	200,000,000
	300,000,000		300,000,000

➡ 자본총계 300,000,000원 ÷ 유통주식수 200,000주 = 1주당 가치 @₩1,500

④ 유상증자 : 미발행주식(신주) 중 20,000주(@₩500원)를 @₩1,500에 발행하고 보통예입하다.

: 보통예금 30,000,000 / 자 본 금 10,000,000
　　　　　　　　　　 / **주식발행초과금** 20,000,000
　　　　　　　　　　　　　↳ 자본잉여금

사례 2) 회사 설립 후 당기순손실 발생 시

① **설립 시** : 보통예금　100,000,000 / 자본금　100,000,000

② **매출 발생** : 보통예금 300,000,000 / 매출　300,000,000

③ **비용 발생** : 급여　350,000,000 / 보통예금 350,000,000

손익계산서	
매 출	300,000,000
- 급 여	350,000,000
당 기 순 손 실	50,000,000

재무상태표			
보 통 예 금	50,000,000	자 본 금	100,000,000
		미처리결손금	(50,000,000)
	50,000,000		50,000,000

➡ 자본총계 50,000,000원 ÷ 유통주식수 200,000주 = 1주당 가치 @₩250

④ **유상증자** : 미발행주식(신주) 중 20,000주(@₩500)를 @₩250에 발행하고 보통예입하다.

: 보 통 예 금 5,000,000 / 자본금 10,000,000
  주식할인발행차금 5,000,000 /
     ↳ 자본조정

3. 감자차손과 자기주식, 자기주식처분이익(손실)

재무상태표			
보 통 예 금	300,000,000	자 본 금	100,000,000
		이 익 잉 여 금	200,000,000
	300,000,000		300,000,000

➡ 자본총계 300,000,000원 ÷ 유통주식수 200,000주 = 1주당가치 @₩1,500

① **유상감자** : 이미 발행된 주식 중 40,000주(@₩500)를 @₩1,500에 **매입소각**하고, 보통예금에서 지급하다.

: 자 본 금 20,000,000 / 보통예금 60,000,000
  감자차손 40,000,000 /
     ↳ 자본조정

② 자기주식 40,000주(@₩500)를 @₩1,500에 **매입하고,** 보통예금에서 지급하다.
  ➡ **자기주식**(자본조정) 60,000,000 / 보통예금 60,000,000

③ 위 자기주식 40,000주를 70,000,000에 매각하다.
  보통예금 70,000,000 / 자기주식 60,000,000
                 / **자기주식처분이익** 10,000,000(자본잉여금)

④ 위 자기주식 40,000주를 50,000,000에 매각하다.
  보통예금   50,000,000 / 자기주식 60,000,000
  자기주식처분손실(자본조정) 10,000,000 /

4. 감자차익

재무상태표			
보통예금	50,000,000	자 본 금	100,000,000
		미처리결손금	(50,000,000)
	50,000,000		50,000,000

➡ 자본총계 50,000,000원 ÷ 유통주식수 200,000주 = 1주당 가치 @₩250

1) 유상감자 : 이미 발행된 주식 중 40,000주(@₩500)를 @₩250에 <u>매입소각</u>하고, 보통예금에서 지급하다.

　➡ 자 본 금 20,000,000 / 보통예금 10,000,000
　　　　　　　　　　　　 / <u>감자차익</u> 10,000,000
　　　　　　　　　　　　　　↳ 자본잉여금

5. 증자와 감자정리

1) 유상감자 : 자본금 ××× / 현 금 ×××
2) 무상감자 : 자본금 ××× / 결손금 ×××
3) 유상증자 : 현 금 ××× / 자본금 ×××
4) 무상증자 : 잉여금 ××× / 자본금 ×××

※ 자본잉여금 : 주식발행초과금, 감자차익, 자기주식처분이익
※ 자본조정 : 주식할인발행차금, 감자차손, 자기주식, 자기주식처분손실, 배당건설이자, 미교부주식배당금

6. 이익잉여금 처분과 배당금 지급

1) 이익잉여금 처분 시

　➡ 이월이익잉여금　/　1. 이익준비금 5,000,000
　　　105,000,000　/　2. 기타법정적립금
　　　　　　　　　　/　3. 주식할인발행차금 상각(3년간)
　　　　　　　　　　/　4. 미지급배당금(현금배당) 50,000,000
　　　　　　　　　　/　　 미교부주식배당금(주식배당) 50,000,000
　　　　　　　　　　/　5. 임의적립금

☞ 이익준비금 : 금전(현금)배당의 $\frac{1}{10}$ 이상 적립

2) 배당금 지급
 ① 현금배당 지급 : 미지급배당금 50,000,000 / 현금 50,000,000
 ② 주식배당금 교부 : 미교부주식배당금 50,000,000 / 자본금 50,000,000

13. 수익과 비용

1. 손익의 이연

1) 손익계산서 상의 비용은 당기의 비용만 반영되어야 한다. 때문에 아래의 예제처럼 비용 중 차기에 해당하는 금액이 포함된 경우에는 결산 시 정리 분개를 통해서 다음 연도로 넘겨야 하는데, 이를 **"비용의 이연"**이라고 한다.

① 20x0년 10/1 1년분 보험료 120,000원을 현금 지급하였다.

보험료 120,000 / 현금 120,000

1/1~12/31 손익계산서
수익
-비용 ~~120,000~~ ⇒ 30,000
당기순이익

보험료 120,000원 중			
20x0	당기	차기	20x1
10/1	30,000	90,000	9/30

② 12/31 보험료 정리 (보험료 선급분, 미경과분)

선급비용 90,000 / 보험료 90,000

* 이런 정리 분개를 하지 않으면 보험료라는 비용이 과대계상되어 순이익이 감소되는 오류가 발생한다.

③ 20x1년 1/1 보험료 (선급비용) 재대체 분개를 통해서 다시 비용으로 반영한다.

보험료 90,000 / 선급비용 90,000

1/1 ~ 12/31 손익계산서
수   익
-비   용 : 보험료 90,000
당기순이익

※ 아래 예제로 선급금과 선급비용을 혼동하지 말자.

① 12/31일   계약금 100,000원을 현금으로 지급하다.
  선급금 100,000 / 현금 100,000
② 12/31일   보험료 선급분 100,000원을 장부에 계상하다.
  선급비용 100,000 / 보험료 100,000

2) 손익계산서 상의 수익은 당기의 수익만 반영되어야 한다. 때문에 아래의 예제처럼 수익 중 차기에 해당하는 금액이 포함된 경우에는 결산 시 정리 분개를 통해서 다음 연도로 넘겨야 하는데, 이를 **"수익의 이연"**이라고 한다.

① 20x0 10/1 1년분 집세 120,000원 현금으로 수령하다.

현금 120,000 / 임대료 120,000

1/1~12/31	손익계산서
	수익 ~~120,000~~ ⇒ 30,000
	-비용
	당기순이익

② 12/31 집세 선수분(미경과분) 정리

임대료 90,000 / 선수수익 90,000

* 이런 정리 분개를 하지 않으면 임대료라는 수익이 과대계상되어 순이익이 증가되는 오류가 발생한다.

─────────────────────────

③ 20x1 1/1 선수수익 재대체 분개를 통해서 다시 수익으로 처리한다.

선수수익 90,000 / 임대료 90,000

1/1~12/31	손익계산서
	수익 : 임대료 90,000
	-비용
	당기순이익

※ 아래 예제로 선수금과 선수수익을 혼동하지 말자.

① 12/31일 계약금 100,000원을 현금으로 수령하다.

현금 100,000 / 선수금 100,000

② 12/31일 집세 선수액 100,000원을 계상하다.

임대료 100,000 / 선수수익 100,000

2. 손익의 예상

손익의 예상은 손익의 이연과 반대로 당기에 발생한 수익과 비용인데, 받을 권리와 지급할 의무가 당기가 아닌 차기 이후에 확정되는 수익과 비용을 손익계산서에 반영시키는 것이다.

1) 비용의 예상

아래 예제처럼 12월에 보름치 이자가 발생하였으나 이자 지급일은 **다음 연도** 15일일 때 보름치 이자를 장부에 "**미지급비용**"이라는 과목으로 반영하는 것을 **비용의 예상**이라고 한다.

① 10/15 은행에서 10,000,000원을 차입(이율 12%, 매월 15일에 지급)하다.
  보통예금 10,000,000 / 차입금 10,000,000

② 11/15 이자 100,000원을 지급하다.
  이자비용 100,000 / 현금 100,000

③ 12/15 이자 100,000원을 지급하다.
  이자비용 100,000 / 현금 100,000

④ 12/31 이자 미지급액 50,000원을 계상하다.
  이자비용 50,000 / 미지급비용 50,000

1/1 ~ 12/31	손익계산서
수 익	
-비 용 : 이자비용 ~~200,000~~ ⇒ 250,000	
당기순이익	

⑤ 1/15 이자 100,000원을 현금으로 지급하다.
  미지급비용 50,000   /   현금 100,000
  이자비용 50,000

※ 아래 예제로 미지급금과 미지급비용을 혼동하지 말자.

① 12/31일 급여 미지급액 100,000원을 장부에 계상하다. (**지급일은 매월 말일**)
  급여 100,000 / 미지급금 100,000

② 12/31일 급여 미지급액 100,000원을 장부에 계상하다. (**지급일은 다음 달 10일**)
급여 100,000 / 미지급비용 100,000

⇓ **반대편 입장**

2) 수익의 예상

아래 예제처럼 12월에 보름치 이자가 발생하였으나 이자 수령일은 **다음 연도** 15일일 때 보름치 이자를 장부에 "**미수수익**"이라는 과목으로 반영하는 것을 **수익의 예상**이라고 한다.

11/15 현금 100,000 / 이자수익 100,000 12/15 현금 100,000 / 이자수익 100,000 12/31 이자 미수액을 계상하다 **미수수익 50,000 / 이자수익 50,000**	**1/1~12/31 손익계산서** 수익 ~~200,000~~ ⇒ 250,000 -비용 당기순이익
1/15 현금 100,000 / 미수수익 50,000 　　　　　　　　이자수익 50,000	**1/1~1/31 손익계산서** 수익 ~~100,000~~ ⇒ 50,000 -비용 당기순이익

손익의 예상	① 비용의 예상 ⇒ ××× / 미지급비용 ××× ② 수익의 예상 ⇒ 미수수익 ××× / ×××

※ 아래 예제로 미수금과 미수수익을 혼동하지 말자.

① 12/31일   임대료 미수액 100,000원을 장부에 계상하다. (**이자 수령일은 매월 말일**)
　　　　　　미수금 100,000 / 임대료 100,000

② 12/31일   임대료 미수액 100,000원을 장부에 계상하다. (**이자 수령일은 다음 달 10일**)
　　　　　　미수수익 100,000 / 임대료 100,000

3. 소모품 정리

1) 소모품을 구입 시 소모품의 중요성을 따져 자산(소모품)으로 처리했다가 결산 시 사용액만큼을 소모품비로 대체하는 자산 처리법과

2) 소모품을 구입 시 비용(소모품비)으로 처리했다가 결산 시 미사용액만큼을 소모품으로 대체하는 비용처리법이 있다.

일반적으로 자산 처리, 비용처리에 대한 언급이 없으면 비용처리법을 사용한다.

자산처리법	비용처리법
(1) 소모품 1,000,000 구입	
소모품 1,000,000 / 현금 1,000,000	소모품비 1,000,000 / 현금 1,000,000
(2) 12/31 결산 시 소모품 미사용액 300,000(사용액 700,000)	
소모품비 700,000/ 소모품 700,000	소모품 300,000 / 소모품비 300,000

Chapter 4 재무회계 기출문제

Exercise 회계개념과 순환과정 기출문제

01 일반기업회계기준에 의한 재무상태표에 관한 설명이다. 틀린 것은?

① 재무제표 항목의 표시나 분류방법이 변경되는 경우에도 전기의 항목은 재분류하지 아니한다.
② 재무제표가 일반기업회계기준에 따라 작성된 경우에는 그러한 사실을 주석으로 기재하여야 한다.
③ 재무제표는 재무상태표, 손익계산서, 현금흐름표, 자본변동표 및 주석으로 구분하여 작성한다.
④ 재무제표의 작성과 표시에 대한 책임은 경영진에게 있다.

정답 ①
재분류한다.

02 재무제표의 기본요소에 대한 설명으로 옳지 않은 것은?

① 자산은 과거의 거래나 사건의 결과이어야 한다.
② 자산의 취득은 반드시 지출을 동반하여야 하는 것은 아니다.
③ 운수업의 미래 예상수리비는 부채로 인식 할 수 있다.
④ 부채는 채무·금액·시기가 반드시 확정될 필요는 없다.

정답 ③
부채는 과거 사건과의 인과관계가 존재하여야 하므로 단지 예상만으로는 부채를 인식 할 수 없다.

03 일반기업회계기준상 재무제표의 목적에 대한 설명으로 틀린 것은?

① 재무상태표 : 일정기간 동안의 자산, 부채 그리고 자본에 대한 정보를 제공
② 자본변동표 : 일정기간 동안의 자본의 크기와 그 변동에 관한 정보를 제공
③ 현금흐름표 : 일정기간 동안의 현금흐름에 대한 정보를 제공
④ 손익계산서 : 일정기간 동안의 경영성과에 대한 정보를 제공

정답 ①
재무상태표는 일정시점

04 다음 중 보수주의에 대한 설명으로 잘못된 것은?

① 우발손실의 인식은 보수주의에 해당한다.
② 보수주의는 재무적 기초를 견고히 하는 관점에서 이익을 낮게 보고하는 방법을 선택하는 것을 말한다.
③ 재고자산의 평가 시 저가법을 적용하는 것은 보수주의에 해당한다.
④ 보수주의는 이익조작의 가능성이 존재하지 않는다.

정답 ④
보수주의는 논리적 일관성이 결여되어 이익조작의 가능성이 있다.

05 재무제표정보의 질적 특성인 신뢰성에 대한 내용이 아닌 것은?

① 재무정보가 의사결정에 반영될 수 있도록 적시에 제공되어야 한다.
② 재무정보가 특정이용자에게 치우치거나 편견을 내포해서는 안 된다.
③ 거래나 사건을 사실대로 충실하게 표현하여야 한다.
④ 동일사건에 대해 다수의 서로 다른 측정자들이 동일하거나 유사한 측정치에 도달하여야 한다.

정답 ①
목적적합성에 대한 내용으로 적시성에 해당한다.

06 다음 중 자산에 속하지 않는 계정과목은?

① 개발비
② 선급비용
③ 미수수익
④ 선수수익

정답 ④
선수수익은 부채에 해당한다.

07 다음 중 현행 일반기업회계기준에서 규정하고 있는 재무제표가 아닌 것은?

① 재무상태표
② 현금흐름표
③ 제조원가명세서
④ 자본변동표

정답 ③
제조원가명세서는 해당하지 않는다.

08 수익적지출로 처리하여야 할 것을 자본적지출로 잘못 회계처리한 경우 재무제표에 미치는 영향이 아닌 것은?

① 당기순이익이 과대 계상된다.
② 현금 유출액이 과대 계상된다.
③ 자본이 과대 계상된다.
④ 자산이 과대 계상된다.

정답 ②

비용을 자산으로 계상하게 되면 자산과 당기순이익이 과대 계상되고 자본이 과대 계상 된다. 그러나 현금 유출액에는 영향을 미치지 않는다.

09 다음 중 재무상태표의 구성요소에 대한 구분과 관련된 설명 중 틀린 것은?

① 유동자산은 당좌자산, 매출채권, 재고자산으로 구분한다.
② 비유동자산은 투자자산, 유형자산, 무형자산, 기타비유동자산으로 구분한다.
③ 부채는 유동부채와 비유동부채로 구분한다.
④ 자본은 자본금, 자본잉여금, 자본조정, 기타포괄손익누계액 및 이익잉여금(또는 결손금)으로 구분한다.

정답 ①

유동자산은 당좌자산과 재고자산으로 구분한다.

10 다음 중 재무상태표에 대한 설명으로 옳은 것은?

① 재무상태표는 자산, 부채, 자본으로 구성되어 있다.
② 재무상태표는 일정기간동안의 기업의 경영성과에 대한 정보를 제공해준다.
③ 기타포괄손익누계액은 부채에 해당한다.
④ 자산과 부채는 원칙적으로 상계하여 순액으로 표시하여야 한다.

정답 ①

기타포괄손익누계액은 자본에 해당되며, 자산과 부채는 총액으로 표시하여야 한다.

Exercise 현금 및 현금성자산 기출문제

01 다음 중 현금 및 현금성 자산으로 분류되는 것은?

① 사용이 제한된 예금
② 요구불 당좌예금
③ 통화대용증권에 해당하지 않는 수입인지
④ 취득당시 만기가 1년 이내에 도래하는 금융상품

정답 ②

요구불 예금이란 예금주의 요구가 있을 때 언제든지 지급할 수 있는 예금의 총칭(보통예금과 당좌예금 등)이다.

02 다음 중 현금 및 현금성 자산에 해당하지 않는 것은?

① 타인발행수표 등 통화대용증권
② 당좌예금
③ 2025년 11월 1일 취득하였으나 상환일이 2026년 3월 1일인 상환우선주
④ 취득 당시 만기가 3개월 이내에 도래하는 채권

정답 ③

현금성 자산은 현금으로 전환이 용이하고 이자율 변동에 따른 위험이 경미한 금융상품으로서 취득 당시 만기일 (또는 상환일)이 3개월 이내인 것을 말한다.

03 다음 중 현금 및 현금성 자산에 속하지 않는 항목은?

① 미화 $100 지폐
② 즉시 인출 가능한 보통예금 잔고 300,000원
③ 7월 1일에 수취한 받을어음 1,000,000원(만기일 9월 30일)
④ 12월 1일에 ㈜한국에 대여한 단기대여금 500,000원(상환일 다음연도 3월 15일)

정답 ④

단기대여금은 당좌자산에 속하는 채권으로써 현금 및 현금성 자산으로 분류되지 않는다.

04 다음 중 재무제표에 보고되는 현금 및 현금성 자산에 해당하지 않는 것은?

① 지폐
② 여행자수표
③ 2025.8.5 취득한 양도성예금증서(만기:2025.11.2.)
④ 정기예금

정답 ④

정기예금은 단기금융상품에 해당한다.

05 다음 중 현금 및 현금성 자산으로 분류될 수 없는 항목은?

① 타인발행수표 등 통화대용증권　　② 당좌예금
③ 장기대여금　　　　　　　　　　　④ 단기매매증권

정답 ③, ④

　　당좌자산은 유동자산 중에서 재고자산이 아닌 경우를 의미한다. 장기대여금은 투자자산에 해당한다.

Exercise 재고자산 기출문제

01 재고자산의 원가흐름에 대한 가정에 대한 내용 중 틀린 것은?

① 후입선출법은 기말재고자산의 현행가치를 잘 나타내는 장점을 가지고 있다.
② 선입선출법은 실제물량흐름에 관계없이 먼저 구입한 상품이 먼저 판매나 사용된 것으로 보는 가정이다.
③ 선입선출법을 적용하면 실지재고조사법과 계속기록법 중 어느 방법을 적용하더라도, 한 회계기간에 계상되는 기말재고자산과 매출원가의 금액은 동일하다.
④ 개별법은 원가의 흐름과 실물의 흐름이 일치하는 이상적인 방법이나, 적용하기 번거롭고 관리비용이 많이 소요되는 단점을 가지고 있다.

정답 ①
후입선출법은 오래된 재고가 남아있으므로, 기말재고의 현행가치를 잘 나타내지 못한다.

02 재고자산 평가방법 중 후입선출법에 대한 설명으로 올바른 것은?

① 실제물량흐름과 원가흐름이 대체로 일치한다.
② 물가하락 시 선입선출법보다 이익이 상대적으로 과대계상 된다.
③ 현행수익에 대하여 오래된 원가가 대응되므로 수익비용 대응이 상대적으로 부적절하다.
④ 기말재고자산이 가장 최근에 매입한 단가가 적용되므로 시가에 가깝게 표시된다.

정답 ②
보기 ①, ③, ④는 선입선출법에 대한 설명이다.

03 다음 중 재고자산에 대한 설명으로 가장 옳지 않은 것은?

① 계속기록법은 입출고시마다 계속적으로 기록하여 항상 잔액이 산출되도록 하는 방법이다.
② 실지재고조사법은 정기적으로 재고조사를 실시하여 실제 재고수량을 파악하는 방법이다.
③ 계속기록법 하의 평균법을 총평균법이라 한다.
④ 원칙적으로 개별법을 사용하여 취득단가를 결정하고, 개별법으로 원가를 결정할 수 없을 때에 선입선출법, 가중평균법 및 후입선출법에서 선택하여 사용하도록 규정하고 있다.

정답 ③
계속기록법 하의 평균법을 이동평균법이라 한다.

04 다음은 일반기업회계기준상 재고자산에 대한 설명이다. 괄호 안에 들어갈 내용으로 옳은 것은?

> 재고자산은 이를 판매하여 수익을 인식한 기간에 (㉠)(으)로 인식한다. 재고자산의 시가가 장부금액 이하로 하락하여 발생한 평가손실은 재고자산의 차감계정으로 표시하고 (㉡)에 가산한다. 재고자산의 장부상 수량과 실제 수량과의 차이에서 발생하는 감모손실의 경우 정상적으로 발생한 감모 손실은 (㉢)에 가산하고 비정상적으로 발생한 감모손실은 (㉣)(으)로 분류한다.

	㉠	㉡	㉢	㉣
①	매출원가	영업외비용	영업외비용	매출원가
②	매출원가	매출원가	매출원가	영업외비용
③	영업외비용	매출원가	매출원가	영업외비용
④	영업외비용	영업외비용	영업외비용	매출원가

정답 ②

05 지속적으로 물가가 하락하고 기말상품재고수량이 기초상품재고수량보다 증가하고 있는 상황일 때 다음의 설명 중 옳지 않은 것은?

① 기말상품재고액은 선입선출법이 이동평균법보다 크게 평가된다.
② 매출원가는 선입선출법이 총평균법보다 크게 평가된다.
③ 당기순이익은 선입선출법이 총평균법보다 작게 평가된다.
④ 원가흐름의 가정으로 선입선출법을 사용하거나 이동평균법을 사용해도 재고자산의 수량에는 차이가 없다.

정답 ①
선입선출법상 기말재고는 최근에 구입한 상품의 원가로 구성되므로 물가가 하락한 경우 재고자산의 가격이 더 작게 평가된다.

06 다음 중 재고자산의 종류에 대한 설명이 틀린 것은?

① 기업의 경우 판매를 목적으로 소유하고 있는 상품
② 제조기업의 경우 제품 생산을 위해 소유하고 있는 원료, 재료, 제품, 재공품
③ 부동산매매업의 경우 판매 목적으로 소유하고 있는 토지, 건물 등
④ 부동산임대업의 경우 소유하고 있는 토지, 건물

정답 ④

07 다음의 재고자산의 단위원가를 결정하는 방법 중 수익비용의 대응에 있어서 가장 정확한 방법은 무엇인가?

① 후입선출법　　　② 선입선출법　　　③ 가중평균법　　　④ 개별법

정답 ④
　　개별법은 각 재고자산별로 매입원가 또는 제조원가를 결정하는 방법이므로 수익비용대응에 가장정확한 단위원가 결정방법임.

08 다음 중 일반기업회계기준의 재고자산감모손실에 대한 설명으로 올바른 것은?

① 정상적으로 발생한 감모손실은 매출원가에 가산한다.
② 재고자산감모손실은 시가가 장부가액보다 하락한 경우에 발생한다.
③ 비정상적으로 발생한 감모손실은 판매비와관리비 항목으로 분류한다.
④ 재고자산감모손실은 전액 제조원가에 반영하여야 한다.

정답 ①
　　재고자산은 이를 판매하여 수익을 인식한 기간에 매출원가로 인식한다. 재고자산의 시가가 장부금액 이하로 하락하여 발생한 평가손실은 재고자산의 차감계정으로 표시하고 매출원가에 가산한다. 재고자산의 장부상 수량과 실제 수량과의 차이에서 발생하는 감모손실의 경우 정상적으로 발생한 감모손실은 매출원가에 가산하고 비정상적으로 발생한 감모손실은 영업외비용으로 분류한다.

09 다음 중 재고자산 취득원가에 포함되지 않는 것은?

① 취득과정에서 정상적으로 발생한 하역료
② 제조과정에서 발생한 직접재료원가
③ 추가 생산단계에 투입하기 전에 보관이 필요한 경우 외의 보관비용
④ 수입과 관련한 수입관세

정답 ③
　　추가 생산단계에 투입하기 전에 보관이 필요한 경우 외의 보관비용은 재고자산원가에 포함할 수 없으며 발생기간의 비용으로 인식하여야 한다.

10 재고자산에 대한 평가방법 중 재고자산이 존재하는 상황에서 후입선출법에 대한 설명으로서 알맞지 않은 것은? 단, 기말재고자산이 기초재고자산보다 증가하는 상황이라고 가정한다.

① 물가가 지속적으로 상승 시 선입선출법에 비해 매출원가를 크게 계상한다.
② 물가가 지속적으로 상승 시 선입선출법에 비해 기말재고자산은 시가를 적정하게 표시하지 못한다.
③ 물가가 지속적으로 하락 시 선입선출법보다 이익을 작게 계상한다.
④ 물가가 지속적으로 하락 시 기말재고자산은 선입선출법에 비해 크게 계상된다.

정답 ③
　　후입선출법 하에서 물가가 지속적으로 하락시 선입선출법보다 이익을 크게 계상한다.

Exercise 매출채권과 기타채권, 대손회계 기출문제

01 매출채권의 대손충당금을 과다설정한 것이 재무제표에 미치는 영향으로 잘못된 것은?

① 비용의 과대계상 ② 자산의 과대계상
③ 당기순이익의 과소계상 ④ 이익잉여금의 과소계상

정답 ②

대손충당금을 과다설정한 것은 손익계산서에 계상될 대손상각비를 과대계 상했다는 것이다.
　　대손상각비 XXX / 대손충당금 XXX
따라서 당기순이익 및 이익잉여금, 자산은 과소계상되고, 비용은 과대계상된다.

02 ㈜한국은 12월 1일에 ㈜서울에 대한 외상매출금 1,000,000원에 대하여 ㈜서울의 파산으로 대손처리하였다. 대손처리 전에 외상매출금 및 대손충당금의 잔액이 다음과 같을 때 다음 설명 중 틀린 것은?

- ㈜서울에 대한 외상매출금 : 1,000,000원
- 외상매출금에 설정된 대손충당금 : 1,000,000원

① 대손처리 후의 외상매출금의 총액은 1,000,000원이 감소된다.
② 12월 1일의 회계처리에서는 일정한 비용이 인식된다.
③ 대손처리 후의 대손충당금의 잔액은 1,000,000원이 감소된다.
④ 대손처리 후의 외상매출금의 순액은 변동이 없다.

정답 ②

12월 1일의 회계처리는 다음과 같다.
　　(차) 대손충당금 1,000,000 (대) 외상매출금 1,000,000
따라서 회계처리과정에서 비용으로 인식되는 금액은 없다.

03 ㈜세무는 ㈜회계로부터 받은 어음(액면가액 10,000,000원)을 9,500,000원에 할인 받고자 한다. 다음의 설명 중 틀린 것은?(단, 단기차입금과 장기차입금을 구분하지 않고 차입금으로 인식한다고 가정)

① 해당 거래가 매각거래로 분류될 경우 매출채권처분손실을 인식할 것이다.
② 해당 거래가 차입거래로 분류될 경우 이자비용을 인식할 것이다.
③ 해당 거래가 차입거래로 분류될 경우 차입금 계정은 10,000,000원 증가할 것이다.
④ 해당 거래가 매각거래로 분류될 경우 받을어음 계정은 변동이 없을 것이다.

정답 ④

〈매각 시〉
(차) 현금 등 9,500,000원   (대) 받을어음 10,000,000원
매출채권처분손실 500,000원
〈차입 시〉
(차) 현금 등 9,500,000원   (대) 차입금 10,000,000원
이자비용 500,000원

04 다음은 매출채권에 대한 설명이다. 틀린 것은?

① 매출할인은 제품의 총매출에서 차감한다.
② 매출채권이란 주된 영업활동의 상품이나 제품판매 혹은 서비스를 제공하고 아직 돈을 못 받은 경우 그 금액을 말한다.
③ 매출채권에서 발생한 대손상각비는 영업외비용으로 처리한다.
④ 대손충당금은 매출채권의 평가성 항목으로서 매출채권에서 차감하는 형식으로 표시한다.

정답 ③
판매관리비로 비용 처리한다.

05 아래 자료에 의하여 손익계산서에 계상할 대손상각비를 계산하면 얼마인가?

- 기초 대손충당금 잔액 : 500,000원
- 7월 15일에 매출채권 회수불능으로 대손처리액 : 700,000원
- 9월 30일에 당기 이전에 대손처리된 매출채권 현금회수액 : 1,000,000원
- 기말 매출채권 잔액 : 100,000,000원
- 대손충당금은 기말 매출채권 잔액의 2%로 한다.(보충법)

① 1,200,000원   ② 1,000,000원   ③ 700,000원   ④ 500,000원

정답 ①

① 기중대손처리액 200,000원 + 기말추가설정액 1,000,000원 = 1,200,000원
(1) 기중대손처리액 : (차) 대손충당금 500,000원 (대) 매출채권 700,000원
                  대손상각비 200,000원
(2) 기말추가설정액 : (차) 대손상각비 1,000,000원 (대) 대손충당금 1,000,000원
- 기말 대손충당금 잔액 : 500,000원 - 500,000원 + 1,000,000원 = 1,000,000원
- 기말 대손충당금 추가 설정 : 100,000,000원 × 2%
= 2,000,000원 - 1,000,000원 = 1,000,000원

투자자산(유가증권) 기출문제

01 유가증권에 대한 내용으로 틀린 것은?

① 상품권은 회계상 유가증권에 해당된다.
② 단기매매증권의 평가손익은 미실현보유손익이지만 당기손익에 반영한다.
③ 유가증권에는 지분증권과 채무증권이 포함된다.
④ 유가증권의 손상차손 금액은 당기손익에 반영한다.

정답 ①
상품권은 그 자체가 매매대상이 아니기 때문에 회계상 유가증권에서 제외된다.

02 다음 중 유가증권에 대한 설명으로 옳지 않은 것은?

① 유가증권은 증권의 종류에 따라 지분증권과 채무증권으로 분류할 수 있다.
② 단기매매증권과 매도가능증권은 지분증권으로 분류할 수 있으나 만기보유증권은 지분증권으로 분류할 수 없다.
③ 보고기간 종료일로부터 1년 이내에 만기가 도래하는 만기보유증권의 경우, 유동자산으로 재분류하여야 하므로 단기매매증권으로 변경하여야 한다.
④ 단기매매증권은 주로 단기간 내에 매매차익을 목적으로 취득한 유가증권을 말한다.

정답 ③
계정과목명을 단기매매증권으로 분류 변경하는 것이 아니라, 만기보유증권(유동자산)으로 분류변경 한다.

03 다음 유가증권의 분류 중에서 만기보유증권으로 분류할 수 있는 판단기준이 되는 것은 무엇인가?

① 만기까지 보유할 적극적인 의도와 능력이 있는 채무증권
② 만기까지 매매차익을 목적으로 취득한 채무증권
③ 만기까지 다른 회사에 중대한 영향력을 행사하기 위한 지분증권
④ 만기까지 배당금이나 이자수익을 얻을 목적으로 투자하는 유가증권

정답 ①
만기보유증권이란 만기가 확정된 채무증권으로서 상환금액이 확정되었거나 확정이 가능한 채무증권을 만기까지 보유할 적극적인 의도와 능력이 있는 경우를 말한다.

04 다음은 유가증권의 재분류에 관한 설명이다. 잘못된 것은?

① 매도가능증권은 만기보유증권으로 재분류할 수 있다.
② 유가증권 과목의 분류를 변경할 때에는 재분류일 현재의 공정가치로 평가한 후 변경한다.
③ 단기매매증권이 시장성을 상실한 경우에는 매도가능증권으로 분류하여야 한다.
④ 만기보유증권으로부터 매도가능증권으로 재분류하는 경우에, 유가증권 재분류에 따른 평가에서 발생하는 공정가치와 장부금액의 차이 금액은 당기손익으로 처리한다.

정답 ④

만기보유증권으로부터 매도가능증권으로 재분류하는 경우에, 유가증권 재분류에 따른 평가에서 발생하는 공정가치와 장부금액의 차이금액은 기타포괄손익누계액으로 처리한다.

05 유가증권에 대한 설명 중 잘못된 것은?

① 단기매매증권과 매도가능증권은 원칙적으로 공정가치로 평가한다.
② 단기매매증권의 미실현보유손익은 당기손익항목으로 처리한다.
③ 매도가능증권의 미실현보유손익은 당기손익항목으로 처리한다.
④ 단기매매증권이 시장성을 상실한 경우에는 매도가능증권으로 분류변경하여야 한다.

정답 ③

매도가능증권의 미실현보유손익은 자본항목(기타포괄손익누계액)으로 처리한다.(일반기업회계기준 6.31)

06 다음 자료를 보고 2025년에 인식할 처분손익을 구하시오.

- 2024년 기말 매도가능증권 1,000주, 주당공정가치 7,000원
- 2024년 기말 매도가능증권평가이익 2,000,000원
- 2025년 7월 1일 500주를 주당 6,000원에 처분하였다.

① 처분이익 1,000,000원   ② 처분이익 500,000원
③ 처분손실 500,000원   ④ 처분손실 1,000,000원

정답 ②

500주 × (6,000 − 7,000) + (2,000,000 × 500주/1,000주) = 500,000

07 다음 세 가지 조건에 모두 해당하는 유가증권은?

- 보유기간 중 평가방법은 원칙적으로 공정가액법에 의한다.
- 보유기간 중 평가손익은 재무상태표상 자본항목에 표시한다.
- 지분증권 또는 채무증권에 해당한다.

① 단기매매증권 ② 매도가능증권
③ 만기보유증권 ④ 지분법적용투자주식

정답 ②

만기보유증권은 채무증권(6.23)이고, 단기매매증권평가손익은 당기손익 항목으로 처리(6.31), 지분법적용투자주식은 채무증권이 아님

08 다음 중 유가증권에 대한 설명으로 틀린 것은?

① 매도가능증권의 미실현보유손익은 자본항목(기타포괄손익누계액)으로 처리한다.
② 단기매매증권이 시장성을 상실하는 경우 만기보유증권으로 분류변경한다.
③ 단기매매증권의 미실현보유손익은 당기손익항목으로 처리한다.
④ 만기까지 적극적으로 보유할 의도와 목적이 있는 채무증권을 만기보유증권이라 한다.

정답 ②

단기매매증권이 시장성을 상실하는 경우 매도가능증권으로 분류변경한다.(일반기업회계기준 6.34)

09 다음 자료에 의할 경우, 2025년에 인식할 매도가능증권 처분손익은 얼마인가?

- 2024년 6월 1일 매도가능증권 120주를 주당 60,000원에 취득하였다.
- 2024년 기말 매도가능증권평가손실 1,200,000원(주당 공정가치 50,000원)
- 2025년 5월 1일 120주를 주당 50,000원에 처분하였다.

① 처분이익 2,400,000원 ② 처분이익 1,200,000원
③ 처분손실 2,400,000원 ④ 처분손실 1,200,000원

정답 ④

처분 시 120주 × (60,000원 -50,000원) = 1,200,000원 처분손실
(차) 현금 6,000,000원 (대) 매도가능증권 6,000,000원
매도가능증권처분손실 1,200,000원 매도가능증권평가손실 1,200,000원

10 일반기업회계기준상 유가증권에 대한 설명 중 가장 옳지 않은 것은?

① 지분증권 중 단기매매증권이나 만기보유증권으로 분류되지 아니하는 유가증권은 매도가능증권으로 분류한다.
② 매도가능증권 중 시장성이 없는 지분증권의 공정가치를 신뢰성 있게 측정할 수 없는 경우에는 취득원가로 평가한다.
③ 유가증권 보유자가 유가증권에 대한 통제를 상실하지 않고 유가증권을 양도하는 경우, 당해 거래는 담보차입거래로 본다.
④ 단기매매증권에 대한 미실현 보유손익은 기타포괄손익 누계액으로 처리한다.

정답 ④
단기매매증권에 대한 미실현 손익은 당기손익항목으로 처리 한다.

유형자산 기출문제

01 다음 중 모든 감가상각방법이 선택가능하다면 일반적으로 첫 해에 회사의 이익을 가장 많이 계상할 수 있는 방법은?

① 정률법   ② 이중체감법   ③ 연수합계법   ④ 정액법

정답 ④

정률법과 이중체감법, 연수합계법은 모두 가속상각법으로 초기에 비용을 많이 계상하므로 이익이 정액법보다 적게 계상된다.

02 다음은 모두 업무에 사용 중인 자산이다. 다음 중 유형자산으로 분류되지 않은 것은?

① 건물   ② 상표권   ③ 구축물   ④ 기계장치

정답 ②

상표권은 무형자산으로 분류되며 나머지 자산들은 모두 유형자산으로 분류된다.

03 기계장치의 감가상각관련 자료가 다음과 같을 때 제2기인 2025년 말 결산 시에 계상하여야 할 감가상각비와 감가상각누계액을 바르게 표시한 것은?

- 취득일 : 2024년 1월 1일 · 취득원가 : 2,000,000원 · 내용연수 : 10년
- 정률법 상각율 : 10% · 상각방법 : 정률법

	감가상각비	감가상각누계액		감가상각비	감가상각누계액
①	200,000원	300,000원	②	180,000원	380,000원
③	200,000원	400,000원	④	180,000원	180,000원

정답 ②

2024년 : 2,000,000 × 0.1 = 200,000
2025년 : 1,800,000 × 0.1 = 180,000   380,000

04 유형자산의 취득원가 구성항목으로 옳지 않은 것은?

① 유형자산 취득과 관련하여 불가피하게 매입하는 국공채의 매입가액
② 설치장소 준비를 위한 지출
③ 취득과 직접 관련이 있는 제세공과금
④ 취득 시 소요되는 운반비용

정답 ①
불가피하게 취득한 국공채의 경우에는 매입가액과 공정가치와의 차액이 취득원가에 가산된다.

05 다음은 일반기업회계기준에 따른 유형자산의 취득원가에 대한 설명이다. 가장 잘못된 것은?

① 유형자산의 취득에 사용된 차입금에 대하여 당해 자산의 취득완료시점까지 발생한 이자비용은 자산의 취득원가에 가산함을 원칙으로 한다.
② 유형자산이 정상적으로 작동되는지 여부를 시험하는 과정에서 발생하는 원가는 취득부대비용으로 보아 취득원가에 가산한다.
③ 현물출자, 증여, 기타 무상으로 취득한 자산은 공정가치를 취득원가로 한다.
④ 국고보조금 등에 의해 유형자산을 공정가액보다 낮은 대가로 취득한 경우에도 그 유형자산의 취득원가는 취득일의 공정가액으로 한다.

정답 ①
차입원가는 기간비용 처리함을 원칙으로 한다. 자본화대상자산에 해당될 경우 취득원가에 산입할 수 있다.

06 다음 중 유형자산에 대한 설명으로 틀린 것은?

① 유형자산 처분 시 장부금액보다 처분금액이 큰 경우 유형자산처분이익으로 회계 처리한다.
② 정액법은 취득원가에서 잔존가치를 차감한 금액을 내용연수에 걸쳐 균등하게 배분하는 감가상각방법이다.
③ 유형자산의 내용연수를 증가시키는 자본적 지출이 발생하는 경우에는 당기의 비용으로 처리한다.
④ 유형자산을 외부로부터 구입 시 발생하는 취득부대비용은 취득원가에 가산한다.

정답 ③
자본적 지출은 감가상각을 통해 내용연수 동안 비용처리 한다.

07 다음 중 유형자산의 감가상각에 관한 설명으로 틀린 것은?

① 유형자산의 감가상각대상금액은 내용연수에 걸쳐 합리적이고 체계적인 방법으로 배분한다.
② 유형자산의 감가상각은 자산을 구입한 때부터 즉시 시작한다.
③ 유형자산의 감가상각방법은 자산의 경제적 효익이 소멸되는 형태를 반영한 합리적인 방법이어야 한다.
④ 유형자산의 내용연수는 자산으로부터 기대되는 효용에 따라 결정된다.

정답 ②
유형자산의 감가상각은 자산이 사용가능한 때부터 시작한다. 즉, 경영진이 의도하는 방식으로 자산을 가동하는 데 필요한 장소와 상태에 이른 때부터 시작한다.

08 자본적 지출이 수익적 지출로 처리되었을 경우 그 결과는 어떻게 되는가?

① 부채가 과소평가 된다.
② 자산이 과대계상 된다.
③ 당기순이익이 과소계상 된다.
④ 자기자본이 과대계상 된다.

정답 ③

자산계정으로 계상될 항목이 비용계정으로 계상되었으므로 당기순이익 과소계상됨

09 감가상각을 하는 목적으로 가장 적합한 표현은?

① 이익의 과소계상으로 세금을 줄이기 위하여
② 유형자산의 가치감소만큼 비용으로 계상하기 위하여
③ 수익, 비용대응의 원칙에 입각한 원가배분을 위하여
④ 동일한 유형자산에 대한 미래의 재취득자금을 마련하기 위하여

정답 ③

10 다음 중 감가상각 대상자산이 아닌 것은?

① 건물　　　　　　　② 차량운반구
③ 토지　　　　　　　④ 비품

정답 ③

Exercise 투자자산, 무형자산, 기타비유동자산 기출문제

01 다음 중 무형자산의 인식요건이 아닌 것은?

① 식별가능성　　　　　　　　② 검증가능성
③ 통제가능성　　　　　　　　④ 미래의 경제적 효익의 유입가능성

정답 ②
　　무형자산의 인식요건은 식별가능성, 통제가능성, 미래의 경제적 효익의 유입가능성이다.

02 다음은 무형자산에 대한 설명이다. 잘못된 것은?

① 무형자산이란 물리적 형체는 없지만 식별가능하고 기업이 통제하고 있으며, 미래경제적 효익이 있는 비화폐성 자산을 말한다.
② 무형자산은 합리적인 상각방법을 정할 수 없는 경우에는 정률법을 사용한다.
③ 무형자산의 잔존가치는 없는 것을 원칙으로 한다.
④ 자산에서 발생하는 미래경제적 효익이 기업에 유입될 가능성이 매우 높으며, 자산의 원가를 신뢰성 있게 측정할 수 있어야 무형자산으로 인식할 수 있다.

정답 ②
　　무형자산의 상각방법은 자산의 경제적 효익이 소비되는 행태를 반영한 합리적인 방법이어야 한다. 무형자산의 상각대상금액을 내용연수 동안 합리적으로 배분하기 위해 다양한 방법을 사용할 수 있다. 이러한 상각방법에는 정액법, 체감잔액법(정률법 등), 연수합계법, 생산량비례법 등이 있다. 다만, 합리적인 상각방법을 정할 수 없는 경우에는 정액법을 사용한다.

03 다음 중 무형자산의 인식요건이 아닌 것은?

① 식별가능성　　　　　　　　② 통제가능성
③ 이해가능성　　　　　　　　④ 미래의 경제적 효익의 유입가능성

정답 ③
　　무형자산의 인식요건은 식별가능성, 통제가능성, 미래의 경제적 효익의 유입가능성이다.

04 무형자산에 관한 다음의 내용 중 옳지 않는 것은?

① 외부에서 구입한 무형자산은 자산으로 처리한다.
② 무형자산의 상각방법으로 합리적인 상각방법을 정할 수 없는 경우에는 정액법을 사용한다.
③ 무형자산 내용연수는 법적 요인에 의한 내용연수와 경제적 요인에 의한 내용연수 중 긴 기간으로 한다.
④ 내부적으로 창출한 영업권은 자산으로 인식하지 아니한다.

정답 ③
무형자산 내용연수는 법적 내용연수와 경제적 내용연수 중 짧은 기간으로 한다.

05 일반기업회계기준상 무형자산에 대한 설명으로 올바른 것은?

① 무형자산의 상각은 당해 자산을 취득한 시점부터 시작한다.
② 사용을 중지하고 처분을 위해 보유하는 무형자산은 사용을 중지한 시점의 장부가액으로 표시한다.
③ 무형자산의 공정가치 또는 회수가능액이 증가하면 상각은 증감된 가액에 기초한다.
④ 무형자산은 상각기간이 종료되는 시점에 거래시장에서 결정되는 가격으로 잔존가치를 인식하는 것이 원칙이다.

정답 ②
① 상각은 자산이 사용가능한 때부터 시작한다.
③ 무형자산의 공정가치 또는 회수가능액이 증가하더라도 상각은 원가에 기초한다.
④ 무형자산의 잔존가치는 없는 것을 원칙으로 한다.

06 다음 중 일반기업회계기준상 무형자산에 관한 설명으로 옳지 않은 것은?

① 무형자산으로 인식하기 위한 요건으로 식별가능성, 기업의 통제, 미래의 경제적 효익의 발생으로 분류한다.
② 무형자산의 내용연수가 독점적·배타적 권리를 부여하고 있는 관계 법령에 따라 20년을 초과하는 경우에도 상각기간은 20년을 초과할 수 없다.
③ 무형자산의 잔존가치는 없는 것을 원칙으로 한다.
④ 내부적으로 창출한 브랜드, 고객목록 및 이와 유사한 항목에 대한 지출은 무형자산으로 인식하지 않는다.

정답 ②
독점적·배타적 권리를 부여하고 있는 관계 법령에 정해진 경우에는 20년을 초과할 수 있다.

07 다음 무형자산의 상각과 관련한 설명 중 옳지 않은 것은?

① 무형자산의 상각방법에는 정액법, 체감잔액법(정률법 등), 연수합계법, 생산량비례법 등이 있다.
② 무형자산을 사용하는 동안 내용연수에 대한 추정이 적절하지 않다는 것이 명백해진다 할지라도 상각기간은 변경할 수 없다.
③ 무형자산의 잔존가치는 없는 것을 원칙으로 한다.
④ 중소기업기본법에 의한 중소기업의 경우 무형자산의 내용연수 및 잔존가치의 결정을 법인세법의 규정에 따를 수 있다.

정답 ②
무형자산을 사용하는 동안 내용연수에 대한 추정이 적절하지 않다는 것이 명백해지는 경우에는 상각기간의 변경이 필요할 수 있다.(중략) 이러한 지표가 존재한다면 기업은 종전의 추정치를 재검토해야 하며 최근의 기대와 달라진 경우 잔존가치, 상각방법 또는 상각기간을 변경 한다

08 다음 중 무형자산에 대한 설명으로 틀린 것은?

① 무형자산을 창출하기 위한 내부 프로젝트를 연구단계와 개발단계로 구분할 수 없는 경우에는 그 프로젝트에서 발생한 지출은 모두 연구단계에서 발생한 것으로 본다.
② 무형자산의 공정가치가 증가하면 그 공정가치를 반영하여 상각한다.
③ 합리적인 상각방법을 정할 수 없는 경우에는 정액법을 사용한다.
④ 무형자산의 잔존가치는 없는 것을 원칙으로 한다.

정답 ②
무형자산의 공정가치가 증가하더라도 상각은 취득원가에 기초한다.

09 일반기업회계기준상 무형자산에 대한 설명으로 잘못된 것은?

① 무형자산으로 분류되기 위해서는 식별가능성, 자원에 대한 통제, 미래 경제적 효익의 유입가능성을 충족해야 한다.
② 무형자산에 대한 상각은 관련 법령이나 계약에 의한 경우를 제외하고는 원칙적으로 20년을 초과할 수 없다.
③ 무형자산의 상각은 당해 자산이 사용가능한 때부터 시작한다.
④ 무형자산 원가의 인식기준을 최초로 충족시킨 이후 이미 비용으로 인식한 지출도 무형자산의 원가로 인식할 수 있다.

정답 ④
이미 비용으로 인식한 지출은 무형자산의 원가로 인식불가

10 무형자산에 대한 설명으로 틀린 것은?

① 무형자산의 상각기간은 독점적·배타적 권리를 부여하고 있는 관계 법령이나 계약에 정해진 경우를 제외하고는 20년을 초과할 수 없다.
② 내부적으로 창출한 영업권의 경우, 미래경제적 효익을 창출할 수 있다면 자산으로 인식할 수 있다.
③ 무형자산의 합리적인 상각방법을 정할 수 없는 경우에는 정액법을 사용한다.
④ 무형자산의 잔존가치는 없는 것을 원칙으로 한다.

정답 ②

내부적으로 창출한 영업권은 원가를 신뢰성 있게 측정할 수 없을 뿐만 아니라 기업이 통제하고 있는 식별가능한 자원도 아니기 때문에 자산으로 인식하지 않는다.

Exercise 부채 기출문제

01 다음 중 부채의 정의에 대한 설명으로 거리가 먼 것은?

① 과거의 거래나 사건의 결과로 발생한다.
② 부채의 상환금액과 상환시기를 측정할 수 있어야 한다.
③ 기업의 의무가 특정기업에 속하는 것이어야 한다.
④ 기업의 의무가 현재 존재해야 하는 것은 아니다.

정답 ④
기업의 의무는 현재 존재해야 한다.

02 ㈜세원은 3년 만기의 사채를 할증발행하였으며, 사채이자는 매년 기말시점에 현금으로 지급하기로 하였다. 유효이자율법을 적용할 경우 이에 대한 내용으로 옳지 않은 것은?

① 사채의 액면이자율이 시장이자율보다 크다.
② 투자자의 입장에서 인식되는 이자수익은 매년 증가한다.
③ 사채발행자의 입장에서 사채할증발행차금 상각액은 매년 증가한다.
④ 투자자에게 현금으로 지급되는 이자비용은 매년 동일하다.

정답 ②
투자자의 입장에서 할증발행의 경우 투자시점에 액면가액보다 높게 구입하는 것이기 때문에 높게 구입된 금액만큼 매년 이자수익에서 분할하여 차감한다. 따라서 인식하는 이자수익은 매년 감소한다.

03 다음은 회사채에 대한 설명이다. 가장 잘못된 것은?

① 사채할인발행차금은 액면이자율법을 적용하여 상각한다.
② 액면이자율보다 시장이자율이 클 경우에는 할인발행한다.
③ 액면이자율과 시장이자율이 같은 경우에는 액면발행한다.
④ 사채발행비는 사채의 발행가액에서 차감한다.

정답 ①
사채할인발행차금은 유효이자율법을 적용하여 상각하여 상각한 금액을 당해 기간 동안의 사채이자(비용)에서 가감하여야 한다.

04 다음 중 충당부채에 대한 내용으로 올바르지 않은 것은?

① 보고기간 말 현재 최선의 추정치를 반영하여 증감조정한다.
② 과거사건으로 인해 현재의무가 존재할 가능성이 매우 높고 인식기준을 충족하는 경우에는 충당부채로 인식한다.
③ 명목금액과 현재가치의 차이가 중요한 경우에는 의무를 이행하기 위하여 예상되는 지출액의 현재가치로 평가한다.
④ 최초의 인식시점에서 의도한 목적과 용도 외에도 사용할 수 있다.

정답 ④
충당부채는 최초의 인식시점에서 의도한 목적과 용도에만 사용하여야 한다. 다른 목적으로 충당부채를 사용하면 상이한 목적을 가진 두 가지 지출의 영향이 적절하게 표시되지 못하기 때문이다.

05 다음은 충당부채 및 우발부채에 관한 설명이다. 잘못된 것은?

① 충당부채로 인식하기 위해서는 현재의무가 존재하여야 할 뿐만 아니라, 그 의무의 이행을 위한 자원의 유출 가능성이 매우 높아야 한다.
② 충당부채의 명목금액과 현재가치의 차이가 중요한 경우에는 의무를 이행하기 위하여 예상되는 지출액의 현재가치로 평가한다.
③ 우발부채는 부채로 인식하여야 한다.
④ 현재의무를 이행하기 위하여 소요되는 지출 금액에 영향을 미치는 미래사건이 발생할 것이라는 충분하고 객관적인 증거가 있는 경우에는, 그러한 미래사건을 감안하여 충당부채 금액을 추정한다.

정답 ③
우발부채는 부채로 인식하지 아니한다. 의무를 이행하기 위하여 자원이 유출될 가능성이 아주 낮지 않는 한, 우발부채를 주석에 기재한다.

06 다음 중 부채에 대한 설명으로 옳지 않은 것은?

① 부채는 원칙적으로 1년을 기준으로 유동부채와 비유동부채로 분류한다.
② 일반기업회계기준에는 단기차입금, 매입채무 그리고 사채를 유동부채 항목으로 분류하고 있다.
③ 충당부채는 과거 사건이나 거래의 결과에 의한 현재의무로서 자원이 유출될 가능성이 매우 높아야 한다.
④ 우발부채는 부채로 인식하지 않고 주석으로 기재한다.

정답 ②
비유동부채 내에 별도 표시할 소분류항목에 사채가 예로 있다

07 다음 중 충당부채로 인식할 수 있는 요건이 아닌 것은?

① 과거사건의 결과로 현재 법적의무 또는 의제의무가 존재 한다.
② 당해 의무를 이행하기 위하여 경제적 효익이 내재된 자원이 유출될 가능성이 높다.
③ 지출의 시기 및 금액을 확실히 추정할 수 있다.
④ 당해 의무의 이행에 소요되는 금액을 신뢰성 있게 추정할 수 있다.

정답 ③
지출의 시기 및 금액이 불확실하다

08 다음 중 일반기업회계기준상 사채의 회계처리에 대한 내용으로 옳은 것은?

① 사채는 재무상태표상 자본조정으로 구분한다.
② 사채가 할증발행되고 유효이자율법이 적용되는 경우 사채의 장부금액은 매기 감소한다.
③ 사채가 할인발행되고 유효이자율법이 적용되는 경우 사채할인발행차금 상각액은 매기 감소한다.
④ 액면이자율보다 시장이자율이 클 경우 할증발행한다.

정답 ②
① 부채로 구분한다. ③ 상각액은 매기 증가한다. ④ 할인발행한다.

09 다음 중 부채에 대한 설명으로 틀린 것은?

① 부채는 과거의 거래나 사건의 결과로 현재 기업실체가 부담하고 있고 미래에 자원의 유출 또는 사용이 예상되는 의무이다.
② 부채의 정의를 만족하기 위해서는 금액이 반드시 확정되어야 한다.
③ 일반적으로 기업실체가 자산을 이미 인수하였거나 자산을 취득하겠다는 취소불능계약을 체결한 경우 현재의 의무가 발생한다.
④ 기업실체가 현재의 의무를 이행하기 위해서는 일반적으로 미래에 경제적 효익의 희생이 수반된다.

정답 ②
금액이 반드시 확정되어야 함을 의미하는 것은 아니다.

10 회사채에 대한 설명으로 틀린 것은?

① 액면이자율보다 시장이자율이 클 경우는 할증발행한다.
② 액면이자율과 시장이자율이 같을 경우는 액면발행한다.
③ 사채발행비는 사채의 발행가액에서 차감한다.
④ 사채할인발행차금은 유효이자율을 적용하여 상각한다.

정답 ①
액면이자율보다 시장이자율이 클 경우는 할인발행한다.

Exercise 자본 기출문제

01 주식발행회사의 입장에서 주식배당을 함으로 인한 효과로 가장 적절한 것은?

① 미지급배당금만큼 부채가 증가한다.
② 자본총액이 주식배당액만큼 감소한다.
③ 자본금은 증가하지만 이익잉여금은 감소한다.
④ 주식배당은 배당으로 인한 회계처리가 불필요하므로 자본항목간의 변동도 없다.

정답 ③

주식배당 일에 [(차) 미처분이익잉여금 XXX (대) 자본금 XXX]으로 회계처리를 하므로, 자본금은 증가하고 이익잉여금은 감소한다. 자본항목간의 변동만 있음.

02 다음 내용 중 자본의 실질적인 감소를 초래하는 것으로 적합한 것을 모두 묶은 것은?

가. 주주총회의 결의에 의하여 주식배당을 실시하다.
나. 주주총회의 결의에 따라 주당 8,000원으로 50,000주를 유상증자하다.
다. 이사회 결의에 의하여 중간배당으로 현금배당을 실시하다.
라. 결손금 보전을 위해 이익준비금을 자본금에 전입하다.
마. 만기보유증권을 매도가능증권으로 재분류에 따른 평가손실이 발생하다.

① 가, 나   ② 나, 다   ③ 다, 라   ④ 다, 마

정답 ④

'가', '라'는 자본의 변동은 없다. '나'는 자본이 증가한다.

03 재무상태표상의 자본에 대한 설명으로 틀린 것은?

① 자본금은 법정 납입자본금으로서 발행주식수에 발행가액을 곱한 금액을 말한다.
② 자본잉여금은 증자나 감자 등 주주와의 거래에서 발생하여 자본을 증가시키는 잉여금이다.
③ 자본조정은 당해 항목의 성격으로 보아 자본거래에 해당하나 최종 납입된 자본으로 볼 수 없거나 자본의 가감 성격으로 자본금이나 자본잉여금으로 분류할 수 없는 항목이다.
④ 이익잉여금은 손익계산서에 보고된 손익과 다른 자본항목에서 이입된 금액의 합계액에서 배당 등으로 처분된 금액을 차감한 잔액이다.

정답 ①

자본금은 법정 납입자본금으로서 발행주식수에 액면가액을 곱한 금액을 말한다.

04 배당에 관한 설명으로 잘못된 것은?

① 주식배당은 순자산의 유출이 없이 배당효과를 얻을 수 있다.
② 주식배당 후에도 자본의 크기는 변동이 없다.
③ 미교부주식배당금이란 이익잉여금처분계산서 상의 주식배당액을 말하며 주식교부 시에 자본금계정과 대체된다.
④ 주식배당 후에도 발행주식수는 변동이 없다.

정답 ④

주식배당 후에는 발행주식수가 증가한다.

05 다음의 거래 중에서 실질적으로 자본이 증가되는 경우가 아닌 것은?

① 액면가액 100만원 주식을 10만원에 유상증자하였다.
② 100만원으로 인식된 자기주식을 30만원에 처분하였다.
③ 감자를 위하여 액면가액 100만원 주식을 10만원에 취득 후에 소각하였다.
④ 10만원 상당한 특허권을 취득하고 그 대가로 액면가액 100만원의 주식을 새로이 발행하여 지급 하였다.

정답 ③

자본의 증가는 유상증자(①의 경우), 자기주식의 처분(②의 경우), 현물출자(④의 경우) 등이 있다. 유상감자(③의 경우)의 경우에는 실질적인 자본이 감소하게 된다.

06 주식발행회사의 입장에서 주식배당 결의와 동시에 주식배당을 즉시 실시하였다고 가정하였을 경우에 발생되는 효과로써 가장 적절한 것은?

① 미지급배당금만큼 부채가 증가한다.
② 자본총액이 주식배당액만큼 감소한다.
③ 자본금은 증가하지만 이익잉여금은 감소한다.
④ 주식배당은 배당으로 인한 회계처리가 불필요하므로 자본항목 간의 변동도 없다.

정답 ③

주식배당 결의일에 (차)미처분이익잉여금××× (대)자본금××× 회계처리를 하므로 자본금은 증가하고 이익잉여금은 감소한다. 자본항목간의 변동만 있음.

07 다음 중 자본조정 항목에 해당하지 않는 것은?

① 자기주식
② 감자차손
③ 주식선택권
④ 자기주식처분이익

정답 ④

자기주식처분이익을 일반기업회계기준에서는 자본잉여금 중 기타자본잉여금으로 규정하고 있다.

08 자본에 대한 설명 중 틀린 것은?

① 주식발행비용은 주식발행초과금에서 차감하거나 주식할인발행차금에 가산한다.
② 자기주식처분이익은 자본잉여금에 해당한다.
③ 이익준비금은 금전 배당금의 20% 이상을 자본금의 1/2에 달할 때까지 적립하여야 한다.
④ 해외사업환산손익은 기타포괄손익누계액에 해당한다.

정답 ③
10%이상을 자본금의 1/2에 달할 때까지 적립하여야 한다.

09 다음 중 자본에 대한 설명으로 잘못된 것은?

① 자본은 기업의 자산에서 모든 부채를 차감한 후의 잔여지분을 나타낸다.
② 자본금은 법정 납입자본금으로서 발행주식수에 액면가액을 곱한 금액을 말한다.
③ 주식을 이익으로 소각하는 경우에는 소각하는 주식의 취득원가에 해당하는 이익잉여금을 증가시킨다.
④ 자본잉여금은 주주와의 거래에서 발행되어 자본을 증감시키는 잉여금으로서 주식발행초과금이나 감자차익이 이에 해당한다.

정답 ③
주식을 이익으로 소각하는 경우에는 소각하는 주식의 취득원가에 해당하는 이익잉여금을 감소시킨다.

10 다음의 분류 항목 중 기업이 주주와의 거래(자본거래)에서 발생한 사항이 아닌 것은?

① 이익잉여금
② 자본잉여금
③ 자본조정
④ 자본금

정답 ①
이익잉여금은 영업활동 결과의 당기순이익 중 일부를 사내에 유보하여 적립한 순재산

exercise 수익과 비용 기출문제

01 다음 자료를 이용하여 영업이익을 구하시오.

- 매출액 : 30,000,000원
- 장기대여금의 대손상각비 : 200,000원
- 광고선전비 : 200,000원
- 임직원급여 : 2,000,000원
- 유형자산처분손실 : 200,000원
- 직원회식비 : 200,000원
- 매출원가 : 25,000,000원
- 기부금 : 200,000원
- 거래처 기업업무추진비 : 200,000원

① 1,800,000원
② 2,000,000원
③ 2,200,000원
④ 2,400,000원

정답 ④

영업이익=매출액-매출원가-판매관리비(임직원급여+직원회식비+광고선전비+거래처기업업무추진비)

02 당사는 기계설비제조업을 영위하고 있다. 거래처로부터 2월 1일에 설비납품주문을 받았고, 2월 20일에 납품하여 설치하였다. 계약조건대로 5일간의 시험가동 후 2월 25일에 매입의사표시를 받았으며, 2월 28일에 대금을 수취하였다. 이 설비의 수익 인식시기는 언제인가?

① 2월 1일
② 2월 20일
③ 2월 25일
④ 2월 28일

정답 ③

03 다음 자료를 이용하여 영업이익을 구하시오.

- 매출액 : 30,000,000원
- 직원급여 : 2,000,000원
- 세금과공과 : 200,000원
- 매출원가 : 20,000,000원
- 감가상각비 : 800,000원
- 이자수익 : 100,000원
- 임원급여 : 2,000,000원
- 기업업무추진비 : 500,000원
- 이자비용 : 300,000원

① 10,000,000원
② 6,000,000원
③ 4,500,000원
④ 4,300,000원

정답 ③

영업이익=매출액-매출원가-판매관리비(급여+감가상각비+기업업무추진비+세금과공과)

04 수익인식에 대한 내용으로 옳지 않은 것은?

① 경제적 효익의 유입 가능성이 매우 높은 경우에만 인식한다.
② 수익금액을 신뢰성 있게 측정할 수 있는 시점에 인식한다.
③ 거래 이후에 판매자가 관련 재화의 소유에 따른 유의적인 위험을 부담하는 경우 수익을 인식하지 않는다.
④ 관련된 비용을 신뢰성 있게 측정할 수 없어도 수익을 인식할 수 있다.

정답 ④

수익과 관련 비용은 대응하여 인식한다. 즉, 특정 거래와 관련하여 발생한 수익과 비용은 동일한 회계기간에 인식한다. 일반적으로 재화의 인도 이후 예상되는 품질보증비나 기타 비용은 수익인식시점에 신뢰성 있게 측정할 수 있다. 그러나 관련된 비용을 신뢰성 있게 측정할 수 없다면 수익을 인식할 수 없다. 이 경우에 재화 판매의 대가로 이미 받은 금액은 부채로 인식한다.

05 다음 항목 중에서 손익계산서상의 영업이익 계산과정에 포함되는 것은?

① 외상매출금 관련 대손상각비
② 유형자산 처분으로 발생한 손실
③ 단기투자자산을 보유한 상태에서 기말 결산시기에 발생한 평가이익
④ 업무와 관계없이 공익단체에 무상으로 금품을 기부한 경우

정답 ①.

③은 영업외수익, ②,④는 영업외비용

06 다음 중 손익계산서에 반영될 영업이익에 영향을 미치지 않는 경우는?

① 유형자산으로 인식하고 있는 건물의 감가상각비의 인식
② 판매사원 인건비의 지급
③ 매출채권의 대손상각비의 인식
④ 유형자산으로 인식하고 있는 기계장치의 처분으로 발생한 처분손실

정답 ④

유형자산의 처분손실은 영업외비용으로 영업이익에 영향을 미치지 아니한다.

07 손익계산서의 당기순이익이 500,000원이었으나, 결산 시 다음 사항이 누락된 것을 발견하였다. 누락사항을 반영할 경우 당기순이익은 얼마인가?

· 당기발생 미지급 자동차 보험료 : 200,000원 · 외상매출금의 보통예금 수령 : 100,000원

① 200,000원   ② 300,000원   ③ 400,000원   ④ 500,000원

정답 ②

500,000 - 200,000 = 300,000원

08 다음 중 용역의 제공에 따른 수익을 인식하기 위한 조건에 대한 설명으로 틀린 것은?

① 경제적 효익의 유입 가능성이 매우 높다.
② 거래 전체의 수익금액을 신뢰성 있게 측정할 수 있다.
③ 진행률을 신뢰성 있게 측정할 수 없는 경우에는 용역의 제공이 완료되는 시점에 수익을 전액 인식한다.
④ 이미 발생한 원가 및 거래의 완료를 위하여 투입하여야 할 원가를 신뢰성 있게 측정할 수 있다.

정답 ③
진행률을 합리적으로 추정할 수 없는 경우나, 수익금액을 신뢰성 있게 측정할 수 없는 경우에는 발생한 원가의 범위 내에서 회수 가능한 금액을 수익으로 계상하고 발생원가 전액을 비용으로 인식한다.

09 수정분개를 하기 전의 당기순이익은 500,000원이었다. 당기순이익을 계산할 때 선급비용 10,000원을 당기의 비용으로 계상하였고, 미수수익 6,000원이 고려되지 않았다. 수정분개를 반영한 정확한 당기순이익은 얼마인가?

① 484,000원　　　　　　　　② 496,000원
③ 504,000원　　　　　　　　④ 516,000원

정답 ④

수정 전 당기순이익	500,000원	
선급비용 과소계상	10,000원	→ 비용 과대계상
미수수익 과소계상	6,000원	→ 수익 과소계상
수정 후 당기순이익	516,000원	

10 일반기업회계기준상 수익인식에 대한 설명으로 틀린 것은?

① 용역의 제공으로 인한 수익은 용역제공거래의 성과를 신뢰성 있게 추정할 수 있을 때 완성기준에 따라 인식한다.
② 이자수익은 원칙적으로 유효이자율을 적용하여 발생기준에 따라 인식한다.
③ 배당금수익은 배당금을 받을 권리와 금액이 확정되는 시점에 인식한다.
④ 매출에누리와 할인 및 환입은 수익에서 차감한다.

정답 용역제공 수익인식은 진행기준으로 인식한다.

Ⅱ 원가회계

chapter 1 원가회계 이론

chapter 2 원가회계 기출문제

Chapter 1 원가회계 이론

01 원가 흐름

1. 재무회계와 관리회계(원가회계)

구 분	재무회계	관리(원가)회계
1. 목적	외부보고목적	경영관리목적
2. 정보이용자	투자자 등 외부이해관계자	경영자 등 내부이용자
3. 보고수단	재무제표	특수목적보고서
4. 준거기준	GAAP	없다
5. 정보유형 및 속성	과거지향적-객관성 강조	미래지향적-목적적합성 강조
6. 보고주기	정기적 보고(분기, 반기, 연차)	수시보고

1) 원가 - 상업기업의 원가 : 상품매입 + 매입제비용
   - 제조기업의 원가 : 제품제조를 위해서 소비된 경제적 가치
     (재료비, 노무비, 제조경비)

① 제조기업의 흐름(볼펜제조업)

· 자금 → (원재료 구입 (원재료비) / 노동력 구입 (노무비) / 재설비 구입 (제조경비)) → 제품제조 → 이익 가산 ⇒ 문구점 판매
(볼펜제조)

※ 원가의 3요소 : **재료비, 노무비, 제조경비**

02 요소별 원가계산(1)

1. 원가분류

1) 발생형태에 따라 - 재료비 : 제품 제조를 위해서 소비된 재료
   - 노무비 : 제품 제조를 위해서 소비된 임금
   - 제조경비 : 제품 제조를 위해서 소비된 나머지 원가

2) 제품관련성에 따라 - 직접비 : 특정 제품에 추적가능한 원가
   (추적가능성) - 간접비 : 특정 제품에 추적불가능한 원가
   ① 직접원가 : 직접재료비, 직접노무비
   ② 간접원가 : 간접재료비, 간접노무비, 간접제조경비

   <u>가공(전환)원가</u>
   ➡ <u>직접재료비 + 직접노무비</u> + 제조간접비 = 제조원가
   　　　기초(기본)원가

3) <u>조업도</u>에 따라 – 고정비와 변동비
   (생산량, 작업시간)
   ① 고정비 : 생산량(↑)증가해도, 원가(=)는 일정 , 단위당고정비(↓)감소
   　　ex) 집세, 세금과공과, 감가상각비

   사례 학생수와 집세와의 관계를 살펴보자.

학생수 ↑	집세 =	수강료 ↓
1명	1,000,000	@₩1,000,000
2명	1,000,000	@₩ 500,000
10명	1,000,000	@₩ 100,000

   ② 변동비 : 생산량(↑)증가하면, 원가(↑)도 증가 , 단위당변동비(=)는 일정
   　　ex) 직접재료비, 직접노무비

사례 학원강사의 수업시간과 시간당임율을 살펴보자.

수업시간↑	시간당임율=	인건비↑
2시간	@₩100,000	200,000
4시간	@₩100,000	400,000
8시간	@₩100,000	800,000

(1) 고정비 : 임차료 등

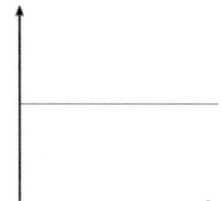

(2) 변동비 : 직접재료비, 직접노무비

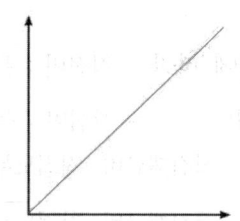

(3) 준변동비(혼합원가) : 통신비, 전력비

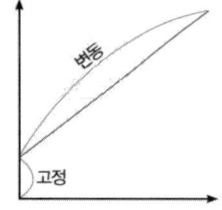

(4) 준고정비 : 감독자의 급여

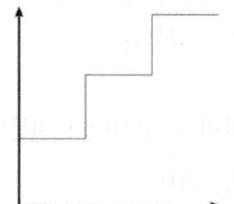

4) 의사결정과의 관련성에 따라

① **매몰원가** : 이미 발생한 역사적원가로서 현재 또는 미래에 어떤 의사결정을 하더라도 회수할 수 없는 원가. 즉, 의사결정에 고려할 필요 없는 원가

② **관련원가와 비관련원가** : 관련원가란 여러 대안 사이에 차이가 나는 원가로서 의사결정에 직접적으로 관련되는 원가. 일반적으로 변동비를 관련원가라고 하며, 여러 대안 사이에 차이가 없는 원가로서 의사결정에 영향을 미치지 않는 원가를 비관련원가라고 하며, 일반적으로 고정비를 비관련원가라고 한다.

③ **기회원가(기회비용)** : 선택된 대안 이외의 포기된 다른 대안 중 최선의 대안을 선택했더라면 얻을 수 있는 최대이익, 쉽게 말하면 포기한 원가를 의미한다. 예를들어 급여 200만원을 포기하고, 떡볶이 장사를 했을때 이때 포기한 200만원을 기회비용이라고 한다.

03 요소별 원가계산(2)

1. 요소별 원가계산 : 재료비, 노무비, 제조경비

1) 재료비

```
        ①원재료(자산)                    ②원재료비
   기초  100 │ 원재료비 800    →    원재료 800 │ 재 공 품 700
   현금  900 │ 기   말  200                   │ 제조간접비 100
        1,000│        1,000              800 │        800


           ③재공품                      ④제조간접비
   원재료비 700 │                   원재료비 100 │
   (직접재료비)│                   (간접재료비)│
```

* 기초원재료는 100원으로 가정, 직접비 700원, 간접비 100원가정.
① 원재료 900원 매입 : 원재료   900 / 현금   900
② 원재료 800원 투입 : 원재료비 800 / 원재료   800
③ 제조 진행 중   : 재공품   700 / 원재료비 800
                    제조간접비 100 /

2) 노무비 - 직접비 300원, 간접비100원 가정

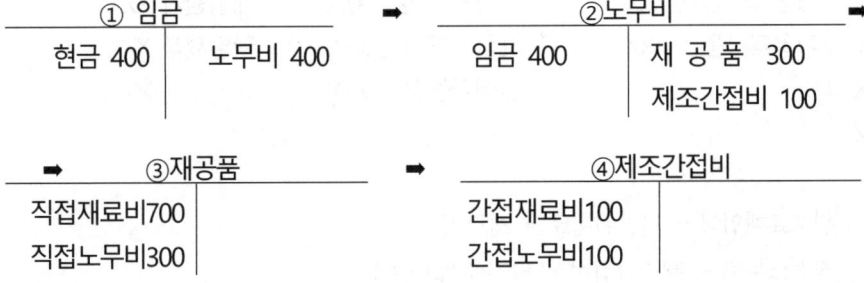

① 임금지급   : 임금   400 / 현금   400
② 투   입   : 노무비   400 / 임금   400
③ 제조진행 중: 재공품   300 / 노무비 400
              제조간접비 100 /

3) 제조경비 - 100% 간접비로 가정

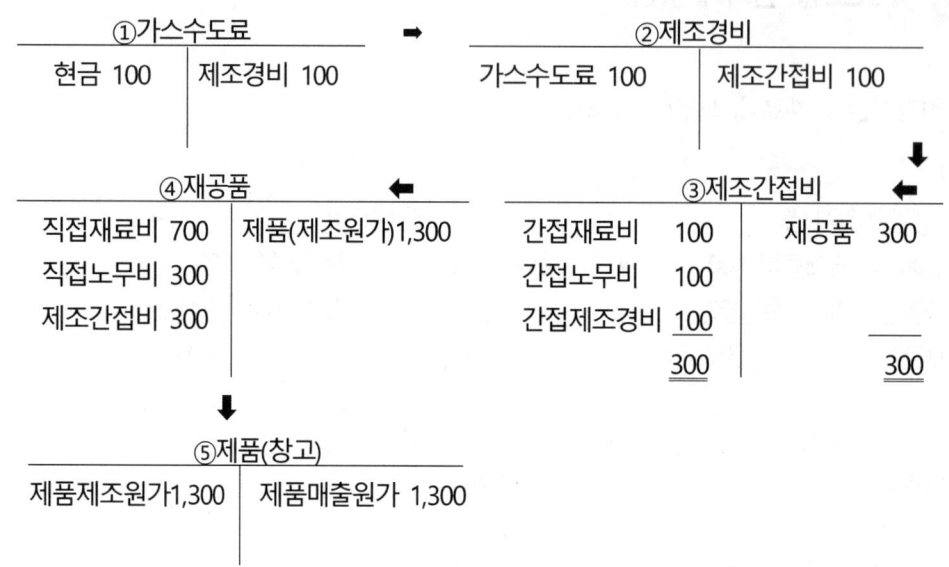

① 가스수도료 100 / 현금 100
② 제조경비   100 / 가스수도료 100
③ 제조간접비 100 / 제조경비 100

◆ 중요 암기사항 ◆

재공품(자산)		제품(자산)	
기초재공품 XXX	제품제조원가 XXX	기 초 제 품 XXX	매출원가 XXX
직접재료비 XXX	기말재공품 XXX	제품제조원가 XXX	기말제품 XXX
직접노무비 XXX		판매가능액 XXX	XXX
제조간접비 XXX			

① 기초원재료 + 원재료매입액 - 기말원재료 = 재료비
② 직접재료비 + 직접노무비 + 제조간접비 = 당기총제조원가
③ 기초재공품 + 당기총제조원가 - 기말재공품 = 제품제조원가
④ 기초제품 + 제품제조원가 - 기말제품 = 제품매출원가

04. 제조간접비 배부 및 예정배부

1. 제조간접비 : 두 종류 이상의 제품제조에 공통적으로 소비된 원가요소

과자공장	전기요금 새우깡	감자깡	고구마깡	합계	
직접재료비	1,000,000	2,000,000	3,000,000	: 6,000,000	"부과"한다.
직접노무비	2,000,000	1,000,000	1,000,000	: 4,000,000	"부과"한다.
제조간접비	(300,000)	(600,000)	(900,000)	: 1,800,000	"배부"한다.
제조원가	3,300,000	3,600,000	4,900,000		
+ 이 익	?	?	?		
판매가격					

1) 제조간접비 배부

① 직접재료비법

➡ 제조간접비총액 ÷ 직접재료비 총액 = 제조간접비 배부율
   제조간접비 배부율 × 특정제품 직접재료비 = 제조간접비 배부액

   1,800,000 ÷ 6,000,000 = 30% × 새우깡 직접재료비 1,000,000 = 300,000
                                 × 감자깡 직접재료비 2,000,000 = 600,000
                                 × 고구마깡 직접재료비 3,000,000 = 900,000

② 직접노무비법 : 1,800,000 ÷ 4,000,000 = 45% × 2,000,000 = 900,000
                                              × 1,000,000 = 450,000
                                              × 1,000,000 = 450,000

③ 직접원가법 : 1,800,000 ÷ 10,000,000 = 18% × 3,000,000 = 540,000
                                              × 3,000,000 = 540,000
                                              × 4,000,000 = 720,000

   (직접원가법 = 직접재료비법 + 직접노무비법)

④ 직접노동시간법

⑤ 기계작업시간법

2) 제조간접비 예정배부

- 이유 : 신속한 원가계산을 위해
⇩
제조간접비 배부차이
⇩
매출원가 조정

① 제조간접비 연간예상액 ÷ 연간예상시간(조업도) = 제조간접비 예정배부율
② 제조간접비 예정배부율 × 실제시간 = 제조간접비예정배부액
③ 실제발생액보다 예정배부액이 크면 "과대배부", 작으면 "과소배부"

제조간접비	
실제발생액 400	예정배부액 300

: 과소 배부 100 → 매출원가에 가산

제조간접비	
실제발생액 250	예정배부액 300

: 과대 배부 50 → 매출원가에 차감

05 부문별 원가계산

1. **부문별원가계산** : 제조간접비를 각 장소별로 집계하는 것.

```
           ┌ 제조부문 ┌ 절 단 부 문 : 절단부문비
           │         └ 조 립 부 문 : 조립부문비
    장소 ─┤
           │         ┌ 공장사무부문 : 공장사무부문비
           └ 보조부문 ├ 수 선 부 문 : 수선부문비
                     └ 동 력 부 문 : 동력부문비
                         부문비 합계 = 제조간접비 합계
```

1) 부문별 원가계산절차

   ① 부문개별비는 각부문에 "부과"한다.
   ② 부문공통비는 각부분에 "배부"한다.
   ③ 보조부문비를 제조부문에 "배부"한다. - 직접배부법, 단계배부법, 상호배부법

(1) **직접배부법** : 보조부문 상호 간의 용역수수를 완전히 무시하고, 제조부문에만 배부하는 방법으로 간편하지만, 부정확한 결과가 도출된다.

(2) **단계배부법** : 보조부문 간의 용역수수를 일부만 고려하는 방법으로 배부순서를 정하고, 그 순서에 의해서 원가를 배분하는 방법이다. 직접배부법과 상호배부법의 절충적인 방법이다.

(3) **상호배부법** : 보조부문 간의 용역수수를 완전히 고려하는 방법으로 가장 정확하지만 계산과정이 복잡하다.

사례 다음 자료를 이용 직접배부법, 단계배부법, 상호배부법으로 보조부문비를 배부해보자.

적 요	제조부문		보조부문		합 계
	절단부문	조립부문	동력부문	수선부문	
자기부문발생액	100,000	50,000	10,000	5,000	165,000
제공한 용역					
동력부문	12kw/h	20kw/h	-	8kw/h	40kw/h
수선부문	24회	24회	32회	-	80회

① 직접배부법

동력부문비 10,000 × 12kw/h/32kw/h = 3,750원 - 절단부문에 배부되는 금액
동력부문비 10,000 × 20kw/h/32kw/h = 6,250원 - 조립부문에 배부되는 금액
수선부문비 5,000 × 24회 / 48회 = 2,500원 - 절단부문에 배부되는 금액
수선부문비 5,000 × 24회 / 48회 = 2,500원 - 조립부문에 배부되는 금액

② 단계배부법 - 수선부문비를 먼저배부시

수선부문비 5,000 × 24회 / 80회 = 1,500원 - 절단부문에 배부되는 금액
수선부문비 5,000 × 24회 / 80회 = 1,500원 - 조립부문에 배부되는 금액
수선부문비 5,000 × 32회 / 80회 = 2,000원 - 동력부문에 배부되는 금액

* 동력부문비 : 자기부문발생액 10,000 + 수선부문에서 배부된 금액 2,000

동력부문비 12,000 × 12kw/h/32kw/h = 4,500원 - 절단부문에 배부되는 금액
동력부문비 12,000 × 20kw/h/32kw/h = 7,500원 - 조립부문에 배부되는 금액

③ 단계배부법 - 동력부문비를 먼저배부시

동력부문비 10,000 × 12kw/h/40kw/h = 3,000원 - 절단부문에 배부되는 금액
동력부문비 10,000 × 20kw/h/40kw/h = 5,000원 - 조립부문에 배부되는 금액
동력부문비 10,000 × 8kw/h/40kw/h = 2,000원 - 수선부문에 배부되는 금액

* 수선부문비 : 자기부문발생액 5,000 + 동력부문에서 배부된 금액 2,000

수선부문비 7,000 × 24회 / 48회 = 3,500원 - 절단부문에 배부되는 금액
수선부문비 7,000 × 24회 / 48회 = 3,500원 - 조립부문에 배부되는 금액

④ 상호배부법

적 요	제조부문		보조부문		합 계
	절단부문	조립부문	동력부문	수선부문	
자기부문발생액	100,000	50,000	10,000	5,000	165,000
제공한 용역					
동력부문	30%	50%	x	20%	100%
수선부문	30%	30%	40%	y	100%

♠ 상호배부법 계산요령

 Ⓐ 합계를 100%로 하여 각부문의 동력사용량과 수선부문을 비율로 환산

 Ⓑ 동력부문비를 X 로 하고, 수선부문비를 Y 로 한다.

 Ⓒ 연립방정식을 세운다.

  X = 10,000원 + 0.4Y

  Y = 5,000원 + 0.2X

 Ⓓ 연립방정식을 계산한다.

  X = 10,000원 + 0.4(5,000원 + 0.2X)

  X = 10,000원 + 2,000원 + 0.08X

  X - 0.08X = 12,000원

  X = 12,000원 / 0.92

  X = 13,043원

  Y = 5,000원 + 0.2(13,043원)

  Y = 7,608원

 Ⓔ **X, Y값을 각 부분비율에 곱하여 반영한다.**

  동력부문 : 13,043 × 30% = 3,912원 - 절단부문에 배부되는 금액
  동력부문 : 13,043 × 50% = 6,521원 - 조립부문에 배부되는 금액
  동력부문 : 13,043 × 20% = 2,608원 - 수선부문에 배부되는 금액
  수선부문 : 7,608 × 30% = 2,282원 - 절단부문에 배부되는 금액
  수선부문 : 7,608 × 30% = 2,282원 - 조립부문에 배부되는 금액
  수선부문 : 7,608 × 40% = 3,043원 - 동력부문에 배부되는 금액

06. 제품별 원가계산

☞ 원가계산절차 : 요소별 원가계산 ➡ 부문별 원가계산 ➡ 제품별 원가계산

1. 개별원가계산

① 특징 : 주문, 소량생산(건설업, 항공기제조업, 조선업등)
② 원가 구성 : 직접재료비, 직접노무비, 제조간접비
③ 핵심 : 제조간접비를 배부
④ 제조지시서에 의해 작업을 실시
⑤ 원가계산표(작업원가표) 작성

제조지시서	#1	#2	#3	合
직접재료비	1,000,000	2,000,000	1,000,000	4,000,000
직접노무비	2,000,000	4,000,000	1,000,000	7,000,000
제조간접비	(500,000)	(1,000,000)	(500,000)	2,000,000
제조원가	3,500,000	7,000,000	2,500,000	13,000,000
+이 익	완성	완성	미완성	?
판매가격				?

⇒ 배부방법

1) 제조간접비 배부방법

① 직접재료비법

➡ 제조간접비총액 ÷ 직접재료비총액 = 제조간접비배부율 × 직접재료비 = 제조간접비배부액
　　　2,000,000 ÷ 4,000,000 = 50% × (#1) 1,000,000 = 500,000
　　　　　　　　　　　　　　　 = 50% × (#2) 2,000,000 = 1,000,000
　　　　　　　　　　　　　　　 = 50% × (#3) 1,000,000 = 500,000

② 직접노무비법

③ 직접원가법

④ 직접노동시간법

⑤ 기계작업시간법

※ 가액법 : 직접재료비법, 직접노무법, 직접원가법
※ 시간법 : 직접노동시간법, 기계작업시간법

	재공품		
직접재료비	4,000,000	제품제조원가	10,500,000
직접노무비	7,000,000	기말재공품	2,500,000
제조간접비	2,000,000		
	13,000,000		13,000,000

⇒ 판매불가능

⋯→ 주문생산하는 기업에서의 완성품은 기말재공품까지 모두 완성이 되어야만 판매가능하다.

2. 종합원가계산

① 대량생산(제과업, 자동차 제조업 등)
② 원가구성 : 재료비, 가공비
③ 핵심 : 기말재공품 평가
④ 공정별 진행
⑤ 완성품 환산량
⑥ 대량생산이기 때문에 수량의 개념이 적용된다.

● 새우깡

	재공품(금액)		
기초재공품	100,000	제품제조원가	?
재 료 비	300,000	기말재공품	300,000
가 공 비	600,000		
	1,000,000		1,000,000

→ 즉시판매

* 재료비와 가공비를 당기투입원가라고 한다.
* 1,000,000÷1,000개=1,000원   *1,000원×300개=300,000

	재공품(수량)		
기초재공수량	100개	완성수량	700개
투입수량	900개	기말재공품수량	300개
	1,000개		1,000개

*재료비는 (제조착수시 투입 / * 노무비) 제조진행에 따라 투입
         (제조진행에 따라 투입 \ 제조간접비)

(노무비+제조간접비=가공비)

3. 개별원가 VS 종합원가계산

	개별원가계산	종합원가계산
형 태	주문, 소량	대량생산
제조유형	건설업, 조선업	제과업, 자동차 제조업
원가구성	직접재료비 직접노무비 제조간접비	재료비, 가공비
핵 심	제조간접비 배부	기말재공품 평가
특 징	제조지시서 작업	공정별 진행
	원가계산표(작업원가표)	완성품환산량
	정확한 원가계산가능	원가계산간편
	시간과 비용이 많이 듦.	경제적

4. 기말재공품 평가 : 선입선출법, 평균법

1) **선입선출법** - 기말재공품 평가시 기초재공품이 반영되지 않는다.
    당기 투입원가만을 가지고 계산한다.

재공품(수량)				
기초수량	100개	완성수량	700개	(기초 100개 + 투입 600개)
투입수량 (착수수량)	900개	기말수량	300개	(기초 0개 + 투입 300개)
	1,000개		1,000개	

2) **평균법** ① 기말재공품 평가 시 기초재공품이 반영됨.
    ② 기초재공품 + 당기투입원가 계산. 즉, 기초재공품을 당기에 투입한 것으로 간주

재공품(수량)				
기초수량	100개	완성수량	700개	(기초 ? 개 + 투입 ? 개)
투입수량 (착수수량)	900개	기말수량	300개	(기초 ? 개 + 투입 ? 개)
	1,000개		1,000개	

3) 선입선출법 = 평균법 : 기초재공품이 없을 때

- 기말재공품 평가

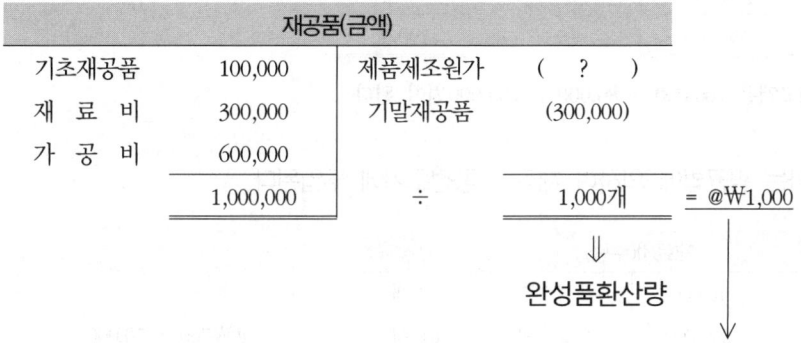

재공품(금액)			
기초재공품	100,000	제품제조원가	(?)
재 료 비	300,000	기말재공품	(300,000)
가 공 비	600,000		
	1,000,000	÷ 1,000개	= @₩1,000

⇩
완성품환산량
완성품환산량 단위당원가

재공품(수량)			
기초수량	100개	완성수량	700개
투입수량	900개	기말수량	300개 × @₩1,000 = 300,000
(착수수량)	1,000개		1,000개

사례 아래 자료를 이용하여 기말재공품을 계산해보자.

(1) 재공품의 평가는 선입선출법에 의하며 재료는 공정초기에 투입된다.

- 기초재공품 : 직접재료비 ₩10,000, 가공비 ₩100,000, 100개(50%)
- 당기제조비용 : 직접재료비 ₩200,000, 가공비 ₩380,000
- 기말재공품 100개(40%)
- 당기완성품 200개

* 수량계산시 재료는 공정초기에 투입되면 "수량"으로 계산하며, 공정전반(제조진행)에 따라 투입되면 "환산량"으로 계산한다. 가공비는 무조건 환산량으로 계산한다.

재료비(수량)			
기초수량	100개	완성수량	200개
재료비	200,000	기말수량	100개 × @₩1,000 = 100,000
	200,000	÷	200개

가공비(무조건 환산량)			
기초수량	50개	완성수량	200개
가공비	380,000	기말수량	40개
	380,000	÷	190개

× @₩2,000 = 80,000

⋯▸ 기말재공품재고액은 100,000 + 80,000 = 180,000원이 된다.

(2) 재공품의 평가는 평균법에 의하며 재료는 공정초기에 투입된다.

재료비(수량)			
기초금액	10,000	완성수량	200개
재료비	200,000	기말수량	100개
	210,000	÷	300개

× @₩700 = 70,000

가공비(무조건 환산량)			
기초금액	100,000	완성수량	200개
가공비	380,000	기말수량	40개
	480,000	÷	240개

× @₩2,000 = 80,000

⋯▸ 기말재공품재고액은 70,000 + 80,000 = 150,000원이 된다.

Chapter 2 원가회계 기출문제

Exercise 원가 흐름과 요소별 원가계산 기출문제

01 다음 중 제조원가명세서에 나타나는 사항이 아닌 것은?

① 직접재료비
② 직접노무비
③ 당기제품제조원가
④ 제품매출원가

정답 ④

제품매출원가는 손익계산서에서 확인 가능하다.

02 다음은 ㈜강남의 제품 한 개에 대한 원가이다. 자료를 보고 ㈜강남의 제품 단위당 변동제조원가를 구하시오.

| ・판매가격 : 1,500원 | ・직접재료비 : 500원 |
| ・직접노무비 : 300원(시간당 노무비는 100원) | ・변동제조간접비 : 시간당 30원 |

① 800원
② 830원
③ 890원
④ 930원

정답 ③

직접재료비 500 + 직접노무비 300 + 변동제조간접비 90(30*3시간)

03 다음 중 기본원가이면서 전환원가에 해당되는 것은?

① 직접노무비
② 제조간접비
③ 간접재료비
④ 직접재료비

정답 ①

기본원가(직접재료비와 직접노무비)이면서 전환원가(가공비=직접노무비와 제조간접비)는 직접노무비이다.

04 다음 중 당기제품제조원가에 대한 설명으로 옳은 것은?

① 기초제품재고액 + 당기제품제조원가 - 기말제품재고액
② 기초원재료재고액 + 당기총조조원가 - 기말원재료재고액
③ 기초재공품재고액 + 당기총제조원가 - 기말재공품재고액
④ 기초재공품재고액 + 당기총제조원가

정답 ③

05 2024년 1월 5일 영업을 시작한 A회사는 2024년 12월 31일에 원재료 재고 5,000원, 재공품 재고 10,000원, 제품 재고 20,000원을 가지고 있었다. 2025년에 영업실적이 부진하자 이 회사는 2025년 6월에 원재료와 재공품 재고를 남겨두지 않고 제품으로 생산한 후 싼 가격으로 처분하고 공장을 폐쇄하였다. 이 회사의 2025년 원가를 큰 순서대로 나열한 것은?

① 매출원가, 제품제조원가, 총제조원가
② 매출원가, 총제조원가, 제품제조원가
③ 총제조원가, 제품제조원가, 매출원가
④ 모두 같음

정답 ①

매출원가, 제품제조원가, 총제조원가

원재료			
기초	5,000	사용	x+5,000
당기매입	x	기말	0
	x+5,000		x+5,000

재공품			
기초	10,000	당기제품제조원가	x+y+15,000
재료비	x+5,000	기말	0
가공비	y		
	x+y+15,000		x+y+15,000

제품			
기초	20,000	매출원가	x+y+35,000
당기제품제조원가	x+y+15,000	기말	0
	x+y+35,000		x+y+35,000

당기총제조원가 = x+y+5,000
당기제품제조원가 = x+y+15,000
매출원가 = x+y+35,000

06 다음 자료를 이용하여 당기제품제조원가를 구하면 얼마인가?

- 기초원재료재고 : 70,000원
- 기말원재료재고 : 40,000원
- 당기원재료매입액 : 200,000원
- 직접노무비 : 150,000원
- 제조간접비 : 100,000원
- 기초재공품재고 : 80,000원
- 기말재공품재고 : 100,000원
- 기초제품재고 : 60,000원
- 기말제품재고 : 150,000원

① 460,000원   ② 470,000원   ③ 390,000원   ④ 480,000원

정답 ① 70,000+200,000-40,000+150,000+100,000+80,000-100,000 = 460,000원

07 다음 중 제조간접비에 대한 설명으로 맞는 것은?

① 변동비만 포함된다.
② 모든 노무비를 포함한다.
③ 가공비를 구성한다.
④ 고정비만 포함된다.

정답 ③

제조간접비는 직접노무비와 더불어 가공비를 구성한다.

08 3월의 원가자료가 다음과 같을 때 잘못된 것을 고르시오.

- 원재료의 기초재고는 3만원이며 기말재고는 5만원이다.
- 재공품의 기초재고는 2만원이며 기말재고는 3만원이다.
- 제품의 기초재고는 4만원이며 기말재고는 3만원이다.
- 3월에 구입한 원재료 매입액은 8만원이며, 직접노무원가 6만원, 제조간접원가 8만원이 발생하였다.

① 3월의 직접재료원가는 6만원이다.
② 3월의 당기총제조원가는 22만원이다.
③ 3월의 당기제품제조원가는 19만원이다.
④ 3월의 매출원가는 20만원이다.

정답 ②

3월의 당기총제조원가는 20만원이다.(원재료 6만원, 직접노무원가 6만원, 제조간접원가 8만원)

09 다음 자료에 의한 제조간접비는 얼마인가?

- 직접재료비 : 300,000원
- 기계감가상각비 : 25,000원
- 영업부사무실임차료 : 300,000원
- 공장전력비 : 180,000원
- 직접노무비 : 650,000원
- 공장임차료 : 450,000원
- 판매수수료 : 80,000원

① 1,215,000원
② 1,165,000원
③ 655,000원
④ 435,000원

정답 ③

기계감가상각비(25,000원) + 공장임차료(450,000원) + 공장전력비(180,000원) = 655,000원

10 다음 자료에 의한 당기의 직접재료비는 얼마인가?

| ・당기총제조원가는 6,500,000원 | ・제조간접비는 직접노무비의 75%이다. |
| ・제조간접비는 당기총제조원가의 30%이다. | |

① 1,950,000원 ② 2,600,000원
③ 2,005,000원 ④ 2,000,000원

정답 ①

제조간접비는 당기총제조원가의 30% = 6,500,000원 × 30%
= 1,950,000원
직접노무비의 75%는 제조간접비 = 1,950,000원 / 75% = 2,600,000원
당기총제조원가 = 직접재료비 + 2,600,000원 + 1,950,000원
= 6,500,000원
▶ 직접재료비 = 1,950,000원

Exercise 부문별 원가계산, 제조간접비 배부 기출문제

01 원가배부에 대한 내용으로 옳지 않은 것은?

① 직접배부법은 모든 보조부문비를 제조부문에 제공하는 용역비율에 따라 제조부문에 직접배부하는 방법이다.
② 단계배부법은 보조부문들 간에 일정한 배부순서에 따라 보조부문비를 단계적으로 다른 보조부문과 제조부문에 배부하는 방법이다.
③ 상호배부법은 보조부문 상호간의 용역 수수 관계를 완전히 고려하는 방법이다.
④ 보조부문비를 가장 정확하게 배부하는 방법은 단계배부법이다.

정답 ④
보조부문비를 가장 정확하게 배부하는 방법은 상호배부법이다.

02 ㈜청윤은 제조간접비를 기계사용시간으로 배부하고 있다. 당해 연도초의 제조간접비 예상액은 1,500,000원이고 예상 기계사용시간은 30,000시간이다. 당기 말 현재 실제 제조간접비 발생액이 1,650,000원이다. 실제 기계사용시간이 36,900시간일 경우 당기의 제조간접비 과소(과대)배부액은 얼마인가?

① 345,000원(과소배부) ② 345,000원(과대배부)
③ 195,000원(과소배부) ④ 195,000원(과대배부)

정답 ④
예정배부율 = 제조간접비예상 ÷ 예정배부기준(예상 기계사용시간)
50원 = 1,500,000원 ÷ 30,000시간
예정배부액 = 예정배부율(50원) × 실제 기계사용시간(36,900시간)
     = 1,845,000원
실제발생액(1,650,000원) - 예정배부액(1,845,000원) = -195,000원(과대배부)

03 다음 중 제조간접비 예정배부액의 계산 방법은?

① 제품별 배부기준의 실제발생액 × 예정배부율
② 제품별 배부기준의 실제발생액 × 실제배부율
③ 제품별 배부기준의 예정발생액 × 예정배부율
④ 제품별 배부기준의 예정발생액 × 실제배부율

정답 ①
예정배부율 = 제조간접비 연간예산액 ÷ 예정배부기준
예정배부액 = 실제발생액 × 예정배부율

04 보조부문비를 각 제조부분에 배부하는데 있어 보조부문간의 배부순서에 따라 배부액이 달라질 수 있는 방법은?

① 이중배부율법　　　　　　　　② 단계배부법
③ 상호배부법　　　　　　　　　④ 직접배부법

정답 ②

단계배부법은 보조부문 간의 배부순서에 따라 배부액이 달라진다.

05 다음은 보조부문원가의 배부에 관한 설명이다. 틀린 것은?

① 보조부문원가를 어떻게 배부하더라도 회사의 총이익은 변동이 없다.
② 보조부문원가의 배부 시에는 수혜기준을 최우선적으로 고려하여야 한다.
③ 보조부문원가의 제조부문에 대한 배분방법에는 직접배분법, 단계배분법, 상호 배분법 등이 있다.
④ 상호배분법은 보조부문의 수가 여러 개일 경우 시간과 비용이 많이 소요되고 계산하기가 어렵다는 단점이 있다.

정답 ②

원가배분기준의 적용순서는 인과관계기준을 우선 적용하되 인과관계기준을 알 수 없는 경우에는 부담능력기준, 수혜기준 등을 적용한다.

06 제조간접비가 과소배부 되었다면, 다음 설명 중 옳은 것은?

① 실제제조간접비는 예정제조간접비보다 적다.
② 재공품에 배부된 제조간접비는 실제제조간접비 발생액보다 적다.
③ 예정배부율이 너무 높게 설정되었기 때문이다.
④ 제조간접비 통제계정이 기말에 대변잔액이 발생하였다.

정답 ②

과소배부란 예정배부를 적게 한 경우이다.
과소배부 시 제조간접비 통제계정이 기말에 차변잔액이 발생한다.
재공품 ××× (예정배부액) / 제조간접비 ××× (실제발생액)
과소배부액 ×××

07 다음 중 보조부문 상호간의 용역수수를 고려하여 배분하는 방법만 모두 고른 것은?

| A. 상호배부법 | B. 단계배부법 | C. 직접배부법 |

① A, C　　　② B, C　　　③ A, B　　　④ A, B, C

정답 ③

08
㈜세무는 직접배부법을 이용하여 보조부문 제조간접비를 제조부문에 배부하고자한다. 보조부문 제조간접비를 배분한 후 조립부문의 총원가는 얼마인가?

구 분	보조부문		제조부문	
	전력부문	수선부문	조립부문	절단부문
전력부문 공급(kw)		40kw	80kw	80kw
수선부문 공급(시간)	100시간		300시간	200시간
자기부문원가(원)	100,000원	200,000원	500,000원	420,000원

① 670,000원　　② 644,000원
③ 692,000원　　④ 700,000원

정답 ①

- 전력부문이 조립부문에 배분한 금액 = 100,000원 × 80kw/160kw
  = 50,000원
- 수선부문이 조립부문에 배분한 금액 = 200,000원 × 300시간/500시간
  = 120,000원
- 조립부문 총 원가 = 50,000원 + 120,000원 + 500,000원 = 670,000원

09
다음은 원가배분에 관한 내용이다. 부문공통원가인 건물의 감가상각비의 배분기준으로 가장 합리적인 것은?

① 각 제조부문과 보조부문의 인원수
② 각 제조부문과 보조부문의 작업시간
③ 각 제조부문과 보조부문의 면적
④ 각 제조부문과 보조부문의 건물가액

정답 ③

건물의 감가상각비는 건물의 면적과 가장 밀접한 인과관계를 가진다.

10
㈜설악전자의 제조간접비 예정배부율은 작업시간당 2,000원이다. 작업시간이 1,000시간이고 제조간접비 배부차이가 200,000원 과소배부라면, 실제 제조간접비 발생액은 얼마인가?

① 2,200,000원　　② 2,000,000원　　③ 1,800,000원　　④ 1,600,000원

정답 ①

예정배부액 : 1,000시간 × 2,000원 = 2,000,000원
예정배부액이 200,000원 과소배부된 경우라면 실제발생액은 2,200,000원이다.

ⓔxercise 개별원가계산 기출문제

01 강남상사는 개별원가계산제도를 채택하고 있다. 5월 중 원장의 재공품 계정에는 다음과 같은 사항이 기록되어 있다. 강남상사는 직접노무비의 70%를 제조간접비로 배부하고 있다. 5월 말에 아직 가공 중에 있는 유일한 작업인 제조명령서 101호에는 직접노무비 1,000원이 발생되었다. 제조명령서 101호에 부과될 직접재료비는 얼마인가?

- 5월 1일 : 잔액 3,000원
- 5월 3일 : 직접노무비 투입 6,000원
- 5월 31일 : 제품계정으로 대체 20,000원
- 5월 2일 : 직접재료비 투입 10,000원
- 5월 4일 : 제조간접비 투입 4,200원

① 1,000원　　② 1,500원　　③ 2,000원　　④ 3,000원

정답 ②

3,000 + 10,000 + 6,000 + 4,200 = 20,000 + 1,000 + 700 + 직접재료비
따라서 직접재료비 = 1,500원

02 아래 자료에 있는 사항으로 미루어 보아 다음 중 틀린 설명은?

A제조기업은 원가계산에 있어 제조간접비 실제배부액은 980만원이었으며 이는 제조간접비가 100만원 과소배부된 것이다.

① A제조기업은 개별원가계산방식을 사용하였다.
② A제조기업의 제조간접비 예정배부액은 880만원이다.
③ 제조간접비 배부차이에 해당하는 금액만큼 제조원가에 가산하게 된다.
④ 이러한 제조간접비 배부차이에 해당하는 금액은 직접재료비, 직접노무비 그리고 제조간접비 모두에 영향을 미친다.

정답 ④

제조간접비의 배부차이는 제조간접비에만 해당되는 내용이다.

03 다음 중 개별원가계산을 적용하기에 가장 적절하지 않는 것은?

① 전투식량의 제조원가　　② 탱크의 제조원가
③ 전투기의 제조원가　　④ 항공모함의 제조원가

정답 ①

전투식량의 제조원가는 종합원가계산에 적합한 방식이다.

04
㈜태양은 정상개별원가계산제도를 적용하고 있다. 직접노동시간을 기준으로 제조간접비를 예정 배부한다. 제조간접비의 배부차이가 30,000원 과소배부인 경우 실제발생제조간접원가는 얼마인가?

	실 제	예 정
총직접노동시간	20,000시간	30,000시간
총제조간접원가	( )	600,000원

① 370,000원
② 430,000원
③ 440,000원
④ 450,000원

정답 ②

예정배부율 = 예정제조간접원가총액 / 예정배부기준
= 600,000원/30,000시간 = @20원
예정배부액 = 실제배부기준 × 예정배부율 = 20,000시간 × @20원
= 400,000원
실제발생제조간접원가 = 예정배부액 + 과소배부차이 = 400,000원 + 30,000원 = 430,000원

05
종합원가계산과 개별원가계산에 대한 설명으로 옳지 않은 것은?

① 개별원가계산은 다품종 소량주문 생산형태에 적합한 원가계산방법이다.
② 종합원가계산이란 단일 종류의 제품을 연속적으로 대량 생산하는 경우에 적합한 원가계산방법이다.
③ 개별원가계산에서는 직접비를 일정한 기준에 의해 배부하는 절차가 필요하다.
④ 종합원가계산에서는 직접비와 간접비의 구분이 필요 없는 대신 직접재료비와 가공비로 분류하게 된다.

정답 ③

개별원가계산에서는 직접비는 추적이 가능하므로 일정한 기준에 의해 배부하는 절차를 필요로 하지 않는다.

06
다음 중 개별원가계산을 적용하기에 가장 적절하지 않는 것은?

① 대형선박의 제조원가
② 주문 생산하는 고가의 승용차의 제조원가
③ 저가의 볼펜 제조원가
④ 비행기의 제조원가

정답 ③

소품종 대량생산이 이루어지는 경우 종합원가계산이 더 적합하다.

07 다음 자료에 있는 사항으로 미루어 보아 가장 잘못된 설명은?

> A 제조기업의 원가계산에 있어 제조간접비 실제배부액은 920만원이었으며, 이는 제조간접비가 100만원 과소배부된 것이다.

① A 제조기업은 개별원가계산방식을 사용하였다.
② A 제조기업의 제조간접비 예정배부액은 820만원이었다.
③ 제조간접비 배부차이에 해당하는 금액은 재공품, 기말재고, 매출원가 등에 영향을 미친다.
④ A 제조기업의 경우, 제조간접비 배부차이에 해당하는 금액만큼 제조원가에서 차감하게 된다.

정답 ④
상기자료에서 제조간접비 배부차이에 해당하는 금액만큼 제조원가에서 가산하게 된다.

08 다음 중 개별원가계산과 가장 관련이 있는 것은?

① 작업원가표
② 완성품환산량
③ 선입선출법
④ 가중평균법

정답 ①
작업원가표는 개별원가계산에 사용되는 방식이다. 완성품환산량, 선입선출법, 가중평균법 등은 모두 종합원가계산과 관련이 있다.

09 개별원가계산 시 배부율 및 배부액을 산정하는 산식 중 올바르지 않은 것은?

① 실제제조간접비 배부율 = $\dfrac{\text{실제제조간접비 합계액}}{\text{실제조업도(실제배부기준)}}$

② 예정제조간접비 배부율 = $\dfrac{\text{예정제조간접비 합계액}}{\text{예정조업도(예정배부기준)}}$

③ 실제제조간접비 배부액 = 개별 제품 등의 실제조업도(실제배분기준) × 제조간접비 실제배부율

④ 예정제조간접비 배부액 = 개별 제품 등의 예정조업도(예정배분기준) × 제조간접비 예정배부율

정답 ④
예정제조간접비 배부액 = 개별 제품 등의 실제조업도(실제배분기준) × 제조간접비 예정배부율

10 다음 중 개별원가계산에 대한 설명으로 틀린 것은?

① 제품을 비반복적으로 생산하는 업종에 적합한 원가계산제도이다.
② 조선업, 건설업 등 주문생산에 유리하다.
③ 공장전체 제조간접비 배분율을 적용하는 것이 제조부문별 제조간접비 배분율을 적용하는 것보다 더 정확한 원가배분방법이다.
④ 제조간접비는 일정한 배분기준에 따라 배부하게 된다.

정답 ③
부문별 제조간접비 배분율을 적용하는 것이 더 정확한 원가배분방법이다.

종합원가계산 기출문제

01 다음 중 종합원가계산에서 재료비와 가공비를 구분할 필요가 없는 경우는?

① 재료비와 가공비의 제조과정에 투입시점이 같다.
② 제조과정에 투입되는 재료비와 가공비의 물량이 같다.
③ 제조과정에 투입되는 재료비와 가공비의 금액이 같다.
④ 재료비와 가공비의 기말잔액이 같다.

정답 ①

종합원가계산에서 재료비와 가공비로 구분하는 이유는 재료비와 가공비의 투입시점이 틀리기 때문이다. 따라서 재료비와 가공비의 투입시점이 같다면 굳이 재료비와 가공비를 구분하는 실익이 없다.

02 다음 중 종합원가계산에 가장 적합한 업종은 어느 것인가?

① 전투기 제조업   ② 대형선박 제조업
③ 전화기 제조업   ④ 상가 신축업

정답 ③

03 평균법을 이용한 종합원가계산 적용 시 완성품환산량 단위당 원가를 계산하기 위해서 아래의 어떤 금액을 완성품환산량으로 나누어야 하는가?

① 당기발생원가   ② 당기발생원가 + 기초재공품원가
③ 당기발생원가 - 기초재공품원가   ④ 기초재공품원가

정답 ②

04 종합원가계산방법 중 선입선출법의 장점으로 올바르지 않은 것은?

① 원가통제 등에 보다 더 유용한 정보를 제공한다.
② 표준종합원가계산에 적합하다.
③ 전기와 당기원가가 혼합되므로 상대적으로 계산방법이 간편하다.
④ 실제물량흐름을 반영한다.

정답 ③

평균법은 전기와 당기발생작업량 모두를 대상으로 완성품환산량을 구하기 때문에 선입선출법에 비해 상대적으로 계산하기 편리하다.

05
다음의 자료에 의하여 종합원가계산에 의한 가공비의 완성품환산량을 계산하시오. 단, 가공비는 가공과정 동안 균등하게 발생한다고 가정한다.

	수량	완성도
기초 재공품	100개	25%
당기 착수품	400개	
당기 완성품	300개	
기말 재공품	200개	50%

① 평균법 : 400개, 선입선출법 : 375개
② 평균법 : 375개, 선입선출법 : 375개
③ 평균법 : 400개, 선입선출법 : 400개
④ 평균법 : 375개, 선입선출법 : 400개

정답 ①

평균법 = 300개 + 200개×50%
선입선출법 = 100개×75% + 200개 + 200개×50%

06
㈜덕산전자는 선입선출법으로 공정별 종합원가를 계산하고 있다. 재료비는 제1공정 초기에 전량 투입되고, 가공비는 공정전반에 걸쳐 균등하게 발생한다. 제1공정 가공비의 완성품환산량은 얼마인가?

· 기초재공품수량 : 900개 (80%)	· 제2공정대체수량 : 6,400개
· 당기착수량 : 6,200개	· 기말재공품수량 : 700개(70%)

① 5,970개
② 6,070개
③ 6,170개
④ 6,270개

정답 ③

900 × 20% + 5,500 + 700 × 70% = 6,170개
(제2공정대체는 완성품에 해당된다)

07
종합원가계산방법 중 원가흐름에 대한 내용이 다른 것은 무엇인가?

① 기초재공품 완성분과 당기착수 완성분을 구분하지 않는다.
② 환산량 단위당 원가의 배부대상이 되는 원가에서 기초재공품원가가 포함되지 않는다.
③ 완성품 원가의 계산 시 기초재공품 원가가 별도로 가산된다.
④ 당기발생원가는 당기에 수행된 작업량의 완성품환산량에만 배분한다.

정답 ①

선입선출법은 기초재공품 완성분과 당기착수 완성분으로 구분이 가능하다고 가정하는 원가흐름이며, 평균법은 기초재공품 완성분과 당기착수 완성분으로 구분하지 않고, 모두 당기에 착수되어 완성된 것으로 가정한다.

08 다음 자료에 따른 선입선출법에 의한 가공원가의 완성품환산량은 얼마인가? 원재료는 공정의 초기에 일시에 모두 투입되고, 가공원가는 공정전반에 걸쳐 균등하게 발생된다고 가정한다.

· 기초재공품 : 1,000단위(완성도 60%)
· 착수량 : 3,000단위
· 기말재공품 : 2,000단위(완성도 50%)
· 완성품 : 2,000단위

① 2,000단위 ② 2,400단위
③ 3,000단위 ④ 3,400단위

정답 ②
기초재공품 X 40% + (완성품수량-기초재공품수량) + 기말재공품 X 50%

09 종합원가계산 하에서 선입선출법과 평균법에 대한 설명 중 틀린 것은?

① 선입선출법은 평균법보다 실제 물량 흐름을 반영하며 원가통제 등에 더 유용한 정보를 제공한다.
② 선입선출법은 완성품환산량 계산 시 순수한 당기 발생 작업량만으로 계산한다.
③ 선입선출법은 기초재공품원가와 당기발생원가를 구분하지 않고, 모두 당기발생원가로 가정하여 완성품과 기말재공품에 배분한다.
④ 기초재공품이 없다면 선입선출법과 평균법의 결과는 차이를 보이지 않는다.

정답 ③
선입선출법은 당기발생원가만을 완성품과 기말재공품에 배분하고, 기초재공품원가는 완성품 원가에 가산한다.

10 완성품은 200개이며, 기초재공품은 없고, 기말재공품은 50개(완성도 60%)이다. 가공비는 460,000원 발생하였다. 가공비의 완성품 환산량 단위당 원가는 얼마인가?(재료는 공정초에 모두 투입되고, 가공비는 공정 전반에 걸쳐 균등하게 투입된다. 원단위 미만은 절사함)

① 1,000원 ② 1,840원
③ 2,000원 ④ 2,300원

정답 ③
완성품환산량 단위당원가는 가공비(460,000원) ÷ {200개+30개(50개×60%)} = 2,000원

Ⅲ 부가가치세법

chapter 1 부가가치세 이론

chapter 2 부가가치세 기출문제

Chapter 1 부가가치세 이론

01 부가가치세 총설

1. 담세자와 납세의무자

	담세자 (세금을 실질적으로 부담하는 자)		납세의무자 (납세의무가 있는 자)	
부가가치세	최종소비자	≠	사업자	간접세
소득세, 법인세	사업자	=	사업자	직접세

2. 사업자

1) 과세사업자 : 과세품목을 취급하는 사업자

  ① **일반과세자** : 직전 1역년의 공급대가가 1억 400만원 이상인 사업자

  ② **간이과세자** : 직전 1역년의 공급대가가 1억 400만원 미만인 사업자

* 식당(개인사업자)에서 식사를 하고, 결제를 하게 되면 식대에는 부가가치세가 포함되어 있다. 식당 사장님은 식대 중 부가가치세에 해당하는 금액은 세무서에 납부해야 한다.

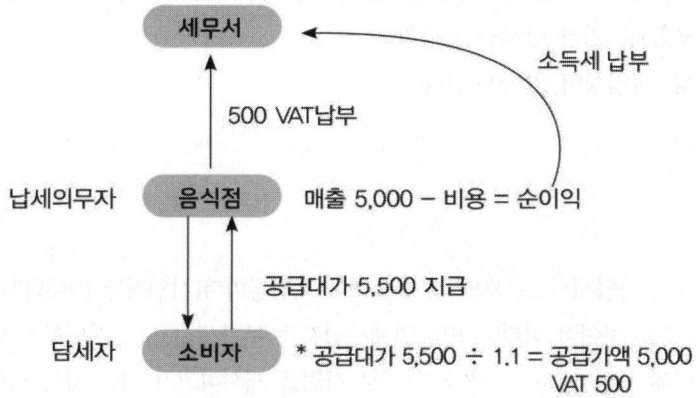

* 공급대가 : 부가가치세가 포함된 금액
* 공급가액 : 부가가치세가 포함되지 않은 금액

③ **부가가치세납부** : 4/25, 7/25, 10/25, 1/25

④ **소득세납부** : 다음연도 5/1 ~ 5/31일까지

2) **면세사업자** : 면세품목을 취급하는 사업자

　① **면세품목** : 농·수·임·축산물, 교육, 도서, 시내버스, 금융, 보험, 수돗물, 소금 등

　② **면세구조**

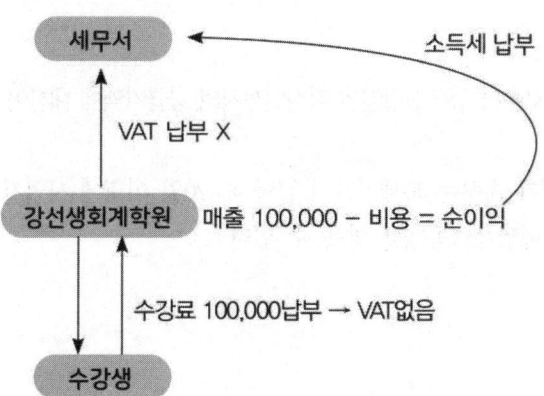

* 면세사업자는 매출액에 부가가치세가 없기 때문에 부가가치세납부 할 금액은 없으며, 소득세만 납부하면 된다.

③ 사업자

영리목적의 유무에 불구하고, 사업상 독립적으로 재화 또는 용역을 공급하는 자를 말하며, 개인사업자와 법인(국가나 지방자치단체 포함)등 기타 단체를 포함한다.
- **영리목적과 무관, 독립성, 사업성이 있어야 한다.**

3. 사업자등록

1) 사업자 등록

신규로 사업을 개시하는 자는 사업개시일로부터 20일 이내에 사업장마다(사업장별 과세원칙) 사업장 관할 세무서장에게 사업자등록을 하여야 한다. 다만, 면세사업자는 부가세신고, 납부의무가 없으므로 소득세법 또는 법인세법에 의해 사업자등록을 한다. 신규로 사업을 개시하고자 하는 자는 사업개시일 전이라도 사업자등록을 할 수 있다.

관할세무서장은 신청일로부터 2일 이내에 사업자등록증을 발급하여야 한다. 다만, 사업장시설이나 사업현황을 확인하는 경우에는 발급기한을 5일에 한하여 연장할 수 있다.

2) 사업자등록증의 정정

상호변경, 법인대표자변경, 사업종류변경, 사업장 이전, 상속으로 인한 사업자 명의변경, 공동사업자의 출자지분변경, 사업자 단위 과세적용, 사업장변경, 종된사업장 신설, 이전, 종된 사업장 휴업, 폐업, 통신판매업자의 도메인 이름변경의 사유가 있는 경우에는 지체없이 사업자등록 정정신고서를 제출해야 한다. 상호변경은 신청일 당일 재발급, 나머지 정정사유는 신청일로부터 2일 이내 재발급한다.

3) 사업자 미등록시 불이익

① 미등록가산세적용 - 사업개시일로부터 등록신청일의 직전일까지의 공급가액에 대하여 1%에 해당하는 금액
② 매입세액불공제. 단, 공급시기가 속하는 과세기간이 끝난 후 20일 이내에 사업자등록을 신청한 경우 그 과세기간 내의 것은 매입세액공제를 받을 수 있다.

4) 사업자등록 신청시 필요서류

① 사업자등록 신청서
② 법령에 의하여 허가, 등록, 신고가 필요한 사업은 사업허가증, 등록증, 신고필증의 사본
③ 허가, 등록, 신고 전에 등록을 하는 때에는 허가등 신청서 사본 또는 사업계약서
④ 사업장을 임차한 경우 임대차계약서 사본
⑤ 상가건물 임대차 보호법에 의한 상가건물 일부를 임차한 경우 해당 부분의 도면

4. VAT 과세기간 - 일반과세사업자(법인)

1기과세기간 (1/1~6/30)	1기예정신고기간(01/01~03/31)	04/25까지 신고·납부
	1기확정신고기간(04/01~06/30)	07/25까지 신고·납부
2기과세기간 (7/1~12/31)	2기예정신고기간(07/01~09/30)	10/25까지 신고·납부
	2기확정신고기간(10/01~12/31)	01/25까지 신고·납부

① 신규사업자의 과세기간

　사업개시일로부터 개시일이 속하는 과세기간의 종료일까지. 단, 사업개시전에 사업자등록을 신청한 경우에는 신청일로부터 신청일이 속하는 과세기간 종료일까지를 최초 과세기간으로 한다.

　예 5월 1일에 사업자등록 신청시 - 5/1 ~ 6/30일 최초과세기간으로 하여 다음달 25일까지 부가가치세를 신고 납부한다.

② 폐업자의 최종과세기간

　폐업일이 속하는 과세기간 개시일로부터 폐업일까지를 최종과세기간으로 한다.

　예 4월 10일에 폐업신청 시 - 1/1 ~ 4/10까지를 과세기간으로 하여 다음 달 25일까지 부가가치세신고 납부한다.

③ 간이과세자의 과세기간

　간이과세자는 1년을 과세기간으로 한다. 1/1 ~ 12/31을 과세기간으로 하여 7/25일에 예정 고지납부를 한번 한 후 1/25에 부가가치세 확정신고를 한다.

④ 간이과세 포기의 경우 과세기간

　간이과세자가 간이과세를 포기하고, 일반과세자가 되고자 하는 경우 그적용을 받고자 하는 달의 전달 마지막 날까지 간이과세 포기신고를 해야 한다. 이때 과세기간은 간이과세포기 신고일이 속하는 과세기간 개시일로부터 포기 신고일이 속하는 달의 마지막 날까지를 1과세기간으로 하여 간이과세를 적용하고, 다음달 1일부터 과세기간 종료일까지를 변경 후 1과세기간으로 한다.

⑤ 간이과세자의 납부의무 면제

　간이과세자의 공급대가 합계액이 4,800만원 미만인 경우에는 부가가치세 납부의무가 면제된다.

⑥ 부가가치세 예정고지·예정부과 제외

예정 고지세액이 50만원 미만인 경우와 재난 등의 사유로 납부할 수 없다고 인정되는 경우에는 예정고지를 하지 않는다.

5. 납세지

① **사업장별 과세원칙** : 사업장 소재지를 납세지로 하여 사업자등록부터, 모든 업무가 사업장별로 이루어지는 것을 말한다. 예외로 주사업장총괄납부 및 사업자단위과세 제도가 있다.

② **사업장**

구분		사업장
광 업		광업 사무소의 소재지
제조업		최종 제품을 완성하는 장소(제품의 포장만을 하거나 용기에 충전만을 하는 장소와 저유소는 제외)
건설업, 운수업, 부동산매매업	법인	법인의 등기부상 소재지(지점소재지 포함)
	개인	업무를 총괄하는 장소
부동산임대업		부동산의 등기부상 소재지
무인자동판매기		사업에 관한 업무를 총괄하는 장소
통신판매업		부가통신 판매사업자의 주된 사업장 소재지
다단계판매원		다단계판매원이 등록한 다단계판매업자의 주된 사업장
사업장을 설치하지 아니한 경우		사업자의 주소 또는 거소

③ **직매장, 하치장, 임시사업장**

구분	내용	사업장 여부
직매장	재화를 직접 판매하기 위한 장소	사업장 ○
하치장	재화의 보관, 관리시설만 갖춘 장소	사업장 ×
임시사업장	경기대회, 박람회 등의 행사장에 임시로 개설한 사업장으로 10일 이내에 개설신고서 제출하여야 하며, 설치기간이 10일 이내인 경우에는 개설신고를 하지 아니할 수 있다.	기존 사업장에 포함.

④ 주사업장 총괄 납부

　2개 이상의 사업장을 가지고 있는 사업자가 주된 사업장 관할 세무서장에게 과세기간 개시 20일 전까지 신청하고, 각 사업장의 납부세액 또는 환급세액을 주된 사업장에서 통산하여 납부하거나 환급받는 것으로, 법인은 본점 또는 지점 중 선택 가능하며, 개인은 주사무소가 주된 사업장이 된다. 주의해야 할 것은 사업자등록부터 부가가치세 신고 등 모든 업무는 각각 하여야 하며 납부 또는 환급만 주된 사업장에서 하는 것이다. 판매를 목적으로 타사업장에 반출한 재화에 대해 재화의 공급으로 보지 않는다.

⑤ 사업자단위과세

　2개 이상의 사업장을 가지고 있는 자가 주된사업장(법인은 본점, 개인은 주사무소 - 과세기간 20일전까지 등록)에서 모든 사업장의 사업자등록, 세금계산서 발행 등 모든 부가가치세 신고, 납부업무를 하는 것을 말한다. 판매를 목적으로 타사업장에 반출한 재화에 대해 재화의 공급으로 보지 않는다.

02 매입세액 불공제

1. 매입세액 불공제

```
    매출세액
   -매입세액    ⇒  공제받을 수 있는 매입세액(매입과세) ⇒ 영업활동관련 ○
   ─────         공제받지 못할 매입세액(매입불공)   ⇒ 영업활동관련 ×
    납부세액
```

1) VAT법상 영수증(증빙)

```
              ┌ 과세사업자 ┌ 일반과세자, 간이과세자(4,800만원 이상) : 세금계산서 발행 ○
   사업자 ─┤           └ 간이과세자(4,800만원 미만) : 세금계산서 발행 ×
              └ 면세사업자 : 계산서발행 ○
```

① 세금계산서 ┌ 필요적기재사항 : 공급자의 등록번호, 성명 또는 명칭
　　　　　　　　　　　　　　　　공급받는자의 등록번호, 작성연월일
　　　　　　　　　　　　　　　　공급가액과 부가가치세
　　　　　　　└ 임의적기재사항 : 필요적기재사항을 제외한 나머지 항목

② 계산서

③ 신용카드영수증(법인카드, 직원카드)

④ 현금영수증(소득공제용×, 지출증빙용○)

⑤ 간이영수증 (인정 안 됨-소득세법, 법인세법에서만 3만원까지 인정됨)

⑥ 간이과세자중 신규사업자 및 직전연도 공급대가 합계액이 4,800만원에 미달하는 사업자는 세금계산서 발행의무가 면제된다.

2) 공제받을 수 있는 매입세액 ➡ 매입과세
　➡ 증빙 : 세금계산서, 신용카드영수증, 현금영수증

3) 세금계산서를 수취해도 공제를 받을 수 없는 것 ➡ 매입불공(불공제)
　① 세금계산서 중 필요적 기재사항 누락분

➡ 원 재 료 100,000 / 현 금 110,000 (×)
　　VAT대급금 10,000 /
➡ 원재료 110,000 / 현금 110,000 (○)

② 세금계산서 중 기업업무추진비 관련 매입세액

➡ 기업업무추진비 100,000 / 현 금 110,000 (×)
　　VAT대급금 10,000 /
➡ 기업업무추진비 110,000 / 현금 110,000 (○)

③ 세금계산서 중 비영업용 승용차 관련 매입세액(개별소비세 과세대상 자동차)

➡ 차량운반구 100,000 / 현 금 110,000 (×)
　　VAT대급금 10,000 /
➡ 차량운반구 110,000 / 현금 110,000 (○)

단, 승합차, 화물차, 1,000CC 경차는 공제 ➡ 차량운반구 100,000 / 현금 110,000
　　　　　　　　　　　　　　　　　　　　　VAT대급금 10,000 /

* 영업용 승용차 : 택시, 렌트카, 경비업체 승용차
* 비영업용(업무용) 승용차 : 제조업, 건설업 등의 승용차

④ 세금계산서 중 토지 관련 자본적 지출액

➡ 토지 110,000 / 현금 110,000

⑤ 세금계산서 중 면세 관련 지출액

➡ 전력비 110,000 / 현금 110,000

⑥ 세금계산서 중 공통매입세액(과세+면세) 중 면세 관련 매입세액

➡ 전력비 110,000 / 현금 110,000

⑦ 세금계산서 중 업무무관 매입세액
　　　　　　　↳ 대표이사 개인적 지출
➡ 가지급금 110,000 / 현금 110,000

* 불공제 관련된 분개를 할때는 부가세대급금을 쓰지 않고, 본래의 계정과목에 더한다.

03 부가가치세 과세대상 1 - 재화의 공급

1. 부가가치세 과세대상

1) 사업자가 공급하는 재화의 공급

   * 재화란 재산적가치가 있는 모든 유체물(상품, 건물등), 무체물(전력, 통신)

2) 사업자가 공급하는 용역의 공급

3) 사업자, 비사업자의 재화의 수입

4) 부수재화, 용역의 공급

✓ 요약 정리

기업회계	VAT법		
상품매출 제품매출 건물매각 차량매각	재화의 공급 ➡	"공급하는 사업자"가 공급받는 자로부터 VAT를 징수하여 납부	➡ 세금계산서발행
노동력제공 부동산임대	용역의 공급 ➡	"공급하는 사업자"가 공급받는 자로부터 VAT를 징수하여 납부	
원재료수입 기계수입	재화의 수입 ➡	사업자, 비사업자로부터 "세관장"이 징수하여 납부	➡ 수입세금계산서발행

2. 재화의 공급유형

실질적공급	현금판매, 외상판매, 할부판매	
	장기할부판매, 계속적공급, 중간지급조건부(계약금, 중도금, 잔금) (1년 이상) (전기공급) (6개월 이상)	
간주공급 (의제공급)	자가공급	생산·취득한 재화를 자기의 다른 사업을 위해서 사용·소비하는 것
		• 면세사업전용 • 비영업용승용차 유지 • 직매장반출
	개인적공급	생산·취득한 재화를 대표이사, 종업원이 개인적으로 사용·소비하는 것
	사업상증여	생산·취득한 재화를 거래처에 선물로 제공하는 것
	폐업시잔존재화	

사례

① 청소기를 판매하는 대리점이 공장에서 청소기를 구입시

공장 ──청소기──▶ 대리점
      10대(@₩100,000)

상 품   1,000,000 / 현 금   1,100,000 ➡
VAT대급금   100,000 /

매출세액   0
- 매입세액 100,000(10대)
환급세액 (100,000)(10대)
  ↳ 조건: 영업에사용

② 소비자에게 5대 (@₩150,000)를 750,000원에 판매 → 실질적 공급

현 금   825,000 / 상품매출   750,000 ➡
                  / VAT예수금   75,000

매출세액 75,000(5대)
- 매입세액   0
납부세액 75,000(5대)

③ 청소기 2대를 종업원에게 선물로 제공(원가@₩100,000, 시가 @₩150,000)

   복리후생비 230,000 / 상　　품 200,000　　　매출세액 30,000(2대)
   　　　　　　　　　　 / VAT예수금 30,000 ➡　- 매입세액　　　0
  → 개인적공급　　　　　　　　　　　　　　　　납부세액 30,000(2대)

④ 청소기 2대를 거래처에 선물(원가@₩100,000, 시가@₩150,000)

   접 대 비 230,000 / 상　　품 200,000　　　매출세액 30,000(2대)
   　　　　　　　　　 / VAT예수금 30,000 ➡　- 매입세액　　　0
  → 사업상증여　　　　　　　　　　　　　　　　납부세액 (2대)

⑤ 폐업시잔존재화 1대 (원가@₩100,000, 시가@₩150,000) ➡　매출세액 15,000(1대)
   상품 15,000 / 부가세예수금 15,000　　　　　　　　- 매입세액　　　0
   　　　　　　　　　　　　　　　　　　　　　　　　납부세액 15,000(1대)

* 청소기를 매입 시 10대에 해당하는 금액을 매입세액공제(환급) 받았으므로 부가가치세 납부도 10대를 해야 한다는 개념으로 간주공급을 이해하면 된다.
* 간주공급의 조건은 반드시 매입세액공제(환급)를 받은 재화에 한하며, 매입세액공제를 받지 않은 재화는 간주공급을 적용하지 않는다.
* 실질적공급은 세금계산서를 발행해야 하지만, 사업상증여 등 간주공급은 세금계산서를 발행하지 않는다.

3. 재화의 공급시기(세금계산서 발행 시기, VAT 신고 시기)

유 형			공급 시기
실질적공급	현금, 외상, 할부판매		인도기준 (회수기준×)
	장기할부판매 계속적공급 중간지급조건부		대가의 각 부분을 받기로 한때 (회수기준)
간주공급 (의제공급)	자가 공급	면세사업전용 비영업용승용차유지 직매장반출	사용·소비하는 때
	개인적 공급		
	사업상 증여		재화를 증여하는 때
	폐업시 잔존재화		폐업일
조건부 및 기한부판매			조건이 성취되거나 기한이 경과되어 판매가 확정되는 때
재화의 공급으로 보는 가공의 경우			가공된 재화를 인도하는 때
무인판매기를 이용하는 경우			무인판매기에서 현금을 꺼내는때
내국물품의 국외반출 및 중계무역방식의 수출			수출재화의 선적일 또는 기적일
원양어업 및 위탁판매수출			수출재화의 공급가액이 확정되는때
위탁가공무역방식의 수출 및 외국인도수출			외국에서 재화가 인도되는때
수입재화를 보세구역에서 보세구역외의 국내에 공급하는 경우			수입신고수리일
위탁매매			수탁자의 공급을 기준으로 거래형태별 공급시기 규정 적용
그밖의 경우			재화가 인도되거나 인도가능한 때

4. 유형별 과세표준 및 세금계산서 발행 여부

유 형			과세표준	세금계산서 발행
실질적공급	현금, 외상, 할부판매		시가	○
	장기할부판매 계속적공급(전기) 중간지급조건부		시가	○
간주공급 (의제공급)	자가공급	면세사업전용 비영업용승용차유지	시가	×
		직매장반출	취득가액	○
	개인적공급 사업상증여 폐업시잔존재화		시가	간주공급은 세금계산서발행×

♠ 간주공급 중 직매장반출은 세금계산서를 발행해야 한다.
♠ 실질적 공급과 직매장 반출시 **세금계산서 미교부 시 → 세금계산서 미발행 가산세 2%**

04 부가가치세 과세대상 2 - 간주공급 중 자가공급

간주공급	자가 공급	직매장 반출
		면세사업 전용
		비영업용 승용차 유지
	개인적 공급	
	사업상 증여	
	폐업 시 잔존재화	

* **직매장**은 판매 시설을 갖춘 장소로서 사업장에 해당하지만, 하치장은 창고시설을 의미하는 것으로 사업장이 아니다.

1. 직매장반출(판매목적 타사업장 반출)

	서울: 본점		청주: 지점
사업자등록	○		○
VAT신고	○		○
VAT납부	○		○
직매장반출	청소기	재화의 공급의제 →	반출

↓
세금계산서발행
↓
VAT신고 ○

1) 주사업장총괄납부

① 법인사업자 : 본점과 지점 中 선택

② 개인사업자 : 주사무소만 가능

③ 주된 사업장 관할 세무서장에게 20일 이내 신청

	서울: 본점	〈주사업장총괄납부〉	청주: 지점
사업자등록	○		○
VAT신고	○		○
VAT납부	○		×
직매장반출		×	

2) 재화의 공급으로 보지 않는 것 → VAT 신고할 필요 없다.
   ① 담보 제공
   ② 조세 물납
   ③ 강제경매·강제공매, 수용
   ④ 사업의 포괄적 양도
   ⑤ **총괄납부승인 얻은 자의 직매장반출**
   ⑥ 하치장 반출
   ⑦ 자기의 다른 사업장에서 원료 등으로 사용, 소비하기 위해 반출
   ⑧ 자기 사업상의 기술개발을 위해 사용, 소비하는 것
   ⑨ 수선비, 광고 선전 목적, 불량품 교환, 상품진열 등으로 사용, 소비하는 것.

3) 사업자단위 과세제도 → 전사적 자원관리 시스템(ERP)을 사용하는 회사.
   ① **주사업장** : 법인 & 개인 → 본점과 주사무소만 가능

	서울: 본점	〈사업자단위과세〉	청주: 지점
사업자등록	○		×
VAT신고	○		×
VAT납부	○		×
직매장반출		×	

2. 면세사업전용

1) 예시1- 과세사업자의 경우

➡ VAT신고 ○

➡ 사업주 : 55,000,000 지급하고,
　　　　　　5,000,000 VAT환급
　　　　차량 50,000,000 구입효과

① 승합차(25인승)를 50,000,000(VAT별도) 구입

　차량운반구　50,000,000　/　현 금　55,000,000
　VAT대급금　 5,000,000　/

⬇

매출세액　　　0
- 매입세액　5,000,000
──────────────
환급세액　(5,000,000)

2) 예시2- 면세사업자의 경우

➡ VAT신고 ×

① 승합차(25인승)를 50,000,000(VAT별도) 구입

　차량운반구　55,000,000　/　현 금　55,000,000

⬇

면세 관련 부가가치세는 "불공제" → 돌려받지(환급) 못한다.

⬇

55,000,000 구입

▶ 과세사업자는 부가가치세를 환급받아 차량을 50,000,000원에 구입한 효과를 가져오며, 면세사업자는 부가가치를 환급받지 못하므로 차량을 55,000,000원에 구입한 것이 된다.

3) 예시3 - 겸영사업자

➡ VAT신고 ○

① 2000. 2/1

승합차를 50,000,000(VAT별도) 구입

차량운반구 50,000,000 / 현   금 55,000,000
VAT대급금   5,000,000 /

▶ 과세사업에 사용할 목적으로 차량을 구입하여 부가세 환급받았던 차량을 면세사업에 전용하게 되면 환급받은 금액의 일부를 다시 납부해야 한다.

② 2001. 4/1. **면세사업전용** : 1과세기간 종료일(6/30, 12/31)이 경과할 때마다 건축물은 5%, 건축물 외의 것은 25% 체감률을 인정한다.

➡ 취득원가 × (1 - 체감율 × 경과된 과세기간수) = 과세표준
  50,000,000 × (1 - 25% × 2번) = 25,000,000

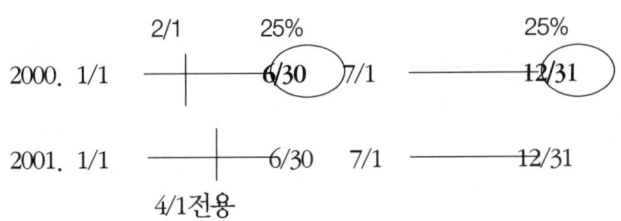

매출세액 2,500,000
- 매입세액   0
납부세액 2,500,000

➡ 2000년 환급받은 금액의 50% 납부

3. 비영업용 승용차유지

1) 사례

① 렌트카 회사에서 영업용으로 구입한 승용차를 대표이사가 개인적으로 사용하였을 때(비영업용으로 사용) 구입당시 매입세액공제 받았던 부가가치세를 다시 납부하는 것.

➡ 취득원가 × (1-체감율 × 경과된 과세기간 수) = 과세표준

② 주유소에서 판매용으로 구입한 휘발유를 판매하지 않고, 대표이사 개인적 사용하는 승용차에 주유했을 때 시가로 부가가치세를 납부하는 것.

③ 카센터에서 판매용으로 구입한 엔진오일을 판매하지 않고, 대표이사 개인적 사용하는 승용차에서 사용 시 시가로 부가가치세를 납부하는 것.

05. 부가가치세 과세대상 3 - 용역의 공급, 재화의 수입

1. 용역의 공급 유형 및 공급 시기

유 형		공급 시기(VAT 신고 시기)
실질적공급	음식점	역무의 제공이 완료되었을 때
	금융·보험	
	건설업	
	중간지급조건부 등	대가의 각 부분을 받기로 한 때
	부동산임대용역 — 임대료	예정신고기간 종료일 또는 과세기간 종료일
	부동산임대용역 — 간주임대료	

* 간주공급 : 용역의 공급은 간주공급을 인정하지 않는다.
* 용역의 공급으로 보지 않는 것 : 근로제공, 용역의 무상공급
  단, 특수 관계자에게 부동산임대용역을 무상으로 제공시에는 시가를 과세표준으로 하여 부가가치세 신고를 하여야 한다.

1) 용역의 공급 中 부동산임대 용역시 과세표준? 임대료 + 관리비 + **간주임대료**
   (보증금이자)

```
3층 - 사글세  24,000,000    × 3/12 = 6,000,000
2층 - 보증금  50,000,000
    - 월 세    1,000,000    × 3 = 3,000,000
1층 - 전 세 100,000,000
```

Q. 2000. 1기 예정신고기간의 **부동산 임대용역의 과세표준**은?

  (1/1 ~ 3/31)   1. 임대료
       ↓   2. 관리비 : ×
  예정신고기간 종료일   3. 간주임대료

① 임대료 : 6,000,000 + 3,000,000 = **9,000,000** … ①

② 관리비 : ×

③ 간주임대료 - 2층 : $50,000,000 \times 이율\ 5\% \times \dfrac{90일}{365일}$ = 보증금이자…②

　　　　　　 - 1층 : $100,000,000 \times 이율\ 5\% \times \dfrac{90일}{365일}$ = 보증금이자…③

　　　　　＊ 이율 : 국세청장이 정하는 정기예금 이자율, 5% 가정

⇒ ① + ② + ③ = **과세표준** × 10% = **매출세액**

④ 임대료 & 간주임대료의 공급 시기 : <u>예정신고 기간 or 과세기간 종료일</u>

　　　　　　　　　　　　　1기 : 1/1 — 3/31　　4/1 — 6/30
　　　　　　　　　　　　　2기 : 7/1 — 9/30　　10/1 — 12/31

2. 재화의 수입

　외국으로부터 들어온 물품과 수출신고가 수리된 물품으로 선적이 완료되었던 물품(외국 물품으로 간주함)을 다시 반입하는 것을 재화의 수입이라고 한다. 반면, 수출신고를 하고 선적되지 아니한 것을 보세구역으로 반입하는 것은 재화의 수입이 아니다. 재화를 수입 시에는 세관장이 징수하며, 수입세금계산서를 발행한다.

1) 수입 재화의 과세표준

　　관세의 과세가격 + 관세 + 개별소비세 + 교통·에너지·환경세 + 주세 + 교육세 + 농어촌특별세

3. 부수 재화 · 용역의 공급

1) 주된 재화가 **과세**면, 부수 재화도 **과세**
2) 주된 재화가 **면세**면, 부수 재화도 **면세**

06. 영세율과 면세

1. 영세율

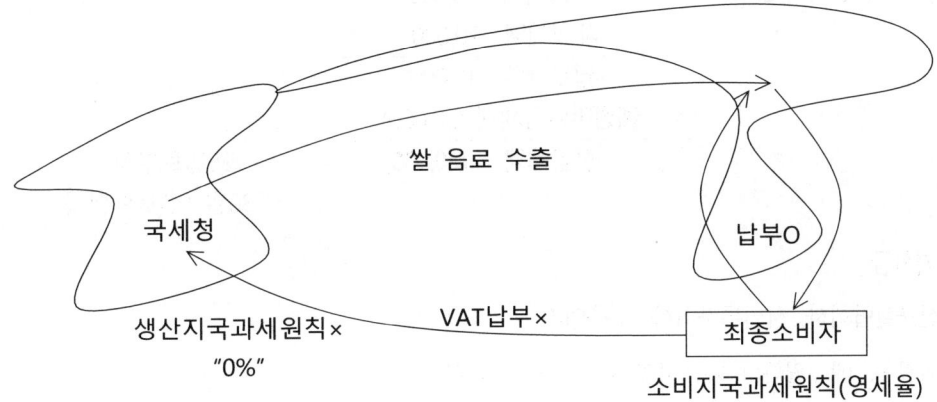

1) 상품을 100,000(VAT별도) 구입

➡ 상　　품 100,000　/　현금 110,000
　 VAT대급금 10,000　/

2) 상품을 미국에 300,000에 수출

➡ 현금 300,000　/　상품매출 300,0000

* 소비지국 과세원칙에 의해 최종소비자는 소비하는 자국에 부가가치세를 납부하게 되며, 생산하여 수출하는 우리나라는 부가가치세를 징수하지 못하게 되는데 이를 "영세율"이라고 한다.

3) VAT 정리분개

➡ 미수금 10,000　/　VAT대급금 10,000

4) 환급 : 현금 10,000　/　미수금 10,000

2. 환급

1) 일반환급

➡ 예정×, 확정 때만 환급

1/1 ~ 3/31 : **4/25** ➡ 매출세액 10,000
　　　　　　　　　　　- 매입세액 40,000
　　　　　　　　　　　환급세액 (30,000)　　→ **환급**×

4/1 ~ 6/30 : **7/25** ➡ 매출세액 30,000
　　　　　　　　　　　- 매입세액 20,000
　　　　　　　　　　　납부세액 10,000
　　　　　　　　　　　-예정미환급세액 (30,000)
　　　　　　　　　　　환급세액　**(20,000)**　→ 7/25일로부터
　　　　　　　　　　　　　　　　　　　　　　　30일 이내에 환급

2) 조기환급

① 신규설립회사, 시설투자회사, 수출업자

② 매월 or 매 2월마다 환급신청 → 15일 이내 환급

③ **영세율적용대상** : 수출하는 재화, 국외에서 제공하는 용역, 선박, 항공기의 외국항행 용역, 기타외화획득사업

매월 신청	1/1 ~ 3/31	1/1 ~ 1/31	2/25일까지 신청	15일 이내 환급
		2/1 ~ 2/28	3/25일까지 신청	
		3/1 ~ 3/31	4/25일까지 신청	

매2월 신청	1/1 ~ 3/31	1/1 ~ 2/28	3/25일까지 신청	15일 이내 환급
		3/1 ~ 3/31	4/25일까지 신청	
	4/1 ~ 6/30	4/1 ~ 5/31	6/25일까지 신청	15일 이내 환급
		6/1 ~ 6/30	7/25일까지 신청	

3. 영세율과 면세 비교

	영세율	면세
사업자여부	과세사업자	면세사업자
세금계산서발행의무	○	×, 계산서발행
VAT신고의무	○	× 단, 매입처별 세금계산서 합계표 제출의무
매입세액공제	공제(환급)	불공제(환급×)
	매출세액　　0 -매입세액 10,000 환급세액 (10,000)	×
면세제도	완전면세제도	불완전면세제도
취지	이중과세조절	역진성 완화

* 역진성 : 같은 금액이라도 소득이 적은 사람이 부담을 더 많이 느끼는 현상

4. 영세율과 면세대상

	영세율	면 세
대 상	· 수출하는 재화	· 농, 수, 임, 축 등 미가공 식료품, **원시 가공**
	· 선박, 항공기 외국항행용역 등	· 시내버스 면세 → 우등고속버스는 과세
	· 기타 외화획득 관련	· 수돗물 면세 → 생수는 과세
		· 소금 면세 → 맛소금은 과세
		· 연탄, 무연탄 면세 → 갈탄은 과세
		· 금융, 보험 면세
		· 교육, 도서 면세
		· 우유 면세 → 딸기우유는 과세
		· 오징어 면세 → 맥반석 오징어 과세
		· 계란 면세 → 구운 계란은 과세

1) 기타외화획득사업

① 국내에서 비거주자 또는 외국 법인에게 공급하는 법 소정 재화 용역

② 수출 재화 임가공용역

③ 외국을 항행하는 선박 및 항공기 또는 원양어선에 공급하는 재화 또는 용역

④ 우리나라에 상주하는 외교공관, 영사기관, 국제연합과 이에 준하는 국제기구, 국제연합군, 미군에게

공급하는 재화 또는 용역
⑤ 국내에서 국내사업장이 없는 비거주자, 외국법인에게 공급하는 재화, 용역으로 대가를 외국환은행에서 원화로 받은 것.

2) **영세율적용대상 사업자** : 내국법인과 거주자인 과세사업자이어야 하며, 면세사업자가 영세율을 적용받으려면 면세를 포기해야 한다. 외국법인이나 비거주자는 영세율을 적용받을 수 없다.

3) **영세율과 세금계산서** – 영세율사업자도 과세사업자이므로 세금계산서 발급의무가 있다.

구 분	영세율 적용 대상
세금계산서 발급	내국신용장 또는 구매확인서에 의한 수출
	수출재화 임가공용역
세금계산서 발급 면제	직수출
	국외에서 제공하는 용역
	항공기의 외국항행 용역

4) **우리나라 부가가치세 특징과 과세 방법**
국세, 일반소비세, 간접세, 다단계거래세(전단계세액공제법), 소비지국 과세원칙(영세율)

5) **영세율(완전면세제도)과 면세(불완전면세제도)비교**

영세율	면세
전 력 비 100,000 / 현 금 110,000	전력비 110,000 / 현금 110,000
VAT대급금 10,000 /	↳ 최종소비자에게 전가
⇓	⇓
제조업 : 원재료비 10,000	원재료비 10,000
노무비 10,000	노무비 10,000
제조경비 100,000	제조경비 110,000
제품원가 120,000	제품원가 130,000
+ 이 익 30,000	+ 이 익 30,000
판매가격 150,000	판매가격 160,000
* 부가가치세가 환급되어 사업자뿐만 아니라 최종소비자도 부가가치세를 부담하지 않아 완전면세제도라 한다.	* 부가가치세가 환급되지 않아 원가에 부가가치세가 포함되어 있어 불완전면세제도라고 한다.

07 부가가치세 과세표준 및 납부세액 계산

1. 과세표준 × 10% = 매출세액

- 금전으로 대가를 받은 경우 : 그 대가
- **금전 이외의 것으로 대가를 받은 경우 : 자기가 공급한 재화 또는 용역의 시가**
- 부당하게 낮은 대가를 받거나 받지 않은 경우 : 자기가 공급한 재화 또는 용역의 시가
- 대가를 외화로 받아 공급시기 도래 전에 원화로 환가한 경우 : 환가한 금액
- 대가를 외화로 받아 공급시기 이후에 외국통화 기타 외국환의 상태로 보유하거나 지급받은 경우 : 공급시기의 기준환율 또는 재정환율에 따라 계산한 금액
- 현금판매, 외상판매, 할부판매 : 공급한 재화의 총 가액
- 장기할부판매, 중간지급 조건부 공급, 완성도기준 지급 공급, 전력 등 기타 공급단위를 구획할 수 없는 재화를 계속적으로 공급하는 경우 : 계약에 따라 받기로 한 대가의 각 부분.

1) 과세표준에 포함하는 것(더할 것)

　　① 관세, 대가의 일부로 받는 운송비
　　② 할부판매 시 이자 상당액
　　③ 판매 장려금품

2) 과세표준에 포함하지 않는 것

　　① 차감 해야 하는 항목(수정세금계산서 발행) - 매출 환입, 매출에누리, 매출할인, 공급받는 자에게 도달하기 전 파손된 재화가액
　　② 더하지 말 것(세금계산서 발행하지 않음.) - 국고보조금, 공공보조금, 외상매출금 지연지급으로 인한 연체이자

3) 과세표준에서 공제하지 않는 것 (수정세금계산서 발행하지 않음 - **빼지 말 것**)

　　① 판매장려금 지급, 대손금, 하자 보증금

사례

- 매출액 10,000,000(에누리차감 전 금액)
- 매출에누리 1,000,000,
- 판매장려금 지급 1,000,000

- 대가의 일부로 받은 운송비 500,000
- 대손금 500,000
- 파손된 재화의 가액 2,000,000
- 국고보조금 3,000,000

위 자료로 과세표준을 구하면 ? 7,500,000

2. 토지와 건물을 일괄 공급시 과세표준

토지의 공급은 면세, 건물의 공급은 과세이다. 원칙은 실거래가액으로 과세표준을 계산하여야 하나 일괄양도하여 토지와 건물가액 구분이 불분명한 경우에는 아래의 순서로 안분계산한다.
1) 감정가액이 있는 경우에는 감정가액에 비례하여 안분계산
2) 감정가액이 없는 경우에는 기준시가에 비례하여 안분계산
3) 기준시가가 없는 자산(구축물 등)이 있는 경우에는 장부가액에 의해 안분계산(1차)한 후 기준시가에 의해 안분계산(2차)

사례 토지, 건물, 구축물을 1억에 일괄양도 시 과세표준은?

구분	토지	건물	기계장치
장부가액	20,000,000	24,000,000	6,000,000
기준시가	30,000,000	30,000,000	-
감정가액	-	-	-

① 1차 안분계산 - 장부가액 기준

 토지 : 100,000,000 × 20,000,000 / 50,000,000 = 40,000,000
 건물 : 100,000,000 × 24,000,000 / 50,000,000 = 48,000,000
 기계 : 100,000,000 × 6,000,000 / 50,000,000 = 12,000,000

② 2차 안분계산 - 기준시가 기준

 토지 : 88,000,000 × 30,000,000 / 60,000,000 = 44,000,000
 건물 : 88,000,000 × 30,000,000 / 60,000,000 = 44,000,000

③ 과세표준 : 기계 12,000,000 + 건물 44,000,000 = 56,000,000, 토지는 면세.

3. 겸용주택임대용역의 과세표준

1) 상가의 임대는 과세, 주택의 임대는 면세이다. 상가와 주택이 함께 설치되어 있는 경우에는 아래와 같이 과세, 면세 여부를 판단한다.

2) 토지의 매매는 면세이지만, 토지의 임대는 과세이다. 단, 주택에 부수되는 토지의 임대는 면세이다. 도시계획구역 내에서는 주택의 5배, 밖에서는 10배를 적용한다.

구 분	건 물	주택 부수토지 ①과 ② 중 적은 것을 주택 부수토지로 본다.
주택면적 〉 상가면적	전부를 주택으로 보아 면세	① 토지면적 ② 건물 연면적과 주택정착면적 × 5배(10배)중 큰 것.
주택면적=〈상가면적	주택만 면세, 상가는 과세	① 토지면적 × 주택면적/건물 연면적 ② 주택 연면적과 주택면적 × 5배(10배) 중 큰 것.

사례 1) 면세되는 건물과 토지의 면적을 계산하면? 건물 90㎡, 토지 270㎡

자료 도시계획구역 내, 주택 50㎡, 점포 40㎡, 부수토지 270㎡

사례 2) 면세되는 건물과 토지의 면적을 계산하면? 건물 40㎡, 토지 120㎡

자료 도시계획구역 내, 주택 40㎡, 점포 50㎡, 부수토지 270㎡

4. 공통 사용 재화를 공급하는 경우

1) 과세사업과 면세사업에 공통으로 사용하는 재화를 공급하는 경우에는 과세사업 부분만 아래의 공식에 의해 과세표준으로 계산하여야 한다.

2) 공통 사용 재화를 공급 시 과세표준공식

당해 재화의 공급가액 × 직전 과세기간의 과세공급가액 / 직전 과세기간의 총 공급가액

※ 예시 - 겸영사업자

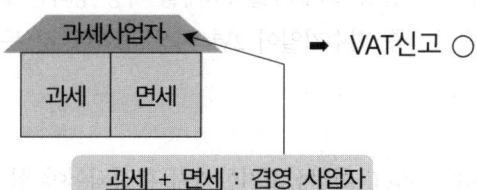 ➡ VAT신고 ○

	과세사업	면세사업	합계
20x0년 2기 과세기간공급가액	100,000	400,000	500,000
20x1년 1기 과세기간공급가액	200,000	500,000	700,000

* 20x1년 5/1에 사용하던 차량을 1,000,000에 매각 시 과세표준은?
  1,000,000 × 100,000 / 500,000 = 200,000이 과세표준이 된다.

3) 안분계산생략 – 다음의 경우는 전액을 과세표준으로 한다.
   ① 직전 과세기간 총 공급가액 중 면세공급가액이 5% 미만인 경우
   ② 거래단위별 재화의 공급가액이 50만원 미만인 경우
   ③ 신규로 사업을 개시하여 직전 과세기간이 없는 경우

5. 대손세액

1) 대손세액 예문

   ① 20x0. 2/1 제품 10,000,000(VAT별도) 외상매출하다. ➡ 1/1~3/31 : **4/25**

   외상매출금 11,000,000 / 제품매출 10,000,000   ⇓
                        / VAT예수금 1,000,000   매출세액 1,000,000
                                                  - 매입세액   0
                                                  납부세액 1,000,000

   ② 20x0.5/1 거래처파산으로 인해 외상매출금 회수불능되다.

   대손세액 ← **VAT예수금 1,000,000** / 외상매출금 11,000,000
            대손충당금 10,000,000 /

   ➡ 4/1 ~ 6/30 : 7/25 ⇒   매출세액   0
                            - **대손세액 1,000,000**
                            - 매입세액   0
                            환급세액 (1,000,000)

2) 대손세액 공제요건

   ① 파산, 사망, 실종, **부도 6개월 경과**, 소멸시효 완성, 회수기일이 6개월 이상 경과한 30만원 이하의 소액채권, 중소기업의 외상매출금, 미수금 중 회수기일이 2년 이상 경과한 것 등
   ② 대손세액공제신청서 작성
   ③ 예정 때는 안 되며, **확정 때만 제출**
   ④ 공급일로부터 10년이 경과한 날이 속하는 **VAT 확정신고기한**까지 **확정되어야 함**.
       2000.2/1   2010. 2/1   → 4/25(예정×) → 7/25까지

6. 매입세액

1) 세금계산서매입
   ① 일반매입 : 고정자산매입을 제외한 나머지

② **고정자산매입** : 건물, 기계장치, 차량운반구, 비품 등의 유형자산과 무형자산. 단, 토지는 비상각자산으로 일반매입에 기록한다.

2) 그 밖의 매입세액

① **신용카드, 현금영수증 매입세액** - 일반매입, 고정자산매입

* 신용카드매입세액 중 공급대가 4,800만원에 미달하는 간이과세자로부터 수취한 신용카드영수증은 매입세액공제가 되지 않는다.

② **의제매입세액** - 면세되는 농, 수, 임, 축산물을 구입하여 과세되는 재화를 제조 판매 시 적용한다. (간이과세자 제외)

(1) 공제율 : 일반제조업과 과세 유흥장소는 2/102, 중소기업 4/104, 법인음식점 6/106, 개인음식점 8/108/(과세표준이 2억 이하인 경우 9/109), 제조업 중 최종소비자를 대상으로 하는 개인제조업(과자점업, 도정업, 제분업, 떡 방앗간은 6/106.

(2) 공제 시기 : 사용 시점이 아니라 구입 시점에서 공제, 음식점은 개인으로부터 구입액은 의제매입세액공제 적용을 받지 못한다.

(3) 공제 한도

과세표준	개인		법인
	음식점	기타업종	
2억원 초과	60%	55%	50%
1억원 초과	70%	65%	
1억원 이하	75%		

(4) 의제매입세액의 통산

제조업을 영위하는 사업자로서 제1기 또는 제2기 과세기간에 공급받은 면세농산물등의 가액의 비율이 75%이상인 경우 제2기 과세기간에 대한 납부세액을 확정신고할 때 1역년에 공급받은 면세농산물등의 가액을 통산하여 공제율을 적용한 금액에서 제1기 과세기간에 의제매입세액으로 공제받은 금액을 차감한 금액을 의제매입세액으로 공제할 수 있다.

사례

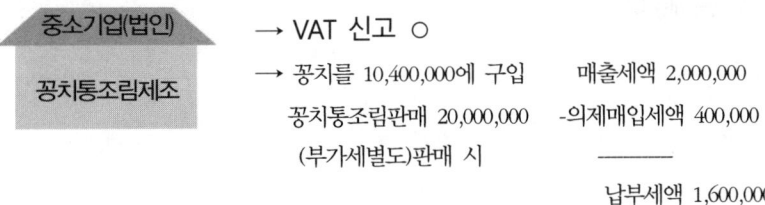

➡ 의제매입세액 : 10,400,000 × 4/104 = 400,000

③ 재활용 폐자원 등에 대한 매입세액 - 면세사업자, 간이과세자, 개인으로 부터 재활용 폐자원 및 중고자동차를 수집하는 사업자가 적용받을 수 있는 것으로 중고자동차는 10/110, 그 외의 재활용품을 3/103을 적용한다. 단, 재활용 폐자원의 매입가액은 세금계산서 발급받은 금액을 포함하여 과세표준의 80%를 초과할 수 없다.

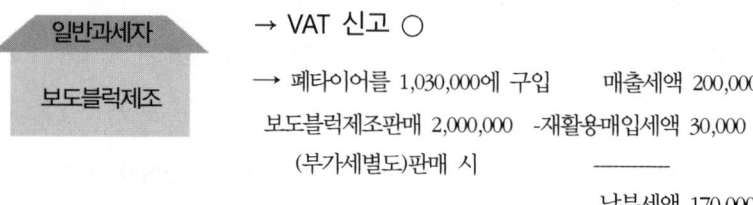

➡ 재활용매입세액 : 1,030,000 × 3/103 = 30,000

④ 변제대손세액 : 외상매입금, 지급어음을 결제하지 못해 대손처분 받았던(매입세액 불공제) 부가가치세를 변제함에 따라 공제 받을 수 있는 것.

⑤ 면세사업용 감가상각자산의 과세사업 전환

과세사업과 면세사업을 겸영하는 사업자가 면세사업에 사용하여 매입세액이 공제되지 않았던 감가상각자산을 과세사업에 사용하는 경우 다음의 금액을 매입세액으로 공제할 수 있다. 다만 과세공급가액이 총공급가액(과세+면세)의 5%미만인 경우에는 공제세액이 없는 것으로 본다.

면세 매입세액불공제액 × (1-체감율 × 경과된 과세기간수) = 공제액

⑥ 재고매입세액

간이과세자가 일반과세자로 변경되는 경우에 변경 당시의 재고품과 건설중인 자산 및 감가상각자산에 대한 매입세액의 차액을 계산하여 매입세액으로 공제하는 것을 말한다. 일반과세자로 변경된 후 재고매입세액의 승인을 얻은날이 속하는 예정신고기간 또는 과세기간의 납부세액 계산시 매출세액에서 공제한다.

구분		공식
재고품		재고금액 × 10/110 × (1-0.5% × 110/10)
건설중인자산		공제대상 매입세액 × (1-0.5%×110/10)
감가상각자산	매입한 경우	취득금액 × 10/110 × (1-체감율 × 경과된과세기간수) × (1-0.5% × 110/10)
	자가제작한 경우	공제대상매입세액 × 10/110 × (1-체감율 × 경과된과세기간수) × (1-0.5% × 110/10)

3) 공제받지 못할 매입세액

① 세금계산서 매입액 중 **기업업무추진비**, 승용차, 면세사업, 토지 관련 자본적 지출, 사업과 무관한 매입세액, 공통매입세액 중 면세 관련 매입세액 등은 매입세액공제를 받을 수 없다.

② **공통매입세액 안분계산** : 예정신고시 과세사업과 면세사업을 겸영하는 사업자는 매입세액계산 시 과세사업 관련 매입세액은 공제되지만, 면세사업 관련 매입세액은 공제되지 않는다. 따라서 다음의 공식에 의해서 안분계산하여 불공제하여야 한다.

☞ 공통매입세액 중 면세사업 관련 매입세액

| 공통매입세액 × 당해 예정신고기간의 면세공급가액 / 당해 예정신고기간의 총 공급가액 |

※ 예시 - 겸영사업자

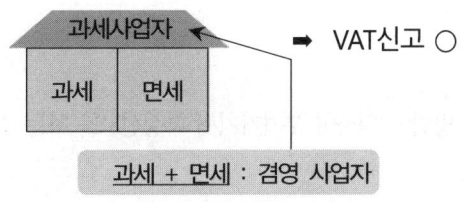

	과세공급가액	면세공급가액	합계
1기 예정 신고기간 공급가액	20,000,000	50,000,000	70,000,000

* 1기 예정 신고기간 전력비 3,500,000(부가세별도) 납부 시 불공제되는 금액은?
  350,000 × 50,000,000 / 70,000,000 = 250,000원만큼 불공제된다.

③ **안분계산생략** - 다음의 경우는 전액을 공제받는 매입세액으로 한다.

(1) 해당 과세기간 총 공급가액 중 면세공급가액이 5% 미만인 경우. 단, 공통매입세액이 500만원 이상인 경우는 제외.
(2) 공통매입세액이 5만원 미만인 경우
(3) 신규로 사업을 개시하여 직전 과세기간이 없는 경우 - 반대의 경우에서 신규사업자는 공통재화를 공급 시 안분계산을 하지 않고, 전액을 과세표준으로 하기 때문에 이에 대응해서 매입세액도 안분계산을 하지 않는 것이다.

④ **공통매입세액 정산** - 확정신고시 과세기간(6개월)의 면세비율로 정산

> 총공통매입세액 × 당해 과세기간의 면세공급가액 / 당해 과세기간의 총 공급가액
> - 기불공제 매입세액 = 공통매입세액 중 면세사업분(확정분)

⑤ **납부세액 재계산** - 면세증감비율이 5%이상일 때 감가상각자산의 납부세액 재계산

> 공통매입세액 × (1-체감율 × 경과된과세기간수) × 면세증감비율 = 납부세액

7. 납부세액 계산시 경감, 공제세액

① **신용카드매출전표 등 발행세액공제**

　　법인을 제외한 일반과세자 중 직전연도 공급가액이 10억원 이하인 개인사업자로서 신용카드매출전표 등을 발급한 금액의 1.3%에 상당하는 금액을 연간 1,000만원 한도로 납부세액에서 공제한다. 한급은 있을 수 없다.

② **전자신고세액공제**

　　납세자가 직접 전자신고방법에 의하여 부가가치세 확정신고를 하는 경우 납부세액에서 1만원을 공제하거나 환급세액에 가산한다.

8. 환급

① **일반환급** - 예정신고기간의 환급세액은 환급되지 아니하고, 확정신고시 납부세액에서 차감 후에도 환급세액 발생시 확정신고 기한 경과 후 30일 이내에 환급된다.

② **조기환급** - 매월, 매2월 단위로 환급신청 가능하며, 환급신고기한 경과 후 15일 이내에 환급되며, 영세율적용사업, 사업설비(감가상각자산) 취득시, 사업자가 재무구조개선계획을 이행중인 경우 조기환급 신청을 할 수 있다.

08. 부가가치세 가산세

1. 미등록가산세
① 미등록가산세 : 사업개시일부터 등록신청 전날까지 공급가액 × 1%
② 타인 명의 등록가산세 : 사업개시일부터 밝혀진 날의 전날까지 공급가액 × 1%

2. 세금계산서불성실가산세
① 지연발급(종이 세금계산서 발급포함) : 공급가액 × 1%
② 미발급 : 공급가액 × 2%
③ 전자세금계산서 지연전송(미전송) : 공급가액 × 0.3%(0.5%)
④ 부실기재 : 공급가액 × 1%
⑤ 세금계산서 지연수취 가산세 : 공급가액 × 0.5%
⑥ 경정시 공제받은 세금계산서등 가산세 : 공급가액 × 0.5%
⑦ 매입세액 과다공제시 가산세 : 공급가액 × 0.5%

3. 가공세금계산서가산세
① 가공세금계산서 : 공급가액 × 3%
② 타인명의 세금계산서 : 공급가액 × 2%
③ 과다금액 : 공급가액 × 2%

4. 비사업자의 세금계산서 발행가산세 : 공급가액 × 3%

5. 신용카드매출전표 등 미제출가산세(경정 청구 시에만 적용) : 공급가액 × 0.5%
- 신용카드매출전표 수령명세서 과다기재 가산세 : 공급가액 × 0.5%

6. 매출처별 세금계산서합계표 제출불성실가산세
① 미제출 : 공급가액 × 0.5%
② 부실기재 : 공급가액 × 0.5%
③ 지연제출 : 공급가액 × 0.3%

7. 현금매출명세서, 부동산임대공급가액명세서 불성실가산세
① 미제출, 부실기재 : 공급가액 × 1%

8. 신고불성실가산세

구분		내용
무신고가산세	일반무신고	미납부세액 × 20%
	부정무신고	미납부세액 × 40%
과소신고, 초과환급 가산세	일반과소신고	미납부세액(초과환급세액) × 10%
	부정과소신고	미납부세액(초과환급세액) × 40%

9. 납부지연가산세 : 미납부세액 × 미납일수 × 2.2/10,000

10. 영세율과세표준 신고불성실가산세 : 과세표준 × 0.5%

11. 신고불성실가산세 감면

① 예정 때 누락하여 확정 때 신고 시, 확정 때 누락하여 수정신고 시 - 일반과소신고 가산세 적용.

수정신고기한	감면비율
1개월 이내 수정신고시	90%
3개월 이내 수정신고시	75%
6개월 이내 수정신고시	50%
1년 이내 수정신고시	30%
1년 6개월 이내 수정신고시	20%
2년 이내 수정신고시	10%

② 기한후 신고시 - 확정 때 신고를 하지 못하는 경우를 의미 - 일반무신고 가산세 적용.

신고기한	감면비율
1개월 이내 신고시	50%
3개월 이내 신고시	30%
6개월 이내 신고시	20%

09. 세금계산서 실무

1. **발급** : 일반과세자, 간이과세자가 과세대상이 되는 재화 또는 용역을 공급하는 경우 세금계산서를 발행하여야 하며, 미등록사업자나 간이과세자 중 4,800만원 미만인 사업자는 세금계산서를 발급할 수 없다.

2. **발급시기** : 재화와 용역의 공급시기를 작성일자로 하여 발급하는 것이 원칙

   【예외】 ① 공급시기전에 대가의 일부 또는 전부를 받고, 세금계산서를 발행하는 경우
   ② 공급시기 이전에 세금계산서를 발급하고, 발급일로부터 7일 이내에 대가를 받는 경우
   ③ 7일 이후 대가를 지급받더라고 다음의 경우를 모두 충족하면 인정
      - 거래 당사자간의 계약서, 약정서등에 대금청구시기와 지급시기가 별도로 기재
      - 대금청구시기와 지급시기의 기간이 30일 이내이거나 세금계산서 발급일이 속하는 과세기간에 세금계산서에 적힌 대금을 지급받은 것이 확인되는 경우
   ④ 거래처별 1역월의 공급가액을 합하여 당해월의 말일자를 작성연월일로 하여 세금계산서를 발급하는 경우 - 다음달 10일까지 세금계산서를 발급할 수 있다.

3. **필요적 기재사항**

   ① 공급하는 사업자의 등록번호와 성명 또는 명칭
   ② 공급받는 자의 사업자등록번호
   ③ 공급가액과 부가가치세액
   ④ 작성연월일
   * 필요적 기재사항외의 기재사항을 임의적 기재사항이라고 한다.

4. **세금계산서 발급특례**

   ① **위탁판매** : 수탁자가 재화를 인도 시 - 수탁자가 위탁자를 공급자로 하여 발급
      위탁자가 재화를 인도 시 - 수탁자의 사업자등록번호를 부기하여 위탁자가 세금계산서를 발급
   ② **리스자산** : 시설대여업자로부터 시설 등을 임차하고, 당해 시설 등을 공급자로부터 직접 인도받은 경우에는 공급자가 사업자에게 세금계산서를 직접 발급할 수 있다.
   ③ **공동매입** : 전력을 공급받은 명의자와 전력을 실지로 소비하는 자가 다른 경우, 전기사업자는 명의자를 공급받는자로 하여 세금계산서를 발급하고, 명의자는 공급가액 범위 내에서 실지소비자를 대상으로 세금계산서를 발급할 수 있다.

5. **전자세금계산서 발급** : 법인사업자와 직전년도 사업장별 공급가액이 2억원(23년 7월 1일부터는 1억원 이상) 이상인 개인사업자는 전자세금계산서를 발급하고, 다음날까지 발급명세를 국세청에 전송해야 한다. 직전년도 공급가액 합계액이 3억 미만인 개인사업자가 전자세금계산서를 발급시 전자세금계산서 발급 건당 200원, 연간 100만원 한도로 전자발급 세액공제를 받을 수 있다.

6. **세금계산서 발급의무의 면제**
   ① 택시운송, 노점, 행상, 무인 판매기를 이용한 재화의 공급
   ② 소매업, 목욕, 이발, 미용업을 이용하는 자가 공급하는 재화, 용역. 단, 공급 받는 자가 사업자등록증을 제시하고, 세금계산서발급을 요구하면 발급하여야 한다.
   ③ 자가공급, 개인적 공급, 사업상증여, 폐업 시 잔존재화
   ④ 영세율 중 직수출, 국외에서 제공하는 용역, 선박, 항공기의 외국 항행용역
   ⑤ 부동산임대용역 중 간주임대료
   ⑥ 국내사업장이 없는 비거주자, 외국법인에게 공급하는 재화, 용역
   ⑦ 공인인증서를 발급하는 용역으로 법인에게 용도를 제한하여 발급하거나 개인에게 발급하는 경우
   ⑧ 법정사업을 하는 사업자가 신용카드매출전표 등을 발급하는 경우

7. **수정세금계산서**
   (1) 발급요건 : 세금계산서를 발급 후 ① 기재사항에 착오, 정정사유 발생
                               ② 계약해지, 반품, 내국신용장지연수취등
   * 계산서는 세금계산서가 아니므로 계산서를 발급한 후에는 수정세금계산서를 발급할 수 없다.

8. **매입자발행 세금계산서**
   (1) 개요 : 세금계산서 발급의무가 있는자가 재화 또는 용역을 공급 후 세금계산서를 발급하지 않으면 (10만원 이상) 매입자가 관할 세무서장의 확인을 받아 발행할 수 있는데(과세기간종료일로부터 1년 이내), 이것을 "매입자발행세금계산서"라고 한다.
   (2) 발행 : 신청인 관할 세무서장은 제출된 날로부터 7일 이내에 신청서와 제출된 증빙서류를 공급자관할 세무서장에게 송부하여 확인하고, 신청인에게 통지하여야 한다. 신청인은 관할 세무서장이 확인한 거래일자를 작성일자로 하여 매입자발행세금계산서를 발급한다.

10 간이과세

1. 간이과세제도

① **취지** - 연간 수입금액이 1억 4백만원 미만인 영세사업자에 대하여 일반과세자와는 다른 방법으로 납세의무를 이행하도록 하는 제도.

② **특징**

㉠ 공급대가 × 업종별 부가가치율 × 10% + 재고납부세액 = 납부세액

납부세액 - 세액공제 + 가산세 = 차가감 납부세액

구 분	업종별 부가가치율
소매업, 재생용 재료수집 및 판매업, 음식점업	15%
제조업, 농업, 임업, 어업, 소화물 전문 운송업	20%
숙박업	25%
건설업, 그 밖의 운수업, 창고업, 정보통신업, 그 밖의 서비스업	30%
금융, 보험업, 전문과학 및 기술 서비스업(인물사진 및 행사용 영상 촬영업 제외), 사업시설관리, 사업지원 및 임대서비스업, 부동산 관련 서비스업, 부동산임대업	40%

㉡ 세액공제 : 매입세액은 전액을 공제 받을 수 없고, 발급받은 세금계산서의 매입액(공급대가)의 0.5% 금액을 납부세액을 한도로 공제한다. 전자신고세액공제 1만원, 신용카드매출전표등 발행세액공제(공급대가의 1.3%), 전자세금계산서 발급세액공제(건당 200원)

㉢ 가산세 : 미등록가산세(공급대가의 0.5%), 세금계산서 미수취가산세(공급대가의 0.5%), 나머지는 일반과세자의 가산세 규정을 준용한다.

㉣ 과세기간은 1월 1일부터 12월 31일까지 1년으로 한다.

㉤ 간이과세자는 예정신고의무가 없고, 확정신고만 하면 된다. 해당 과세기간의 공급대가가 4,800만원 미만인 경우에는 납부의무가 면제된다.

㉥ 사업장 관할 세무서장은 직전과세기간 납부세액 1/2의 금액을 예정부과기간(1/1~6/30)까지 결정하여 7/25일까지 징수한다. 이 경우 징수할 금액이 50만원 미만이거나 일반과세자에서 간이과세자로 변경된 경우에는 징수하지 않는다.

③ **간이과세자의 세금계산서 발급의무 면제**

㉠ 간이과세자 중 신규사업자와 직전연도 공급대가 합계액이 4,800만원 미만인 사업자

ⓒ 소매업, 음식점업, 숙박업, 미용, 욕탕 및 유사서비스업, 여객운송업 등 주로 사업자가 아닌 자에게 재화나 용역을 공급하는 사업자(단, 소매업, 음식점업, 숙박업등은 공급받는 자가 요구하는 경우 세금계산서를 발급하여야 한다.)

  ④ 간이과세자 적용배제
      ㉠ 간이과세가 적용되지 않는 다른 사업장을 보유하고 있는 사업자
      ㉡ 둘 이상의 사업장이 있는 사업자가 영위하는 사업으로 둘 이상의 사업장의 공급대가 합계액이 1억 4백만원 이상인 경우
      ㉢ 광업, 제조업, 도매업(소매업 겸영 포함), 부동산매매업, 변호사업, 공인회계사업, 세무사등 전문직 사업서비스업과 약사, 한의사, 수의사, 직전연도 공급대가 합계액이 4,800만원 이상인 과세 유흥장소와 부동산임대업 사업자.

2. 과세유형의 변경과 간이과세 포기

① 과세유형의 변경

    과세유형의 변경이란 일반과세자가 간이과세자로, 간이과세자가 일반과세자로 과세유형이 바뀌는 것을 말한다. 관할 세무서장은 변경되는 과세기간 개시 20일 전까지 그 사실을 통지하여야 하며, 사업자등록증을 정정하여 과세기간 개시 전까지 교부해야 한다.

    ㉠ 간이과세자가 일반과세자로 변경되는 경우
      통지를 받은 날이 속하는 과세기간까지는 간이과세가 적용되고 그 다음 과세기간부터 일반과세자로 변경된다.
    ㉡ 일반과세자가 간이과세자로 변경되는 경우
      통지에 관계 없이 간이과세가 적용된다. 그러나 부동산임대업을 영위하는 일반과세자는 간이과세자로의 변경되는 경우 사업장 관할 세무서장으로부터 통지를 받은 날이 속하는 과세기간까지는 일반과세자에 관한 규정을 적용한다.

② 간이과세의 포기

    간이과세자가 일반과세를 적용받고자 하는 때에는 적용받고자 하는 달의 전달 말일까지 간이과세 포기신고서를 관할 세무서장에게 제출하여야 한다. 간이과세 포기를 한 사업자는 신고일 익월부터 일반과세를 적용하며, 적용을 받고자 하는 달의 1일부터 3년이 되는 날이 속하는 해까지는 간이과세 적용을 받지 못한다. 간이과세 재적용 제한 기간이 경과한 후 간이과세 적용을 받고자 하는 사업자는 과세기간 개시 10일 전까지 간이과세 적용신고서를 관할 세무서장에게 제출하여야 한다.

3. 공급대가의 환산

다음에 해당하는 간이과세자의 공급대가는 12개월로 환산하여 납부의무 면제 규정을 적용한다. 이 경우 1개월 미만의 끝수가 있을 때에는 1개월로 본다.

구 분	공급대가의 환산
신규로 사업을 개시한 간이과세자	사업개시일로부터 과세기간 종료일까지의 공급대가의 합계액을 12개월로 환산한 금액
휴업자, 폐업자 및 과세기간 중 과세유형을 전환한 간이과세자	과세기간 개시일부터 휴업일, 폐업일 및 과세유형 전환일까지의 공급대가의 합계액을 12개월로 환산한 금액

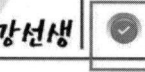

Chapter 2 부가가치세 기출문제

01 다음 중 부가가치세법상 과세거래인 것은?

① 질권, 저당권 또는 양도담보 목적으로 동산, 부동산 및 부동산상의 권리를 제공하는 경우
② 사업자가 사업을 폐업하는 때 사업장에 잔존하는 재화
③ 상속세 및 증여세법, 지방세법 또는 종합부동산세법에 따라 조세를 물납하는 경우
④ 임치물을 수반하지 않는 창고증권의 양도

정답 ②

사업자가 폐업할 때 자기생산·취득 재화 중 남아 있는 재화는 자기에게 공급하는 것으로 본다.

02 다음 중 부가가치세 매입세액공제가 가능한 경우는?

① 토지의 취득에 관련된 매입세액
② 관광사업자의 비영업용 소형승용자동차(5인승 2,000cc) 취득에 따른 매입세액
③ 음식업자가 계산서를 받고 면세로 구입한 축산물의 의제매입세액
④ 소매업자가 사업과 관련하여 받은 영수증에 의한 매입세액

정답 ③

음식업자가 계산서를 받고 면세로 구입한 축산물의 의제매입세액은 매입가액의 8/108(개인) 또는 6/106(법인)을 공제한다.
(유흥주점은 2/102)

03 다음 중 부가가치세법상 세금계산서 발급의무 면제에 해당하지 않는 것은?

① 영세율 적용분 중 내국신용장·구매확인서에 의한 재화의 공급
② 공급받는 자가 세금계산서 발급을 요구하지 않는 경우의 소매업
③ 폐업 시 잔존재화
④ 택시 운전사, 노점상

정답 ①

영세율이 적용되는 경우 내국신용장, 구매확인서에 의하는 경우 영세율세금계산서를 발행하여야 하며, 직수출의 경우 세금계산서발행이 면제된다.

04 다음 중 부가가치세법상 과세 여부에 대한 설명으로 맞는 것은?

① 국가, 지방자치단체, 지방자치단체조합 또는 대통령령으로 정하는 공익단체에 유상으로 공급하는 재화 또는 용역 : 과세
② 전기 : 면세
③ 국민주택 규모 초과 주택의 임대 : 과세
④ 수돗물 : 과세

정답 ①
유상으로 공급하는 경우에는 부가가치세 과세 대상임

05 다음은 부가가치세법상 공급 시기에 관한 내용이다. 잘못된 것은?

① 상품권 등을 현금 또는 외상으로 판매하고 그 후 그 상품권 등이 현물과 교환되는 경우 : 재화가 실제로 인도 되는 때
② 내국신용장에 의한 재화의 공급 : 재화를 인도하는 때
③ 재화의 공급으로 보는 가공의 경우 : 가공된 재화를 인도하는 때
④ 전력이나 그 밖에 공급단위를 구획할 수 없는 재화를 계속적으로 공급하는 경우 : 예정 신고기간 또는 과세기간 종료일

정답 ④
각 대가를 받기로 한 때가 공급시기이다.

06 다음 중 부가가치세법상 간이과세를 적용 받을 수 있는 사업자는? 단, 보기 외의 다른 소득은 없다.

① 당기에 사업을 개시한 패션 액세서리(재생용 아님) 도매 사업자 김정수 씨
② 직전년도의 임대료 합계액이 3,000만원인 부동산 임대사업자 장경미 씨
③ 직전년도의 공급대가가 1억 1천만원에 해당하는 의류 매장을 운영하는 박민철 씨가 사업확장을 위하여 당기에 신규로 사업을 개시한 두 번째 의류 매장
④ 직전년도의 공급가액이 1억원(부가가치세 1천만원 별도)인 한식당을 운영하는 이영희 씨

정답 ②
개인사업자로서 직전 연도의 공급대가(부가가치세를 포함한 가액)가 1억 4백만원(부동산임대업 : 각사업장 임대료의 합계액으로 판정, 이외 업종: 각 사업장 매출액만으로 판정)에 미달하는 경우에는 간이과세 적용대상자가 된다.

07 다음 중 부가가치세법상 재화의 공급시기에 대한 설명으로 옳지 않은 것은?

① 무인 판매기를 이용하여 재화를 공급하는 경우 : 사업자가 무인 판매기에서 현금을 꺼내는 때
② 기획재정부령으로 장기할부판매의 경우 : 대가의 각 부분을 받기로 한 때
③ 폐업 시 남아있는 재화가 공급으로 간주되는 경우 : 폐업 후 남아있는 재화가 사용, 소비되는 때
④ 수입 재화를 보세구역 내에서 보세구역 외의 국내에 공급하는 경우 : 해당 재화의 수입신고수리일

정답 ③
· 폐업 시 남아있는 재화를 재화의 공급으로 간주하는 경우 공급 시기는 폐업일로 본다.

08 다음은 부가가치세법상 전자세금계산서에 대한 설명이다. 틀린 것은?

① 전자세금계산서 발급의무자가 전자세금계산서를 지연 전송한 경우 공급가액의 1% 가산세가 적용된다.
② 월 합계로 발급하는 세금계산서는 재화 및 용역의 공급일이 속하는 달의 다음 달 10일까지 세금계산서를 발급할 수 있다.
③ 전자세금계산서를 발급한 사업자가 국세청장에게 전자세금계산서 발급명세를 전송한 경우에는 세금계산서의 보존의무가 면제된다.
④ 직전년도의 사업장별 공급가액의 합이 8천만원 이상인 개인사업자는 전자세금계산서를 발행하여야 한다.

정답 ①
지연전송분 0.3%

09 다음 중 부가가치세법상 환급과 관련한 설명 중 틀린 것은?

① 조기환급세액은 조기환급신고 기한일로부터 15일 내에 환급한다.
② 조기환급은 수출 등 영세율사업자와 설비투자를 한 사업자가 부담한 부가가치세를 일찍 환급하여 자금부담을 덜어주고 이를 통해 수출과 투자를 촉진하는데 그 목적이 있다.
③ 조기 환급기간은 예정 신고기간 중 또는 과세기간 최종 3개월 중 매월 또는 매 2월의 기간을 말한다.
④ 일반환급은 환급세액을 확정신고 한 사업자에게 확정신고 기한이 속한 말일부터 30일 이내에 환급하는 것을 말한다.

정답 ④
확정 신고한 사업자는 확정 신고기한이 지난 후 30일 이내에 환급한다.

10 다음 중 부가가치세법상 면세 포기에 관한 설명으로 잘못된 것은?

① 영세율 적용대상인 재화 또는 용역을 공급하는 면세사업자도 면세 포기를 함으로써 매입세액을 공제받을 수 있다.
② 면세의 포기를 신고한 사업자는 신고한 날로부터 3년간 면세 재적용을 받지 못한다.
③ 면세 포기는 과세기간 종료일 20일 전에 면세포기 신고서를 관할 세무서장에게 제출하여야 한다.
④ 면세사업 관련 매입세액은 공제받지 못할 매입세액으로 매입원가에 해당한다.

정답 ③
면세포기는 과세기간 중 언제라도 할 수 있으며 승인을 요하지 아니한다.

11 다음 중 부가가치세법상 수정(전자)세금계산서 발급사유와 발급절차에 관한 설명으로 잘못된 것은?

① 상대방에게 공급한 재화가 환입된 경우 수정(전자)세금계산서의 작성일은 재화가 환입된 날을 적는다.
② 계약의 해제로 재화·용역이 공급되지 않은 경우 수정(전자)세금계산서의 작성일은 계약 해제일을 적는다.
③ 계약의 해지 등에 따라 공급가액에 추가 또는 차감되는 금액이 발생한 경우 수정(전자)세금계산서의 작성일은 증감사유가 발생한 날을 적는다.
④ 재화·용역을 공급한 후 공급시기가 속하는 과세기간 종료 후 25일 이내에 내국신용장이 개설된 경우 수정(전자)세금계산서의 작성일은 내국신용장이 개설된 날을 적는다.

정답 ④
공급시기가 속하는 과세기간 종료 후 25일 이내에 내국신용장이 개설된 경우 당초 세금계산서 작성 일을 적는다.

12 다음 중 부가가치세법상 과세대상인 재화의 공급으로 보는 것은?

① 공장건물이 국세징수법에 따라 공매된 경우
② 자동차운전면허학원을 운영하는 사업자가 구입 시 매입세액공제를 받은 개별소비세 과세대상 소형승용차를 업무 목적인 회사 출퇴근용으로 사용하는 경우
③ 에어컨을 제조하는 사업자가 원재료로 사용하기 위해 취득한 부품을 동 회사의 기계장치 수리에 대체하여 사용하는 경우
④ 컨설팅회사를 운영하는 사업자가 고객에게 대가를 받지 않고 컨설팅용역을 제공하는 경우

정답 ②
2, 사업자가 자기의 과세사업을 위하여 자기생산·취득재화 중 승용자동차를 고유의 사업목적(판매용, 운수업용 등)에 사용하지 않고 비영업용 또는 업무용(출퇴근용 등)으로 사용하는 경우는 간주공급에 해당한다.

13 다음 중 부가가치세 납부세액 계산 시 공제대상 매입세액에 해당되는 것은?

① 사업과 무관한 부가가치세 매입세액
② 공장 부지 및 택지의 조성 등에 관련된 부가가치세 매입세액
③ 자동차판매업의 영업에 사용되는 8인승 승용자동차 부가가치세 매입세액
④ 거래처 체육대회 증정용 과세물품 부가가치세 매입세액

정답 ③

자동차판매업의 영업에 직접 사용되는 승용자동차는 매입세액 공제대상이다.

14 다음 중 세금계산서를 발급해야하는 거래인 것은?

① 소매업자가 공급하는 재화로서 상대방이 세금계산서 발급을 요구하지 않는 경우
② 판매 목적 타사업장 반출을 제외한 재화의 간주공급
③ 국내사업장이 있는 비거주자 또는 외국법인에게 공급하는 외화획득용역
④ 부동산 임대에서 발생한 간주임대료에 대한 부가가치세를 임대인이 부담하는 경우

정답 ③

국외제공용역은 용역을 제공받는 자가 국내에 사업장이 없는 비거주자 또는 외국법인인 경우에 한하여 세금계산서 발급의무가 면제된다.

15 다음은 부가가치세법상 면세에 관한 설명이다. 틀린 것은?

① 면세제도는 부가가치세 부담이 전혀 없는 완전면세 형태이다.
② 면세사업자는 부가가치세법상 사업자가 아니다.
③ 면세제도는 부가가치세의 역진성 완화에 그 취지가 있다.
④ 영세율 적용의 대상이 되는 경우 및 학술연구단체 또는 기술연구단체가 공급하는 경우에 한하여 면세포기를 할 수 있다.

정답 ①

부가가치세법에서는 매출금액에 영의 세율을 적용함으로써 매출단계에서도 부가가치세를 면제받고 전단계 거래에서 부담한 매입세액도 환급받게 되어 부가가치세 부담이 전혀 없게 되는 완전면세형태인 영세율제도와 그 적용대상이 되는 단계의 부가가치세만을 단순히 면제해 줌으로써 전단계 거래에서는 부가가치세를 부담(매입세액불공제)하게 되는 면세제도가 있다.

IV 소득세법

chapter 1 소득세 이론

chapter 2 소득세 기출문제

Chapter 1 소득세 이론

01 소득세 총설

1. 소득세와 법인세비교

	소 득 세	법 인 세
부과대상	개인의 소득	법인의 소득
과세근거	소득원천설(열거주의) ※ 소득원천설 : 1/1 재산 10,000 → 12/31 재산 100,000 증가 90,000→원인(원천) ex) 이자소득, 배당소득, 사업소득… • 80,000 × 세율= 소득세 • 나머지 10,000은 비과세 ↓ 과세, 비과세	순자산증가설(포괄주의) ※ 순자산증가설 : 1/1 재산 10,000 → 12/31 재산 100,000 증가 90,000→원인(원천) • 90,000 × 세율 = 법인세 ↓ 대부분 과세, 단 공익신탁의 이익은 비과세
사업연도	무조건 1/1~12/31까지. 단, 사망 시 1/1 ~ 사망일 출국 시 1/1 ~ 출국일	1년을 초과하지 못함. 일반적으로 1/1~12/31 학교 3/1~2/28
과세표준의 신고 · 세액 납부	다음 연도 5/1~5/31까지	각 사업연도 종료일이 속하는 달의 말일로부터 3월 이내 ex) 1/1~12/31 →3/31까지 3/1~2/28 →5/31까지
납세의무자	▶ 개인 ① 거주자 : 국내에 주소가 있거나 183일 이상 거소가 있는 자 →국내 외 모든 '원천소득 (소득원천설)' 납세의무	▶ 법인(본점위치) ① 내국법인 : 영리, 비영리법인 ② 외국법인 : 영리, 비영리법인

→ 납세지 : 주소지 　예외) 거소지 ⇒ 무제한납세의무자 ② 비거주자 : 거주자가 아닌 자 → 국내 모든 '원천소득' 납세 　의무 → 납세지 : 국내사업장 예외) 국내원천소득발생장소 　　⇒ 제한납세의무자

1) 주소 판정 기준

　① 계속하여 183일 이상 국내에 거주할 것을 통상 필요로 하는 직업을 가질 때
　② 국내에 생계를 같이 하는 가족이 있고, 그 직업 및 자산상태에 비추어 계속하여 183일 이상 국내에
　　 거주할 것으로 인정되는 때

2) 원인(원천)에 따라 소득의 종류를 구분

　이자소득·배당소득·사업소득·근로소득·연금소득·기타소득·퇴직소득·양도소득

3) 소득세 특징

　국세, 직접세, 보통세, 인세, 소득원천설, 열거주의, 응능과세, 누진과세
　* 응능과세 : 개인의 부담능력에 따라 과세되는 조세

2. 종합소득과 분류소득

1) 종합소득

　① 종류 : 이자소득, 배당소득, 사업소득, 근로소득, 연금소득, 기타소득
　② 과세방법 - 분리과세 : 원천징수로서 납세의무가 종결되는 것
　　　　　　　　　　　　→ 완납적 원천징수 ex) 복권,

　　　　　　- 종합과세 : 원천징수로서 납세의무가 종결되지 않고, 다음 연도에 다시 확정신고 하는
　　　　　　　　　　　　것 → 예납적 원천징수 ex) 근로소득

　　➡ 무조건 분리과세 되는 소득 : 일용근로소득, 복권
　　➡ 무조건 종합과세 되는 소득 : 사업소득, 근로소득

➡ 조건부 종합과세 되는 소득 : 나머지(이자소득, 배당소득, 연금소득, 기타소득)
- 일정금액까지는 분리과세, 초과는 종합과세를 조건부 종합과세라고 한다.

2) 분류소득

① **종류** : 퇴직소득, 양도소득

② **과세방법** - 분류과세

　㉠ 퇴직소득 과세표준 × 세율 = 퇴직소득세
　㉡ 양도소득 과세표준 × 세율 = 양도소득세

➡ 원천징수란 소득을 지급하는 자(사업자)가 소득을 지급받는 자(개인, 사업자)로부터 세금을 징수하여 납부하는 것

02 소득세 과세대상(이자소득, 배당소득)

1. 이자소득

1) 분리과세

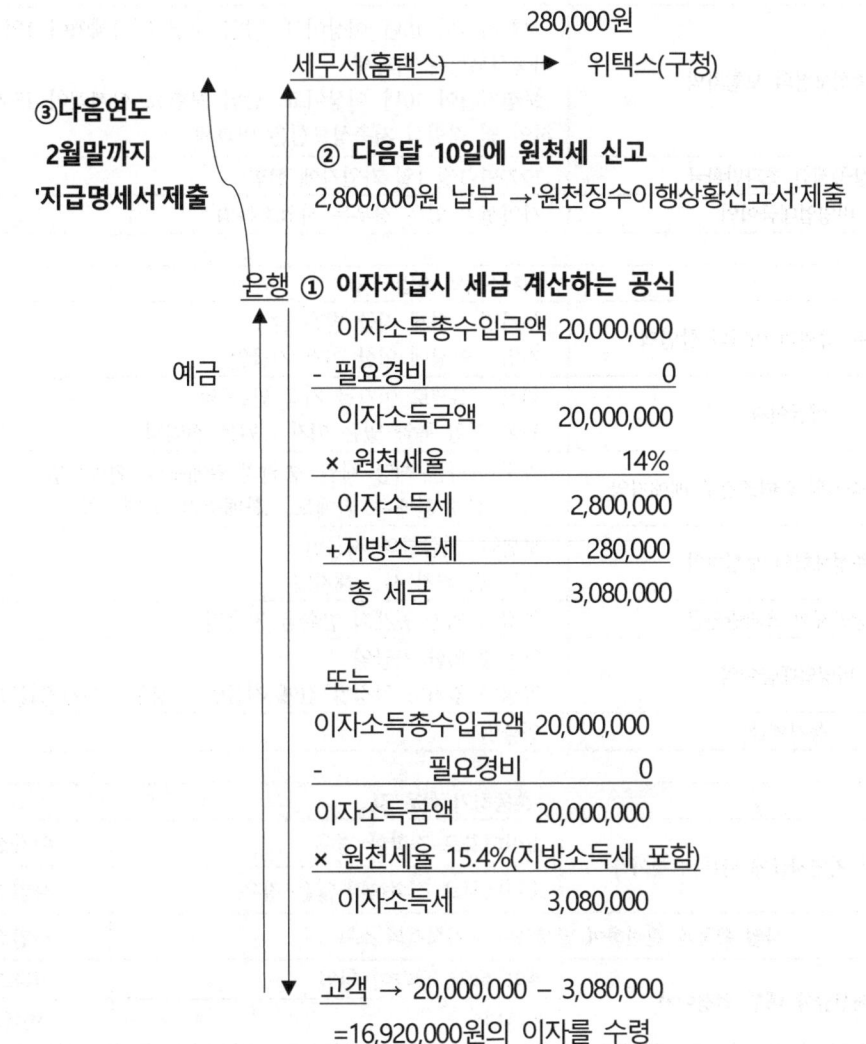

참고 　국세 → 지방소득세(국세의 10%)
* 이자소득세 : 14% + 1.4% = 15.4%
* 기타소득세 : 20% + 2% = 22%
* 프리랜서 : 3% + 0.3% = 3.3%

*☞ "원천징수이행상황신고서"에는 고객정보가 없으므로 다음연도 2월말까지 누구에게 지급했는지 "지급명세서"를 반드시 제출하여야 한다. 미제출하거나 지급금액이 사실과 다른 경우에는 1%(일용 0.25%)(제출기한이 지난 후 3개월 이내 제출 시에는 0.5%(일용 0.125%)) 가산세를 부담해야 한다.

이자소득의 범위	
채권 또는 증권의 이자와 할인액	채권 등의 보유기간 이자 상당액 포함
예금이자	국내, 국외이자 모두 포함
채권 또는 증권의 환매조건부 매매차익	
저축성보험의 보험차익	보험기간이 10년 이상이고, 납입 보험료 합계액이 1억 이하인 저축성보험은 비과세 보험기간이 10년 이상이고, 납입 보험료 합계액이 150만원 이하인 월 적립식 저축성보험은 비과세
직장공제회 초과반환금	1999년 1월 1일 가입자에 한함
비영업대금이익	사업성이 있는 경우는 사업소득임.

이자소득의 수입시기	
채권 또는 증권의 이자와 할인액	무기명 : 실제 지급 받은 날 기명 : 약정에 의한 이자 지급일
예금이자	원칙 : 실제로 이자를 지급 받는 날 원본 전입 특약 있는 이자 : 원본 전입일
채권 또는 증권의 환매조건부 매매차익	약정에 따른 해당 채권, 증권의 환매수일, 환매도일 기일 전에 환매수, 환매도 : 환매수일, 환매도일
저축성보험의 보험차익	보험금, 환급금의 지급일 기일 전 해지 시 : 해지일
직장공제회 초과반환금	약정에 의한 공제회 반환금 지급일
비영업대금이익	약정에 의한 지급일 약정이 없거나 약정일 전에 지급받는 경우 : 이자지급일
통지예금	인출일

혼동하기 쉬운 것		
외상매출금 지연지급에 따른 연체이자	소비대차로 전환한 경우	이자소득
	소비대차로 전환하지 않은 경우	사업소득
사업 활동과 관련하여 발생하는 이자성격의 소득		사업소득
손해배상금에 대한 법정이자	계약 위약, 해약이 원인	기타소득
	기타원인	비과세
공익신탁의 이익		비과세
노인·장애인 등의 생계형 저축에서 발생하는 이자소득		
재형저축에서 발생하는 이자소득		

▶ 이자소득

  2,000만원까지는 분리과세, 2,000만원 초과는 종합과세

2) 종합과세

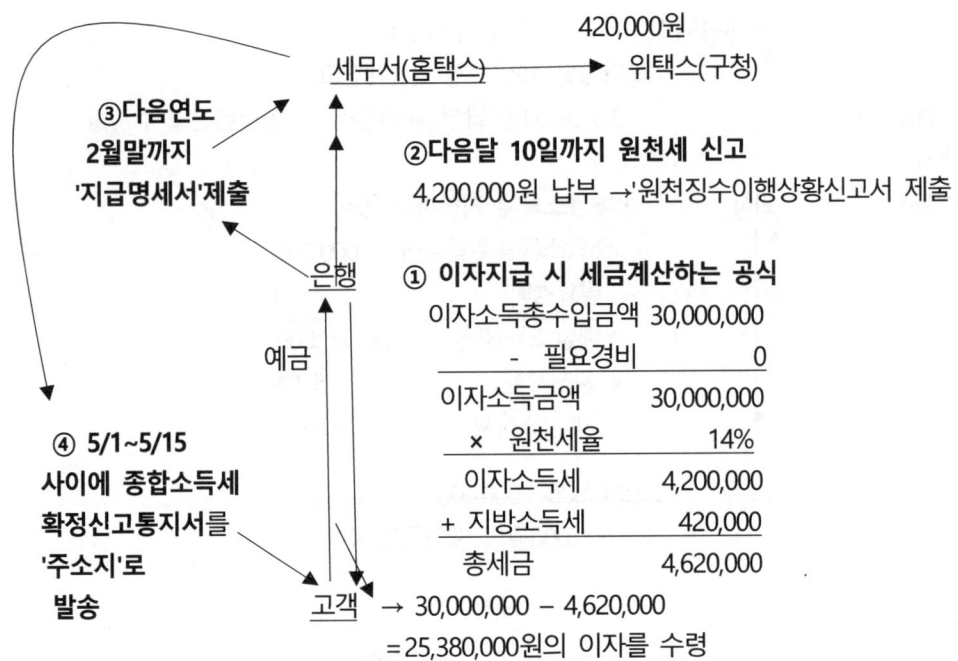

⑤ 고객 → 세무서
5/31까지 '종합소득세확정'신고

이자소득총수입금액 30,000,000
   - 필요경비   0
이자소득금액   30,000,000
-종합소득공제
  과세표준
× 기본세율
  산출세액
 - 세액공제
  결정세액
- 기납부세액(원천세) 4,200,000
추가납부세액 환급 ← 추가 납부할 세금이 있으면 납부해야하지만 환급은 되지 않는다.

2. 배당소득

1) 분리과세

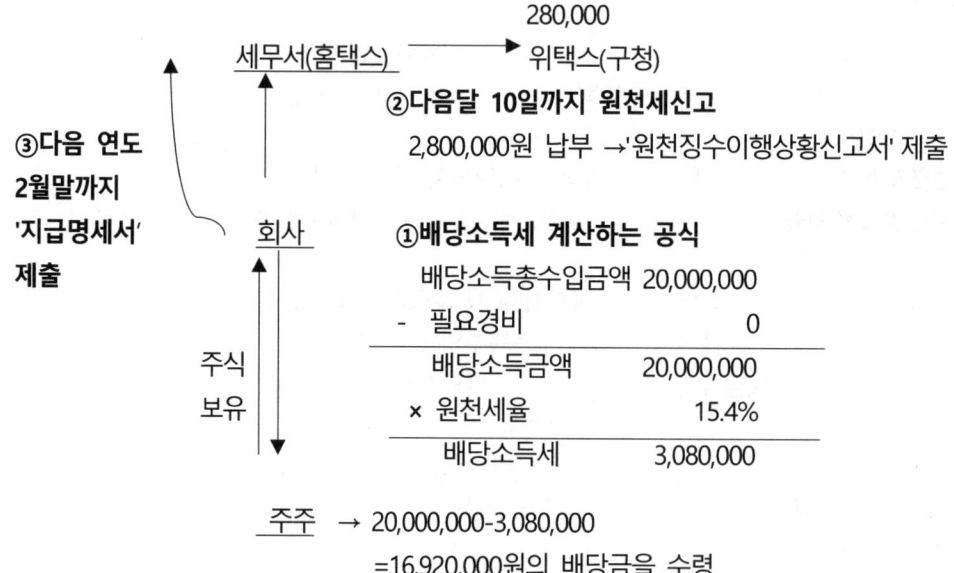

2) 종합과세

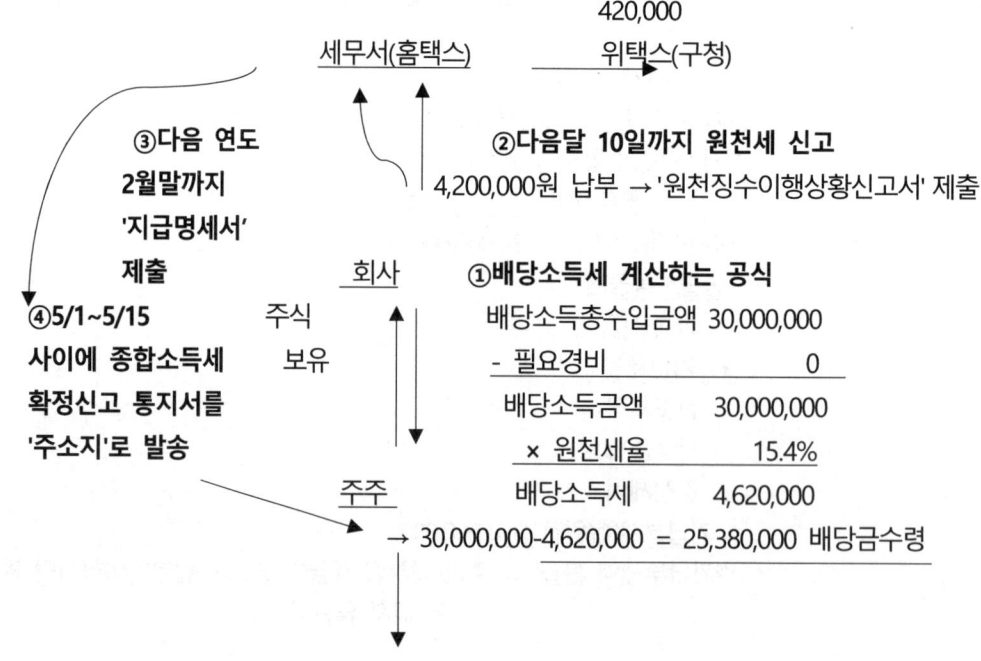

⑤ 주주 → 세무서
5/31까지 '종합소득세확정'신고

배당소득총수입금액
- 필요경비   0
+ 귀속법인세(Gross-up 11%)
배당소득금액
- 종합소득공제
과세표준
× 기본세율
산출세율
- 세액공제
결정세액
-기납부세액(원천세)
추가납부세액   환급

3. 이자소득 + 배당소득 = 금융소득

2,000만원 까지는 분리과세
2,000만원 초과는 종합과세

4. 귀속 법인세

주식회사의 주인은 "주주"이다. 주주는 법인회사 이름으로 "법인세"를 1차적으로 납부하고 남은 당기순이익의 일부를 배당금으로 가져가게 되면 배당소득세를 또 납부하게 되어, 이중과세라는 불이익을 받게 된다. 세법에서는 이러한 이중과세를 조절하기 위해 "귀속 법인세"라는 제도를 두어 종합과세되는 배당소득에 대해 이중과세를 조절하고 있다. 법인세 납부액을 배당소득에 귀속시킨 후 "배당세액공제"를 해주는 것으로 이중과세를 조절한다.

1) 귀속 법인세(Gross-up)

① 법인세차감전순이익을 10,000,000원으로 가정하고, 법인세율을 10%로 가정하면 회사는 1,000,000원의 법인세를 납부하게 된다.
② 당기순이익 전액을 주주에게 배당금으로 지급했으며, 종합과세로 간주하고, 원천징수는 없는 것으로 간주, 종합소득공제는 1,500,000원으로 가정, 세율은 10%로 가정했을 때 주주는 750,000원 소득세를 납부하게 되어, 법인단계에서 법인세 1,000,000과 개인단계에서 소득세 750,000원을 이중으로 납부하게 된다.

③ 배당소득에 법인단계에서 납부한 법인세를 귀속시킨 후 산출세액에서 귀속 법인세를 배당세액공제를 해주게 되면 이중과세를 조절할 수 있게 된다. 참고로 금융소득은 환급이 안 되니 결정세액은 "-"가 나올 수 없어 배당세액공제는 1,000,000원이 아닌 850,000원만 된다.

① 회사입장	② 주주입장(Gross-up전)		③ 주주입장(Gross-up후)	
매 출	배당소득총수입금액	9,000,000	배당소득총수입금액	9,000,000
- 매출원가	- 필요경비	0	- 필요경비	0
매출총이익	배당소득금액	9,000,000	+ 귀속법인세	1,000,000
- 판매관리비	- 종합소득공제	1,500,000	배당소득금액	10,000,000
영업이익	과세표준	7,500,000	- 종합소득공제	1,500,000
+ 영업외수익	× 세율	10%	과세표준	8,500,000
- 영업외비용	산출세액	750,000	× 세율	10%
세전순이익 10,000,000			산출세액	850,000
-법인세 등 1,000,000			- 배당세액공제	850,000
당기순이익 9,000,000			결정세액	0

배당소득의 범위	
이익배당	실질 배당
국내외에서 받은 집합투자기구로부터의 이익	
의제배당	이익잉여금등의 자본전입(무상증자)
인정배당	법인세법상 배당으로 소득처분 된 금액
간주배당	조세 피난처에 본점을 둔 외국법인의 배당 가능한 법인유보소득에 대한 과세조정액
공동사업에서 발생한 소득금액 중 출자공동사업자의 손익분배비율에 해당하는 금액	
파생결합증권으로부터 받은 이익	

배당소득의 수입시기		
일반배당	무기명주식의 이익, 배당	지급받은 날
	잉여금처분에 의한 배당	잉여금처분 결의일
	건설이자배당	건설이자배당 결의일
의제배당	감자 등의 경우	감자 결의일
	해산의 경우	잔여재산가액 확정일
	합병, 분할의 경우	합병, 분할 등기일
	잉여금 자본전입의 경우	자본전입 결의일
법인세법에 따라 처분된 배당		해당사업년도 결산확정일
집합투자기구로부터의 이익		이익을 지급 받은날
출자공동사업자의 배당소득		과세기간 종료일

금융소득세율			
과세방법	내 용		원천징수 세율
무조건 분리과세	① 비실명 이자와 배당소득		45%, (금융실명제90%)
	② 분리과세를 신청한 장기채권(10년 이상)의 이자와 할인액		30%
	③ 직장공제회 초과반환금		기본세율
무조건 종합과세	① 국외에서 받은 이자, 배당소득		-
	② 출자공동사업자의 배당소득		25%
조건부 종합과세	① 2천만원까지		14%
	② 2천만원 초과		(비영업대금이익 25%)

☞ 위 세율은 소득을 지급하는 자가 징수할 때의 세율이며, 종합과세(다음년도 5월)시에는 기본세율 (6~45%)로 다시 정산하여, 추가납부세액이 있는 경우에는 추가 납부하여야 하며, 환급이 되지 않는다.

03. 소득세 과세대상(사업소득) - 무조건 종합과세

1. **사업소득**

1) 프리랜서(특정사업소득) - 부가가치세가 면제되는 인적용역을 제공하는 자

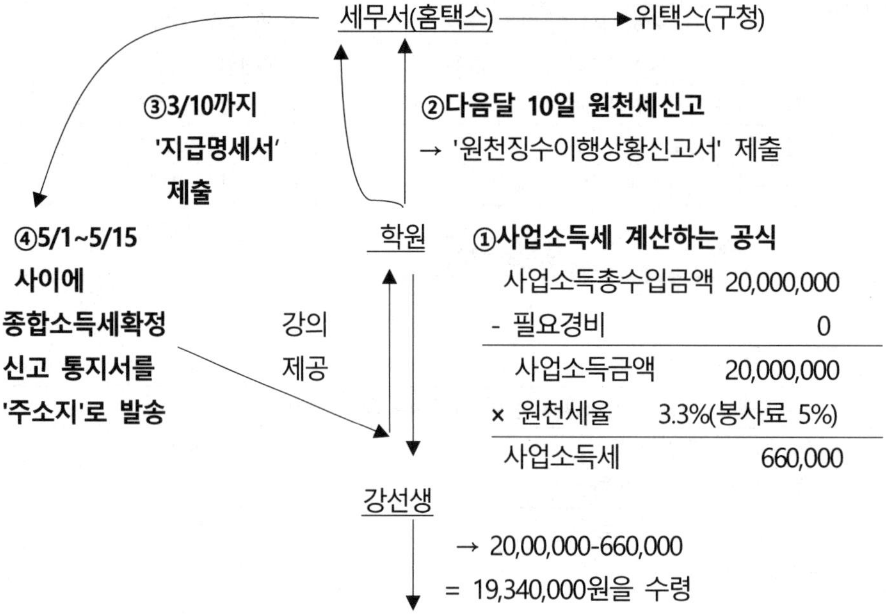

세무서(홈택스) → 위택스(구청)

③ 3/10까지 '지급명세서' 제출

② 다음달 10일 원천세신고
→ '원천징수이행상황신고서' 제출

학원

① 사업소득세 계산하는 공식
```
사업소득총수입금액   20,000,000
- 필요경비                    0
사업소득금액         20,000,000
× 원천세율     3.3%(봉사료 5%)
사업소득세              660,000
```

④ 5/1~5/15 사이에 종합소득세확정 신고 통지서를 '주소지'로 발송

강의 제공

강선생
→ 20,00,000-660,000
= 19,340,000원을 수령

⑤ 강선생 → 세무서
5/31까지 '종합소득세확정'신고

```
사업소득총수입금액  20,000,000
 -  필요경비
   사업소득금액
 -종합소득공제
   과세표준
 ×기본세율
   산출세액
 -표준세액공제
   결정세액
 -기납부세액
   납부(환급)세액
```

* 특정사업소득을 지급시 다음달 말까지 간이지급명세서를 제출하고, 다음연도 3/10일까지 1년 동안 지급한 지급명세서를 제출한다. 지연제출가산세 0.25%(1개월이내 제출시 0.125%)

2) 기본세율

과세표준	세율	누진공제
1,400만원까지	6%	0원
5,000만원까지	15%	1,260,000원
8,800만원까지	24%	5,760,000원
1억5천만원까지	35%	15,440,000원
3억까지	38%	19,940,000원
5억까지	40%	25,940,000원
10억까지	42%	35,940,000원
10억초과	45%	65,940,000원

3) 개인사업자

① 간편장부대상자 → 분개×, 재무상태표× 손익계산서×

② 복식부기대상자 → 분개○, 재무상태표○, 손익계산서○

(1) 간편장부대상자

```
                ↙   세무서        ← ③ 5/31까지 '종합소득세확정' 신고
② 5/1~5/15          ↑               사업소득총수입금액
사이에 통지서발송 →  학원→①수입-지출=잔액    - 필요경비
                    ↑                         - 이월결손금
                 수강료납부            사업소득금액
                 학생                  - 종합소득공제
                                      과세표준
                                    ×  기본세율
                                      산출세액
                                      - 세액공제
                                      결정세액
```

♠ 간편장부대상자가 간편장부를 사용하지 않고 복식부기를 사용하면 기장세액공제(산출세액의 20%, 100만원 한도)를 받을 수 있다.

(2) 복식부기대상자

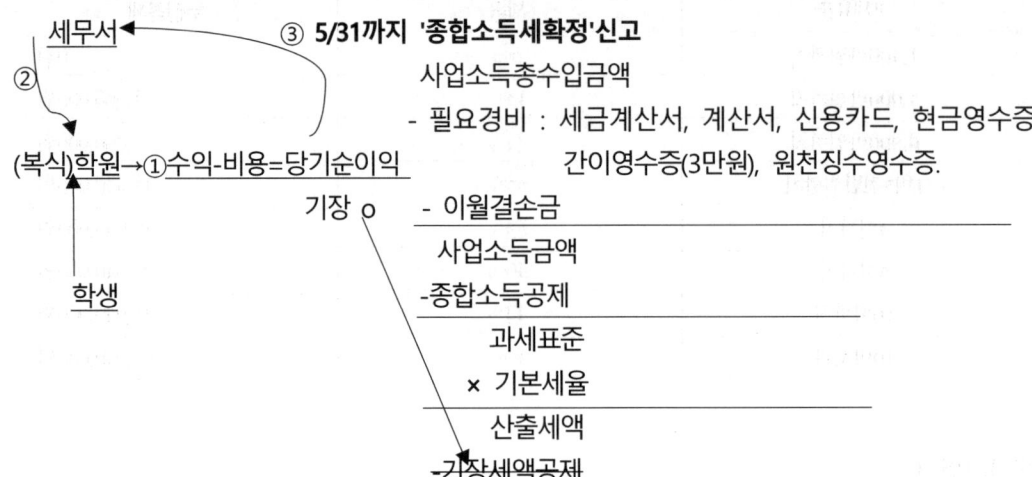

♠ 복식부기 대상자는 기장하는 것이 당연하기 때문에 기장세액공제를 받을 수 없으며, 기장하지 않았을 때는 무기장가산세(산출세액의 20%)를 납부하여야 한다.

사업소득의 종류
① 농업, 임업, 어업 – 작물재배업 중 곡물 및 기타 식량 작물재배업은 제외
② 광업, 제조업, 건설업, 도소매업, 운수업
③ 전기, 가스, 증기 및 수도 사업
④ 하수, 폐기물처리, 원료재생 및 환경복원업
⑤ 숙박 및 음식점업
⑥ 출판, 영상, 방송 통신 및 정보서비스업
⑦ 금융, 보험업
⑧ 부동산업, 임대업. (지상권·지역권을 대여함에 따른 소득을 포함)
⑨ 전문, 과학 및 기술서비스업
⑩ 교육서비스업
⑪ 보건업 및 사회복지서비스업

비과세 사업소득	
① 논, 밭 임대소득	· 작물생산에 이용하게 함으로써 발생하는 소득
② 작물재배업 소득	· 수입금액 합계액이 10억 이하인 소득
③ 주택임대소득	· 1주택 소유자의 주택임대소득. 단, 고가주택(12억 초과) 및 국외소재 주택임대소득은 과세
④ 농가 부업소득	· 농가 부업규모의 축산(젖소 50마리, 돼지 700마리, 닭 15,000마리 등) : 전액 비과세, 고공품 제조, 민박, 음식물판매, 특산물제조, 전통차 제조 등 농가 부업 규모를 초과하는 축산업과 합산하여 3천만원 한도
⑤ 전통주 제조소득	· 수도권 지역 밖의 읍·면 지역에서 제조 - 1,200만원 한도
⑥ 산림소득	· 조림기간이 5년 이상인 임목의 벌채 또는 양도 - 600만원 한도

사업소득의 총수입금액	
총수입금액 산입	총수입금액 불산입
① 매출(환입, 에누리, 할인은 제외)	① 부가가치세 매출세액, 소득세 등, 개별소비세, 주세, 교통에너지 환경세는 불산입
② 거래상대방으로부터 받은 장려금	
③ 사업과 관련된 자산수증이익, 채무면제이익	② 이월결손금 보전에 충당된 금액은 불산입
④ 사업용 자산 손실로 취득한 보험차익	
⑤ 재고자산 또는 임목의 가사용 소비, 타인지급	③ 제품원료 등으로 사용한 금액은 불산입
⑥ 퇴직일시금 신탁의 이익 등 보험차익	④ 이월된 소득금액
⑦ 관세 환급금 등 필요경비로 지출된 세액의 환입액	⑤ 국세환급가산금, 환부이자, 과오납 이자
⑧ 복식부기 의무자가 사업용 유형자산을 양도함으로써 발생하는 소득	

사업소득의 필요경비	
필요경비 산입	필요경비 불산입
① 원료 매입가액(에누리, 환출, 할인은 제외)	① 부가가치세매입세액, 소득세 등
② 상대방에게 지급하는 장려금	
③ 종업원 급여	② 대표자급여, 퇴직급여
④ 사업 관련 제세공과금	③ 벌금, 과료, 과태료, 가산금등
⑤ 사용자가 부담하는 퇴직급여 부담금	④ 채권자 불분명 사채이자
⑥ 건강보험, 국민연금, 고용보험 사용자부담금	④ 가사 관련 경비
⑦ 단체 순수보장성보험 및 단체 환급부 보장성 보험료	⑤ 기업업무추진비, 기부금 한도 초과 등
⑧ 자산평가차손, 업무용 승용차 관련 감가상각비(800만원 한도), 유지비	

사업소득의 수입시기	
구 분	수입시기
① 상품, 제품의 판매	인도한 날
② 상품, 제품 외 자산의 판매	대금청산일 대금청산 전 소유권 등 이전등기, 등록을 하거나 당해 자산을 사용·수익하는 경우에는 그 등기, 등록일 또는 사용 수익일
③ 시용판매	구입 의사를 표시한 날
④ 위탁판매	수탁자가 판매한 날
⑤ 장기할부판매	인도한 날
⑥ 건설, 제조 기타 용역의 제공	장기건설 : 진행기준 단기건설 : 용역제공을 완료한 날
⑦ 인적용역	용역제공을 완료한 날
⑧ 무인 판매기	현금을 인취한 날

4) 사업소득금액의 계산

```
    당 기 순 이 익
(+) 총수입금액산입, 필요경비불산입
(-) 총수입금액불산입, 필요경비산입
    차가감소득금액
(+) 기부금한도초과
(-) 기부금한도초과이월액 필요경비산입
    사 업 소 득 금 액
```

5) 원천징수 및 종합과세

사업소득 중 의료보건용역 및 부가가치세 면세 대상 인적용역은 3%, 음식, 숙박용역 등의 공급가액의 20%를 초과하는 봉사료는 5%를 원천징수 한다. 사업소득은 원천징수 여부에 상관없이 종합과세를 한다. 단, 예외적으로 분리과세를 선택할 수 있는 총수입금액 2,000만원 이하의 주택임대소득과 비과세소득을 제외한 모든 사업소득은 종합과세한다.

04. 소득세 과세대상(근로소득, 연금소득)

1. **일용근로소득** - 무조건 분리과세

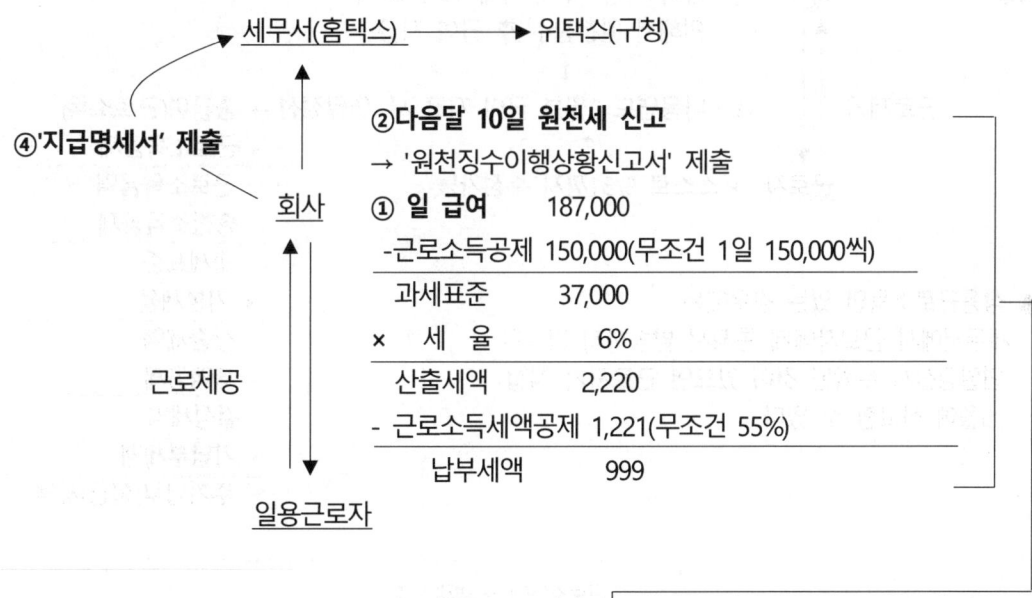

③일용근로자 → 다음달 15일에 '근로복지공단'에 "근로내용확인신고서" 제출

♠ 지급명세서제출
  매월 다음 달 말일까지 제출, 미제출시 0.25%, 1개월 이내 제출시 0.125%가산세.

♠ 매일 지급조건 일 급여 187,000 → 납부세액 999
  납부세액이 1,000원 미만인 경우에는 '소액부징수'로서 세금을 징수하지 않는다.

2. 상용근로소득 - 무조건 종합과세

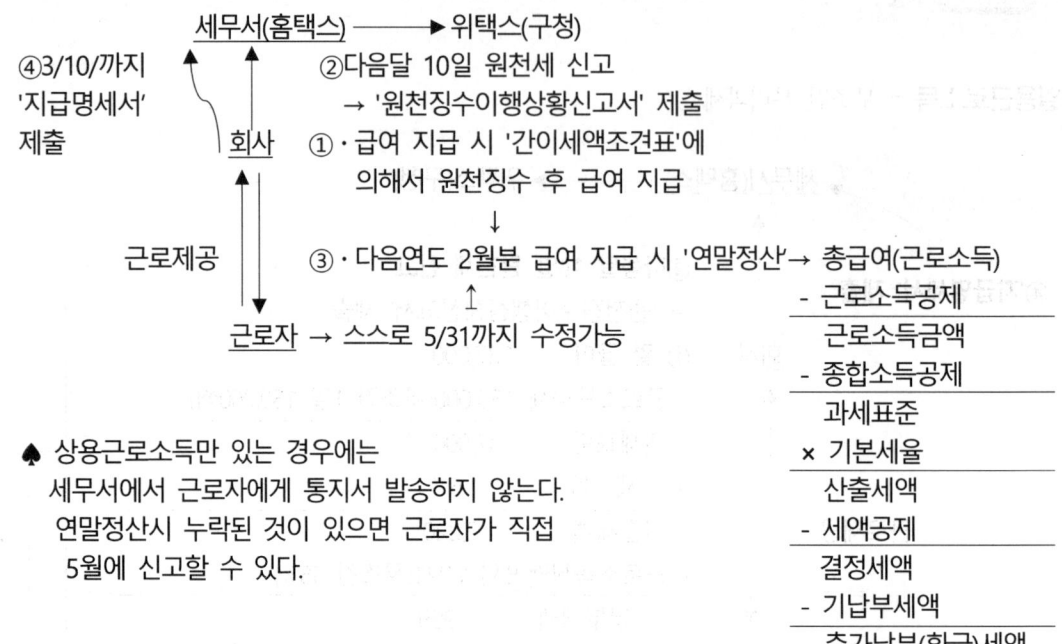

♠ 상용근로소득만 있는 경우에는
세무서에서 근로자에게 통지서 발송하지 않는다.
연말정산시 누락된 것이 있으면 근로자가 직접
5월에 신고할 수 있다.

근로소득에 포함되는 것
① 근로를 제공함으로써 받는 급료 등 이와 유사한 성질의 급여
② 잉여금 처분에 의한 상여, 인정상여
③ 퇴직 시 받는 소득으로 퇴직소득에 속하지 않는 소득
④ 직무발명보상금 - 재직 중 수령 : 근로소득(700만원 한도로 비과세)   - 퇴직 후 수령 : 기타소득(700만원 한도로 비과세)
⑤ 업무무관 기밀비, 교제비, 근로수당, 가족수당, 직무수당 등
⑥ 공로금, 위로금, 학자금, 장학금
⑦ 여비명목으로 받는 금액
⑧ 주택을 제공받음으로써 얻는 이익. 단, 종업원, 비출자임원, 소액주주임원은 제외
⑨ 종업원이 주택을 구입, 임차하는데 소요되는 자금을 저리 또는 무상으로 대여받음으로써 얻는 이익, 단 중소기업은 제외
⑩ 종업원 또는 배우자, 가족을 보험수익자로 하는 보험과 관련하여 사용자가 부담하는 보험료
⑪ 근무기간 중 주식매수선택권 행사로 얻은 이익

비과세 근로소득	
내 용	비과세한도
① 자가운전보조금	본인소유차량, 본인명의 리스차량을 업무에 이용하고 받는 금액으로 월 20만원 한도
② 취재수당, 벽지수당	월 20만원 한도
③ 교원이 받는 연구보조비	월 20만원 한도
④ 보육수당(육아수당)	6세 이하 자녀 관련 월 20만원 한도
⑤ 식대	식사를 제공받지 않는 조건으로 월 20만원 한도
⑥ 사내급식	한도 없이 전액 비과세
⑦ 재해로 인해 받는 급여	
⑧ 국민건강보험, 고용보험, 국민연금 사용자부담금	
⑨ 실업급여, 육아휴직급여, 산전후휴가급여, 육아휴직수당	
⑩ 학교와 직업훈련시설의 수업료, 일정요건을 갖춘 학자금	
⑪ 일숙직료	실비변상금액
⑫ 국외근로소득	월 100만원, 건설현장은 월 500만원
⑬ 연장근로수당	월정급여 210만원, 직전년도 총 급여 3,000만원 이하인 생산직근로자가 받는 수당으로 연 240만원한도, 광산, 일용근로자는 전액 비과세
⑭ 출산지원금	· 근로자 본인 또는 배우자의 출산 · 출생일로부터 2년이내 지급 · 자녀당 2회 이내로 지급 · 전액 비과세

근로소득의 수입시기	
구 분	수입시기
① 급여	근로를 제공한 날
② 잉여금처분에 의한 상여	해당 법인의 잉여금 처분결의일
③ 인정 상여	해당 사업연도 중의 근로를 제공한 날
④ 주식매수선택권	주식매수선택권을 행사한 날
⑤ 임원 퇴직금 한도 초과액	지급받거나 지급받기로 한 날

♠ 상용근로자는 반기별 "간이지급명세서"를 제출하여야 한다.
   1/1~6/30 : **7/31일까지**
   7/1~12/31 : **1/31일까지**
   미제출시에는 지급금액 × 0.25% 가산세(기한 후 3개월 이내 제출 시 0.125%)가 있으며, 휴업, 폐업, 해산한 경우에는 반기 마지막달의 **다음 달 말**(7/31, 1/31)까지 제출한다. 이와는 별도로 본래 제출하던 지급명세서는 3/10일까지 정상적으로 제출한다.

3. 연금소득

연금소득의 범위
① 공적연금법에 따라 받는 각종 연금
② 소득세 과세가 이연된 과세대상 금액을 연금계좌에서 연금으로 수령하는 경우

비과세 연금소득의 범위
① 공적연금법에 따라 받는 유족연금, 장애연금, 상이연금, 연계 노령유족 연금
② 산업재해보상보험법에 따라 받는 각종 연금
③ 국군포로의 송환 및 대우 등에 관한 법률에 따른 국군 포로가 받는 연금

연금소득공제	
총연금액	연금소득공제액(한도 900만원)
350만원 이하	총연금액
350만원초과 700만원 이하	350만원 + (총연금 - 350만원) × 40%
700만원초과 1,400만원 이하	490만원 + (총연금 - 700만원) × 20%
1,400만원 초과	630만원 + (총연금 - 1,400만원) × 10%

1) 공적연금 : 국민연금, 공무원연금

```
                 세무서(홈택스) ────→ 위택스(구청)
④ 2월말까지 '지급명세서'   ② 다음달 10일 원천세 신고
   제출                      →'원천징수이행상황신고서' 제출

              공단    ① · 연금지급 시 '간이세액조견표'에 의해서 원천징수 후 지급
                     ③ · 1/31까지 연말정산 → 총연금(연금소득)
                                          - 연금소득공제
          연금소득자                        연금소득금액
                                          - 종합소득공제
                                            과세표준
♠ 공적연금만 있는 경우에는                   × 기본세율
  세무서에서 연금소득자에게 통지서를          산출세액
  발송하지 않는다. 다른 종합소득이 있을 때    - 세액공제
  통지서가 발송된다. 소득공제신고서를 제출하지  결정세액
  않으면 기본공제와 표준세액공제만 적용.     - 기납부세액
                                            추가납부(환급)세액
```

2) 사적연금 : 연금저축(1,500만원까지는 분리과세, 1,500만원 초과 시 종합과세하며, 1,500만원초과 하여 종합과세시에도 15%의 세율로 분리과세를 선택할 수 있다.)

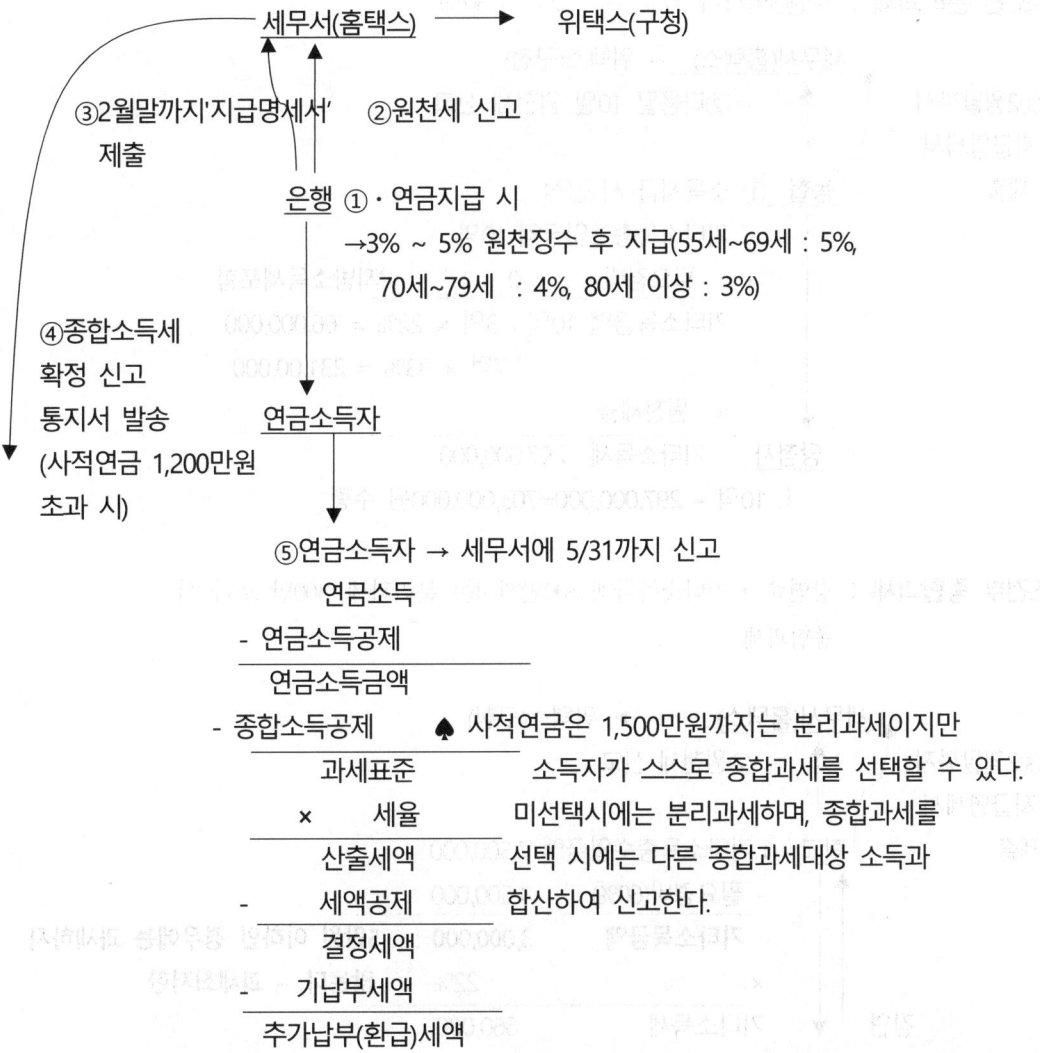

연금소득의 수입시기	
구 분	수입시기
공적연금	연금을 지급받기로 한 날
사적연금	연금을 수령한 날
그 밖의 연금소득	해당 연금을 지급받은 날

05 소득세 과세대상(기타소득)

1. **무조건 분리과세** : 복권(3억까지 20%, 3억 초과 시 30%)

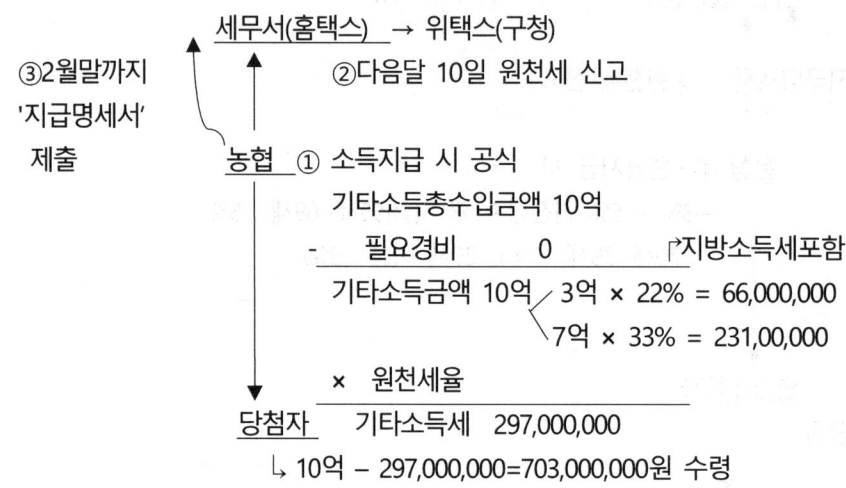

2. **조건부 종합과세** : 강연료→ 기타소득금액 300만까지는 분리과세, 300만 초과 시 종합과세

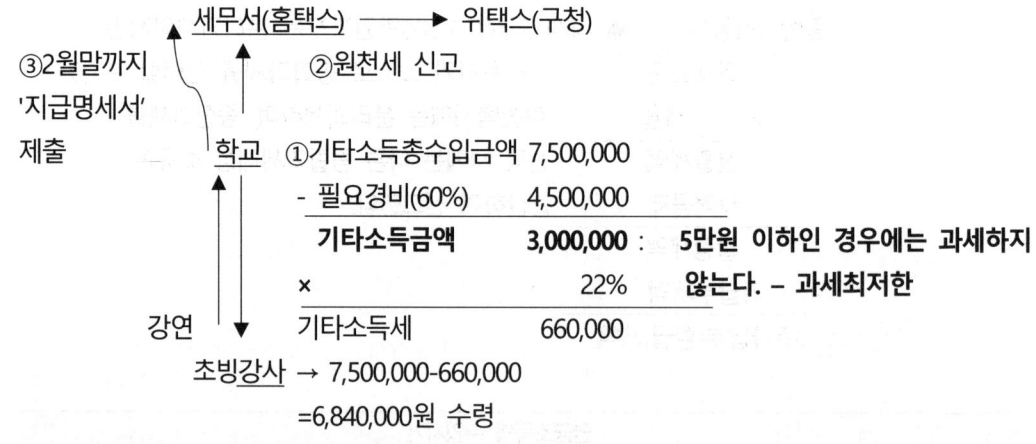

♠ 기타소득금액 300만원까지를 소득자가 스스로 종합과세를 선택 할 수 있다.
　미선택시에는 분리과세

♠ 분리과세와 종합과세를 선택할 수 있다... 라는 단서는 5월에 종합소득세 확정신고를 해서 환급을 받을 수 있는 자는 환급을 받아라~ 라는 표현이다. 일반적으로 소득이 높은 사람은 5월에 종합소득세 확정신고를 하게 되면 소득금액이 증가하여 소득세가 증가하므로 분리과세를 하는 것이 유리하며, 소득이 적거나 다른 소득이 없는 자는 5월에 종합과세를 선택하면 환급받을 수 있다.

♠ **지급명세서 제출 요약**
 - 이자소득 · 배당소득 · 연금소득 · 기타소득 지급명세서 → 다음연도 2월말까지
 - 특정 사업소득, 근로소득, 퇴직소득 지급명세서 → 다음연도 3월 10일까지
 - 근로소득 간이지급명세서 - 상반기 지급분은 7/31까지, 하반기 지급분은 1/31일까지
 - 일용근로소득, 특정 사업소득 간이지급명세서 - 다음 달 말일.

♠ **원천징수를 하지 않는 소득** - 사업소득(개인사업자), 양도소득

기타소득의 범위
① 상금, 현상금, 포상금, 보로금, 복권, 경품 등 당첨금품
② 사행 행위 등 규제 및 처벌특례법에 규정하는 행위로 얻는 이익
③ 한국 마사회법에 의한 승마투표권, 경륜, 경정법에 의한 승자투표권의 환급금
④ 저작자, 실연자, 음반 제작자외의 자가 받는 금품
⑤ 영화필름, 라디오, TV 방송용 테이프, 필름의 권리의 양도, 대여로 받는 금품
⑥ 광업권, 어업권, 산업재산권, 산업정보, 산업상 비밀, 영업권(점포임차권 포함), 토사석 채취허가에 따른 권리, 지하수 개발, 이용권의 권리를 대여하고, 받는 금품
⑦ 물품, 장소를 일시적으로 대여하고 받는 사용료
⑧ 위약금, 배상금, 부당이득 반환 시 지급받는 이자
⑨ 공익사업과 관련된 지역권과 지상권
⑩ 유실물 습득, 매장물 발견으로 받는 보상금, 무주물의 점유로 취득하는 자산
⑪ 서화, 골동품 양도차익
⑫ 특수관계에 있는 자가 받는 경제적 이익으로 급여, 배당, 증여로 보지 않는 금품
⑬ 슬롯머신 및 투전기를 이용하는 행위에 참가하여 받는 당첨금품, 배당금품
⑭ 문예 창작소득, 재산권에 대한 알선수수료, 사례금
⑮ 강연료, 라디오, TV 해설에 대한 대가
⑯ 변호사, 회계사, 세무사, 건축사, 측량사, 변리사 등의 자가 당해 지식을 대가를 받고 제공하는 용역
⑰ 인적용역을 일시적으로 고용 관계없이 제공하고 받는 대가
⑱ 법인세법에서 처분된 기타소득, 연금저축의 해지 일시금
⑲ 뇌물, 알선수재 및 배임수재에 의하여 받은 금품
⑳ 퇴직 전에 부여받은 주식매수선택권을 퇴직 후에 행사하거나 고용 관계없이 주식매수선택권을 부여받아 이를 행사함으로써 얻은 이익
• 종교 관련 종사자가 종교의식을 집행하는 등 종교 관련 종사자로서의 활동과 관련하여 대통령령으로 정하는 종교단체로부터 받은 소득(이하 "종교인 소득"이라 한다)

비과세 기타소득
① 국가유공자 예우 등에 관한 법률에 의하여 받는 보상금, 학자금 및 귀순 북한 동포 보호법에 의하여 받는 정착금, 보로금 및 기타 금품 ② 국가보안법에 의하여 받는 상금과 보로금 ③ 상훈법에 의한 훈장과 관련하여 받는 부상 ④ 종업원의 직무와 관련된 우수발명으로서 발명진흥법에 의한 직무발명에 대하여 사용자로부터 받는 보상금 ⑤ 국군포로 대우 등에 관한 법률에 따라 국군포로가 지급받는 정착금, 금품 등 ⑥ 국가지정문화재로 지정된 서화, 골동품의 양도 시 발생하는 소득과 박물관, 미술관에 양도 시 발생하는 소득

소득별 필요경비	
소득구분	필요경비
① 승마투표권의 구매자에게 지급하는 환급금	적중된 투표권의 단위투표금액
② 슬롯머신 등의 당첨금	슬롯머신 등에 투입한 금액
③ 공익법인이 주무관청의 승인을 받거나, 순위 경쟁 대회에서 시상하는 상금과 부상	실제 증빙으로 입증된 경비(확인되지 않는 경우에는 80%)
④ 주택입주 지체상금	
⑤ 공익사업과 관련된 지상권 등의 설정 대여소득	실제 증빙으로 입증된 경비(확인되지 않는 경우에는 60%)
⑥ 광업권, 어업권, 상표권, 영업권 등의 양도 및 대여소득	
⑦ 원고료, 인세 등	
⑧ 일시적 강연료 자문료 등	
⑨ 서화, 골동품	1억까지 90%, 1억 초과분은 80%(10년 이상 보유 시 90%)

기타소득의 과세방법		
구 분	해당 기타소득	원천징수세율
무조건 분리과세	① 연금계좌에서 연금수령 외 수령한 기타소득	15%
	② 복권당첨금	20% (3억 초과 시 30%)
	③ 서화골동품의 양도로 발생하는 소득	20%
무조건 종합과세	① 뇌물 알선수재 및 배임수재로 받는 금품	-
선택적 분리과세	기타소득금액의 연간 합계액이 300만원 이하 강연료, 위약금, 배상금(계약금이 위약금, 배상금으로 대체되는 경우에 한 한다.), 직무발명보상금	20%

과세최저한	
구 분	과세최저한
① 승마투표권, 승자투표권의 구매자가 받는 환급금	건별로 승마투표권, 승자투표권의 권면에 표시된 합계액이 10만원 이하이고, 단위투표금액당 환급금이 단위투표금액이 100배 이하 이면서 적중한 개별투표당 환급금이 200만원 이하인 경우
② 슬롯머신 등에서 받는 당첨금품등	건별로 200만원 미만인 경우
③ 가상자산소득	연 250만원 이하인때
④ 위 ①, ②, ③외에서 받는 기타소득금액	건별로 5만원 이하인 경우

기타소득의 수입시기	
구 분	수입시기
① 일반적인 기타소득	지급받은 날
② 법인세법에 따라 처분된 기타소득	해당 법인의 해당 사업연도 결산 확정일
③ 산업재산권 등을 양도하고 받은 금품	대금 청산일, 자산인도일 또는 사용 수익일 중 빠른 날

06 종합소득공제 및 과세표준계산

근로소득(총급여)
-근로소득공제
근로소득금액
- 종합소득공제
과세표준
× 기본세율
산출세액
- 세액공제
결정세액
- 기납부세액
납부(환급)세액

- 1. 인적공제 : 기본공제, 추가공제
  2. 연금보험료 공제
  3. 주택담보 노후연금 이자비용공제(200만원 한도)
  4. 특별소득공제 : 보험료공제, 주택자금공제
  5. 조세특례제한법상공제 : 신용카드소득공제 등

- 세액공제 : 근로소득세액공제,
  자녀세액공제, 출생입양세액공제, 결혼세액공제,
  연금저축세액공제,
  보장성보험료세액공제,
  의료비세액공제,
  교육비세액공제,
  기부금세액공제, 월세세액공제
  * 그밖의 세액공제 : 배당세액공제, 기장세액공제, 외국납부세액공제,
    재해손실세액공제, 전자신고세액공제 등

1. **인적공제** : 대상자 - 종합소득이 있는 거주자

 1) 기본공제 : 본인, 배우자, 직계존속(60세 이상), 직계비속(20세 이하),
         형제자매(60세 이상, 20세 이하), 위탁아동(18세 미만, 6개월 이상 위탁)
         단, 장애인은 나이제한 없이 공제됨
         ⇒ 1인당 150만원씩 공제됨

  ① 기본공제대상자 : 종합소득금액, 퇴직소득, 양도소득금액 100만원을 초과하면 공제받을 수 없다.
         단, 분리과세되는 소득과 비과세소득, 상속재산, 증여재산은 고려하지 않는다.

구 분		기본공제여부
종합소득	이자소득 (금융소득)	2,000만원 초과시 기본공제 안됨
	배당소득 (금융소득)	
	사업소득	사업소득금액 100만원 초과 시 기본공제 안됨
	근로소득	근로소득 500만원(근로소득금액 150만원)초과 시 기본공제 안됨 단, 일용근로자는 무조건 분리과세이므로 금액상관 없이 공제됨
	연금소득	공적연금 100만원, 사적연금1,500만원 초과 시 기본공제 안됨
	기타소득	기타소득금액 300만원 초과 시 기본공제 안됨
분류소득	퇴직소득	퇴직소득 100만원 초과 시 기본공제 안됨
	양도소득금액	양도소득금액 100만원 초과 시 기본공제 안됨

사례

① **이자소득 + 배당소득** = 2,000만원까지 분리과세 ⇒ 기본공제 됨
  2,000만원 초과 종합과세 ⇒ 기본공제 안됨

 ex) 임꺽정 ─────────〉 기본공제 150만원
  배우자(이자 2,000만원) ──〉 기본공제 150만원 됨
  * 만약 이자가 20,000,001원이면 기본공제 안됨

② 사업소득총수입금액 - 필요경비 = **사업소득금액** ⇒ 무조건 종합과세
             100만원까지는 기본공제 됨
             100만원초과 시 기본공제 안됨

 ex) 임꺽정 ──────────────〉 기본공제 150만원
  배우자(이자 2,000만원) ─────〉 기본공제 150만원
  아버지(70세/사업소득금액 99만원) ─〉 기본공제 150만원 됨
  * 만약 사업소득금액 101만원이면 기본공제 안됨

③ **근로소득(500만원)** - 근로소득공제(350만원) = **근로소득금액(150만원)**
 임꺽정 ─────〉 150만원 기본공제
 배우자(총급여 600만원) ─────〉 500만원 초과되어 기본공제 안됨
  * 만약 총급여가 500만원이면 근로소득금액이 150만원이므로 기본공제 됨

④ **사적연금소득**
 사적연금소득 1,500만원까지 분리과세 → 기본공제(단, 분리과세 선택 시)
 사적연금소득 1,500만원초과 종합과세 → 기본공제 안됨

⑤ 기타소득: 기타소득총수입금액 - 필요경비 = 기타소득금액

강연료 : 7,500,000 - 4,500,000(60%) = 3,000,000

기타소득금액 300만원까지 분리과세 → 기본공제 됨(단, 분리과세 선택 시)

기타소득금액 300만원초과 종합과세 → 기본공제 안됨

ex) 임꺽정 ─────> 150만원 공제

배우자(강연료 1,000만원) ─────> 기본공제 안됨

* 기타소득금액이 400만원으로 300만원 초과하였기 때문에 기본공제 안됨

⑥ 퇴직소득   : 100만원 초과 시 기본공제 안됨
⑦ 양도소득금액 : 100만원 초과 시 기본공제 안됨
⑧ **증여받은 재산, 상속받은 재산은 기본공제 여부에 영향을 미치지 않는 소득이다. 즉, 상속재산, 증여재산이 있어도 기본공제를 받을 수 있다.**

2) 추가공제 - 기본공제 가능한 사람만 가능

① **경로우대(70세 이상)** : 100만원공제
② **장애인공제** : 200만원공제
③ **부녀자공제** : 50만원공제(종합소득금액이 3,000만원 이하인 세대주인 여성만 가능)
   • 조건 : 배우자가 있는 여성과 배우자 없는 여성은 세대주로서 기본공제 대상자 있어야 됨.
④ **한부모가족공제** : 100만원공제
   * 여성근로자가 부녀자공제와 한부모공제가 중복되면 한부모공제만 받을 수 있다.

♠ 인적공제(기본공제 + 추가공제)의 합계액이 종합소득금액을 초과하는 경우 그 초과하는 공제액은 없는 것으로 한다.
♠ 직계비속(입양자포함)과 그 배우자가 모두 장애인에 해당하는 경우에는 배우자를 포함한다.
♠ 주거형편상 별거하고 있더라도 실제 거주자가 부양하고 있는 경우에는 기본공제와 추가공제를 받을 수 있다.
♠ 취학, 질병의 요양, 근무상 또는 사업상의 형편으로 일시 퇴거한 경우에도 기본공제와 추가공제를 받을 수 있다.
♠ 공제대상자의 판정은 해당 과세기간 종료일(12/31)의 상황에 따른다.
   예외) ① 사망, 장애가 치유된 사람은 사망일, 또는 장애 치유일 전일의 상황에 따른다. - 즉, 사망, 장애가 치유되었어도 기본공제와 추가공제를 받을 수 있다.
♠ 배우자 : 결혼은 공제대상이지만, 이혼한 경우와 사실혼인 경우에는 공제대상이 아니다.
♠ 직계존속 : 부모, 조부모, 외조부모, 증조부모, 증·외조부모, 장인, 장모, 시부모, 시조부모
♠ 형제자매 : 본인과 배우자의 형제자매(처남, 처제, 시동생, 시누이)
   * 부모님의 형제자매인 숙부, 외삼촌, 이모, 고모는 해당되지 않는다.

2. **연금보험료공제** : 대상자 - 종합소득이 있는 거주자

   1) 국민연금, 공무원연금 중 근로자 부담금 → 전액공제

3. **주택담보 노후연금 이자비용 공제** : 대상자 - 연금소득이 있는 거주자

   1) 주택을 담보로 연금을 수령한 경우 발생한 이자 중 200만원 한도 내 공제

4. **특별공제** : 대상자 - 근로소득이 있는 거주자

   1) **보험료 공제** : 건강보험(지역가입자로 납부한 건강보험료 포함), 장기요양보험, 고용보험료 근로자 부담액 → 전액 공제

   2) **주택자금공제**

   ① **주택마련저축** : 청약저축, 주택청약종합저축 → 불입액의 40%공제
   ② **주택임차자금** : 무주택세대주로서 국민주택규모 임차차입금 원리금상환액의 40% 공제
   　　* ① + ② 공제 한도액 400만원
   ③ **장기주택저당차입금이자상환액** : 취득당시 무주택 세대주로서 기준시가 6억원 이하인 주택장기저당 차입금 이자상환액 공제
   　　* ③의 공제한도는 차입 시기에 따라 600만원 ~2,000만원
   　　* ①+②+③ = 800만원 한도

5. **그 밖의 소득공제**

   1) **신용카드소득공제** : 대상자 - 근로소득이 있는 거주자와 배우자, 직계존비속(배우자의 직계존비속 포함)의 신용카드사용액으로 기본공제여부의 나이제한은 받지 않으나 소득의 제한은 받는다. 즉, 기본공제대상자여부의 소득이 있으면 안 된다.

   ♠ 아래의 사용액은 신용카드소득공제를 받지 못한다.
   ① 국외에서 사용한 금액
   ② 사업과 관련된 비용으로 처리된 것
   ③ 비정상적 카드, 현금영수증 사용액
   ④ 보장성 보험료, 교육비(학원비 카드결제액은 공제됨)
   ⑤ 국세와 전기료 등 공과금, 아파트관리비, 시청료, 고속도로통행료
   ⑥ 신차 구입비(중고차는 신용카드구입액의 10%는 공제됨), 자동차 리스료
   ⑦ 정치자금기부금
   ⑧ 주택자금공제를 받은 월세액
   ⑨ 국가, 지자체, 금융과 관련된 수수료 결제액

♠ 신용카드와 중복공제 되는 것.
① 의료비결제액 : 신용카드와 의료비공제
② 교육비 중 취학 전 아동의 학원비 및 체육시설수강료, 중고생의 교복구입비 : 신용카드와 교육비공제

♠ 공식 : (사용액 - 총급여 × 25%) × 공제율 = 공제액

구 분	공제율
① 전통시장, 대중교통 사용분	40%
② 도서, 신문, 공연비 사용분(총급여 7,000만원 이하인자만 적용)	30%
③ 직불카드 기명식 선불카드, 현금영수증 사용분	30%
④ 기타 신용카드 사용분	15%

♠ 한도액 : 기본한도 + 추가한도
① 기본한도 - 총급여 7천만원 이하인 경우 : 300만원
           - 총급여 7천만원 초과인 경우 : 연간 250만원

② 추가한도 : 전통시장사용액의 40%(100만원 한도) + 대중교통사용액의 40%(100만원 한도) + 도서, 신문, 공연비 사용액의 30%(100만원 한도)
전년도 증가분 100만원 한도

2) 그밖의 소득공제

소상공인 소기업공제부금 소득공제, 우리사주조합 출연금에 대한 소득공제, 장기집합투자증권저축에 대한 소득공제등이 있다.

6. 소득공제 종합한도

종합소득공제에 해당하는 금액의 합계액이 2,500만원을 초과하는 경우 초과액은 없는 것으로 한다.

♠ 종합소득공제 = 인적공제(기본공제+추가공제) + 국민연금 + 건강보험, 장기요양보험, 고용보험 + 2,500만원 한도적용대상 소득공제액(청약저축, 신용카드 등)

7. 소득세법상 세액공제

세액공제명	세액공제금액
배당세액공제	Gross-up금액 한도로 세액공제
기장세액공제	산출세액 × 20%(100만원 한도) - 간편장부대상자가 기장한 경우
재해손실세액공제	공제대상세액 × 상실비율(상실비율 20% 이상인 경우)
외국납부세액공제	거주자의 국외 납부세액 한도로 세액공제
근로소득세액공제	130만원 이하 : 산출세액의 55% 130만원 초과 : 715,000 + (130만원 초과금액 × 30%) * 총급여 3,300만원 이하 : 74만원 * 총급여 3,300만원 초과 7,000만원 이하 : 66만원 * 총급여 7,000만원 초과 1억 2천만원 이하 : 50만원 * 총급여 1억 2천만원 초과 : 20만원 * 일용근로자 : 산출세액 × 55%(한도 없음)
자녀세액공제 (7세 이상의 자녀)	* 종합소득 있는 거주자 * 기본공제대상자인 자녀(입양자 및 위탁아동포함) 1명인 경우 : 25만원 2명인 경우 : 55만원 3명이상인 경우 : 55만원 + 40만원 × (자녀수 - 2명)
출생, 입양세액공제	첫째 : 30만원, 둘째 : 50만원, 셋째 이상 : 70만원
연금계좌세액공제	* 종합소득 있는 거주자 - 본인 것만 됨. 납입액의 12% * 종합소득금액 4,500만원 이하인 자(근로소득만 있는 자는 총급여 5,500만원 이하인 자)는 15% * 연금저축 600만원한도+퇴직연금 300만원한도+ISA연금 전환금액 300만원한도

특별세액공제	보장성보험료 세액공제	* 근로소득이 있는 거주자(일용근로자제외) * 본인 + 기본공제대상자의 것 일반보장성보험료 : 12%(100만원한도) 장애인전용보장성보험료 : 15%(100만원한도)
특별세액공제	의료비세액 공제	* 근로소득이 있는 거주자(일용근로자제외) * 본인 + 부양가족의 것(나이, 소득제한 없음) 본인, 장애, 경로의료비 : 공제액 × 15% 일반의료비 : 공제액(700만원한도) × 15% 난임시술비 : 공제액 × 30% * 공제액 = 의료비지출액 - 총급여 × 3%
특별세액공제	교육비세액 공제	* 근로소득이 있는 거주자(일용근로자제외) * 본인 + 기본공제대상자의 것(나이제한 없음) * 직계존속은 장애인특수교육비만 공제됨 유아, 초, 중, 고등 : 300만원 한도로 공제 대학생 : 900만원 한도로 공제 본인 : 전액 공제 장애인 특수교육비(나이, 소득제한 없음) : 전액공제 * 공제액 × 15%

기부금세액공제		* 종합소득이 있는 거주자 본인 + 기본공제대상자가 지출한 기부금 * 정치자금과 우리사주조합기부금은 본인 것만 됨 * 15%(1천만원 초과는 30%)세액공제. 단, 특례기부금은 한도가 없으나 일반기부금은 소득금액의 30%, 종교단체기부금은 10%한도로 공제 된다. * 기부금 한도초과로 세액공제를 받지 못하는 금액은 10년간 이월공제됨
월세세액공제		총급여액 8천만원 이하(종합소득금액 7,000만원 이하인 자 포함)의 무주택 근로소득자는 15%, 총급여 5,500만원 이하인 자는 17%(종합소득금액이 4천5백만원 이하인 자 포함.)와 기본공제대상자가 지급한 월세(기준시가 3억원 이하 주택).
결혼세액공제		부부 1인당 50만원씩, 혼인실고필수, 생애 1회만 적용

☞ 공제조건 요약정리

구분	보험료	의료비	교육비	기부금	신용카드
연령조건	●	×	×	×	×
소득조건	●	×	●	●	●
본인 것만 되는 것.	정치자금, 연금저축, 국민연금					

8. 표준세액공제

1) 근로소득이 있는 거주자가 특별소득공제와 특별세액공제 및 월세세액공제를 신청하지 않은 경우
   : 13만원 표준세액공제

2) 성실사업자로서 조세특례제한법상 의료비세액공제와 교육비세액공제를 신청하지 않은 경우
   : 12만원 표준세액공제

3) 근로소득이 없는 거주자로서 종합소득이 있는 사람 : 7만원 표준세액공제

Chapter 2 소득세 기출문제

01 다음은 소득세법에 대한 설명이다. 틀린 것은?

① 거주자란 국내에 주소를 두거나 183일 이상 거소를 둔 개인을 말한다.
② 외국을 항행하는 선박 또는 항공기 승무원의 경우 생계를 같이하는 가족이 거주하는 장소 또는 승무원이 근무기간 외의 기간 중 통상 체재하는 장소가 국내에 있는 때에는 당해 승무원의 주소는 국내에 있는 것으로 본다.
③ 국내에 거소를 둔 기간은 입국하는 날의 다음날부터 출국하는 날까지로 한다.
④ 미국 시민권자나 영주권자의 경우 비거주자로 본다.

정답 ④

비거주자란 거주자가 아닌 개인을 말한다. 거주자란 국내에 주소를 두거나 183일이상의 거소를 둔 개인을 말한다.

02 다음 중 소득세법상 근로소득으로 보지 않는 금액은?

① 법인세법에 의해 상여로 처분된 금액
② 종업원에게 지급하는 통근수당
③ 종업원이 사택을 제공 받음으로써 얻는 이익
④ 종업원이 회사로부터 주택의 구입에 소요되는 자금을 무상으로 대여받음으로써 얻는 이익

정답 ③

주주 또는 출자자가 아닌 임원(주권상장법인의 주주 중 소액주주인 임원을 포함한다)과 임원이 아닌 종업원(비영리법인 또는 개인의 종업원을 포함한다) 및 국가·지방자치단체로부터 근로소득을 지급받는 사람이 다음에서 정하는 사택을 제공받음으로써 얻는 이익은 근로소득으로 보지 않는다.

03 다음 중 소득세법상 근로소득 원천징수시기의 특례에 대한 내용으로 틀린 것은?

① 법인의 이익 또는 잉여금의 처분에 따라 지급하여야 할 상여를 그 처분을 결정한 날로부터 3개월이 되는 날까지 지급하지 아니한 경우에는 그 3개월이 되는 날에 그 상여를 지급한 것으로 보아 소득세를 원천징수한다.
② 원천징수의무자가 12월분의 근로소득을 다음 연도 2월 말일까지 지급하지 아니한 경우에는 그 근로소득을 다음 연도 2월 말일에 지급한 것으로 보아 소득세를 원천징수한다.
③ 원천징수의무자가 1월부터 11월까지의 근로소득을 해당 과세기간의 12월 31일까지 지급하지 아니한 경우에는 그 근로소득을 다음 연도 1월 말일에 지급한 것으로 보아 소득세를 원천징수한다.
④ 법인의 이익 또는 잉여금의 처분이 11월 1일부터 12월 31일까지의 사이에 결정된 경우에 다음 연도 2월 말일까지 그 상여를 지급하지 아니한 경우에는 그 상여를 다음 연도 2월 말일에 지급한 것으로

보아 소득세를 원천징수한다.

정답 ③
원천징수의무자가 1월부터 11월까지의 근로소득을 해당 과세기간의 12월 31일까지 지급하지 아니한 경우에는 그 근로소득을 12월 31일에 지급한 것으로 보아 소득세를 원천징수한다.

04 다음 중 근로소득으로 보지 않는 것은?

① 단체순수보장성보험과 단체환급부보장성보험의 보험료 중 1인당 연 70만원 이하의 금액
② 법인의 주주총회·사원총회 또는 이에 준하는 의결기관의 결의에 따라 상여로 받는 소득
③ 종업원 또는 대학의 교직원이 2017.1.1.부터 퇴직 전에 지급받는 직무발명 보상금 중 700만원 초과 금액
④ 근로를 제공함으로써 받는 봉급·급료·보수·세비·임금·상여·수당과 이와 유사한 성질의 급여

정답 ① 비과세이다.

05 소득세법상 다음 자료에 의한 소득만 있는 거주자 김철수의 2025년도 종합소득금액을 계산하면 얼마인가?

- 기타소득금액 : 30,000,000원
- 양도소득금액 : 10,000,000원
- 퇴직소득금액 : 25,000,000원
- 근로소득금액 : 15,000,000원

① 35,000,000원 ② 40,000,000원 ③ 45,000,000원 ④ 55,000,000원

정답 ③
기타소득금액 30,000,000원 + 근로소득금액 15,000,000원 = 45,000,000원

06 다음 중 소득세법상 원천징수 신고납부절차에 대한 설명 중 옳지 않은 것은?

① 원천징수의무자는 원천징수한 소득세를 그 징수일이 속하는 달의 다음달 10일까지 신고 납부하여야 한다.
② 반기별 납부 승인 받은 소규모사업자는 해당 반기의 마지막 달의 다음달 10일까지 원천징수한 세액을 신고 납부할 수 있다.
③ 법인세법에 따라 처분된 배당, 상여, 기타소득에 대한 원천징수세액은 반기별 납부에서 제외된다.
④ 과세미달 또는 비과세로 인하여 납부할 세액이 없는 자는 원천징수이행상황 신고서에 포함하지 않는다.

정답 ④
원천징수의무자는 원천징수이행상황신고서를 원천징수 관할세무서장에게 제출하여야 하며, 이때 원천징수이행상황신고서에는 원천징수하여 납부할 세액이 없는 자에 대한 것도 포함하여야한다.

07 다음 중 소득세법상 이자소득으로 볼 수 없는 것은?

① 사채이자
② 연금계좌에서 연금 외 수령한 소득 중 운용수익
③ 채권, 증권의 환매조건부 매매차익
④ 비영업대금의 이익

정답 ②

연금계좌에서 연금외 수령한 소득 중 운용수익은 이연퇴직소득세를 납부하거나 기타소득으로 과세한다.

08 개인사업자 이영희는 인터넷쇼핑몰을 경영한 결과 당해 손익계산서상 당기순이익이 10,000,000원으로 확인되었다. 다음의 세무조정 사항을 반영하여 소득세법상 사업소득금액을 계산하면 얼마인가?

| ・총수입금액산입 세무조정항목 : 1,000,000원 | ・필요경비불산입 세무조정항목 : 9,000,000원 |
| ・필요경비산입 세무조정항목 : 8,000,000원 | ・총수입금액불산입 세무조정항목 : 6,000,000원 |

① 5,000,000원　② 6,000,000원　③ 11,000,000원　④ 16,000,000원

정답 ②

당기순이익 10,000,000원 + 총수입금액산입 및 필요경비불산입 10,000,000원 - 총수입금액불산입 및 필요경비산입 14,000,000원 = 6,000,000원

09 다음의 근로소득 중 소득세법상 비과세 대상이 아닌 것은?

① 근로자가 제공받는 월 20만원 상당액의 현물식사
② 고용보험법에 따라 받는 실업급여, 육아휴직급여, 출산 전·후 휴가급여
③ 근로자가 6세 이하 자녀보육과 관련하여 받는 급여로서 월 20만원 이내 금액
④ 본인차량(본인명의 리스차량)을 소유하지 않은 임직원에게 지급된 자가운전보조금으로서 월 20만원 이내의 금액

정답 ④

본인차량(본인명의 리스차량)을 소유하지 않은 임직원에게 지급된 자가운전보조금은 과세대상에 해당함

10 다음 중 소득세법상 종합과세되는 소득이 아닌 것은?

① 주거용 아파트를 1년간 임대하고 받은 1,200만원의 주택임대 총수입금액
② 복식부기의무자인 개인사업자가 2025년 7월에 개별소비세 과세대상 업무용 차량을 매각하여 발생한 매각차익 300만원
③ 원천징수 되지 않은 국외에서 발생한 이자소득 1,200만원
④ 제조업자가 기계장치를 제조·판매하여 받은 매매차익 1,000만원

정답 ①

주거용 건물임대업에서 발생한 총수입금액의 합계액이 2천만원 이하인 자의 주택임대소득은 분리과세와 종합과세 중 선택가능.

II 단원별 분개 연습

chapter 1 단원별 분개연습

chapter 2 매입매출전표 분개 연습

Chapter 1 단원별 분개 연습

01 현금 및 현금성 자산

1. 현금

1) 상품을 10,000원에 매출하고, 대금은 타인발행수표로 받다.

차 변	대 변	해 답
		현금 10,000 / 상품매출 10,000

2) 상품 10,000원을 매입하고, 대금은 자기앞수표로 지급하다.

차 변	대 변	해 답
		상품 10,000 / 현금 10,000

2. 현금과부족

1) 회계기간 중 부족액이 발견되었을 때는 현금과부족으로 처리한 후 결산 시까지 밝혀지지 않으면 잡손실로 대체한다.

① 8/13 현금 장부 잔액 100,000원, 현금 실제 잔액은 80,000원임이 발견되다.

차 변	대 변	해 답
		현금과부족 20,000 / 현금 20,000

② 9/05 위 부족액 중 15,000원은 교통비로 판명되다.

차 변	대 변	해 답
		여비교통비 15,000 / 현금과부족 15,000

③ 12/31 결산 시까지 현금과부족차변잔액 5,000원 원인불명이다.

차 변	대 변	해 답
		잡손실 5,000 / 현금과부족 5,000

④ 만약 결산 시에 부족액이 발견되면 현금과부족으로 처리하지 않고, 바로 잡손실로 처리한다.
12/31 결산 시 현금 장부잔액 100,000원, 실제잔액은 80,000원이나 원인불명이다.

차 변	대 변	해 답
		잡손실 20,000 / 현금 20,000

2) 회계기간 중 과잉액이 발견되었을 때는 현금과부족으로 처리한 후 결산 시까지 밝혀지지 않으면 잡이익로 대체한다.

① 8/13 현금 장부잔액 100,000원, 현금 실제잔액은 180,000원임이 발견되다.

차 변	대 변	해 답
		현금 80,000 / 현금과부족 80,000

② 9/05 위 과잉액 중 50,000원은 계약금 수령액으로 밝혀졌다.

차 변	대 변	해 답
		현금과부족 50,000 / 선수금 50,000

③ 12/31 결산 시까지 현금과부족 대변 잔액 30,000원 원인불명이다.

차 변	대 변	해 답
		현금과부족 30,000 / 잡이익 30,000

④ 만약 결산 시에 과잉액이 발견되면 현금과부족으로 처리하지 않고, 바로 잡이익으로 처리한다.
12/31 결산 시 현금 장부잔액 100,000원, 실제잔액은 180,000원이나 원인불명이다.

차 변	대 변	해 답
		현금 80,000 / 잡이익 80,000

3. 당좌예금, 보통예금

① 5/1 은행과 당좌거래계약을 맺고 현금 1,000,000원을 당좌예입하다. 건물 10,000,000원을 담보로 제공하고, 2,000,000원 한도의 당좌차월계약을 맺다.

차 변	대 변	해 답
		당좌예금 1,000,000 / 현금 1,000,000

② 5/5 상품을 700,000원에 매입하고 수표를 발행하여 지급하다.

차 변	대 변	해 답
		상품 700,000 / 당좌예금 700,000

③ 5/10 비품을 500,000원에 구입하고 수표를 발행하여 지급하다.

차 변	대 변	해 답
		비품 500,000 / 당좌예금 300,000 / 당좌차월(단기차입금) 200,000

④ 5/15 상품을 300,000원에 매입하고 수표를 발행하여 지급하다.

차 변	대 변	해 답
		상품 300,000 / 당좌차월(단기차입금) 300,000

⑤ 5/20 현금 1,000,000원을 당좌예입하다.

차 변	대 변	해 답
		당좌차월(단기차입금) 500,000 당좌예금 500,000 / 현금 1,000,000

 재고자산

1. 매입시

① 상품 1,000,000원을 외상으로 매입하다.

차 변	대 변	해 답
		상품 1,000,000 / 외상매입금 1,000,000

② 위 상품 중 불량품 100,000원을 반품하다(환출).

차 변	대 변	해 답
		상품 -100,000/외상매입금 -100,000

③ 파손품이 있어 50,000원을 에누리 받다(매입에누리).

차 변	대 변	해 답
		외상매입금 50,000 / 매입환출및에누리 50,000

④ 외상매입금 850,000원을 조기지급하면서 50,000원을 할인받고, 잔액은 현금으로 지급하다.

차 변	대 변	해 답
		외상매입금 850,000 / 매입할인 50,000 / 현 금 800,000

2. 매출시

① 상품 1,000,000원을 외상으로 매출하다.

차 변	대 변	해 답
		외상매출금 1,000,000 / 상품매출 1,000,000

② 위 상품 중 불량품 100,000원이 반품되다(환입).

차 변	대 변	해 답
		외상매출금 -100,000 / 상품매출 -100,000

③ 파손품이 있어 50,000원을 에누리해주다(매출에누리).

차 변	대 변	해 답
		매출환입및에누리 50,000 / 외상매출금 50,000

④ 외상매출금 850,000원을 조기 회수하면서 50,000원을 할인해 주고, 잔액은 현금으로 받다.

차 변	대 변	해 답
		매출할인 50,000 현 금 800,000 /외상매출금 850,000

⇓

03 매출채권과 기타채권

1. 기타채권

① 현금 1,000,000원을 빌려주다.

차 변	대 변	해 답
		단기대여금 1,000,000 / 현금 1,000,000

② 위 대여금 1,000,000원과 이자 100,000원을 현금으로 회수하다.

차 변	대 변	해 답
		현금 1,100,000 / 단기대여금 1,000,000 / 이자수익 100,000

③ 장부가액 700,000원의 토지를 1,000,000원에 매각하고, 대금은 월 말에 받기로 하다.

차 변	대 변	해 답
		미수금 1,000,000 / 토 지 700,000 / 유형자산처분이익 300,000

④ 위 미수금을 현금으로 회수하다.

차 변	대 변	해 답
		현금 1,000,000 / 미수금 1,000,000

⑤ 상품 1,000,000원을 매입하기로 계약하고, 계약금 10%를 현금으로 지급하다.

차 변	대 변	해 답
		선급금 100,000 / 현금 100,000

⑥ 위 상품을 인수하고, 계약금을 제외한 잔액은 현금으로 지급하다.

차 변	대 변	해 답
		상품 1,000,000 / 선급금 100,000 / 현 금 900,000

2. 약속어음

약속어음	상업어음	상거래에서 발생 - 받을어음, 지급어음
	금융어음	상거래 외에서 발생 - 어음대여금, 어음차입금, 어음미수금, 어음미지급금

① 상품 1,000,000원을 매출하고 대금은 약속어음으로 수령하다.

차 변	대 변	해 답
		받을어음 1,000,000 / 상품매출 1,000,000

② 상품 1,000,000원을 매입하고 대금은 약속어음으로 지급하다.

차 변	대 변	해 답
		상품 1,000,000 / 지급어음 1,000,000

③ 현금 1,000,000원을 빌려주고 약속어음을 수령하다. (차용증서 대신)

차 변	대 변	해 답
		단기대여금 1,000,000 / 현금 1,000,000

④ 현금 1,000,000원을 차입하고 약속어음을 발행 지급하다. (차용증서 대신)

차 변	대 변	해 답
		현금 1,000,000 / 단기차입금 1,000,000

⑤ 장부가액 700,000원의 토지를 1,000,000원에 매각하고, 대금은 약속어음으로 받다.

차 변	대 변	해 답
		미수금 1,000,000 /토 지 700,000 / 유형자산처분이익 300,000

⑥ 토지를 1,000,000원에 취득하고, 대금은 약속어음으로 발행 교부하다.

차 변	대 변	해 답
		토지 1,000,000 / 미지급금 1,000,000

1) 매입자 :

① 2/1 상품 1,000,000원을 매입하고 대금은 약속어음으로 발행 교부하다.

차 변	대 변	해 답
		상　품 1,000,000 / 지급어음 1,000,000

② 8/31 만기일에 약속어음 대금 1,000,000원을 보통예금에서 이체하다.

차 변	대 변	해 답
		지급어음 1,000,000 / 보통예금 1,000,000

2) 매출자 :

① 2/1 상품 1,000,000원을 매출하고 대금은 약속어음으로 수령하다.

차 변	대 변	해 답
		받을어음 1,000,000 / 상품매출 1,000,000

② 8/31 만기일에 약속어음 대금 1,000,000원이 보통예입되다.

차 변	대 변	해 답
		보통예금 1,000,000 / 받을어음 1,000,000

③ 8/31 거래처 부도로 소유 어음이 회수 불능되어 법원에 소송을 제기하고 지급거절증서작성비용 100,000원을 현금으로 지급하다.

차 변	대 변	해 답
		부도어음과수표 1,100,000 / 받을어음 1,000,000 / 현　금 100,000

3) 매출자 입장에서 만기일 전에 어음을 활용하는 방법.
   ① 어음의 배서양도 : 제 3자에게 어음상의 권리를 양도하는 것.
   (Ex) 4/1 홍길동으로부터 상품을 1,000,000원에 매입하고, 대금은 소유하고 있던 약속어음을 배서양도 하다.

차 변	대 변	해 답
		상품 1,000,000 / 받을어음 1,000,000

② 어음의 할인 : 은행에 매각하는 것.
   (Ex) 4/1 국민은행에 소유하고 있던 약속어음을 할인받고, 할인료 100,000원을 차감한 잔액은 보통예입 되다.

차 변	대 변	해 답
		매출채권처분손실 100,000 보 통 예 금 900,000 / 받을어음 1,000,000

♠ 어음의 할인 - 다음 조건을 모두 충족하면 매각 거래
   ① 양도인은 금융자산 양도 후 당해 자산에 대한 권리를 행사할 수 없어야 한다.
   ② 양수인은 양수한 금융자산에 대하여 자유로운 처분권을 갖고 있어야 한다.
   ③ 양도인은 금융자산 양도 후에 효율적인 통제권을 행사할 수 없어야 한다.

위 조건을 충족하지 못하면 차입거래로 본다. 차입거래일 경우 회계처리는 아래와 같다.

차 변	대 변	해 답
		이자비용 100,000 보통예금 900,000 / 단기차입금 1,000,000

04 대손회계

① 상품 1,000,000원을 외상으로 매출하다.

차 변	대 변	해 답
		외상매출금 1,000,000 / 상품매출 1,000,000

② 위 외상매출금이 회수 불능되다.

차 변	대 변	해 답
		대손상각비 1,000,000 / 외상매출금 1,000,000

③ 현금 1,000,000원을 빌려주다.

차 변	대 변	해 답
		단기대여금 1,000,000 / 현금 1,000,000

④ 위 대여금이 회수 불능되다.

차 변	대 변	해 답
		기타의대손상각비 1,000,000 / 단기대여금 1,000,000

매출채권	외상매출금, 받을어음	대손상각비 - 판매관리비
기타채권	대여금, 미수금, 선급금	기타의 대손상각비 - 영업외비용

1. 대손예상

1) 결산 시 외상매출금 10,000,000원에 대해 1% 대손예상하다.
(=대손충당금을 설정하다)

① 단, 대손충당금 잔액은 없다.

차 변	대 변	해 답
		대손상각비 100,000 / 대손충당금 100,000

② 단, 대손충당금 잔액이 70,000원 있다.

차 변	대 변	해 답
		대손상각비 30,000 / 대손충당금 30,000

③ 단, 대손충당금 잔액이 100,000원 있다.

차 변	대 변	해 답
		분개없음

④ 단, 대손충당금 잔액이 150,000원 있다.

차 변	대 변	해 답
		대손충당금 50,000 / 대손충당금환입 50,000

대손충당금환입	매출채권 관련 대손상각비가 판매관리비 계정이므로 대손충당금환입은 판매관리비 차감 계정으로 처리한다.
	기타채권 관련 기타의대손상각비가 영업외비용이므로 대손충당금환입은 영업외수익으로 처리한다.

2. 대손발생

1) 9/8 외상매출금 100,000원이 회수 불능되다.

   ① 단, 대손충당금 잔액은 없다.

차 변	대 변	해 답
		대손상각비 100,000 / 외상매출금 100,000

   당기(9/8)에 대손처리했던 외상매출금을 현금으로 회수하다.

차 변	대 변	해 답
		현금 100,000 / 대손상각비 100,000

   ② 단, 대손충당금 잔액이 80,000원 있다.

차 변	대 변	해 답
		대손충당금 80,000 대손상각비 20,000 / 외상매출금 100,000

   당기(9/8)에 대손처리했던 외상매출금을 현금으로 회수하다.

차 변	대 변	해 답
		현금 100,000 / 대손충당금 80,000 / 대손상각비 20,000

   ※ 전기에 대손처리했던 외상매출금 100,000원을 현금으로 회수하다.

차 변	대 변	해 답
		현금 100,000 / 대손충당금 100,000

05 지분증권

1) 단기매매증권

① 단기매매목적으로 주식회사 SK의 주식 100주(액면단가 500원)를 1,000원에 취득하고 수수료 1% 포함하여 현금지급하다.

차 변	대 변	해 답
		단기매매증권 100,000 수수료비용 1,000 / 현금 101,000

② 결산 시 주식회사 SK의 공정가액은 주당 1,500원이다.

차 변	대 변	해 답
		단기매매증권 50,000 / 단기매매증권평가이익 50,000

③ 보유하고 있던 주식회사 SK의 주식에 대해 배당금 5,000원이 보통예입되다.

차 변	대 변	해 답
		보통예금 5,000 / 배당금수익 5,000

④ 보유하고 있던 주식회사 SK의 주식 모두를 주당 2,000원에 처분하고, 수수료 2,000원차감후 보통예입되다.

차 변	대 변	해 답
		보통예금 198,000 / 단기매매증권 150,000 / 단기매매증권처분이익 48,000

단기매매증권 취득 시의 수수료는 "수수료비용"으로 처리하지만, 처분 시의 수수료는 처분손익에 가감한다.

2) 매도가능증권
① 장기투자목적으로 주식회사 SK의 주식 100주(액면단가 500원)를 1,000원에 취득하고 수수료 1% 포함하여 현금지급하다.

차 변	대 변	해 답
		매도가능증권 101,000 / 현금 101,000

② 결산 시 주식회사 SK의 공정가액은 주당 1,500원이다.

차 변	대 변	해 답
		매도가능증권 49,000 / 매도가능증권평가이익 49,000

③ 보유하고 있던 주식회사 SK의 주식에 대해 배당금 5,000원이 보통예입되다.

차 변	대 변	해 답
		보통예금 5,000 / 배당금수익 5,000

④ 보유하고 있던 주식회사 SK의 주식 모두를 주당 2,000원에 처분하고, 수수료 2,000원 차감 후 보통예입되다.

차 변	대 변	해 답
		보통예금 198,000 매도가능증권평가이익 49,000 / 매도가능증권 150,000 / 매도가능증권처분이익 97,000

매도가능증권 취득 시의 수수료는 "취득원가"에 포함하지만, 처분 시의 수수료는 처분손익에 가감한다.

3) 단기매매증권 평가손실이 있는 경우
① 단기투자목적으로 주식 100,000원에 취득하고, 보통예금에서 지급하다.

차 변	대 변	해 답
		단기매매증권 100,000 / 보통예금 100,000

② 위 주식의 결산시 공정가액은 80,000원이다.

차 변	대 변	해 답
		단기매매증권평가손실 20,000 / 단기매매증권 20,000

③ 위 주식을 70,000원에 처분하고, 보통예입하다.

차 변	대 변	해 답
		보통예금 70,000 단기매매증권처분손실 10,000 / 단기매매증권 80,000

4) 매도가능증권 평가손실이 있는 경우

① 장기투자목적으로 주식 100,000원에 취득하고, 보통예금에서 지급하다.

차 변	대 변	해 답
		매도가능증권 100,000 / 보통예금 100,000

② 위 주식의 결산시 공정가액은 80,000원이다.

차 변	대 변	해 답
		매도가능증권평가손실 20,000 / 매도가능증권 20,000

③ 위 주식을 70,000원에 처분하고, 보통예입하다.

차 변	대 변	해 답
		보통예금 70,000 매도가능증권처분손실 30,000 / 매도가능증권 80,000 / 매도가능증권평가손실 20,000

06 채무증권

1. 채무증권(사채) 발행 시

사채발행회사		사채취득회사	
현금 100	사 채 100	단기매매증권 100	현금 100
		매도가능증권 100	현금 100
		만기보유증권 100	현금 100

2. 결산 시

사채발행회사		사채취득회사	
이자비용 10	현 금 10	현 금 10	이자수익 10

3. 만기 시

사채발행회사		사채취득회사	
사 채 100	현 금 100	현 금 100	만기보유증권 100

4. 사채발행방법 : 액면발행, 할인발행, 할증발행

1) 액면발행 - 사채액면 100원, 이자율 10%, 만기 3년, 액면발행

사채발행회사		사채취득회사(만기보유증권으로 가정)	
현금 100	사 채 100	만기보유증권 100	현금 100
이자비용 10	현금 10	현금 10	이자수익 10

2) 할인발행 - 사채액면 100원, 이자율 8%, 만기 3년, 91원에 할인발행

사채발행회사		사채취득회사(만기보유증권으로 가정)	
현금 91 사채할인발행차금 9	사 채 100	만기보유증권 91	현금 91
이자비용 11	현금 8 사채할인발행차금 3	현금 8 만기보유증권 3	이자수익 11

* 사채할인발행차금 상각액 : 9원 / 3년 = 3원

3) 할증발행 - 사채액면 100원, 이자율 12%, 만기 3년, 109원에 할증발행

사채발행회사		사채취득회사(만기보유증권으로 가정)	
현금 109	사 채 100 사채할증발행차금 9	만기보유증권 109	현금 109
이자비용 9 사채할증발행차금 3	현금 12	현금 12	이자수익 9 만기보유증권 3

* 사채할증발행차금 환입액 : 9원 / 3년 = 3원

07 유형자산

1. 취득 시 - 취득세, 등록세, 공채관련비용, 시운전비, 설치비, 운송보험료, 하역비 등 취득 시 제비용은 모두 취득원가에 포함한다.

① 1/1 차량을 9,800,000원에 취득하면서 취득세, 등록세 등 200,000원과 함께 현금 지급하였다. (내용연수 5년, 잔존가액은 0원)

차 변	대 변	해 답
		차량운반구 10,000,000 / 현금 10,000,000

2. 감가상각비 계산

① 1차년도 12/31 결산 시 감가상각하다.(정액법, 내용연수 5년, 잔존가액은 0원)

차 변	대 변	해 답
		감가상각비 2,000,000 / 감가상각누계액 2,000,000

② 2차년도 12/31 결산 시 감가상각하다.(정액법, 내용연수 5년, 잔존가액은 0원)

차 변	대 변	해 답
		감가상각비 2,000,000 / 감가상각누계액 2,000,000

③ 1차년도 12/31 결산 시 감가상각하다(정률법, 정율 0.451).

차 변	대 변	해 답
		감가상각비 4,510,000 / 감가상각누계액 4,510,000

* (10,000,000원 - 0원) × 0.451 = 4,510,000원

④ 2차년도 12/31 결산 시 감가상각하다(정율법, 정율 0.451).

차 변	대 변	해 답
		감가상각비 2,475,990 / 감가상각누계액 2,475,990

* (10,000,000원 - 4,510,000원) × 0.451 = 2,475,990원

3. 유형자산의 처분

① 사용하던 차량을 7,000,000원에 처분하고, 대금은 보통예입하다.
(취득원가 10,000,000원, 감가상각누계액 4,000,000원)

차 변	대 변	해 답
		보통예금 7,000,000 감가상각누계액 4,000,000 / 차량운반구 10,000,000 / 유형자산처분이익 1,000,000

4. 차량운반구, 토지, 건물 취득 시 공채취득

① 단기투자목적으로 주식 액면 100,000원을 **80,000원에 취득하고, 현금으로 지급하다.**

차 변	대 변	해 답
		단기매매증권 80,000 / 현금 80,000

* 주식의 액면가액은 주식회사를 설립 시의 금액으로 주식을 취득하거나 처분 시에는 고려 대상이 아니며 주식의 취득은 시가(공정가액)를 취득원가로 한다.

② 차량을 취득하면서 공채(액면 100,000, 시가 80,000)를 **액면가액으로 구입**하고, 대금은 현금으로 지급하다. 공채는 단기매매증권으로 분류한다.

차 변	대 변	해 답
		단기매매증권 80,000 차량운반구 20,000 / 현금 100,000

③ 차량을 취득하면서 공채(액면 100,000, 시가 80,000) 할인비용 20,000원을 현금으로 지급하다.

차 변	대 변	해 답
		차량운반구 20,000 / 현금 20,000

5. 유형자산 수선비

① 수익적 지출 : 현상태 유지, 원상회복, 능률유지, 지출 효과가 1년 이내에 소멸
　　　　　　→ 즉시 비용(수선비, 차량유지비) 처리
　　　　　　　(Ex) 타이어 교체, 도색비 등
　　　건물 도색비 100,000원을 현금으로 지급하다.

차 변	대 변	해 답
		수선비 100,000 / 현금 100,000

② 자본적 지출 : 내용연수 연장, 가치증대 → 자산처리
　　　　　　　(Ex) 증축, 엘리베이터 설치, 냉난방기 설치
　　　건물 증축비 100,000원을 현금으로 지급하다.

차 변	대 변	해 답
		건물 100,000 / 현금 100,000

6. 국고보조금(정부보조금)

① 1/1 기계를 취득하는 조건으로 100,000원 국고를 지원받아 보통예입하다.

차 변	대 변	해 답
		보통예금 100,000 / 국고보조금 100,000

② 1/2 기계를 200,000원에 취득하고, 보통예금에서 지급하다.

차 변	대 변	해 답
		기계장치 200,000 국고보조금(보통) 100,000 / 보통예금 200,000 / 국고보조금(기계) 100,000

③ 12/31 결산시 감가상각을 정액법으로 하다.(내용연수 5년, 잔존가액 0)

차 변	대 변	해 답
		감가상각비 20,000 국고보조금(기계) 20,000 / 감가상각누계액 40,000

④ 기계장치를 65,000원에 처분하고, 대금은 현금으로 수령하다.
(취득원가 200,000, 감가상각누계액 80,000, 국고보조금 잔액 60,000)

차 변	대 변	해 답
		감가상각누계액 80,000 국고보조금(기계) 60,000 현금 65,000 / 기계장치 200,000 / 유형자산처분이익 5,000

7. 토지와 건물 일괄 구입

① 토지와 건물을 100,000원에 일괄 구입하고 현금 지급하다.
토지의 공정가치는 30,000, 건물의 공정가치는 20,000이다.

차 변	대 변	해 답
		토지 60,000 건물 40,000 /현금 100,000

② 토지와 건물을 100,000원에 일괄 구입하고 현금 지급하다.
건물 철거비용 5,000원은 현금 지급하고, 건물철거 시 골재매각대금 2,000원 현금 수령하다.

차 변	대 변	해 답
		토지 103,000 / 현금 103,000

③ 건물을 철거하고, 철거비용 5,000원은 현금으로 지급하다.
(건물취득원가 100,000원, 감가상각누계액 90,000원)

차 변	대 변	해 답
		감가상각누계액 90,000 유형자산처분손실 10,000 수 수 료 비 용 5,000 / 건물 100,000 / 현금 5,000

8. 현물출자 – 주식발행에 의한 자산취득

① 토지를 취득하고, 액면금액 5,000원인 주식 20주를 발행하여 교부하였다.
   토지의 시가는 120,000원이며, 주식의 시가는 6,000원이다.

차 변	대 변	해 답
		토지 120,000 / 자본금 100,000 / 주식발행초과금 20,000

9. 교환에 의한 자산취득

① 이종자산의 교환 – 처분손익 인식한다.
   사용 중이던 건물을 기계장치와 교환하면서 10,000원은 현금으로 지급하였다.
   (건물취득원가 100,000원, 감가상각누계액 80,000원, 공정가치 60,000원)

차 변	대 변	해 답
		감가상각누계액 80,000 기계장치 70,000 / 건물 100,000 / 유형자산처분이익 40,000 / 현금 10,000

② 동종자산의 교환 – 처분손익 인식하지 않는다.
   사용 중이던 건물을 건물과 교환하면서 10,000원은 현금으로 지급하였다.
   (건물취득원가 100,000원, 감가상각누계액 80,000원, 공정가치 60,000원)

차 변	대 변	해 답
		감가상각누계액 80,000 건물 30,000 / 건물 100,000 / 현금 10,000

10. 증여 또는 무상취득

① 대주주로부터 시가 100,000원의 토지를 기증받았다.

차 변	대 변	해 답
		토지 100,000 / 자산수증이익 100,000

11. 유형자산의 재평가

① 결산시 토지(취득원가 100,000)를 130,000원에 재평가하였다.

차 변	대 변	해 답
		토지 30,000 / 재평가잉여금 30,000

② 결산시 토지를 다음과 같이 재평가하였다.

취득원가	전기말 재평가액	당기말 재평가액
100,000	130,000	60,000

차 변	대 변	해 답
		재평가잉여금 30,000 재평가손실 40,000 / 토지 70,000

③ 결산시 토지(취득원가 100,000)를 70,000원에 재평가하였다.

차 변	대 변	해 답
		재평가손실 30,000 / 토지 30,000

④ 결산시 토지를 다음과 같이 재평가하였다.

취득원가	전기말 재평가액	당기말 재평가액
100,000	70,000	160,000

차 변	대 변	해 답
		토지 90,000 / 재평가이익 30,000 / 재평가잉여금 60,000

12. 차입원가의 자본화

① 건물을 신축하기 위해 은행에서 건설자금을 차입하고, 이자 100,000을 지급하였다.
(건물 준공 기간은 3년)

차 변	대 변	해 답
		건설중인자산 100,000 / 현금 100,000

08 무형자산 및 기타비유동자산

1. 연구단계 지출 : 연구비 → 판매관리비

제조업을 운영하는 주식회사 서우는 신제품 개발 관련 100,000원을 현금으로 지급하였다. 비용처리하시오.

차 변	대 변	해 답
		연구비 100,000 / 현금 100,000

2. 개발단계 지출 : 개발비 → 무형자산

1/1 제조업을 운영하는 주식회사 서우는 신제품 개발 관련 100,000원을 현금으로 지급하였다. 자산 처리하시오.

차 변	대 변	해 답
		개발비 100,000 / 현금 100,000

12/31 위 개발비를 5년간 상각하시오.

차 변	대 변	해 답
		무형자산상각비 20,000 / 개발비 20,000

※ 무형자산의 상각은 관계법령에서 정해놓은 것을 제외하고는 20년을 초과할 수 없다.

 유동부채 / 비유동부채

1. 유동부채

1) 유동성장기부채 : 장기차입금 中 상환기일이 1년 이내에 도래하는 것

① 20x0. 10/1 10,000,000원을 차입하여 보통예입하다(만기는 20x3. 9/30).

차 변	대 변	해 답
		보통예금 10,000,000 / 장기차입금 10,000,000

② 20x1. 12/31

차 변	대 변	해 답
		분개없음.

③ 20x2. 12/31 상환기간이 1년 이내 도래하여 장기차입금을 유동성 대체하다.

차 변	대 변	해 답
		장기차입금 10,000,000 / 유동성장기부채 10,000,000

④ 20x3. 9/30 만기가 되어 차입금을 보통예금에서 이체하여 상환하다.

차 변	대 변	해 답
		유동성장기부채 10,000,000 / 보통예금 10,000,000

2. 충당부채

① 20x0. 12/31 퇴직금추계액 19,500,000원에 대해 퇴직급여충당부채를 설정하다.

차 변	대 변	해 답
		퇴직급여 19,500,000 / 퇴직급여충당부채 19,500,000

② 20x1. 1/5 홍길동이 퇴사하여 퇴직금 4,500,000원을 보통예금에서 지급하다.

차 변	대 변	해 답
		퇴직급여충당부채 4,500,000 / 보통예금 4,500,000

③ 20x1. 12/31 결산 시 퇴직금추계액 20,000,000원에 대해 퇴직급여충당부채를 설정하다. 단, 퇴직급여충당부채 잔액이 15,000,000원 있다.

차 변	대 변	해 답
		퇴직급여 5,000,000 / 퇴직급여충당부채 5,000,000

3. 퇴직연금제도

1) 확정급여형 퇴직연금 - 회사가 납입한 연금 운용손익의 책임이 회사에 있는 것.

① 확정급여형 퇴직연금 1,000,000원을 현금으로 납부하다.

차 변	대 변	해 답
		퇴직연금운용자산 1,000,000 / 현금 1,000,000

② 종업원이 퇴사하여 확정급여형 퇴직연금 1,000,000원을 해약하여 지급하였다. 단, 퇴직급여충당부채 잔액은 없다.

차 변	대 변	해 답
		퇴직급여 1,000,000 / 퇴직연금운용자산 1,000,000

③ 종업원이 퇴사하여 확정급여형 퇴직연금 1,000,000원을 해약하여 지급하였다. 단, 퇴직급여충당부채 잔액이 5,000,000원 있다.

차 변	대 변	해 답
		퇴직급여충당부채 1,000,000 / 퇴직연금운용자산 1,000,000

2) **확정기여형 퇴직연금** - 회사가 납입한 연금 운용손익의 책임이 종업원에게 있는 것.

① 확정기여형 퇴직연금 1,000,000원을 현금으로 납부하다.

차 변	대 변	해 답
		퇴직급여 1,000,000 / 현금 1,000,000

② 종업원이 퇴사하였다.

차 변	대 변	해 답
		분개없음

10. 주식회사 자본

1. 주식발행

1) 액면발행

① 신주 1,000주(액면단가 100원)을 100원에 발행하고, 보통예입하다.

차 변	대 변	해 답
		보통예금 100,000 / 자본금 100,000

② 신주 1,000주(액면단가 100원)을 100원에 발행하고, 보통예입하다. 주식발행비 5,000원은 현금으로 지급하다.

차 변	대 변	해 답
		보통예금 100,000 주식할인발행차금 5,000 / 자본금 100,000 / 현금 5,000

2) 할인발행

① 신주 1,000주(액면단가 100원)을 90원에 발행하고, 보통예입하다.

차 변	대 변	해 답
		보통예금 90,000 주식할인발행차금 10,000 / 자본금 100,000

② 신주 1,000주(액면단가 100원)을 90원에 발행하고, 보통예입하다. 주식발행비 5,000원은 현금으로 지급하다.

차 변	대 변	해 답
		보통예금 90,000 주식할인발행차금 15,000 / 자본금 100,000 / 현금 5,000

③ 신주 1,000주(액면단가 100원)을 90원에 발행하고, 보통예입하다. 주식발행비 5,000원은 현금으로 지급하다. 단, 주식발행초과금 잔액이 8,000원 있다.

차 변	대 변	해 답
		보통예금 90,000 주식발행초과금 8,000 주식할인발행차금 7,000 / 자본금 100,000 / 현금 5,000

3) 할증발행

① 신주 1,000주(액면단가 100원)을 120원에 발행하고, 보통예입하다.

차 변	대 변	해 답
		보통예금 120,000 / 자본금 100,000 / 주식발행초과금 20,000

② 신주 1,000주(액면단가 100원)을 120원에 발행하고, 보통예입하다. 주식발행비 5,000원은 현금으로 지급하다.

차 변	대 변	해 답
		보통예금 120,000 / 자본금 100,000 / 주식발행초과금 15,000 / 현금 5,000

③ 신주 1,000주(액면단가 100원)을 120원에 발행하고, 보통예입하다. 주식발행비 5,000원은 현금으로 지급하다. 단, 주식할인발행차금 잔액이 8,000원 있다.

차 변	대 변	해 답
		보통예금 120,000 / 자본금 100,000 / 주식할인발행차금 8,000 / 주식발행초과금 7,000 / 현금 5,000

2. 감자

1) 유상감자

① 이미 발행된 주식 中 1,000주(액면단가 100원)를 150원에 매입소각하고, 보통예금에서 지급하다.

차 변	대 변	해 답
		자본금 100,000 감자차손 50,000 / 보통예금 150,000

② 이미 발행된 주식 中 1,000주(액면단가 100원)를 150원에 매입소각하고, 보통예금에서 지급하다. 단, 감자차익 잔액이 30,000원 있다.

차 변	대 변	해 답
		자본금 100,000 감자차익 30,000 감자차손 20,000 / 보통예금 150,000

③ 이미 발행된 주식 中 1,000주(액면단가 100원)를 80원에 매입소각하고, 보통예금에서 지급하다.

차 변	대 변	해 답
		자본금 100,000 / 보통예금 80,000 / 감자차익 20,000

④ 이미 발행된 주식 中 1,000주(액면단가 100원)를 80원에 매입소각하고, 보통예금에서 지급하다. 단, 감자차손 잔액이 5,000원 있다.

차 변	대 변	해 답
		자본금 100,000 / 보통예금 80,000 / 감자차손 5,000 / 감자차익 15,000

2) 무상감자

① 이월결손금 80,000원을 보전하기 위해 주식 1,000주(액면단가 100원)을 무상소각하다.

차 변	대 변	해 답
		자본금 100,000 / 이월결손금 80,000 / 감자차익 20,000

3. 자기주식

① 자기주식 1,000주(액면단가 100원)를 150원에 매입하고, 보통예금에서 지급하다.

차 변	대 변	해 답
		자기주식 150,000 / 보통예금 150,000

② 자기주식(취득원가 150원) 1,000주를 200원에 매각하고 보통예입하다.

차 변	대 변	해 답
		보통예금 200,000 / 자기주식 150,000 / 자기주식처분이익 50,000

③ 자기주식(취득원가 150원) 1,000주를 200원에 매각하고 보통예입하다. 단, 자기주식처분손실 잔액이 30,000원 있다.

차 변	대 변	해 답
		보통예금 200,000 / 자기주식 150,000 / 자기주식처분손실 30,000 / 자기주식처분이익 20,000

④ 자기주식(취득원가 150원) 1,000주를 100원에 매각하고 보통예입하다.

차 변	대 변	해 답
		보통예금 100,000 자기주식처분손실 50,000 / 자기주식 150,000

⑤ 자기주식(취득원가 150원) 1,000주를 100원에 매각하고 보통예입하다. 단, 자기주식처분이익 잔액이 20,000원 있다.

차 변	대 변	해 답
		보통예금 100,000 자기주식처분이익 20,000 자기주식처분손실 30,000 ／ 자기주식 150,000

4. 이익잉여금

1) 이익처분

① 이월이익잉여금 중 이익준비금(금전배당금의 10%), 현금배당금 100,000원, 주식배당금 200,000원을 처분하다.

차 변	대 변	해 답
		이월이익잉여금 310,000 ／ 이익준비금 10,000 ／ 미지급배당금 100,000 ／ 미교부주식배당금 200,000

2) 배당금 지급

① 현금배당금 100,000원을 현금으로 지급하다.

차 변	대 변	해 답
		미지급배당금 100,000 ／ 현금 100,000

② 주식배당금 200,000원을 주식을 발행하여 교부하다.

차 변	대 변	해 답
		미교부주식배당금 200,000 ／ 자본금 200,000

11. 수익과 비용

1. 배당금 수령

① 현금배당금 100,000원을 보통예금으로 수령하다.

차 변	대 변	해 답
		보통예금 100,000 / 배당금수익 100,000

② 주식배당금 100,000원을 주식으로 수령하다.

차 변	대 변	해 답
		분개없음

2. 손익의 이연 - 선급비용과 선수수익

1) 비용의 이연

① 20x0년 10/1 1년분 보험료 120,000원을 현금 지급하였다. 비용(보험료) 처리하시오.

차 변	대 변	해 답
		보험료 120,000 / 현금 120,000

② 20x0년 12/31 보험료 미경과분(차기분) 90,000원을 계상하다.

차 변	대 변	해 답
		선급비용 90,000 / 보험료 90,000

③ 20x1년 1/1 보험료 (선급비용) 재대체분개를 통해서 다시 비용으로 반영하시오.

차 변	대 변	해 답
		보험료 90,000 / 선급비용 90,000

2) 수익의 이연

① 20x0 10/1 1년분 집세 120,000원을 현금 수령하다.

차 변	대 변	해 답
		현금 120,000 / 임대료 120,000

② 20x0년 12/31 집세선수분(미경과분, 차기분) 90,000원을 계상하다.

차 변	대 변	해 답
		임대료 90,000 / 선수수익 90,000

③ 20x1 1/1 선수수익 재대체분개를 통해서 다시 수익으로 처리하다.

차 변	대 변	해 답
		선수수익 90,000 / 임대료 90,000

3. 손익의 예상

1) 비용의 예상

① 12/31 이자 미지급액 50,000원을 계상하다. 지급일은 다음 연도 1월 10일이다.

차 변	대 변	해 답
		이자비용 50,000 / 미지급비용 50,000

② 12/31 급여 미지급액 50,000원을 계상하다. 지급일은 다음 연도 1월 10일이다.

차 변	대 변	해 답
		급여 50,000 / 미지급비용 50,000

2) 수익의 예상

① 12/31 이자 미수액 50,000원을 계상하다. 수령일은 다음 연도 1월 10일이다.

차 변	대 변	해 답
		미수수익 50,000 / 이자수익 50,000

② 12/31 임대료 미수액 50,000원을 계상하다. 수령일은 다음 연도 1월 10일이다.

차 변	대 변	해 답
		미수수익 50,000 / 임대료 50,000

4. 소모품 정리

1) 자산처리법

① 2/10 소모품 50,000원을 구입하고, 현금으로 지급하다. 자산 처리하시오.

차 변	대 변	해 답
		소모품 50,000 / 현금 50,000

② 12/31 결산 시 소모품 미사용액은 30,000원이다(사용액은 20,000원).

차 변	대 변	해 답
		소모품비 20,000 / 소모품 20,000

2) 비용처리법 :

① 2/10 소모품 50,000원을 구입하고, 현금으로 지급하다. 비용처리하시오.

차 변	대 변	해 답
		소모품비 50,000 / 현금 50,000

② 12/31 결산 시 소모품 미사용액은 30,000원이다(사용액은 20,000원).

차 변	대 변	해 답
		소모품 30,000 / 소모품비 30,000

5. 전기오류수정이익(손실)

① 전기에 납부한 재산세중 과다 납부액 100,000원이 보통예금계좌로 환급되었다.

차 변	대 변	해 답
		보통예금 100,000 / 전기오류수정이익 100,000

② 전기말에 누락한 감가상각비 100,000원을 당기에 계상하다.

차 변	대 변	해 답
		전기오류수정손실 100,000 / 감가상각누계액 100,000

Chapter 2. 매입매출전표 분개 연습

01. 부가가치세 기초분개

1) **공급가액** : 부가가치세가 포함되지 않은 금액으로 부가세를 구할 때는 ×10%를 하면 된다. 일반적으로 세금계산서가 발행되면 공급가액으로 표시된다.

2) **공급대가** : 부가가치세가 포함된 금액으로 부가세를 구할 때는 ÷11을 하면 된다. 일반적으로 신용카드, 현금영수증이 발행되면 공급대가로 표시된다.

[분개 예제 1 - 과세유형 문제]

① 식당에서 김치찌개를 맛있게 먹고 식대 11,000원(공급대가)을 결제하면, 식대에는 부가가치세가 포함되어서 결제된 것을 한 번쯤은 경험해 본 경우가 있을 것이다. 이때 식당 사장님은 식대 11,000원 중 10,000원만 식당의 매출액이 되고, 부가세 1,000원은 사장님 돈이 아니라(예수금) 세금이기에 세무서에 납부하여야 한다. 이를 분개로 표현하면 아래와 같다.

    현금 11,000 / 매출 10,000
                 / 부가세예수금 1,000

* 부가가치세가 포함된 식대 11,000원 중 부가가치세는 ÷11을 하면 된다.

② 식당 사장님은 전화 요금 납부 시 부가세를 포함해서 납부하게 된다. 전화 요금을 7,000원(공급가액)이라고 가정하면 부가세는 700원이 된다.

    통신비 7,000 / 현금 7,700
    부가세대급금 700 /

* 전화요금은 공급가액이라고 가정했으므로 ×10%를 하면 부가세가 된다.

③ 식당사장님이 부가가치세를 세무서에 납부 시에는 부가세예수금과 부가세대급금을 정리해서 300원만 납부하면 된다.

    ☞ 부가세 정리 분개 : 부가세예수금 1,000 / 부가세대급금 700
                                    / 미지급세금 300
    ☞ 부가세 납부 분개 : 미지급세금 300 / 현금 300

[분개 예제 2 – 매입불공제 문제]
세금계산서를 수취해도 공제를 받을 수 없는 것 ⇒ **매입불공(불공제)**라고 하며, **분개 시 부가세를 포함해서 분개한다.**

① 원재료를 매입, 세금계산서 수취 함(필요적 기재 사항 누락분)
⇒ 원 재 료 100,000 / 현 금 110,000 (×)
  VAT대급금 10,000 /
⇒ **원재료 110,000 / 현금 110,000 (○)**

② 거래처 선물 구입, 세금계산서 수취함.
⇒ 기업업무추진비 100,000 / 현 금 110,000 (×)
  VAT대급금 10,000 /
⇒ **기업업무추진비 110,000 / 현금 110,000 (○)**

③ 승용차 구입, 세금계산서 수취함.
⇒ 차량운반구 100,000 / 현 금 110,000 (×)
  VAT대급금 10,000 /
⇒ **차량운반구 110,000 / 현금 110,000 (○)**

단, 화물차, 1,000CC 경차는 공제 ⇒ 차량운반구 100,000 / 현금 110,000
                                VAT대급금   10,000 /
* 영업용 : 택시, 렌트카, 경비업체 승용차
* 비영업용(업무용) : 나머지

④ 토지 정지작업하고, 세금계산서 수취함.
⇒ 토지 100,000   / 현 금 110,000 (×)
  VAT대급금 10,000 /
⇒ **토지 110,000 / 현금 110,000 (○)**

⑤ 면세사업에 사용한 전화 요금 지급하고, 세금계산서 수취함.
⇒ 통신비 100,000   / 현 금 110,000 (×)
  VAT대급금 10,000 /
⇒ **통신비 110,000 / 현금 110,000 (○)**

⑥ 대표이사 <u>가정집 컴퓨터</u> 구입하고, 세금계산서 수취함.
　　　　　↳ 대표이사 개인적 지출
　⇒ 비품 100,000　　　／ 현 금 110,000 (×)
　　 VAT대급금　10,000　／
　⇒ **가지급금 110,000 / 현금 110,000** (○)

[분개 예제 3 – 영세율 문제]

- **영세율** – 수출 시에는 소비지국 과세원칙에 의해 영의 세율을 적용하여 부가세 예수금이 발생하지 않는다.

① 내국신용장 또는 구매확인서에 의해 제품을 매출(공급가액 100,000원) 하고, 영세율 세금계산서를 발행
　현금 100,000 / 제품매출 100,000

② 외국에 직접 수출하였을 때(공급가액 100,000원)
　현금 100,000 / 제품매출 100,000

[분개 예제 4 – 면세 문제]

- **면세** – 면세품목인 농산물, 수산물, 임산물, 축산물, 도서, 교육 관련은 계산서가 발급되며, 부가세는 발생하지 않는다.

① 회사에서 사용할 도서를 구입하고, 계산서를 수취함(공급가액 50,000원)
　도서인쇄비 50,000 / 현금 50,000

② 출판사에서 도서를 판매하고, 계산서를 발행함(공급가액 50,000원)
　현금 50,000 / 제품매출 50,000

02 매입매출전표 분개 연습

[매출과세 유형 문제]

1. 비사업자인 최하나에게 제품을 4,400,000원(부가가치세 포함)에 판매하였다. 대금은 현금으로 받고 현금영수증을 발행하였다.

차변	대변

2. 금강상사에 제품(공급가액 10,000,000원, 부가세별도)을 판매하고 전자세금계산서를 발급하였다. 대금은 7월 5일에 수령한 계약금 1,000,000원을 제외하고 동사가 발행한 약속어음으로 받았다.

차변	대변

3. 빠른유통상사에게 제품을 판매하고 전자세금계산서를 발급하였다(공급가액 5,000,000원, 부가세별도, 외상).

차변	대변

4. ㈜부산에 제품을 판매하고 신용카드(비씨카드)로 결제를 받았다(공급대가 3,300,000원).

차변	대변

5. 판매한 제품이 하자가 있어 반품되어 수정전자세금계산서를 발급하고 외상매출금과 상계처리하였다(공급가액 2,000,000원, 부가세별도).

차변	대변

6. 비사업자인 개인 이슬비 씨에게 제품을 판매하고 대금은 전액 현금으로 수취하고 현금영수증을 발행하였다(공급대가 1,100,000원).

차변	대변

7. 상원상사에 제품을 판매하고 전자세금계산서를 발급하였다(공급가액 3,000,000원, 부가세별도, 대금 결제는 어음수령).

차변	대변

8. 약수나라에 제품을 비씨카드로 판매하고 신용카드 매출전표를 발행하였다(공급대가 4,400,000원).

차변	대변

[매출영세율 유형 문제]

9. 미국 회사인 리얼테크에게 $50,000의 제품을 직수출하고 선적하였다. 대금은 외상으로 하였다. 선적일 기준환율은 1$ 당 1,200원이다.

차변	대변

10. 대한무역에 구매확인서에 의하여 제품 1,000개를 30,000,000원에 납품하고, 영세율 전자세금계산서를 발행하였다. 대금 중 3,000,000원은 보통예금으로 계좌이체 받고, 나머지는 ㈜명보가 발행한 약속어음을 배서 받았다.

차변	대변

11. 미국의 뉴욕사에 제품을 $50,000에 직수출하면서 제품의 선적은 12월 10일에 이루어졌다. 대금은 원화로 환전되어 당사 보통예금 계좌에 입금되었다. 선적일 기준환율은 1$ 당 1,300원이다.

차변	대변

12. ㈜핀인터내셔널에 내국신용장(Local L/C)에 의하여 제품 13,000,000원을 납품하고 영세율 전자세금계산서를 발급하였다. 대금은 내국신용장 개설은행에 곧 청구할 예정이다.

차변	대변

13. 미국 미토리 Co.에 제품 500개(제품 개당 $400)를 직수출(선적일 8월 3일) 하고 대금은 외상으로 하였다. 선적일의 적용환율은 1,100원/$ 이다.

차변	대변

14. 중국 라이라이 회사에 제품 1,000개(단가 $100)를 직접 수출하고 대금은 외상으로 하였다. 단, 선적일인 7월 25일의 적용환율은 1,200원/$이다.

차변	대변

[매출면세 유형 문제]

15. 당사에서 생산한 도서를 2,000,000원에 판매하고, 전자 계산서를 발급하였다. 대금은 보통예금으로 수령하였으며, 본 문제에 한하여 출판업이라고 가정한다.

차변	대변

[매입과세 유형 문제]

16. 필테크로부터 원재료를 2,000,000원(부가가치세 별도)에 현금으로 매입하고, 전자세금계산서를 수취하였다.

차변	대변

17. 본사 영업부에서 비품인 업무용 노트북 5대를 ㈜명선테크로부터 5,500,000원(부가가치세 포함)에 구입하고 법인카드인 조은카드로 결제하였다.

차변	대변

18. 장훈빌딩으로부터 당월의 영업부 사무실 임차료에 대한 공급가액 5,000,000원(부가가치세 별도)의 전자세금계산서를 수취하고, 대금은 다음 달에 지급하기로 하였다.

차변	대변

19. 일반과세자인 스타문구에서 영업부서에 사용할 문구류를 33,000원(공급대가)에 현금으로 구입하고, 현금영수증(지출증빙)을 수령하였다(문구류는 사무용품비로 처리한다).

차변	대변

20. 호주에서 원재료를 공급가액 70,000,000원(부가가치세 별도)에 수입하고 수입 전자세금계산서를 부산세관장으로부터 발급받았으며, 부가가치세를 보통예금계좌에서 이체 납부하였다 (부가가치세액에 대한 회계 처리만 할 것).

차변	대변

21. ㈜인별전자로부터 영업부서에서 사용할 컴퓨터를 구입하고 대금 1,760,000원(부가가치세 포함)을 하나카드로 결제하였다(단, 컴퓨터는 유형자산 계정으로 처리할 것).

차변	대변

22. 생일을 맞이한 공장 직원에게 지급할 선물세트를 1,100,000원(부가가치세 포함)에 다모아백화점에서 구입하고 전자세금계산서를 수취하고 대금은 당좌수표를 발행하여 지급하다.

차변	대변

23. ㈜서울컨설팅으로부터 공장 제조설비의 안전대책을 위한 경영 컨설팅을 받고 경영 컨설팅 수수료 500,000원(부가가치세 별도)에 대한 전자세금계산서를 발급받았다. 경영컨설팅 수수료는 12월 1일에 지급한 계약금 100,000원을 제외한 나머지 금액은 현금으로 지급하였다. (단, 계약금은 선급금 계정으로 이미 회계 처리 하였음)

차변	대변

24. 영업부에서 사용하는 업무용 승용차(998cc)의 주유비 110,000원(부가가치세 포함)을 알뜰주유소에서 현금결제하고 현금영수증(지출증빙용)을 발급받았다(알뜰주유소는 일반 과세사업자이다).

차변	대변

[매입영세 유형 문제]

25. 수출용 제품 생산에 필요한 원재료(공급가액 23,000,000원)를 ㈜부산으로부터 내국신용장에 의하여 외상 매입하고 영세율 전자세금계산서를 발급받았다.

차변	대변

[매입불공 유형 문제]

26. 영업부서의 매출거래처에 접대하기 위하여 ㈜삼마트로부터 치약·샴푸세트를 530,000원(부가가치세 별도)에 구입하고 전자세금계산서를 수취하였다. 대금은 보통예금으로 지급하였다.

차변	대변

27. 본사 영업 직원이 업무에 사용할 개별소비세 과세대상 자동차 (3,000CC)를 ㈜현구자동차에서 30,000,000원(부가가치세 별도)에 구입하고, 전자세금계산서를 수취하였으며 대금 결제는 다음 달에 하기로 하였다.

차변	대변

28. 영업부에서 사용할 업무용 승용차(2,000cc)를 ㈜달리는 자동차로부터 30,000,000원(부가가치세 별도)에 구입하고 전자세금계산서를 발급받았다. 대금 중 25,000,000원은 보통예금으로 지급하였고, 나머지는 이달 말에 지급하기로 하였다.

차변	대변

29. 공장 신축용 토지를 취득하고 ㈜부동산컨설팅에게 중개 수수료 15,000,000원(부가가치세 별도)을 당사 당좌수표를 발행하여 지급하고 전자세금계산서를 발급받았다.

차변	대변

30. 대표이사의 자택에서 사용할 목적으로 ㈜전자마트에서 냉난방기를 3,300,000원(부가가치세 별도)에 구입하고, 당사 명의로 전자세금계산서를 발급받았다. 대금은 당사 발행 당좌수표로 지급하였으며, 대표이사의 가지급금으로 처리한다.

차변	대변

31. 당사가 소유한 토지의 형질변경을 위해 은희건축사사무소에 1,500,000원(부가가치세 별도)의 수수료를 전액 보통예금으로 지급하고 전자세금계산서를 발급받았다.

차변	대변

[매입면세 유형 문제]

32. 강남 부동산으로부터 본사 건물 신축용 토지를 120,000,000원에 매입하고 전자 계산서를 발급받았다. 대금 중 12,000,000원은 당사 보통예금 계좌에서 이체하여 지급하고, 나머지는 5개월 후에 지급하기로 하였다.

차변	대변

33. 공장에서 운영하고 있는 직원 식당에서 사용할 쌀을 하나로마트에서 200,000원에 구입하고 전자 계산서를 발급받고 현금으로 지급하였다.

차변	대변

34. 생산부문 공장 직원들에게 사내 식당에서 제공하는 식사에 필요한 잡곡을 500,000원에 직접 구입하면서 전자 계산서를 수취하고 대금은 다음 달에 지급하기로 하였다. 단, 비용으로 회계 처리하기로 한다.

차변	대변

35. 공장에서 기계장치 운용과 관련된 서적을 일신문고에서 100,000원에 현금으로 구입하고, 전자 계산서를 발급받았다.

차변	대변

♠ 부가가치세 관련 분개 문제도 2~3번 반복해서 풀어 보시기 바랍니다.

03 매입매출전표 분개 해답

NO	차 변		대 변		NO	차 변		대 변	
1	현금	4,400,000	제품매출 부가세예수금	4,000,00 400,000	19	사무용품비 부가세대급금	30,000 3,000	현금	33,000
2	선수금 받을어음	1,000,000 10,000,000	제품매출 부가세예수금	10,000,000 1,000,000	20	부가세대급금	7,000,000	보통예금	7,000,000
3	외상매출금	5,500,000	제품매출 부가세예수금	5,000,000 500,000	21	비품 부가세대급금	1,600,000 160,000	미지급금	1,760,000
4	외상매출금	3,300,000	제품매출 부가세예수금	3,000,000 300,000	22	복리후생비 부가세대급금	1,000,000 100,000	당좌예금	1,100,000
5	외상매출금	-2,200,000	제품매출 부가세예수금	-2,000,000 -200,000	23	수수료비용 부가세대급금	500,000 50,000	선급금 현금	100,000 450,000
6	현금	1,100,000	제품매출 부가세예수금	1,000,000 100,000	24	차량유지비 부가세대급금	100,000 10,000	현금	110,000
7	받을어음	3,300,000	제품매출 부가세예수금	3,000,000 300,000	25	원재료	23,000,000	외상매입금	23,000,000
8	외상매출금	4,400,000	제품매출 부가세예수금	4,000,000 400,000	26	기업업무추진비	583,000	보통예금	583,000
9	외상매출금	60,000,000	제품매출	60,000,000	27	차량운반구	33,000,000	미지급금	33,000,000
10	보통예금 받을어음	3,000,000 27,000,000	제품매출	30,000,000	28	차량운반구	33,000,000	보통예금 미지급금	25,000,000 8,000,000
11	보통예금	65,000,000	제품매출	65,000,000	29	토지	16,500,000	당좌예금	16,500,000
12	외상매출금	13,000,000	제품매출	13,000,000	30	가지급금	3,630,000	당좌예금	3,630,000
13	외상매출금	220,000,000	제품매출	220,000,000	31	토지	1,650,000	보통예금	1,650,000
14	외상매출금	120,0000,000	제품매출	120,000,000	32	토지	120,000,000	보통예금 미지급금	12,000,000 108,000,000
15	보통예금	2,000,000	제품매출	2,000,000	33	복리후생비	200,000	현금	200,000
16	원재료 부가세대급금	2,000,000 200,000	현금	2,200,000	34	복리후생비	500,000	미지급금	500,000
17	비품 부가세대급금	5,000,000 500,000	미지급금	5,500,000	35	도서인쇄비	100,000	현금	100,000
18	임차료 부가세대급금	5,000,000 500,000	미지급금	5,500,000					

III 실기기초흐름

chapter 1 프로그램 다운로드

chapter 2 전산세무회계실기 기초흐름

강선생 전산세무 2급

Chapter 1 프로그램 다운로드
http://license.kacpta.or.kr/

☞ 화면 아래에 있는 KcLep 수험용 프로그램을 다운받아 설치하면 된다.

Chapter 2 전산세무회계실기 기초흐름

[문제1] 다음은 ㈜신라의 사업자등록증이다. 사업자등록증을 참고하여 회사 등록 메뉴에 등록하시오. 회사 코드는 [1005]으로 등록하고, 회계기간은 제7기 2025년 1월 1일부터 2025년 12월 31일이다.

사 업 자 등 록 증
(법인사업자용)
등록번호 : 135-08-63345
① 회사명(단체명) : ㈜신라
② 대　　표　　자 : 정상호
③ 개 업 년 월 일 : 2019년 1월 20일
④ 법 인 등 록 번 호 : 110112-2011112
⑤ 사업장　소재지 : 경기도 의정부시 의정로 77(의정부동)
⑥ 본 점 소 재 지 : 경기도 용인시 수지구 포은대로 313번길 7-10(풍덕천동)
⑦ 사 업 의 종 류 : 업태 : 제조　　　종목 : 전자제품
2019년 1월 20일
동수원세무서장

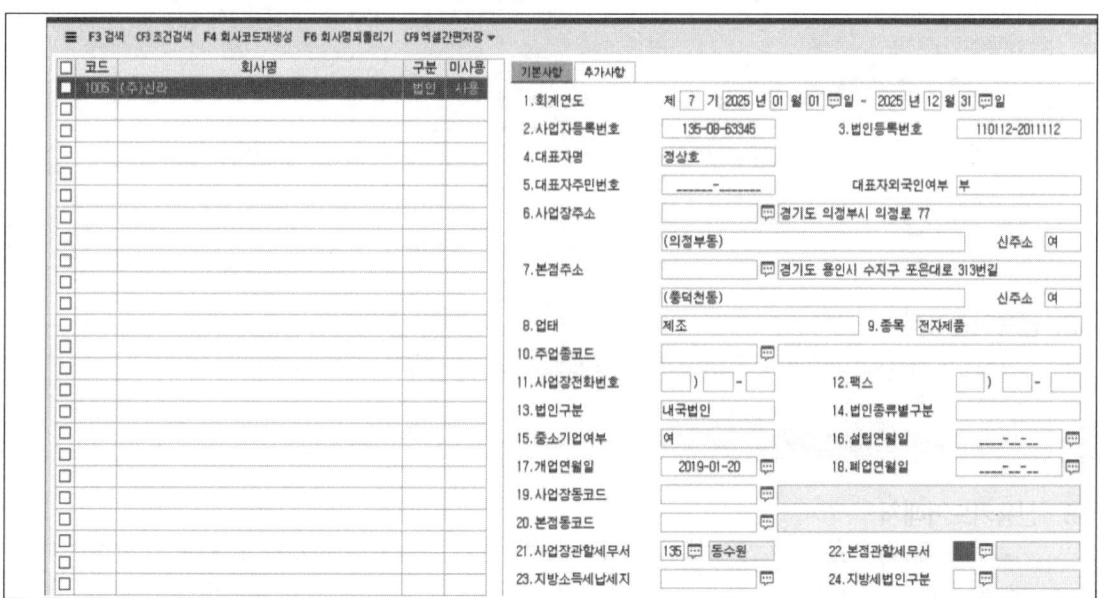

● 사업자등록번호 입력시 잘못된 사업자등록번호는 적색으로 표시됩니다. 거래처 등록시 적색이 나오더라도 맞는 것으로 가정하고 입력하시면 됩니다.

문제2] (주)신라의 거래처는 다음과 같다. 거래처를 등록하시오.

코드	상호명	대표자명	사업자등록번호	업태	종목	주소
101	사랑상사	김사랑	106-86-49737	도소매	전자제품	생략
102	허수상사	김택원	153-07-00467	도매	전자제품	생략
103	동호상사	최동호	494-34-00272	도매	전자제품	생략
104	청수상사	박청수	110-14-76288	도매	전자제품	생략
105	맛나푸드	정혜자	114-86-94567	음식	한식	생략
106	일성전자	김일성	104-04-06207	도매	전자제품	생략
107	미니전기	박미니	204-23-54903	도매	전자제품	생략
108	강원상사	연지훈	204-02-56075	도매	전자제품	생략
109	수진상사	김수진	129-16-84919	도매	전자제품	생략
110	구월주차장	모구월	209-04-48730	서비스	주차장	생략
98001	우리은행		계좌번호 : 123-4545-1234567 유형 : 보통예금			
99600	하나카드		유형: 매입, 카드번호 : 9874-4561-1234-5656, 카드구분 : 사업용 카드			
99601	신한카드		유형: 매출, 가맹점번호 : 6000			

1. 일반거래처

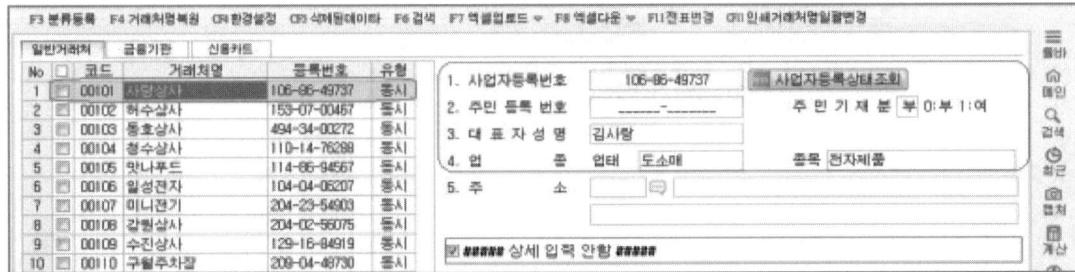

2. 금융기관거래처

3. 신용카드거래처

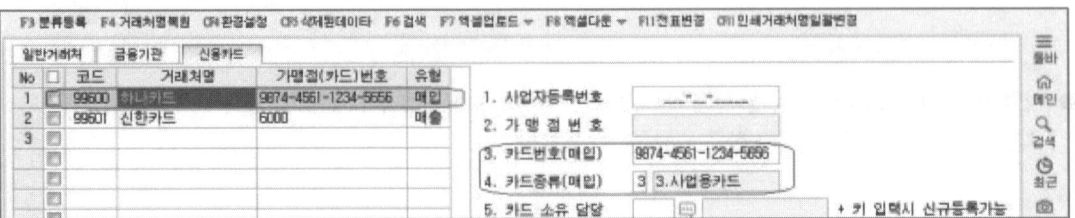

4. 신용카드거래처

No	코드	거래처명	가맹점(카드)번호	유형
1	99600	하나카드	9874-4561-1234-5656	매입
2	99601	신한카드	6000	매출

1. 사업자등록번호
2. 가맹점번호 6000

문제3] 계정과목 및 적요등록메뉴에서 다음 자료를 수정 또는 추가 등록하시오.

구 분	내 용
계 정 과 목 코 드	138
계 정 과 목	소액현금
성 격	일 반
적 요	현금적요 : 7. 지점전도금지급

☞ 적색계정과목은 Ctrl + F2를 누른 후 수정한다.

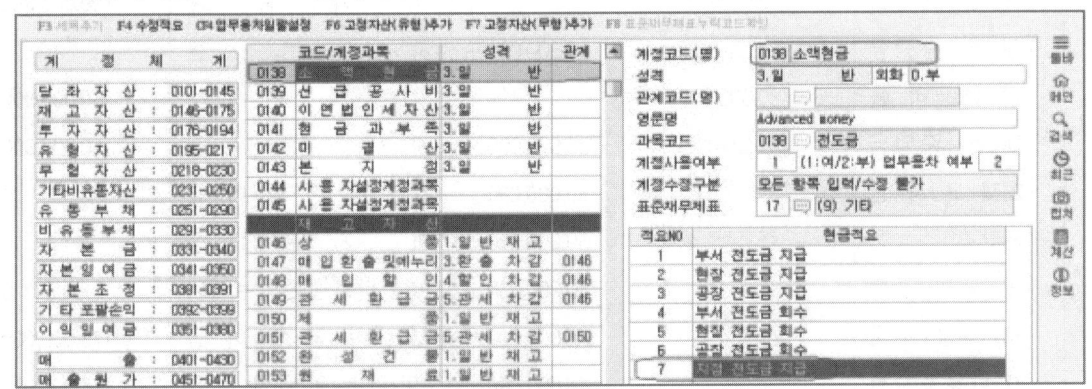

문제4] 다음과 같이 환경등록을 수정하시오.

구 분		변 경 내 용
매입매출전표입력 자동설정관리	매 출	제품매출(404)
	매 입	원 재 료(153)
고정자산 간편 자동 등록 사용		0.사용안함

문제5] (주)신라의 전기분 재무상태표는 다음과 같다. [전기분재무제표 등] 메뉴에 입력하시오.

재무상태표

(주)신라　　　　　　　　　　　2024.12.31 현재　　　　　　　　　　　(단위: 원)

과 목	금	액	과 목	금 액
자　　　　산			부　　　　채	
Ⅰ.유 동 자 산		279,000,000	Ⅰ.유 동 부 채	100,000,000
1.당 좌 자 산		199,000,000	외 상 매 입 금	60,000,000
현　　　　금		9,730,000	지 급 어 음	30,000,000
당 좌 예 금		50,000,000	선 수 금	10,000,000
보 통 예 금		40,000,000	Ⅱ.비 유 동 부 채	
외 상 매 출 금	70,000,000		부 채 총 계	100,000,000
대 손 충 당 금	(700,000)	69,300,000	자　　　　본	
받 을 어 음	30,000,000		Ⅰ.자 본 금	50,000,000
대 손 충 당 금	(30,000)	29,970,000	자 본 금	50,000,000
2.재 고 자 산		80,000,000	Ⅱ.자 본 잉 여 금	0
제　　　　품		59,000,000	Ⅲ.자 본 조 정	0
원 재 료		20,000,000	Ⅳ.기타포괄손익누계액	0
재 공 품		1,000,000	Ⅴ.이 익 잉 여 금	175,000,000
Ⅱ.비유동자산		46,000,000	미처분이익잉여금	175,000,000
1.투 자 자 산			(당기순이익: 15,000,000)	
2.유 형 자 산			자 본 총 계	225,000,000
차 량 운 반 구	30,000,000			
감가상각누계액	(3,000,000)	27,000,000		
비　　　　품	20,000,000			
감가상각누계액	(1,000,000)	19,000,000		
3.무 형 자 산				
4.기타비유동자산				
자 산 총 계		325,000,000	부채와 자본총계	325,000,000

☞ 재무상태표 입력 시 미처분이익잉여금은 "이월이익잉여금"으로 입력한다.

자산			부채 및 자본			계정별 합계	
코드	계정과목	금액	코드	계정과목	금액		
0101	현금	9,730,000	0251	외상매입금	60,000,000	1. 유동자산	279,000,000
0102	당좌예금	50,000,000	0252	지급어음	30,000,000	①당좌자산	199,000,000
0103	보통예금	40,000,000	0259	선수금	10,000,000	②재고자산	80,000,000
0108	외상매출금	70,000,000	0331	자본금	50,000,000	2. 비유동자산	46,000,000
0109	대손충당금	700,000	0375	이월이익잉여금	175,000,000	①투자자산	
0110	받을어음	30,000,000				②유형자산	46,000,000
0111	대손충당금	30,000				③무형자산	
0150	제품	59,000,000				④기타비유동자산	
0153	원재료	20,000,000				자산총계(1+2)	325,000,000
0169	재공품	1,000,000				3. 유동부채	100,000,000
0208	차량운반구	30,000,000				4. 비유동부채	
0209	감가상각누계액	3,000,000				부채총계(3+4)	100,000,000
0212	비품	20,000,000				5. 자본금	50,000,000
0213	감가상각누계액	1,000,000				6. 자본잉여금	
						7. 자본조정	
						8. 기타포괄손익누계액	
						9. 이익잉여금	175,000,000
						자본총계(5+6+7+8+9)	225,000,000
						부채 및 자본 총계	325,000,000
	차변합계	325,000,000		대변합계	325,000,000	대차차액	

문제6] 전기분손익계산서는 다음과 같다. [전기분재무제표 등] 메뉴에 입력하시오.

손 익 계 산 서
제 6기 2024.1.1~2024.12.31

(주)신라 (단위: 원)

계 정 과 목	금	액
Ⅰ. 매 출 액		252,854,000
제 품 매 출	252,854,000	
Ⅱ. 제 품 매 출 원 가		158,004,780
기 초 제 품 재 고 액	12,500,000	
당 기 제 품 제 조 원가	204,504,780	
기 말 제 품 재 고 액	(59,000,000)	
Ⅲ. 매 출 총 이 익		94,849,220
Ⅳ. 판 매 비 와 관 리 비		79,499,220
급 　　　　　여	28,500,000	
복 리 후 생 비	3,854,000	
여 비 교 통 비	1,950,000	
접 　　대 　　비	9,540,500	
통 　　신 　　비	2,540,700	
수 도 광 열 비	3,710,500	
세 금 과 공 과	3,450,000	
감 가 상 각 비	1,500,000	
임 　　차 　　료	5,500,000	
보 　　험 　　료	3,500,000	
차 량 유 지 비	10,548,400	
운 　　반 　　비	250,000	
소 모 품 비	3,450,120	
수 수 료 비 용	1,205,000	
Ⅴ. 영 업 이 익		15,350,000
Ⅵ. 영 업 외 수 익		4,500,000
이 자 수 익	500,000	
임 　대 　료	3,500,000	
잡 　이 　익	500,000	
Ⅶ. 영 업 외 비 용		4,550,000
이 자 비 용	2,500,000	
기 　부 　금	2,000,000	
잡 　손 　실	50,000	
Ⅷ. 법 인 세 차 감 전 순 이 익		15,300,000
Ⅸ. 법 　　인 　　세		300,000
법 인 세 비 용	300,000	
Ⅹ. 당 기 순 이 익		15,000,000

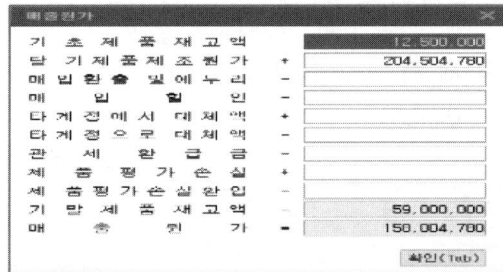

☞ 위 화면에서 기말제품재고액은 전기분재무상태표에서 자동반영된 것이다.

코드	계정과목	금액
0404	제품매출	252,854,000
0455	제품매출원가	158,004,780
0801	급여	28,500,000
0811	복리후생비	3,854,000
0812	여비교통비	1,950,000
0813	접대비	9,540,500
0814	통신비	2,540,700
0815	수도광열비	3,710,500
0817	세금과공과	3,450,000
0818	감가상각비	1,500,000
0819	임차료	5,500,000
0821	보험료	3,500,000
0822	차량유지비	10,548,400
0824	운반비	250,000
0830	소모품비	3,450,120
0831	수수료비용	1,205,000
0901	이자수익	500,000
0904	임대료	3,500,000
0930	잡이익	500,000
0951	이자비용	2,500,000
0953	기부금	2,000,000
0980	잡손실	50,000
0998	법인세비용	300,000

▷ 계정별합계	
1. 매출	252,854,000
2. 매출원가	158,004,780
3. 매출총이익(1-2)	94,849,220
4. 판매비와관리비	79,499,220
5. 영업이익(3-4)	15,350,000
6. 영업외수익	4,500,000
7. 영업외비용	4,550,000
8. 법인세비용차감전순이익(5+6-7)	15,300,000
9. 법인세비용	300,000
10. 당기순이익(8-9)	15,000,000
11. 주당이익(10/주식수)	

문제7] ㈜신라의 전기분원가명세서는 다음과 같다. [전기분재무제표 등] 메뉴에 입력하시오.

제 조 원 가 명 세 서
제 6기 2024.1.1 ~ 2024.12.31

㈜신라 (단위: 원)

계정과목	금	액
Ⅰ. 원 재 료 비		44,504,780
기 초 원 재 료 재 고 액	10,000,000	
당 기 원 재 료 매 입 액	54,504,780	
기 말 원 재 료 재 고 액	(20,000,000)	
Ⅱ. 노 무 비		50,000,000
임 금	50,000,000	
Ⅲ. 경 비		108,000,000
복 리 후 생 비	20,000,000	
여 비 교 통 비	5,000,000	
접 대 비	15,000,000	
세 금 과 공 과	10,000,000	
감 가 상 각 비	30,000,000	
임 차 료	12,000,000	
수 선 비	10,000,000	
보 험 료	5,000,000	
보 관 료	1,000,000	
Ⅳ. 당 기 총 제 조 비 용		202,504,780
Ⅴ. 기 초 재 공 품 재 고 액		3,000,000
Ⅵ. 합 계		205,504,780
Ⅶ. 기 말 재 공 품 재 고 액		(1,000,000)
Ⅷ. 타 계 정 으 로 대 체 액		0
Ⅸ. 당 기 제 품 제 조 원 가		204,504,780

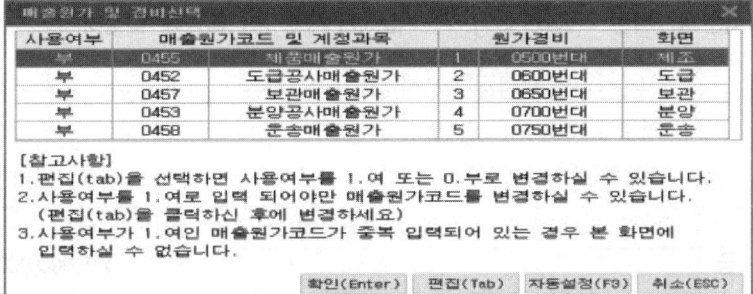

☞ "편집"을 누른 후 사용여부를 "여"를 선택한다.

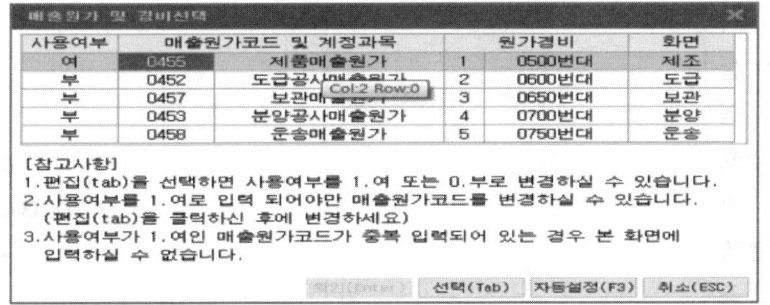

☞ 사용여부 "여" 선택 후 아래의 "선택 → 확인"을 누르면 입력할 수 있다.

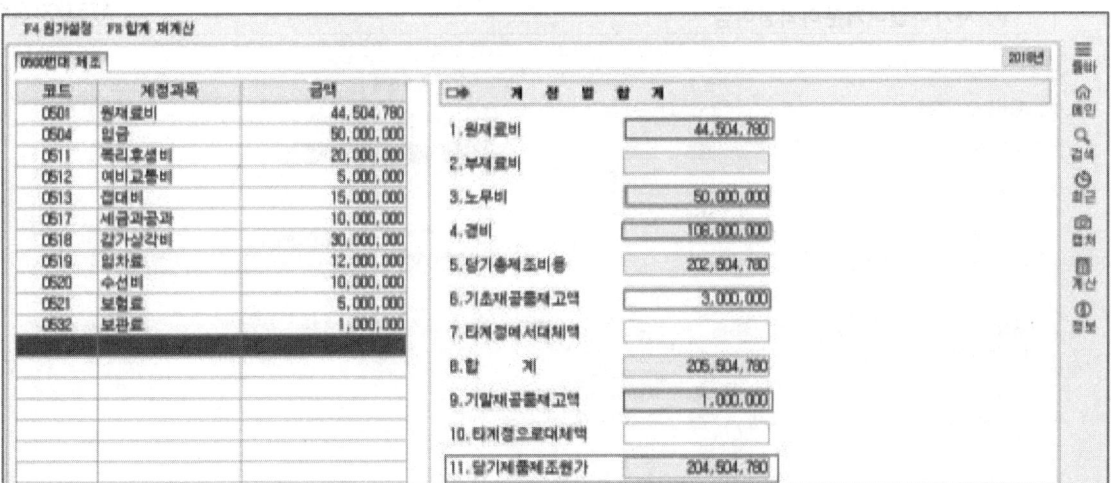

문제8] ㈜신라의 전기분잉여금처분계산서는 다음과 같다. [전기분재무제표 등] 메뉴에 입력하시오.

이익잉여금처분계산서

제 6기 2024.1.1 ~ 2024.12.31
처분확정일 : 2025년 3월 10일

㈜신라 (단위:원)

계정과목	금 액	
Ⅰ. 미처분이익잉여금		175,000,000
전기이월미처분이익잉여금	160,000,000	
회계 정책 변경 누적 효과		
전 기 오 류 수 정 이 익		
전 기 오 류 수 정 손 실		
당 기 순 이 익	15,000,000	
Ⅱ. 임의적립금 등의 이입액		0
Ⅲ. 합 계		175,000,000
Ⅳ. 이 익 잉 여 금 처 분 액		0
사 업 확 장 적 립 금	0	
배 당 평 균 적 립 금	0	
Ⅴ. 차기이월미처분이익잉여금		175,000,000

문제9] (주)신라의 거래처별 채권·채무의 잔액은 다음과 같다. 거래처별 초기이월메뉴에 등록하시오.

계 정 과 목	거 래 처	금 액
외 상 매 출 금	사랑상사	10,600,000
	허수상사	27,499,600
	동호상사	12,900,400
	일성전자	19,000,000
받 을 어 음	미니전기	1,000,000
	강원상사	8,000,000
	수진상사	21,000,000
외 상 매 입 금	허수상사	10,000,000
	동호상사	20,000,000
	청수상사	30,000,000
지 급 어 음	사랑상사	15,000,000
	강원상사	5,000,000
	수진상사	10,000,000
보 통 예 금	우리은행	40,000,000

1. 외상매출금 입력

코드	계정과목	재무상태표금액	코드	거래처	금액
0108	외상매출금	70,000,000	00101	사랑상사	10,600,000
0110	받을어음	30,000,000	00102	허수상사	27,499,600
0251	외상매입금	60,000,000	00103	동호상사	12,900,400
0252	지급어음	30,000,000	00106	일성전자	19,000,000
0103	보통예금	40,000,000			

2. 받을어음 입력

코드	계정과목	재무상태표금액	코드	거래처	금액
0108	외상매출금	70,000,000	00107	미니전기	1,000,000
0110	받을어음	30,000,000	00108	강원상사	8,000,000
0251	외상매입금	60,000,000	00109	수진상사	21,000,000
0252	지급어음	30,000,000			
0103	보통예금	40,000,000			

3. 외상매입금 입력

코드	계정과목	재무상태표금액	코드	거래처	금액
0108	외상매출금	70,000,000	00102	허수상사	10,000,000
0110	받을어음	30,000,000	00103	동호상사	20,000,000
0251	외상매입금	60,000,000	00104	청수상사	30,000,000
0252	지급어음	30,000,000			
0103	보통예금	40,000,000			

4. 지급어음 입력

코드	계정과목	재무상태표금액	코드	거래처	금액
0108	외상매출금	70,000,000	00101	사랑상사	15,000,000
0110	받을어음	30,000,000	00109	강원상사	5,000,000
0251	외상매입금	60,000,000	00109	수진상사	10,000,000
0252	지급어음	30,000,000			
0103	보통예금	40,000,000			

5. 보통예금 입력

코드	계정과목	재무상태표금액	코드	거래처	금액
0108	외상매출금	70,000,000	98001	우리은행	40,000,000
0110	받을어음	30,000,000			
0251	외상매입금	60,000,000			
0252	지급어음	30,000,000			
0103	보통예금	40,000,000			

문제10] 다음의 거래 자료를 일반전표입력 메뉴에 추가 입력하시오.

일반전표입력 시 주의사항

① **채권채무에는 거래처코드를 반드시 입력해야 한다.**
   채권 : 외상매출금, 받을어음, 미수금, 선급금, 대여금, 임차보증금, 가지급금
   채무 : 외상매입금, 지급어음, 미지급금, 선수금, 차입금, 임대보증금, 유동성장기부채

② **전표종류**
   입금전표 : 현금 **/
   출금전표 :   / 현금 **
   대체전표 : 현금과 관련 없는 전표 또는 계정과목이 3개 이상 나올 때 사용.
   실제 입력 시에는 입금전표, 출금전표도 모두 대체전표로 입력해도 무방하다.

③ **적요입력**
   적요입력은 생략해도 되나 상품, 제품, 원재료를 목적 외로 사용 시에는 "적요 8번의 타계정 대체"를 반드시 선택해야 한다.
   예) 제품을 거래처에 선물로 제공하다.(원가 100, 시가 150)
       접대비 100 / 제품(적요8번, 타계정으로 대체) 100

④ **계정과목코드**
   생산, 공장 관련 경비는 500번대, 본사 관련 경비는 800번대를 사용하며, 단기매매증권 취득시의 수수료비용은 900번대(영업외비용)을 사용한다.

1월 거래

(1) 1월 2일   사랑상사에 판매용 전자제품을 200,000,000원을 매출하기로 하고 계약금 10%를 현금으로 수령하였다.

일	번호	구분	계정과목	거래처	적요	차변	대변
2	00001	입금	0259 선수금	00101 사랑상사		(현금)	20,000,000

(2) 1월 5일   폭설로 피해를 입은 농가를 돕기 위해 현금 500,000원을 한국방송공사에 기부하였다.

일	번호	구분	계정과목	거래처	적요	차변	대변
5	00001	출금	0953 기부금			500,000	(현금)

(3) 1월 18일   본사 사무실에서 사용할 소모품을 2,000,000원에 구입하고, 대금은 현금으로 지급하였다.
(비용 처리할 것.)

□	일	번호	구분	계정과목	거래처	적요	차변	대변	
□	18	00001	출금	0830 소모품비			2,000,000	(현금)	

(4) 1월 20일   거래처인 수진상사로부터 받은 받을어음 2,000,000원을 거래은행에서 할인하고 할인료 150,000원을 제외한 금액은 보통예금에 입금하였다.
(매각거래로 회계처리 할 것)

□	일	번호	구분	계정과목	거래처	적요	차변	대변
□	20	00001	차변	0956 매출채권처분손실			150,000	
□	20	00001	차변	0103 보통예금			1,850,000	
□	20	00001	대변	0110 받을어음	00102 수진상사			2,000,000

(5) 1월 23일   당사는 매출거래처인 허수상사에 선물하기 위해 하나로마트에서 갈비세트를 350,000원에 구입하고, 전액 당사의 하나카드로 결제하였다.

□	일	번호	구분	계정과목	거래처	적요	차변	대변
□	23	00001	차변	0813 접대비			350,000	
□	23	00001	대변	0253 미지급금	99600 하나카드			350,000

(6) 1월 25일   영업사원 배영민에게 출장비 명목으로 500,000원을 현금으로 지급하였다.(거래처 코드: 401 신규 등록 하시오)

□	일	번호	구분	계정과목	거래처	적요	차변	대변
□	25	00001	출금	0134 가지급금	00401 배영민		500,000	(현금)

(7) 1월 28일   본사 자동차에 대한 보험료 1,200,000원을 현금으로 납부하고 비용 처리 하였다.

□	일	번호	구분	계정과목	거래처	적요	차변	대변
□	28	00001	출금	0821 보험료			1,200,000	(현금)

2월 거래

(8) 2월 1일   1월 25일에 영업사원 배영민이 인출해간 500,000원의 가지급금 중에서 450,000원은 출장비였음이 확인되었고, 나머지 차액은 현금으로 반환받았다.

□	일	번호	구분	계정과목	거래처	적요	차변	대변
□	1	00001	차변	0812 여비교통비			450,000	
□	1	00001	차변	0101 현금			50,000	
□	1	00001	대변	0134 가지급금	00401 배영민			500,000

(9) 2월 9일   일성전자의 제품매출에 대한 외상매출금중 10,000,000원을 조기회수함에 따라 2%할인하여 주고, 잔액은 당좌수표로 받다.

일	번호	구분	계정과목	거래처	적요	차변	대변
9	00001	차변	0406 매출할인			200,000	
9	00001	차변	0101 현금			9,800,000	
9	00001	대변	0108 외상매출금	00103 일성전자			10,000,000

(10) 2월 11일   허수상사에 의료기기를 판매하기로 하고 계약금으로 5,000,000원을 현금으로 수령하였다.

일	번호	구분	계정과목	거래처	적요	차변	대변
11	00001	입금	0259 선수금	00103 허수상사		(현금)	5,000,000

(11) 2월 18일   종업원 2월분 급여를 당사 보통예금계좌에서 이체하였다.

구분	급여	건강보험	국민연금	소득세	지방소득세	차감지급액
생산직	5,000,000	25,000	30,000	50,000	5,000	4,890,000
사무직	3,000,000	20,000	20,000	30,000	3,000	2,927,000
계	8,000,000	45,000	50,000	80,000	8,000	7,817,000

일	번호	구분	계정과목	거래처	적요	차변	대변
18	00001	차변	0801 급여			3,000,000	
18	00001	차변	0504 임금			5,000,000	
18	00001	대변	0254 예수금				183,000
18	00001	대변	0103 보통예금				7,817,000

3월 거래

(12) 3월 5일   서울주유소에서 본사 소형승용차(2,000cc)에 주유를 하고 유류대 150,000원을 하나카드로 결제하였다.

일	번호	구분	계정과목	거래처	적요	차변	대변
5	00001	차변	0822 차량유지비			150,000	
5	00001	대변	0253 미지급금	99500 하나카드			150,000

(13) 3월 10일   2월 급여지급 시 원천징수한 소득세 등, 본인부담분 건강보험료, 국민연금예수금과 회사부담금 건강보험료, 국민연금을 현금으로 납부하였다.(건강보험료 회사부담금은 복리후생비, 국민연금회사부담금은 세금과공과로 처리하시오)

일	번호	구분	계정과목	거래처	적요	차변	대변
10	00001	차변	0254 예수금			183,000	
10	00001	차변	0511 복리후생비			25,000	
10	00001	차변	0811 복리후생비			20,000	
10	00001	차변	0517 세금과공과			30,000	
10	00001	차변	0817 세금과공과			20,000	
10	00001	대변	0101 현금				278,000

(14) 3월 13일   동호상사로부터 구입한 원재료의 외상매입금 2,000,000원 중 50,000원은 사전약정에 의해 할인받고 잔액은 약속어음을 발행 지급하였다.

일	번호	구분	계정과목	거래처	적요	차변	대변
13	00001	차변	0251 외상매입금	00103 동호상사		2,000,000	
13	00001	대변	0155 매입할인				50,000
13	00001	대변	0252 지급어음	00103 동호상사			1,950,000

(15) 3월 20일   본사 전기요금 320,000원과 공장전기요금 500,000원을 현금으로 납부하였다.

일	번호	구분	계정과목	거래처	적요	차변	대변
20	00001	차변	0815 수도광열비			320,000	
20	00001	차변	0516 전력비			500,000	
20	00001	대변	0101 현금				820,000

(16) 3월 25일   사무실용 에어컨을 2,000,000에 구입하고, 대금은 수표를 발행하여 지급하였다.

일	번호	구분	계정과목	거래처	적요	차변	대변
25	00001	차변	0212 비품			2,000,000	
25	00001	대변	0102 당좌예금				2,000,000

(17) 3월 31일   판매용 제품을 불우이웃돕기로 기부하였다. (원가 5,000,000, 시가 8,000,000)

일	번호	구분	계정과목	거래처	적요	차변	대변
31	00001	차변	0953 기부금			5,000,000	
31	00001	대변	0150 제품		8 타계정으로 대체액 손익		5,000,000

문제11] 다음의 거래 자료를 매입매출전표입력 메뉴에 입력하시오.

매입매출전표입력 시 주의사항

1. 과세유형

매 출			매 입		
유형		증빙	유형		증빙
11번	과세	세금계산서	51번	과세	세금계산서
12번	영세	영세율세금계산서	52번	영세	영세율세금계산서
13번	면세	계산서	53번	면세	계산서
14번	건별	무증빙	54번	불공	세금계산서중 접대비, 승용차, 토지, 대표이사, 업무무관관련 등
16번	수출	직수출	55번	수입	직수출
17번	카과	신용카드영수증	57번	카과	신용카드영수증
22번	현과	현금영수증	61번	현과	현금영수증

2. 분개유형
① 현금 : 대금결제가 모두 현금일 때
② 외상 : 대금결제가 모두 외상매출금, 외상매입금일 때
③ 혼합 : 대금결제가 현금, 외상이 아닌 경우
④ 카드 : 대금결제를 모두 카드로만 했을 때

3. 공급가액란 입력 시 주의사항
　　세금계산서일 때만 공급가액을 입력하며, 그 외의 것(신용카드, 현금영수증 등)은 부가세 포함한 공급대가를 입력한다.

4. 불공, 영세, 수출, 매출카드를 입력 시에는 화면 중간의 불공제사유, 영세율구분, 카드사 선택을 반드시 하여야 한다.

1월 거래

(1) 1월 3일　　제품을 사업자가 아닌 이진숙에게 판매하고, 공급가액 700,000원(부가가치세 별도)의 **전자세금계산서**를 교부하였으며, 대금은 현금으로 수취하였다.
　　　　　　　(301번, 주민번호 : 740129-2388425, 동시, 거래처 등록할 것)

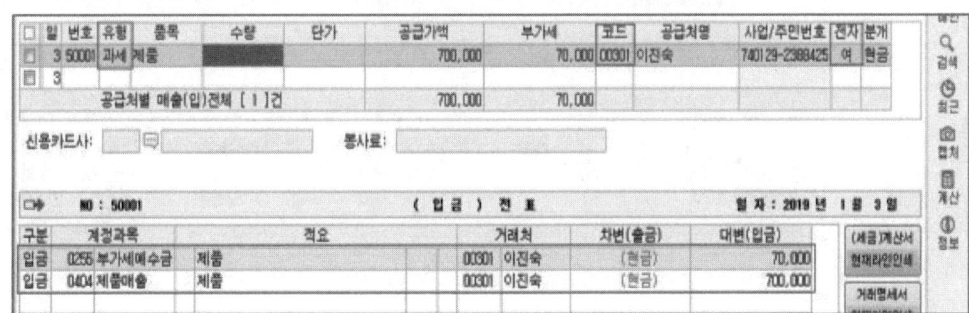

(2) 1월 7일 해외수출대행업체인 부산무역에 Local L/C에 의하여 제품 300개 (개당10,000원)를 납품하고 **영세율전자세금계산서**를 발행하였다. 대금은 전액 동사발행 당좌수표로 받았다.
(302번, 사업자등록번호 301-81-35975, 동시, 거래처 등록할 것)

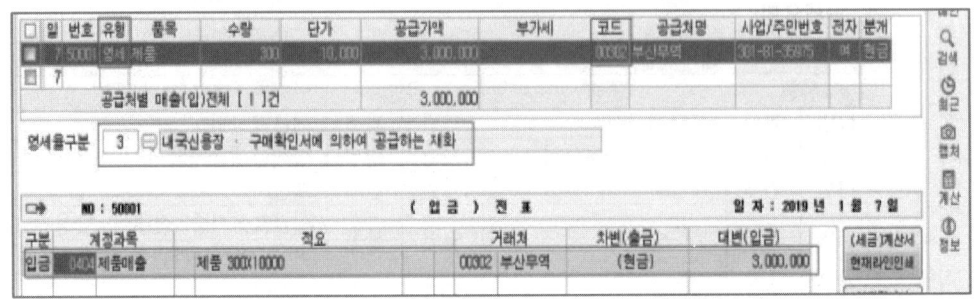

(3) 1월 15일 제품을 자수산업에 판매하고, 공급가액 700,000원(면세)의 **전자계산서**를 교부하였으며, 대금은 현금으로 수취하였다.
(303번, 사업자등록번호 212-81-51515, 거래처 등록할 것)

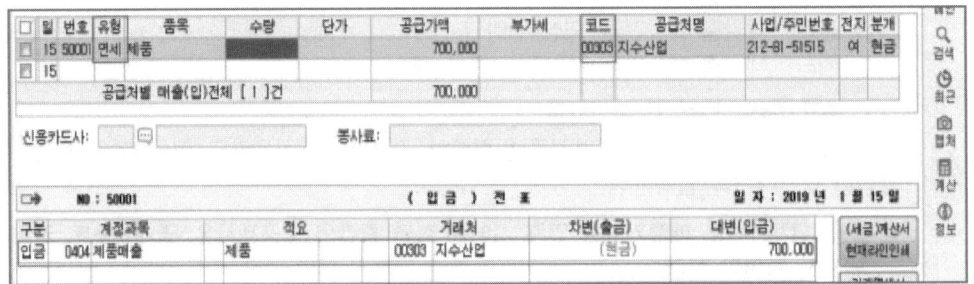

(4) 1월 16일 제품을 사업자가 아닌 심한나에게 판매하고, 공급대가 220,000원(부가가치세 포함)을 현금으로 수취하고, **간이영수증**을 발행하였다.
(304번, 주민번호 : 890101-2388425, 거래처 등록할 것)

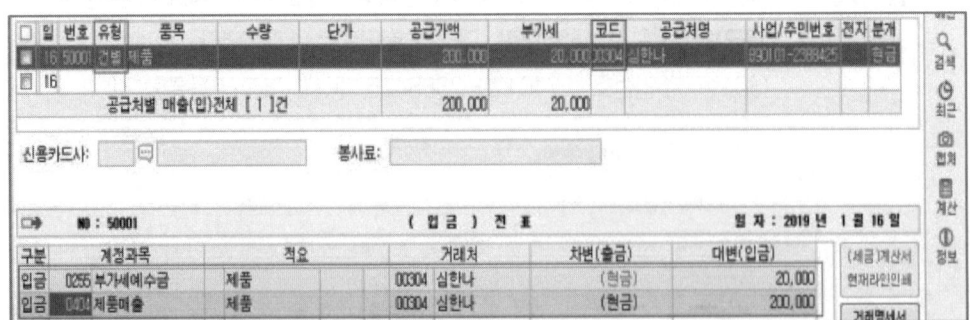

(5) 1월 26일   미국에 소재한 SON.LTD에 제품을 **직수출**하였다. 대금은 8,000 달러이며, 선적일 현재의 기준 환율은 달러당 1,000원이다.
대금은 아직 수령하지 못하였다. (수출신고번호 020-15-06-0138408-6)
(305번, 동시, 거래처 등록할 것)

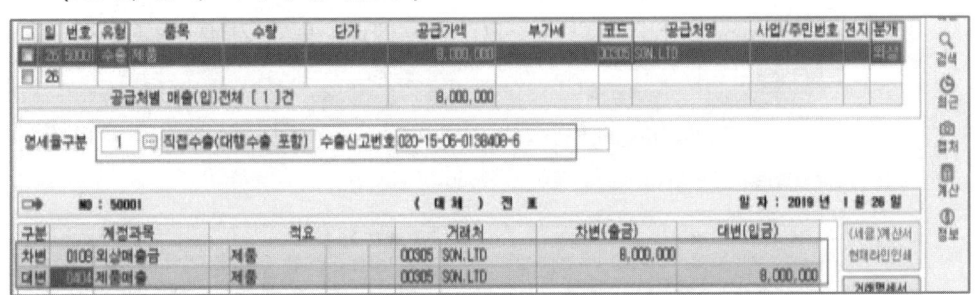

(6) 1월 28일   (주)래미안전자에 제품 2,200,000원(부가가치세 포함)에 판매하고, **신한카드**로 결제하였다.
(306번, 사업자등록번호 317-81-45175, 동시, 거래처 등록할 것)

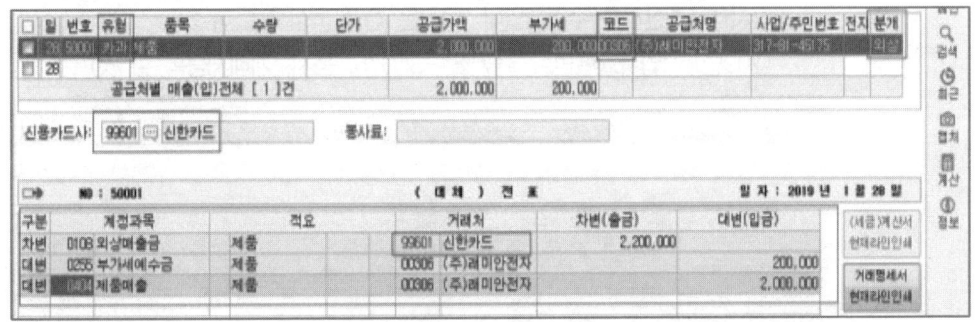

(7) 1월 30일   개인 김난주에게 제품 3,300,000원(부가가치세 포함)에 현금 판매하고, **현금영수증**을 발행하였다.
(307번, 주민번호 : 910101-2385111, 동시, 거래처 등록할 것)

2월 거래

(8) 2월 3일 원재료를 해동(주)로부터 구입하고, 공급가액 700,000원(부가가치세 별도)의 **전자세금계산서**를 교부받았으며, 대금은 현금으로 지급하였다.
(308번, 사업자등록번호 : 301-81-23512, 동시, 거래처 등록할 것)

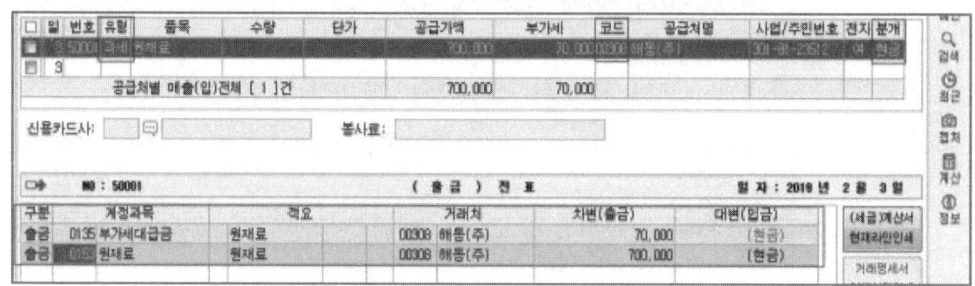

(9) 2월 7일 김포무역으로부터 Local L/C에 의하여 원재료 200개 (개당 20,000원)를 납품받고 **영세율 전자세금계산서**를 수취하였다. 대금은 전액 외상으로 하였다.
(309번, 사업자등록번호 317-81-35975, 동시, 거래처등록 할 것)

(10) 2월 15일 공장종업원 명절선물을 주문진수산에서 구입하고 공급가액 1,000,000원의 **전자계산서**를 교부받았으며, 대금은 보통예금에서 지급하였다.
(310번, 사업자등록번호 212-81-12345, 거래처 등록할 것)

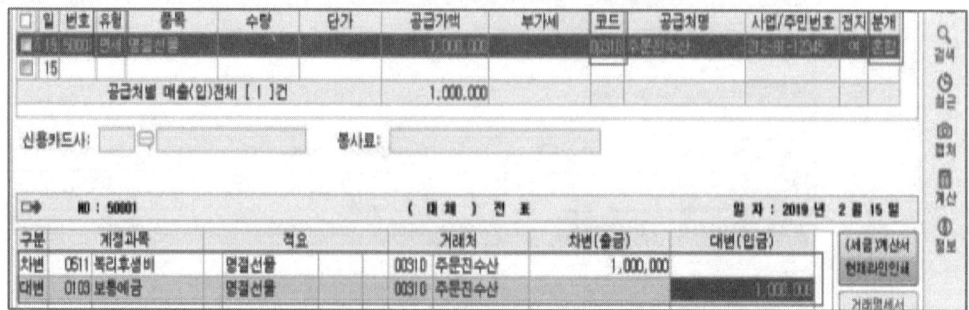

(11) 2월 16일   영업부에서 사용할 **승용차(2,000cc)**를 현대자동차에서 30,000,000(부가세별도)원에 10개월 할부로 구입하고, **전자세금계산서**를 수령하였다.(311번, 사업자등록번호 : 112-81-25852, 동시, 거래처 등록할 것)

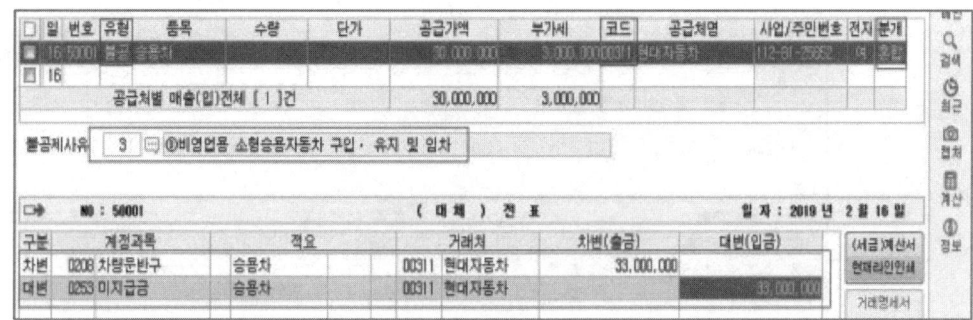

(12) 2월 26일   미국에 소재한 SON.LTD으로 부터 원재료를 수입하고, 인천세관으로 부터 **수입전자세금계산서**를 수취하고 부가가치세는 현금으로 지급하였다. 공급가액 25,000,000(부가세별도), 부가가치세만 회계 처리할 것.
(312번, 사업자등록번호 : 101-81-36952, 동시, 거래처 등록할 것)

(13) 2월 27일   본사 사무실에서 사용할 책상을 (주)청남가구에서 구입하고 대금 3,300,000원(부가가치세 포함)은 **하나카드**로 결제하였다.
(313번, 사업자등록번호 135-81-12121, 동시, 거래처 등록할 것)

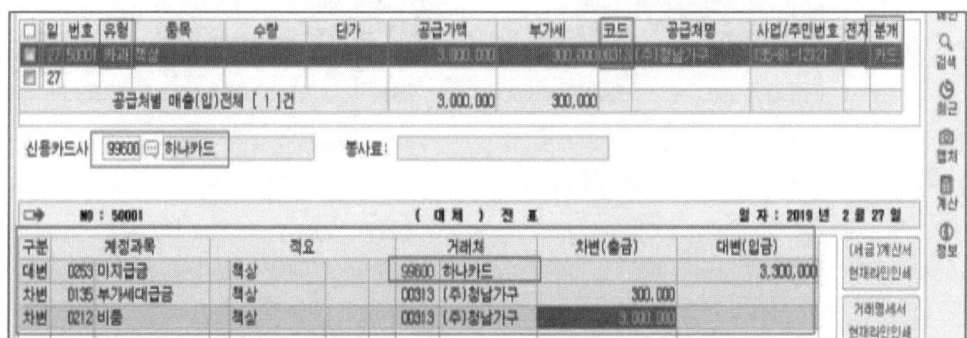

(14) 2월 28일   삼성문구사에서 본사에서 사용할 문구류를 550,000원(부가세 포함)에 구입하고, 대금은 현금으로 지급하고, **현금영수증**을 수취하였다.
(314번, 사업자등록번호 : 301-81-25961, 동시, 거래처 등록할 것)

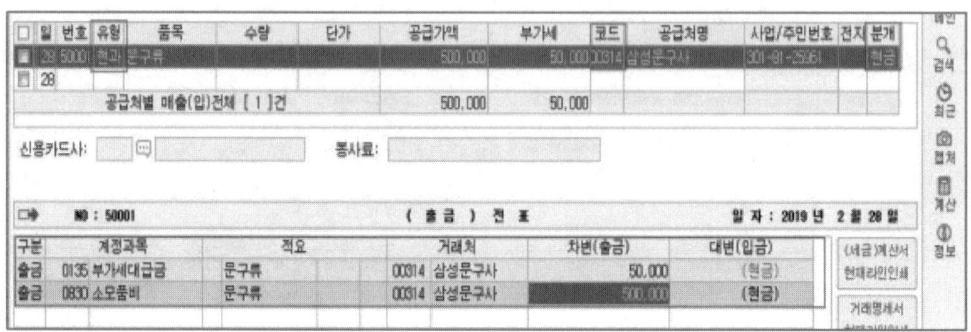

3월 거래

(15) 3월 6일   공장에서 사용하던 책상(취득가액 700,000원, 감가상각누계액 300,000원)을 (주)남이가구에 500,000원(부가가치세 별도)에 매각하고 **전자세금계산서**를 발행하였다. 대금은 보통예금통장으로 받았다.
(315, 사업자등록번호 : 317-81-45623, 동시, 거래처 등록할 것)

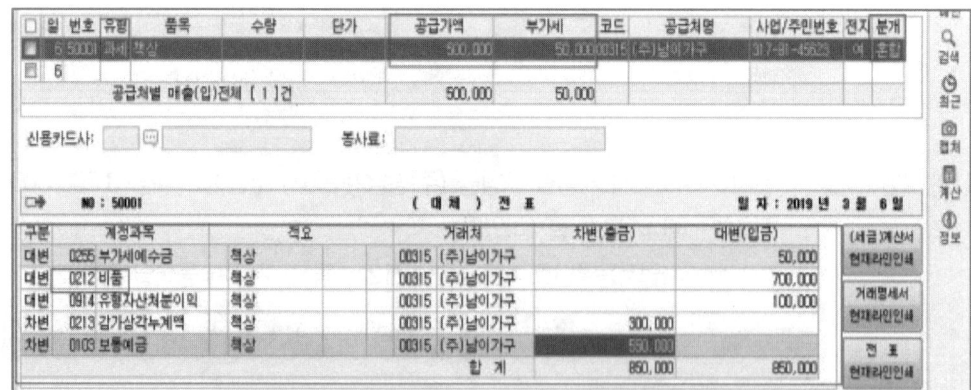

(16) 3월 12일   (주)미원전자에 제품을 200,000,000원(부가가치세 별도)에 판매하고 **전자세금계산서**를 발행하였다. 대금 중 100,000,000원은 현금으로 받았고, 나머지는 50,000,000은 외상, 나머지는 어음으로 받았다.
(316, 사업자등록번호 : 317-81-74253, 동시, 거래처 등록할 것)

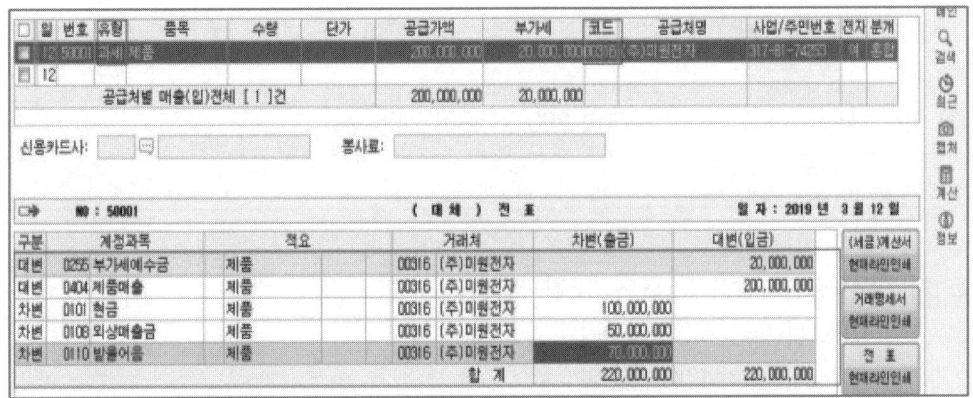

(17) 3월 19일   (주)현대자동차로부터 제품 및 원재료 운반을 위한 **트럭**(부가가치세 별도, 공급가액 20,000,000원)을 구입하고 **전자세금계산서**를 교부받았다. 대금은 다음 달에 지급하기로 하였다.

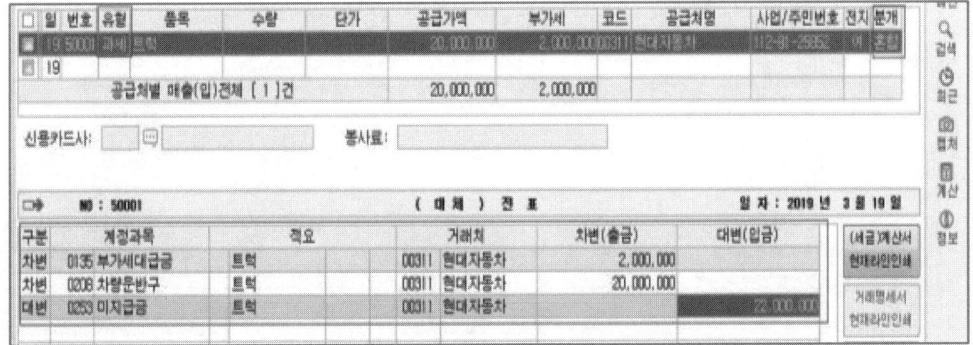

문제12] 다음은 결산정리사항이다. 해당메뉴에 입력하시오.

1. 수동결산

(1) 당기 말 현재까지 발생한 사원 급여(지급기일 : 2026년 1월 10일)가 미지급된 금액이 900,000원이 있다.

□	일	번호	구분	계정과목	거래처	적요	차변	대변
□	31	00001	차변	0801 급여			900,000	
□	31	00001	대변	0262 미지급비용				900,000

(2) 보험료 지급액 중 기간미경과분 1,000,000원이 있다.

| □ | 31 | 00002 | 차변 | 0133 선급비용 | | | 1,000,000 | |
| □ | 31 | 00002 | 대변 | 0821 보험료 | | | | 1,000,000 |

(3) 비용 처리한 소모품 중 미사용액이 300,000원이 있다.

| □ | 31 | 00004 | 차변 | 0122 소모품 | | | 300,000 | |
| □ | 31 | 00004 | 대변 | 0830 소모품비 | | | | 300,000 |

2. 자동결산-결산자료입력(1월 ~ 12월 선택)

(4) 기말 원재료재고액 : 5,000,000원
　　기말 재공품재고액 : 4,000,000원
　　기말 제품재고액 　: 3,000,000원

0455		제품매출원가				76,205,000
		1) 원재료비	24,650,000			19,650,000
0501		원재료비	24,650,000			19,650,000
0153		① 기초 원재료 재고액	20,000,000			20,000,000
0153		② 당기 원재료 매입액	4,700,000			4,700,000
0155		④ 매 입 할 인	50,000			50,000
0153		⑤ 기말 원재료 재고액			5,000,000	5,000,000
		3) 노 무 비	5,000,000	1,000,000		6,000,000
		1). 임금 외	5,000,000			5,000,000
0504		임금	5,000,000			5,000,000
0508		2). 퇴직급여(전입액)			1,000,000	1,000,000
0550		3). 퇴직연금총당금전입액				
		7) 경 비	1,555,000	1,000,000		2,555,000
		1). 복리후생비 외	1,555,000			1,555,000
0511		복리후생비	1,025,000			1,025,000
0516		전력비	500,000			500,000
0517		세금과공과	30,000			30,000
0518		2). 일반감가상각비			1,000,000	1,000,000
0208		차량운반구				
0212		비품			1,000,000	1,000,000
0455		8) 당기 총제조비용	31,205,000			26,205,000
0169		① 기초 재공품 재고액	1,000,000			1,000,000
0169		⑤ 기말 재공품 재고액			4,000,000	4,000,000
0150		9) 당기완성품제조원가	32,205,000			25,205,000
0150		① 기초 제품 재고액	59,000,000			59,000,000
0150		⑧ 타계정으로 대체액	5,000,000			5,000,000
0150		⑤ 기말 제품 재고액			3,000,000	3,000,000

(5) 다음의 감가상각비를 결산에 반영한다.

계 정 과 목	구 분	금 액
차량운반구	판매비와관리비	2,000,000
비　　　품	제 조 경 비	1,000,000

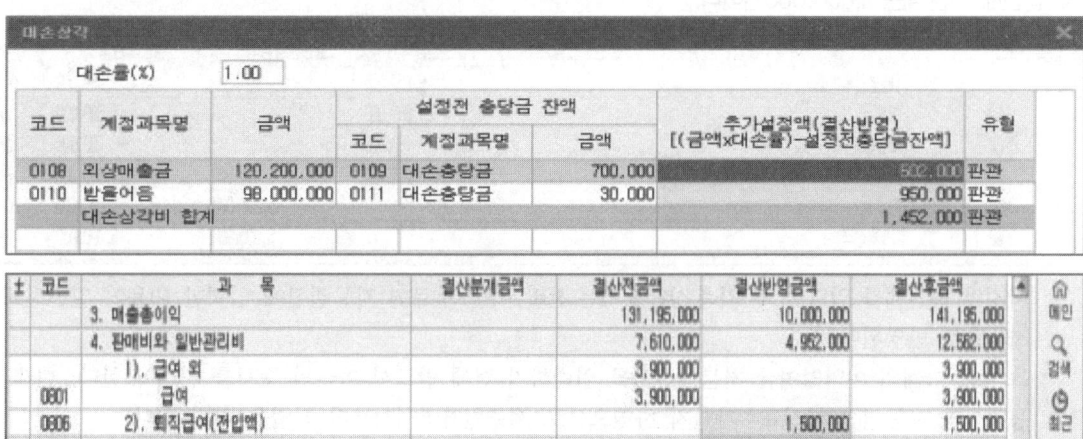

(6) 당사는 기말에 매출채권 잔액의 1%를 대손추산액으로 산정하고 있다. 당사는 보충법에 의하여 대손충당금을 설정한다.

* **F8번의 대손상각**을 누른 후 **대손율을 1%를 확인**하고, **결산반영**을 누르면 된다.

(7) 다음 금액은 퇴직급여충당부채 추가 설정액(보충액)이다. 해당란에 직접 입력하시오.

∴ 생산직 사원 : 1,000,000원   ∴ 사무직 사원 : 1,500,000원

±	코드	과 목	결산분개금액	결산전금액	결산반영금액	결산후금액
	0153	⑨ 기말 원재료 재고액			5,000,000	5,000,000
		3)노 무 비		5,000,000	1,000,000	6,000,000
		1). 임금 외		5,000,000		5,000,000
	0504	임금		5,000,000		5,000,000
	0508	2). 퇴직급여(전입액)			1,000,000	1,000,000
	0550	3). 퇴직연금충당금전입액				
		7)경 비		1,555,000	1,000,000	2,555,000
		1). 복리후생비 외		1,555,000		1,555,000
	0511	복리후생비		1,025,000		1,025,000
	0516	전력비		500,000		500,000
	0517	세금과공과		30,000		30,000
	0518	2). 일반감가상각비			1,000,000	1,000,000
	0208	차량운반구				
	0212	비품			1,000,000	1,000,000
	0455	8)당기 총제조비용		31,205,000		29,205,000
	0169	① 기초 재공품 재고액		1,000,000		1,000,000
	0169	⑨ 기말 재공품 재고액			4,000,000	4,000,000
	0150	9)당기완성품제조원가		32,205,000		25,205,000
	0150	① 기초 제품 재고액		59,000,000		59,000,000
	0150	⑧ 타계정으로 대체액		5,000,000		5,000,000
	0150	⑨ 기말 제품 재고액			3,000,000	3,000,000
		3. 매출총이익		131,195,000	10,000,000	141,195,000
		4. 판매비와 일반관리비		7,610,000	4,952,000	12,562,000
		1). 급여 외		3,900,000		3,900,000
	0801	급여		3,900,000		3,900,000
	0806	2). 퇴직급여(전입액)			1,500,000	1,500,000

(8) 법인세 추산액은 5,000,000원이다.

±	코드	과 목	결산분개금액	결산전금액	결산반영금액	결산후금액
		5). 기타영업외비용		5,650,000		5,650,000
	0953	기부금		5,500,000		5,500,000
	0956	매출채권처분손실		150,000		150,000
		8. 법인세차감전이익		118,035,000	5,048,000	123,083,000
	0998	9. 법인세등			5,000,000	5,000,000
	0998	2). 추가계상액			5,000,000	5,000,000

* 마지막 법인세를 입력한 후 **좌측 상단에 있는 전표추가**를 누르면 자동결산에 입력한 내용이 일반전표에 자동으로 반영된다.

* 그리고, 아래의 이익잉여금 처분계산서를 입력하기 전에 반드시 아래의 순서를 지켜야 한다. 현재 수동결산과 자동결산의 전표추가까지 하였으므로 제조원가명세서부터 작업을 하면 된다.

☞ 수동결산 → 자동결산 : 입력 후 전표추가 → 제조원가명세서(12월) → 손익계산서(12월) → 이익잉여금처분계산서 : 입력 후 전표추가 → 재무상태표

과 목	제5(당)기 [2019년01월01일-2019년12월31일] 금액		제4(전)기 [2018년01월01일-2018년12월31일] 금액	
1.원재료비		19,650,000		44,504,780
기초원재료재고액	20,000,000		10,000,000	
당기원재료매입액	4,700,000		54,504,780	
매입할인	50,000			
기말원재료재고액	5,000,000		20,000,000	
2.노무비		6,000,000		50,000,000
임금	5,000,000		50,000,000	
퇴직급여	1,000,000			
3.경비		2,555,000		108,000,000
복리후생비	1,025,000		20,000,000	
여비교통비			5,000,000	
접대비			15,000,000	
전력비	500,000			
세금과공과	30,000		10,000,000	
감가상각비	1,000,000		30,000,000	
임차료			12,000,000	
수선비			10,000,000	
보험료			5,000,000	
보관료			1,000,000	
4.당기 총 제조비용		28,205,000		202,504,780
5.기초재공품 재고액		1,000,000		3,000,000
6.합계		29,205,000		205,504,780
7.기말재공품 재고액		4,000,000		1,000,000
8.타계정으로 대체액				
9.당기제품 제조원가		25,205,000		204,504,780

☞ 제조원가명세서의 결과값인 "당기제품제조원가"가 아래의 손익계산서 제품매출원가계산에 자동으로 반영된다.

전산세무 2급

과 목	제 5(당)기 2019년1월1일 ~ 2019년12월31일 금액		제 4(전)기 2018년1월1일 ~ 2018년12월31일 금액	
I. 매출액		217,400,000		252,854,000
제품매출	217,600,000		252,854,000	
매출할인	200,000			
II. 매출원가		76,205,000		158,004,780
제품매출원가		76,205,000		158,004,780
기초제품재고액	58,000,000		12,500,000	
당기제품제조원가	25,205,000		204,504,780	
타계정으로 대체액	5,000,000			
기말제품재고액	3,000,000		59,000,000	
III. 매출총이익		141,195,000		94,849,220
IV. 판매비와관리비		12,562,000		79,499,220
급여	3,900,000		28,500,000	
퇴직급여	1,500,000			
복리후생비	20,000		3,854,000	
여비교통비	450,000		1,950,000	
접대비	350,000		9,540,500	
통신비			2,540,700	
수도광열비	320,000		3,710,500	
세금과공과	20,000		3,450,000	
감가상각비	2,000,000		1,500,000	
임차료			5,500,000	
보험료	200,000		3,500,000	
차량유지비	150,000		10,548,400	
운반비			250,000	
소모품비	2,200,000		3,450,120	
수수료비용			1,205,000	
대손상각비	1,462,000			
V. 영업이익		128,633,000		15,350,000
VI. 영업외수익		100,000		4,500,000
이자수익			500,000	
임대료			3,500,000	
유형자산처분이익	100,000			
잡이익			500,000	
VII. 영업외비용		5,650,000		4,550,000
이자비용			2,500,000	
기부금	5,500,000		2,000,000	
매출채권처분손실	150,000			
잡손실			50,000	
VIII. 법인세차감전이익		123,083,000		15,300,000
IX. 법인세등		5,000,000		300,000
법인세비용	5,000,000		300,000	
X. 당기순이익		118,083,000		15,000,000

☞ 손익계산서의 결과값인 "당기순이익"이 아래의 이익잉여금처분계산서에 자동으로 반영된다.

문제13] 다음은 이익잉여금 처분사항(처분예정일: 2026년 3월 15일)이다. 해당메뉴에 입력하시오.

구 분		금 액
Ⅱ. 임의적립금이입액	배 당 평 균 적 립 금	3,000,000
Ⅲ. 이익잉여금처분액	이 익 준 비 금	1,000,000
	현 금 배 당	10,000,000
	주 식 배 당	15,000,000
	사 업 확 장 적 립 금	20,000,000
	배 당 평 균 적 립 금	30,000,000

과목	계정과목명	제 5기(당기) 금액	제 4기(전기) 금액
Ⅰ.미처분이익잉여금		293,083,000	175,000,000
1.전기이월미처분이익잉여금		175,000,000	160,000,000
2.회계변경의 누적효과	0369 회계변경의누적효과		
3.전기오류수정이익	0370 전기오류수정이익		
4.전기오류수정손실	0371 전기오류수정손실		
5.중간배당금	0372 중간배당금		
6.당기순이익		118,083,000	15,000,000
Ⅱ.임의적립금 등의 이입액		3,000,000	
1.배당평균적립금	0358 배당평균적립금	3,000,000	
2.			
합계		296,083,000	175,000,000
Ⅲ.이익잉여금처분액		76,000,000	
1.이익준비금	0351 이익준비금	1,000,000	
2.재무구조개선적립금	0354 재무구조개선적립금		
3.주식할인발행차금상각액	0381 주식할인발행차금		
4.배당금		25,000,000	
가.현금배당	0265 미지급배당금	10,000,000	
주당배당금(률)	보통주		
	우선주		
나.주식배당	0387 미교부주식배당금	15,000,000	
주당배당금(률)	보통주		
	우선주		
5.사업확장적립금	0356 사업확장적립금	20,000,000	
6.감채적립금	0357 감채적립금		
7.배당평균적립금	0358 배당평균적립금	30,000,000	
Ⅳ.차기이월미처분이익잉여금		220,083,000	175,000,000

☞ 이익잉여금처분계산서의 맨 위에 있는 "미처분이익잉여금"이 아래의 재무상태표에 자동으로 반영된다.

과 목	제 5(당)기 2019년1월1일 ~ 2019년12월31일		제 4(전)기 2018년1월1일 ~ 2018년12월31일	
	금액		금액	
자산				
Ⅰ.유동자산		459,273,000		279,000,000
① 당좌자산		447,273,000		199,000,000
현금		143,452,000		9,730,000
당좌예금		48,000,000		50,000,000
보통예금		33,583,000		40,000,000
외상매출금	120,200,000		70,000,000	
대손충당금	1,202,000	118,998,000	700,000	69,300,000
받을어음	98,000,000		30,000,000	
대손충당금	980,000	97,020,000	30,000	29,970,000
소모품		300,000		
선급비용		1,000,000		
부가세대급금		4,920,000		
② 재고자산		12,000,000		80,000,000
제품		3,000,000		59,000,000
원재료		5,000,000		20,000,000
재공품		4,000,000		1,000,000
Ⅱ.비유동자산		100,600,000		46,000,000
① 투자자산				
② 유형자산		100,600,000		46,000,000
차량운반구	83,000,000		30,000,000	
감가상각누계액	5,000,000	78,000,000	3,000,000	27,000,000
비품	24,300,000		20,000,000	
감가상각누계액	1,700,000	22,600,000	1,000,000	19,000,000
③ 무형자산				
④ 기타비유동자산				
자산총계		559,873,000		325,000,000
부채				
Ⅰ.유동부채		214,290,000		100,000,000
외상매입금		62,000,000		60,000,000
지급어음		31,950,000		30,000,000
미지급금		58,800,000		
부가세예수금		20,640,000		
선수금		35,000,000		10,000,000
미지급세금		5,000,000		
미지급비용		900,000		
Ⅱ.비유동부채		2,500,000		
퇴직급여충당부채		2,500,000		
부채총계		216,790,000		100,000,000
자본				
Ⅰ.자본금		50,000,000		50,000,000
자본금		50,000,000		50,000,000
Ⅱ.자본잉여금				
Ⅲ.자본조정				
Ⅳ.기타포괄손익누계액				
Ⅴ.이익잉여금		293,083,000		175,000,000
미처분이익잉여금		293,083,000		175,000,000
(당기순이익)				
당기: 118,083,000				
전기: 15,000,000				
자본총계		343,083,000		225,000,000
부채와자본총계		559,873,000		325,000,000

문제14] 장부를 조회하고 다음 물음에 답하시오.

(1) 당해 **1월부터 3월까지** 받을어음 중 회수한 금액은 얼마인가? 2,000,000원

☞ 외상매출금회수, 받을어음회수, 외상매입금지급액, 지급어음결제액은 "계정별원장"에서 조회한다.
1월~3월이므로 누계의 금액을 보아도 된다.

(2) 당해 **1월부터 3월까지** 현금지출액은 얼마인가? 9,118,000원

☞ 현금수입액, 현금지출액, 현금잔액은 현금출납장을 조회한다.
☞ 월계는 해당 월의 합계를 의미하며, 누계는 1월부터 누적된 합계액이다.

(3) **3월 말** 현재 받을어음 잔액이 가장 많은 거래처 코드와 금액은 얼마인가?
316번, 70,000,000

☞ 문제에서 거래처 이름이 있거나, 거래처라는 말이 있으면 "거래처원장"에서 조회한다.

(4) **3월말** 현재 현금 및 현금성자산 금액은 얼마인가? 225,035,000원

관리용 제출용				
차 변		계정과목	대 변	
잔액	합계		합계	잔액
527,805,000	555,290,000	1.유 동 자 산	39,215,000	730,000
448,155,000	480,590,000	<당 좌 자 산>	33,165,000	730,000
225,035,000	244,970,000	현금및현금성자산	19,935,000	

☞ 말일의 잔액은 합계잔액시산표에서 조회한다.

(5) **1월 ~ 3월말까지** 현금으로 지출된 제조경비은 얼마인가? 555,000원

차 변			계정과목	대 변		
계	대체	현금		현금	대체	계
5,000,000	5,000,000		<노 무 비>			
5,000,000	5,000,000		임 금			
1,555,000	1,000,000	555,000	<제 조 경 비>			
1,025,000	1,000,000	25,000	복 리 후 생 비			

☞ 월~월까지 질문은 월계표에서 조회한다.

(6) **3월말** 현재 유동자산은 전기대비 얼마 증가하였는가?
527,075,000 - 279,000,000

관리용 제출용 표준용		
과 목	제 5(당)기 2019년1월1일 ~ 2019년3월31일	제 4(전)기 2018년1월1일 ~ 2018년12월31일
	금액	금액
자산		
I.유동자산	527,075,000	279,000,000
① 당좌자산	447,425,000	199,000,000

☞ 유동자산, 유동부채, 당좌자산 등의 단어가 나오면 결산재무제표의 재무상태표에서 조회한다.

(7) **3월말** 현재 매출세금계산서 발행 매수와 공급가액은 얼마인가?

4매, 204,200,000원

☞ 세금계산서 매수, 공급가액은 세금계산서합계표에서 조회한다.

(8) 1기 예정 부가가치세 ① 과세표준, ② 매출세액, ③ 매입세액, ④ 공제받지 못할 매입세액, ⑤ 납부세액은 얼마인가?

① 과세표준 217,400,000원, ② 매출세액 20,640,000원, ③ 매입세액 4,920,000원, ④ 공제받지 못할 매입세액 3,00,000원, ⑤ 납부세액 15,720,000원

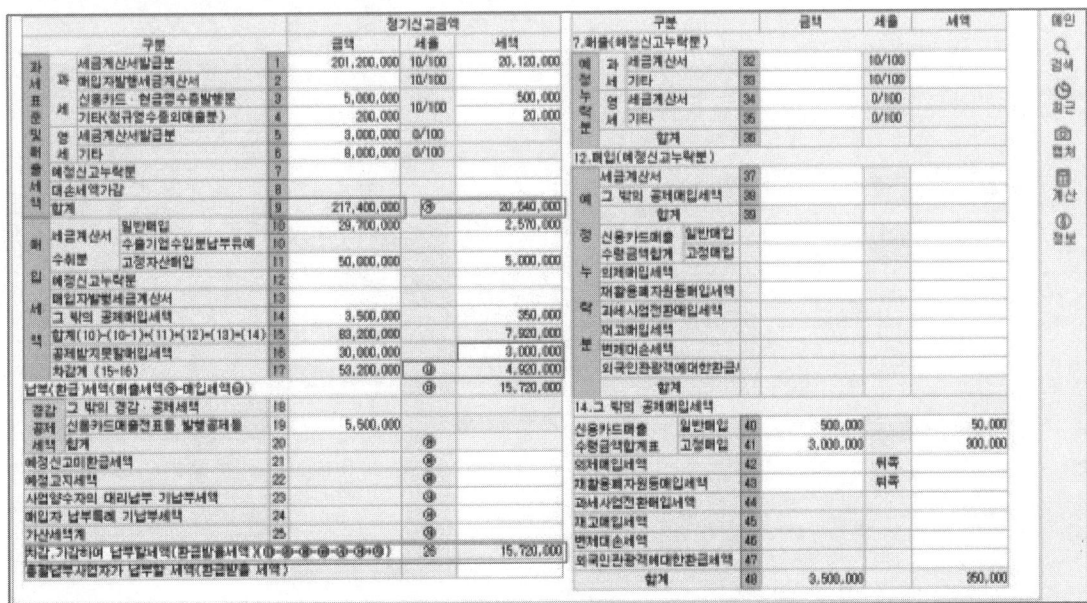

☞ 부가가치세과세표준, 매출세액, 공제받지 못할 매입세액, 매입세액, 납부세액은 부가가치세신고서에서 조회한다.

(9) 1기 예정신고기간의 신용카드매출(부가세포함)은 얼마인가? 2,200,000원

월 계	1건-매수	1매	2,000,000	200,000	2,200,000
분기누계	1건-매수	1매	2,000,000	200,000	2,200,000
누 계	1건-매수	1매	2,000,000	200,000	2,200,000

☞ 11번 과세, 12번 영세, 13번 면세, 17번 카과, 22번 현과, 51번 과세, 52번 영세, 53번 면세, 54번 불공, 55번 수입, 57번 카과, 61번 현과 등 과세유형과 관련된 문제는 매입매출장에서 조회한다.

(10) 1월 ~ 3월중 제품매출이 가장 큰 월은 몇 월이며, 공급가액은 얼마인가?
3월, 200,000,000원

코드	계정과목	일자	차 변	대 변	잔 액
0404	제품매출				
		2019/01		17,600,000	17,600,000
		2019/02			17,600,000
		2019/03		200,000,000	217,600,000
		합 계		217,600,000	

☞ 가장 큰 월~, 가장 작은 월~ 이런 질문은 총계정원장에서 조회한다.

IV 부가가치세 신고실무

chapter 1 부가가치세신고서 부속서류 작성

Chapter 1 부가가치세신고서 부속서류 작성

● 전산세무시험에 출제되는 가산세 요약 (2025년)

종 류	사 유	가산세액 계산
(1) 전자세금계산서 지연발급(종이세금계산서 발급시 포함)		공급가액×1%
(2) 전자세금계산서 미발급가산세		공급가액×2%
(3) 신고불성실가산세	일반 무신고	미납부세액×20%
	일반 과소신고	미납부세액×10%
(4) 납부지연 가산세	미납부세액	미납부세액 × 미납일수 × 2.2/10,000
(5) 영세율 과세표준신고 불성실가산세	과세표준의 무신고·과소신고	공급가액×0.5%

● 신고불성실가산세 감면

① 예정 때 누락하여 확정 때 신고시, 확정 때 누락하여 수정신고시 - 일반과소신고 가산세 적용.

수정신고기한	감면비율
1개월 이내 수정신고시	90%
3개월 이내 수정신고시	75%
6개월 이내 수정신고시	50%
1년 이내 수정신고시	30%
1년 6개월 이내 수정신고시	20%
2년 이내 수정신고시	10%

② 기한후 신고시 - 확정 때 신고를 하지 못하는 경우를 의미 - 일반무신고 가산세 적용.

신고기한	감면비율
1개월 이내 신고시	50%
3개월 이내 신고시	30%
6개월 이내 신고시	20%

● 전자세금계산서 발급명세 지연전송 또는 미전송가산세

종 류	사 유	가산세액 계산
전자세금계산서 발급명세 지연전송 가산세	전자세금계산서 발급의무 사업자가 전자세금계산서 발급일의 다음 날(토요일 또는 공휴일인 경우 그 다음 날)이 경과한 후 공급시기가 속하는 과세기간 말의 다음 달 25일(7/25, 1/25)까지 발급명세를 전송한 경우	공급가액×0.3%
전자세금계산서 발급명세 미전송가산세	전자세금계산서 발급의무 사업자가 전자세금계산서 발급일의 다음 날(토요일 또는 공휴일인 경우 그 다음 날)이 경과한 후 공급시기가 속하는 과세기간 말의 다음 달 25일(7/25, 1/25)까지 발급명세를 미전송한 경우	공급가액×0.5%

구분	공급시기 (작성일자)	발급기한	공급자 지연발급가산세(1%)	공급자 미발급가산세(2%)
			공급받는 자 매입세액공제가능 지연수취 가산세(0.5%)	공급받는 자 매입세액불공제 (가산세 없음)
1기	1월	2월10일	7월 25일까지 발급	7월 25일 이후 발급
	2월	3월10일		
	3월	4월10일		
	4월	5월10일		
	5월	6월10일		
	6월	7월10일		
2기	7월	8월10일	1월 25일까지 발급	1월 25일 이후 발급
	8월	9월10일		
	9월	10월10일		
	10월	11월10일		
	11월	12월10일		
	12월	1월10일		

※ 지연발급가산세 : 다음 달 10일 이후 과세기간의 확정신고기한 1/25일 또는 7/25일까지 세금계산서를 발행하면 지연발급가산세가 적용됩니다.

※ 마지막 6월분도 7월 10일까지 발행할 수 있으며, 7월 10일 이후 7월 25일까지 발행하면 지연발급, 이후에 발행하면 미발급가산세입니다.

※ 세금계산서 지연발급, 또는 미발급 시 매입자의 지연수취 가산세 또는 매입세액 불공제의 불이익을 방지하기 위해 종이 세금계산서를 발행할 수 있는 제도를 운용하고 있으며, 종이 세금계산서 발행 시 발급자는 지연발급가산세의 항목으로 1% 가산세를 납부하고, 매입자는 가산세 없이 매입세액공제를 받을 수 있다.

01 부가가치세 신고서 작성

[2] 다음의 자료를 이용하여 ㈜어덕의 2025년도 1기 확정 부가가치세신고서를 작성하시오. 부가가치세신고서 이외에 과세표준명세 등 기타 부속서류는 작성 및 전표입력을 생략한다. 제시된 자료 이외의 거래는 없는 것으로 가정한다.

1. 매출관련 자료

구분	공급가액(원)	부가가치세액(원)
세금계산서 발행 매출액(4월~6월)	100,000,000	10,000,000
신용카드 과세 매출액(4월~6월)	5,000,000	500,000
국외에서 제공한 용역에 대한매출액 (4월~6월)	1,000,000	-
매출거래처 담당자에게 무상으로 제공한 제품의 시가	500,000	50,000
예정신고 시 현금영수증 매출 누락분	3,000,000	300,000

※ 세금계산서를 발행한 매출액은 모두 전자세금계산서로 발급, 전송하였다.

2. 매입관련 자료

구분	과세표준(원)	부가가치세(원)
세금계산서 수령한 상품 구입액	10,000,000	1,000,000
세금계산서 수령한 사무실 인테리어(고정자산)	12,000,000	1,200,000
세금계산서 수령한 접대용 물품 구입액 (위의 상품구입액과 별도)	1,000,000	100,000
매입세액공제 가능한 법인카드 사용액 (내역: 직원회식비)	2,000,000	200,000

3. 기타
 · 2025년도 1기 예정신고미환급 세액은 350,000원이다.
 · 예정신고 누락과 관련된 가산세 계산시 미납일수는 91일이다.
 · 전자신고세액공제는 고려하지 않는다.

㉠ 전자세금계산서 가산세 : 해당사항 없음.
㉡ 일반과소신고불성실가산세 : 미납부세액 × 10% × 25%
  ☞ 300,000 × 10% × 25% = 7,500
㉢ 납부지연가산세 : 미납부세액 × 미납일수 × 2.2 / 10,000
  ☞ 300,000 × 91일 × 2.2/10,000 = 6,006
㉣ 영세율과세표준신고불성실가산세 : 공급가액 × 0.5% × 25%
  ☞ 해당사항 없음.

chapter 1. 부가가치세신고서 부속서류 작성

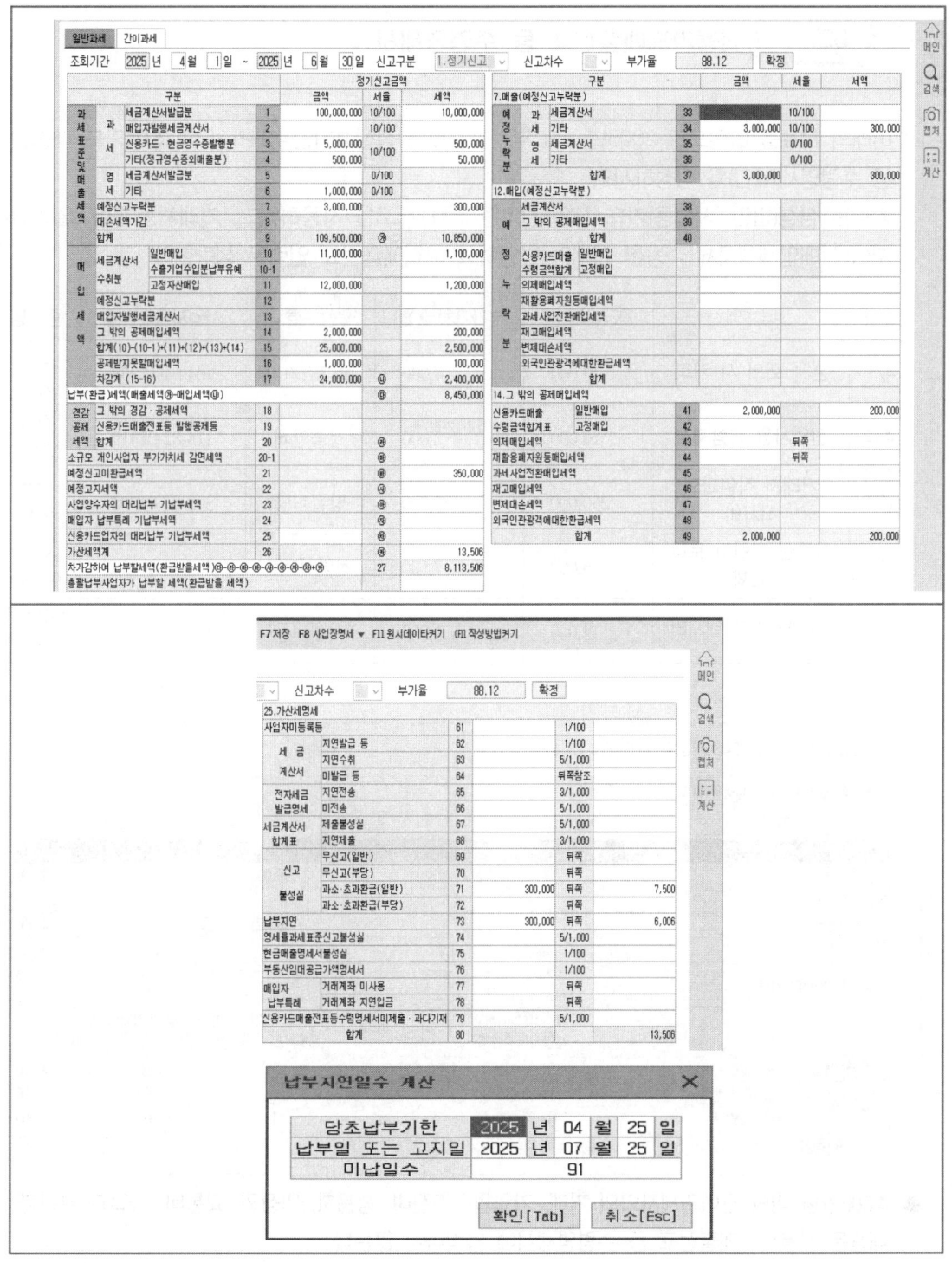

02 신용카드매출전표 등 수령명세서

[1] 아래의 자료를 바탕으로 2025년 1기 부가가치세 확정신고기간(4.1~6.30)의 신용카드 매출전표 등 수령명세서(갑)를 작성하시오.
카드는 삼성(법인, 사업용)카드 1234-4567-7890-0123을 사용하였고, 거래처는 모두 일반과세자이다.(매입세액공제 가능한 거래만 반영하고 매입매출전표 입력은 생략한다)

일자	내 역	공급가액(원)	부가가치세(원)	상 호	사업자등록번호	증 빙
4/1	본사 회의 시 커피	40,000	4,000	할리스커피	104-04-11258	신용카드
4/4	신입사원 명함제작	20,000	2,000	청솔인쇄	114-82-01319	현금영수증
5/10	거래처 직원과의 식사비	250,000	25,000	땅끝식당	303-07-81798	신용카드
5/14	사무실 프린터 토너 교체	75,000	7,500	컴박사(주)	303-83-00014	현금영수증
6/19	거래처 방문 택시비	13,000	1,300	서울교통	303-81-35784	신용카드

조회기간 : 2025.04.1.~2025.06.30

2. 신용카드 등 매입내역 합계

구분	거래건수	공급가액	세액
합 계	3	135,000	13,500
현금영수증	2	95,000	9,500
화물운전자복지카드			
사업용신용카드	1	40,000	4,000
기 타 신용카드			

3. 거래내역입력

	월/일	구분	공급자	공급자(가맹점) 사업자등록번호	카드회원번호	거래건수	공급가액	세액
1	04-01	사업	할리스커피	104-04-11258	1234-4567-7890-0123	1	40,000	4,000
2	04-04	현금	청솔인쇄	114-82-01319		1	20,000	2,000
3	05-14	현금	컴박사	303-83-00014		1	75,000	7,500
4								

● 4,800만원 미만 간이과세자와의 거래, 기업업무추진비, 승용차, 입장권, 교통비, 사업과 무관한 내용은 신용카드매출전표 등 수령명세서에 입력하지 않는다.
● **구분 선택 : 사업** - 사업용신용카드, **현금** - 현금영수증, **신용** - 대표자, 종업원개인카드

03. 신용카드매출전표 등 발행금액집계표

[1] 아래의 자료를 바탕으로 2025년 1기 부가가치세 확정신고 기간(4.1~6.30)의 신용카드매출전표 등 발행금액집계표를 작성하시오.

1) 4월 10일 제품 3,000,000(부가세 별도)을 매출하고, 전자세금계산서를 발행하였다. 대금은 전액 신한카드로 결제하고 신용카드매출전표를 발행하였다.

2) 4월 15일 제품 5,500,000(부가세 포함)을 매출하고, 대금은 전액 국민카드로 결제하고, 신용카드매출전표를 발행하였다.

3) 5월 12일 제품 2,200,000(부가세 포함)을 매출하고, 대금은 전액 현금으로 수령하고, 현금영수증을 발행하였다.

조회기간 : 2025.04.01.~2025.06.30

1. 인적사항

상호[법인명]	(주)신라	성명[대표자]	정상호	사업등록번호	135-08-85753
사업장소재지	경기도 의정부시 의정로 77 (의정부동)					

2. 신용카드매출전표 등 발행금액 현황

구 분	합 계	신용·직불·기명식 선불카드	현금영수증
합 계	11,000,000	8,800,000	2,200,000
과세 매출분	11,000,000	8,800,000	2,200,000
면세 매출분			
봉 사 료			

3. 신용카드매출전표 등 발행금액중 세금계산서 교부내역

세금계산서발급금액	3,300,000	계산서발급금액	

● 신용카드매출전표 등 발행집계표에는 과세매출분을 입력시에는 부가세 포함한 공급대가로 입력하며 세금계산서(계산서)와 중복해서 발행된 경우에는 아래 3번에 다시 한번 입력한다.

04 공제받지못할 매입세액명세서

[1] 다음 자료를 이용하여 과세 및 면세사업을 영위하는 겸영사업자인 당사의 2025년도 1기 부가가치세 예정신고기간에 대한 공제받지 못할 매입세액명세서 중 공통매입세액의 안분계산 탭을 입력하시오.

(단위 : 원)

구분		1기예정	
		공급가액	세액
매출	과세	5,000,000	500,000
	면세	5,000,000	
공통매입세액		4,000,000	400,000

조회기간 : 2025.01.01.~2025.03.31
☞ 1기 예정 : 공통매입세액 안분계산

산식	구분	과세·면세사업 공통매입		⑫총공급가액등	⑬면세공급가액 등	면세비율 (⑬÷⑫)	⑭불공제매입세액 [⑪×(⑬÷⑫)]
		⑩공급가액	⑪세액				
1.당해과세기간의 공급가액기준		4,000,000	400,000	10,000,000.00	5,000,000.00	50.000000	200,000
합계		4,000,000	400,000	10,000,000	5,000,000		200,000

불공제매입세액 (200,000) = 세액(400,000) × 면세공급가액 (5,000,000) / 총공급가액 (10,000,000)

[2] 다음 자료를 이용하여 과세 및 면세사업을 영위하는 겸영사업자인 당사의 2025년도 1기 부가가치세 확정신고기간에 대한 공제받지 못할 매입세액명세서 중 공통매입세액의 정산내역 탭을 입력하시오. (단, 1기 예정신고서에 반영된 공통매입세액 불공제분은 200,000원이고, 공급가액 기준으로 안분계산 하며, 제시된 자료 이외의 거래는 없는 것으로 가정한다)

(단위 : 원)

구분		1기 예정		1기 확정		1기 전체	
		공급가액	세액	공급가액	세액	공급가액	세액
매출	과세	5,000,000	500,000	28,000,000	2,800,000	33,000,000	3,300,000
	면세	5,000,000		5,000,000		10,000,000	
공통매입세액		4,000,000	400,000	8,000,000	800,000	12,000,000	1,200,000

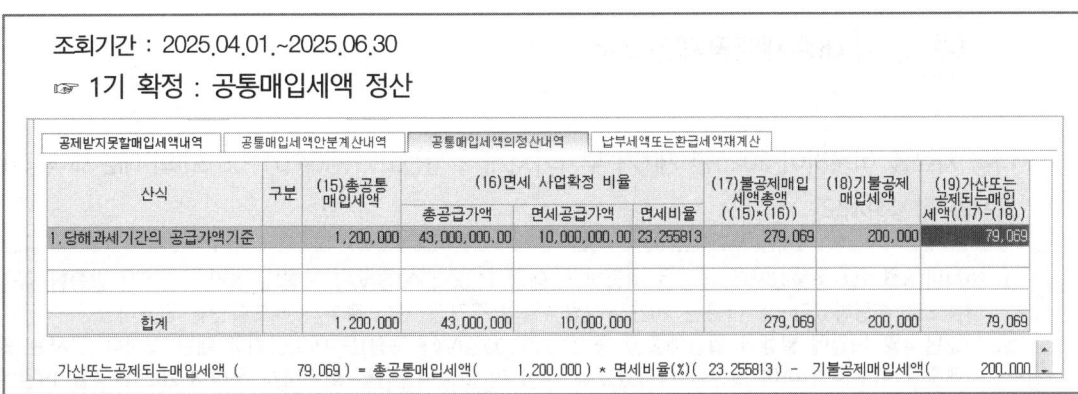

● 공통매입세액 정산은 확정신고시에만 계산하며, 예정과 확정을 합한 전체금액으로 입력한후 예정때 불공제된 금액을 18번 기불공제매입세액란에 입력한다.

[3] 회사는 과세사업과 면세사업을 영위하는 겸업사업자이다. 다음 자료를 보고 2025년 1기 확정 부가가치세 신고기간에 대한 공제받지 못할 매입세액명세서 중 납부세액 또는 환급세액 재계산 탭을 작성하시오.(단, 제시된 자료 이외에 공통으로 사용되는 자산은 없고, 각 과세기간마다 명세서를 적절히 작성했다고 가정하며, 기장된 자료는 무시하고 자료를 새로 입력할 것)

⟨ 2025년 과세사업과 면세사업에 공통으로 사용되는 자산의 취득내역 ⟩

자산내역	취득일자	공급가액	세액
건물	2024.02.08.	200,000,000원	20,000,000원
원재료	2025.05.24.	3,000,000원	300,000원

⟨ 2024년 2기 ~ 2025년 1기의 공급가액 내역 ⟩

구분	2024년 2기	2025년 1기
과세사업	300,000,000원	600,000,000원
면세사업	300,000,000원	200,000,000원
합계액	600,000,000원	800,000,000원

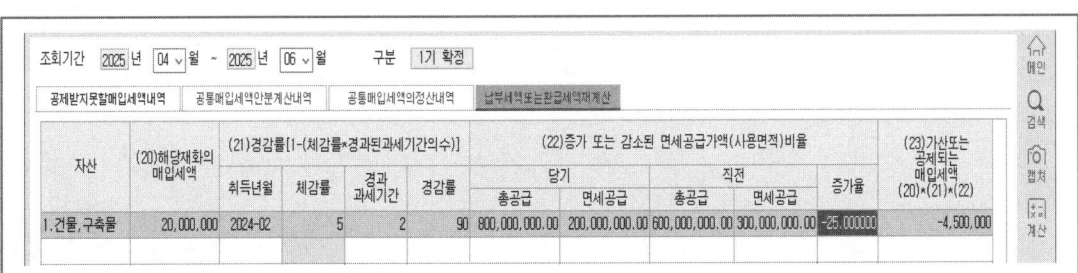

● 납부세액 재계산은 감가상각 자산만 계산한다.

05 대손세액공제신고서

[1] 다음 자료를 이용하여 2025년 제1기 부가가치세 확정신고기간(04.01~06.30)의 대손세액공제신고서를 작성하시오.

> (1) 2024년 8월 1일 물물상사에 제품을 매출하고, 대금 11,000,000원(VAT 포함)은 ㈜미리내에서 발행한 약속어음으로 수령하였다. 동 어음은 2025년 2월 1일에 주거래은행으로부터 부도확인을 받았다.
> (2) 2022년 4월 19일에 발생한 외상매출금 중 22,000,000원(VAT 포함)은 대소상회에 대한 것이다. 당사는 외상매출금 회수를 위하여 최선을 다하였으나, 결국 이 외상매출금을 회수하지 못하여 2025년 4월 19일에 상법상 소멸시효가 완성되었다.
> (3) 2013년 1월 3일자로 ㈜상신건업에 재화를 공급하면서 발생한 외상매출금 2,200,000원(VAT 포함)을 회수하지 못하고 있다가, 결국 2025년 3월 17일에 법원의 ㈜상신건업에 대한 회생계획인가 결정에 따라 회수할 수 없게 되었다.

조회기간 : 04.01 ~ 06.30

당초공급일	대손확정일	대손금액	공제율	대손세액	거래처	대손사유
2022.04.19	2025.04.19	22,000,000	10/110	2,000,000	대소상회	소멸시효완성

● 대손세액 공제 요건 : 거래처 파산, 사망, 실종, 부도6개월 경과, 소멸시효완성, 강제집행, 30만원이하의 소액채권으로서 회수기간이 6개월이상 경과한 것, 중소기업의 외상매출금으로서 회수기간이 2년이상 경과한 것 등으로서 매출일로부터 10년이내의 것만 입력한다.

● 부도발생일(2025년 02월 01일) + 6개월 + 1일 = 대손확정일(2025년 08월 02일)이므로 2기확정신고시에 입력한다.

● 2013년 1월 3일 + 10년 = 2023년 01월이 속하는 과세기간의 신고기한(2023년 07월 25일)에 대손세액공제를 받았어야 하므로 2025년에는 받을 수 없다.

06 부동산임대공급가액명세서

[1] 다음 자료는 2025년 1기 확정 부가가치세 신고기간(4월~6월)의 부동산 임대내역이다. 부동산임대공급가액명세서를 작성하시오.(화면 메뉴의 이자율을 3.5%) (계약갱신일 2025.5.1.이다)

거래처명/ 사업자등록번호	층/ 호수	면적	용도	임대기간	보증금	월세	관리비
신미상사 102-81-95063	1층 101호	87㎡	사무실	2023.5.1.~ 2025.4.30.	10,000,000원	1,500,000원	200,000원
				2025.5.1.~ 2027.4.30.	20,000,000원	1,800,000원	200,000원

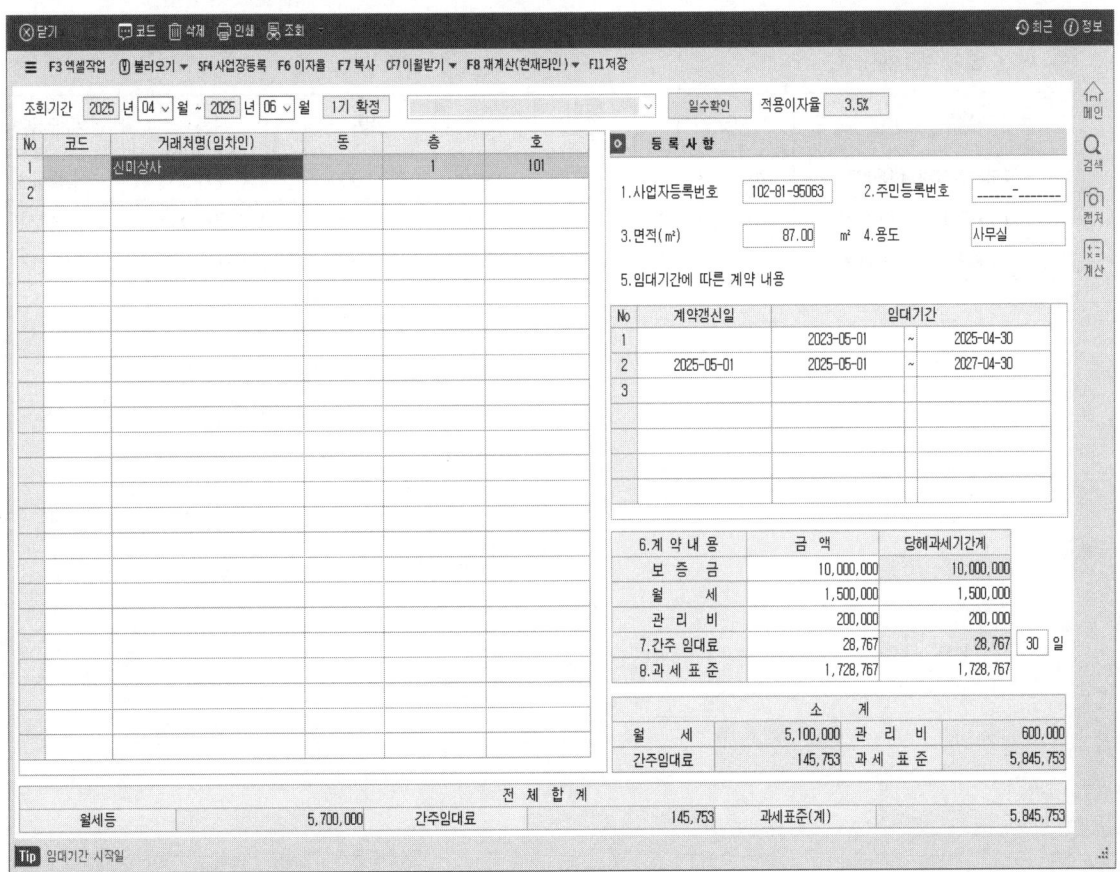

07 수출실적명세서

[1] 다음 자료를 보고 2025년 2기 예정신고기간의 수출실적명세서를 작성하시오.
(수출신고번호는 맞는 것으로 가정한다.)

거래처	수출신고번호	선적일	환가일	통화	수출액	기준 환율	
						선적일	환가일
히로상사	13042-10-044699X	2025. 8. 20	2025. 8. 15	USD	$200,000	₩950/$	₩900/$
LA상사	13045-10-011470X	2025. 8. 22	2025. 8. 25	USD	$100,000	₩1,050/$	₩1,060/$
킹덤상사	13064-25-247041X	2025. 9. 17	-	USD	$200,000	₩1,100/$	-

☞ 수출실적명세서

수출신고번호	선적일자	통화코드	환율	외화	원화	거래처명
13042-10-044699X	2025. 8. 20	USD	₩900	$200,000	180,000,000	히로상사
13045-10-011470X	2025. 8. 22	USD	₩1,050	$100,000	105,000,000	LA상사
13064-25-247041X	2025. 9. 17	USD	₩1,100	$200,000	220,000,000	킹덤상사

chapter 1. 부가가치세신고서 부속서류 작성

08 의제매입세액공제신고서

[1] 당사는 제조업을 영위하는 법인 중소기업이다. 다음의 자료를 이용하여 2025년 2기 확정(10월 1일~12월 31일) 의제매입세액공제신고서를 작성하시오.(단, 의제매입세액공제대상이 되는 거래는 다음 거래뿐이며 불러오는 자료는 무시하고 직접 입력한다)

1. 매입자료

공급자	사업자번호 (또는 주민번호)	매입일자	물품명	수량(kg)	매입가격(원)	증빙	건수
부천농산	130-92-12345	2025.10.09	농산물	100	120,000,000	계산서	1
홍상진	820218-1234560	2025.11.12	야채	50	5,000,000	현금 (농민으로부터 직접 매입함)	1

2. 추가자료
- 2기 예정 과세표준은 140,000,000원이며, 2기 확정 과세표준은 180,000,000원이다.
- 2기예정신고(7월 1일 ~ 9월 30일)까지는 면세품목에 대한 매입액은 10,400,000원이며, 의제매입세액공제액은 400,000원이다.

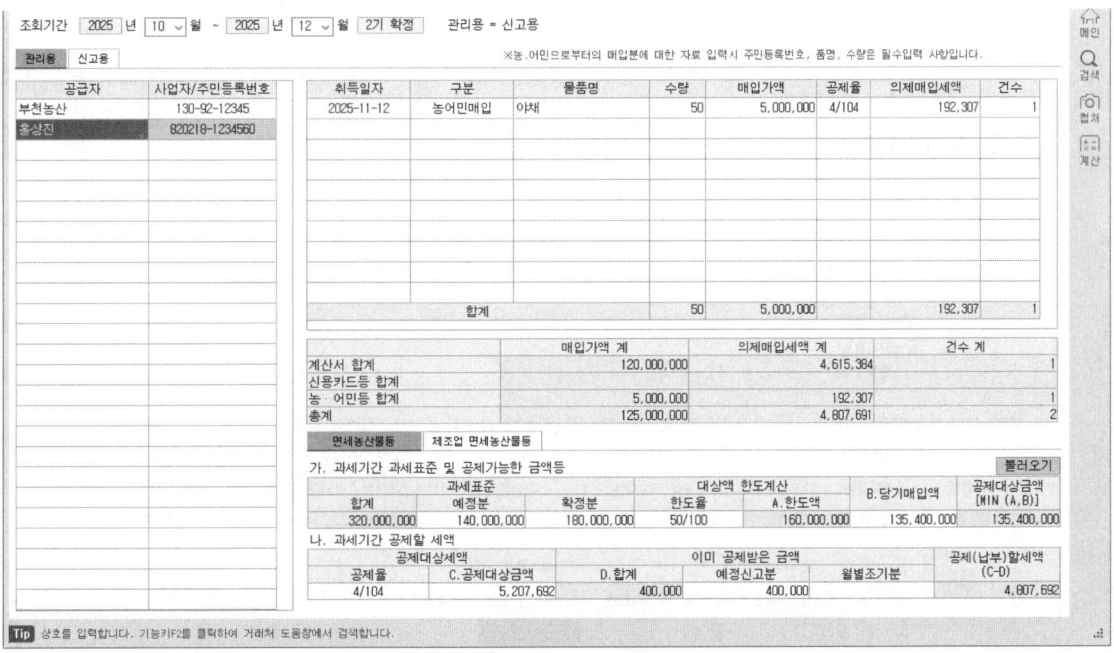

- 만약 음식점이라면 농어민과의 거래인 홍상진은 입력하지 않는다.
- 당기매입액 :: 확정매입액 125,000,000 + 예정매입액 10,400,000 = 135,400,000

09 재활용폐자원세액공제신고서

[1] 당사는 재활용폐자원을 수집하는 사업자이다. 다음 자료에 의하여 2025년 2기 확정신고기간의 재활용폐자원세액공제 신고서를 작성하시오. 단, 공제(납부)할 세액까지 정확한 금액을 입력할 것.

거래자료	공급자	사업자번호	거래일자	품명	수량(KG)	취득금액	증빙	건수
	왕고물상	101-02-21108	2025. 10. 6.	고철	200	4,650,000원	영수증	1

추가자료
- 왕고물상은 간이과세사업자이다.
- 매입매출전표입력은 생략하며, 예정신고기간 중의 재활용폐자원 신고내역은 없다.
- 2기 과세기간 중 재활용관련 매출액과 세금계산서 매입액은 다음과 같다.

구분	매출액	매입공급가액(세금계산서)
예정분	58,000,000원	43,000,000원
확정분	63,000,000원	52,000,000원

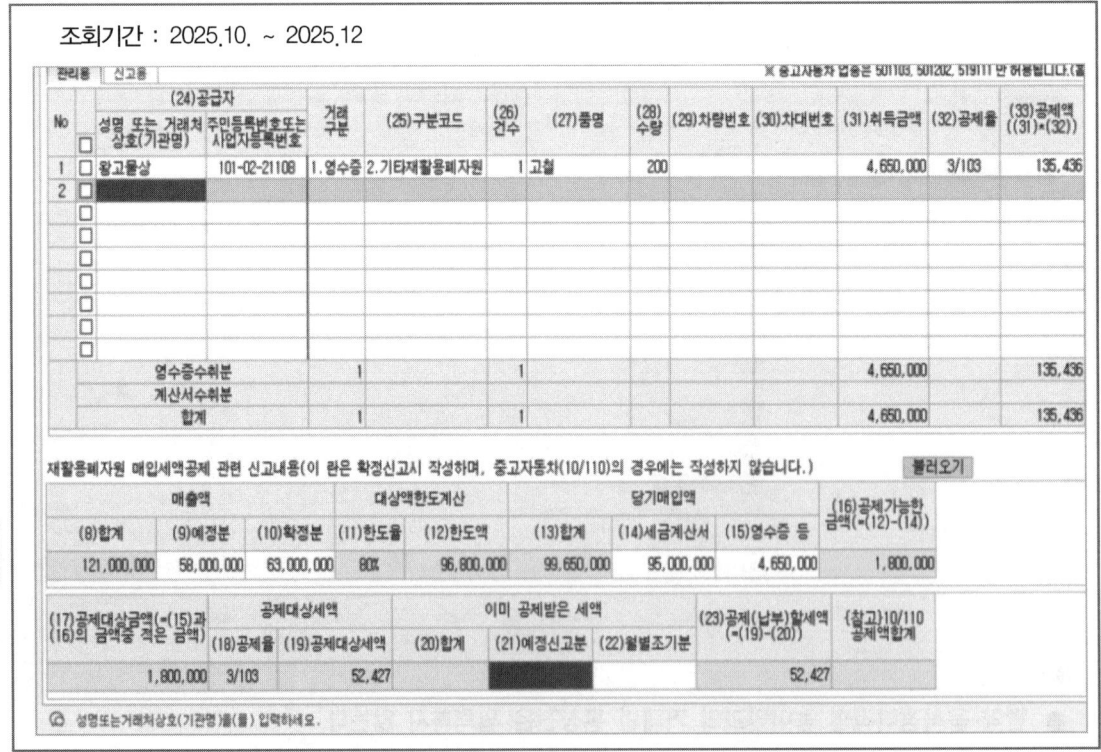

V

원천징수 및 연말정산 실무

chapter 1 급여자료 입력 및 연말정산

Chapter 1 급여자료 입력 및 연말정산

▶ 근로소득 연말정산자료

홍길동의 급여자료(사원코드 101번, 입사일 2025년 1월 2일, 사무직근로자)로 사원등록, 부양가족명세입력, 연말정산자료 추가입력을 하시오. 단, 주민번호는 모두 맞는 것으로 가정한다.

기본급	육아수당	자가운전보조금	식대	자격증수당	야간근로수당	일.숙직비	상여금
3,000,000원	200,000원	200,000원	200,000원	500,000원	100,000원	50,000원	400%

* 매월 급여지급 시 아래의 금액을 공제 후 매월 말에 지급한다.
  국민연금, 건강보험료, 고용보험료 보수월액은 3,600,000원으로 입력하여 자동계산하며, 소득세는 자동계산되는 금액을 무시하고, 매월 200,000, 지방소득세 20,000원으로 가정한다.
* 상여금은 2월, 6월, 10월, 12월에 지급한다.
* 당사는 식대 이외에 별도의 식사를 제공하지 않는다.
* 자가운전보조금은 차량소유 종업원이 본인의 차량을 업무수행에 이용하고 실제 소요된 여비 대신에 지급한 것이다.
* 홍길동은 직장 내 맞벌이 부부로써, 6세 이하의 자녀가 있다.

가족관계	성명	주민등록번호	나이	연간소득금액	비고
본인	홍길동	760101-1350911	49		
배우자	임미래	810101-2388555	44	근로소득 500만원	
부친	홍수래	430101-1323222	77	이자소득 1,000만원	
장남	홍준성	030101-3253222	22	소득 없음(장애인복지법)	장애
차남	홍태오	190101-3621252	6	소득 없음	
처남	임꺽정	990101-1234567	26	소득 없음	

항목	내용	금액
보험료 (국세청)	배우자를 피보험자로 한 생명 보험료(보장성)	300,000원
	장남을 피보험자로 한 장애인 전용 보장성 보험료	1,500,000원
의료비 (국세청)	부친의 질병 치료비(현대병원)	500,000원
	장남의 질병 진단비(삼성병원)(실손보험금 2,000,000원)	3,000,000원
	장남의 미용 목적 성형수술비(미래병원)	2,000,000원
교육비 (국세청)	부친의 대학원 교육비	300,000원
	배우자의 대학원 교육비	2,700,000원

항 목	내 용	금 액
	장남의 대학교 교육비(일반)	1,000,000원
	차남의 영어학원 교육비	500,000원
	처남의 대학교 교육비	1,000,000원
기부금	부친의 교회기부금(새나라 교회)	4,000,000원
연금저축	본인의 연금저축 납부액 ((주)신한은행 110-123-852)	1,000,000원
월 세	월세 연지급액 (박임대, 650101-1544212, 아파트 85m^2, 청주시 서원구 사직대로 854 임대기간 2025.07.01.~2025.12.31.)	연 4,000,000원
기타사용액 2024년 지출액 본인 7,000,000원 배우자 4,000,000원	중고자동차구입액(본인명의 신용카드)	20,000,000원
	배우자 가방구입액(배우자 명의 신용카드)	3,000,000원
	기타 생활비지출액(본인명의 현금영수증)	5,000,000원
	도서구입비(본인명의) 현금영수증	1,000,000원
	전통시장(배우자명의) 직불카드	2,000,000원
	대중교통(본인명의) 직불카드	500,000원

1. 사원등록

2. 부양가족명세

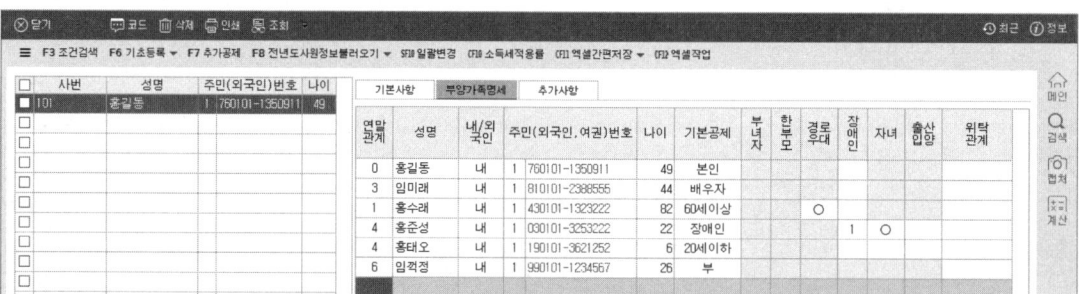

● 근로소득은 500만원, 근로소득금액은 150만원까지 기본공제 된다.

3. 급여자료입력 - 수당등록

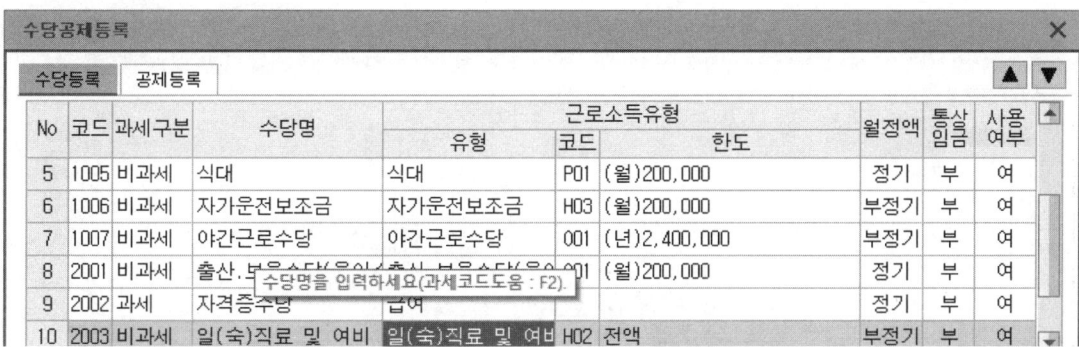

- 사용하지 않는 직책수당, 월차수당은 사용여부를 "부"로 변경
- 홍길동은 사무직 근로자이므로 야간근로수당은 과세가 된다. 사원등록에서 생산직 여부 "부", 연장근로수당 비과세 "부"로 하였으므로 수당등록에서는 수정하지 않아도 프로그램이 자동으로 과세로 인식한다.
- 육아수당, 일(숙)직료 및 여비는 비과세 선택후 수당명에서 F2번을 누른 후 육아수당, 일(숙)직료를 검색하여 입력한다.
- 자격증수당은 과세 선택후 F2번을 누르지 않고, 그냥 수당명을 입력한다.

3-1. 급여자료입력 - 공제등록

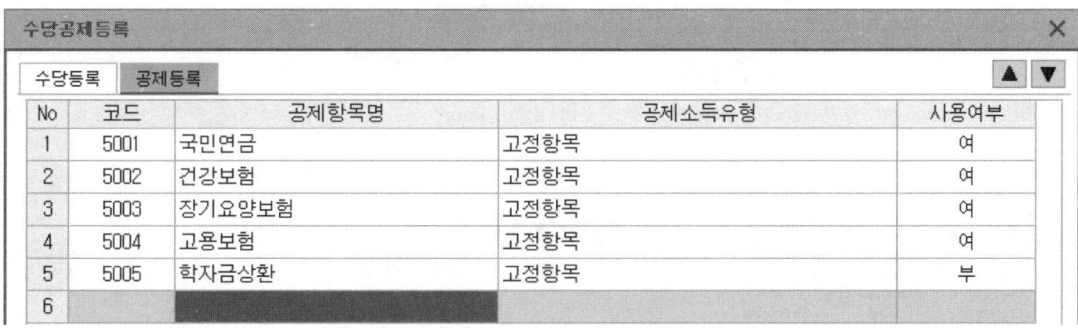

- 학자금 상환만 사용여부 "부"

4. 급여자료입력 - 급여입력 - 매월 말일 지급 (1월, 3월, 4월, 5월, 7월, 8월, 9월, 11월)

4-1. 급여자료입력 - 급여입력 - 매월 말일 지급 (2월, 6월, 10월, 12월)

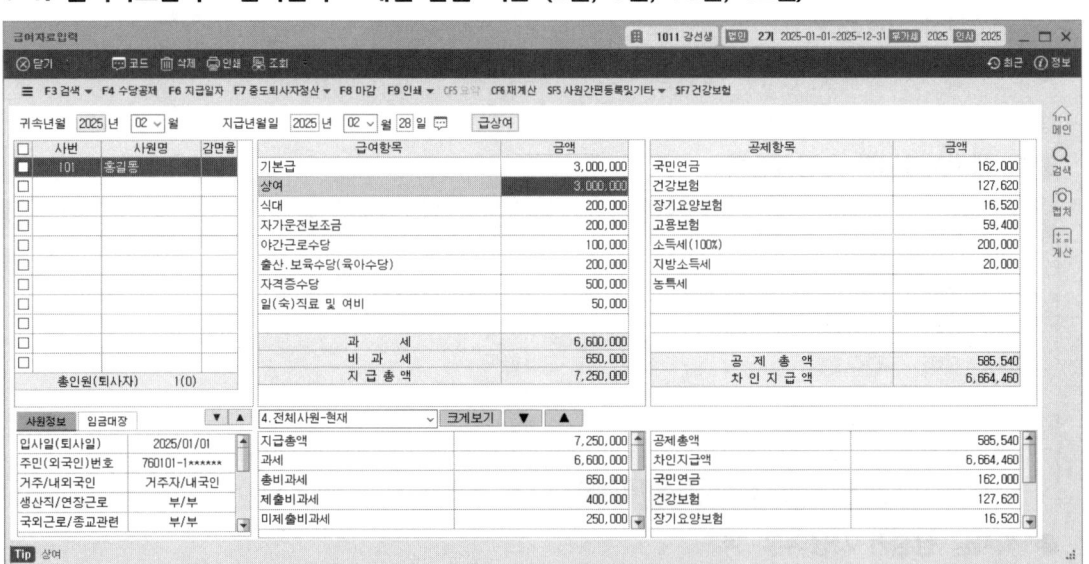

5. 원천징수이행상황신고서(상여금 없는 달)

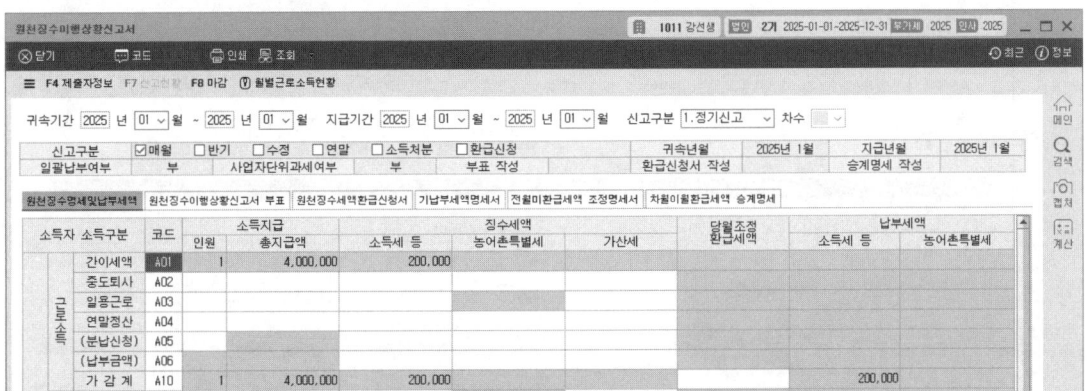

- 원천징수이행상황신고서에는 실비변상적 성질의 급여인 자가운전보조금과 일·숙직비는 반영되지 않는다.
- 기본급, 육아수당, 식대, 자격증수당, 야간근로수당만 반영된다.

5-1. 원천징수이행상황신고서(상여금 있는 달)

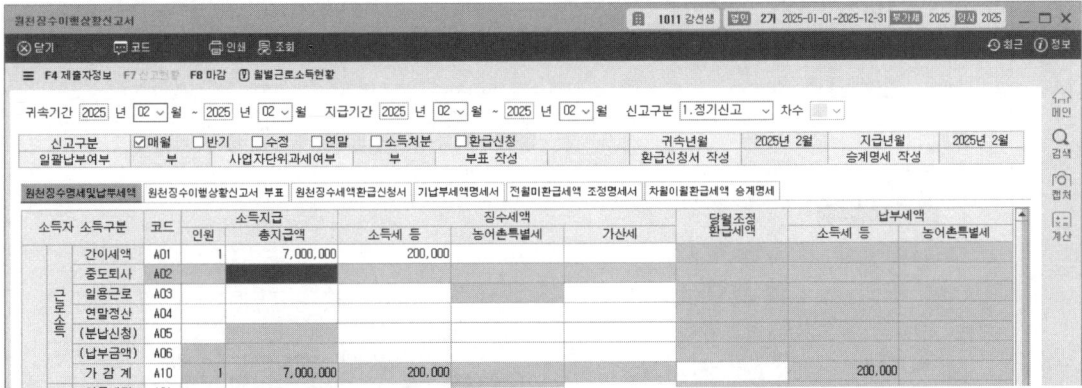

- 원천징수이행상황신고서에는 실비변상적 성질의 급여인 자가운전보조금과 일·숙직비는 반영되지 않는다.
- 기본급, 상여금, 육아수당, 식대, 자격증수당, 야간근로수당만 반영된다.

6. 연말정산추가자료 입력

① 보험료 입력

② 의료비 입력
● 미용을 위한 성형수술비는 공제대상이 아니다.

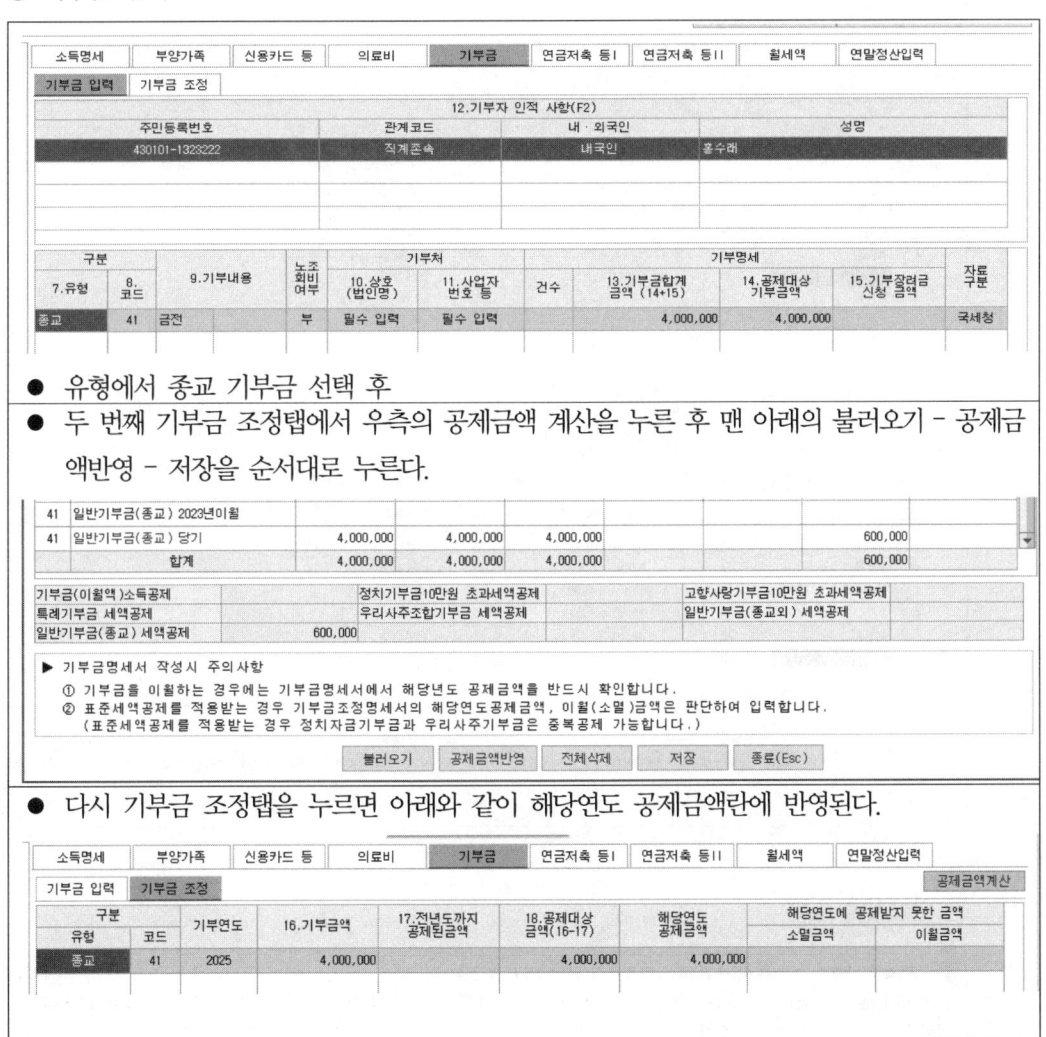

③ 기부금 입력

● 유형에서 종교 기부금 선택 후
● 두 번째 기부금 조정탭에서 우측의 공제금액 계산을 누른 후 맨 아래의 불러오기 - 공제금액반영 - 저장을 순서대로 누른다.

● 다시 기부금 조정탭을 누르면 아래와 같이 해당연도 공제금액란에 반영된다.

④ 교육비 입력

- 대학원 교육비는 본인의 것만 된다.
- 학원비는 공제대상이 아니지만 미취학 아동의 학원비는 공제된다.

소득명세 | 부양가족 | 신용카드 등 | 의료비 | 기부금 | 연금저축 등I | 연금저축 등II | 월세액 | 연말정산입력

연말관계	성명	내/외국인		주민(외국인)번호	나이	기본공제	세대주구분	부녀자	한부모	경로우대	장애인	자녀	출산입양
0	홍길동	내	1	760101-1350911	49	본인	세대주						
1	홍수래	내	1	430101-1323222	82	60세이상				○			
3	임미래	내	1	810101-2388555	44	배우자							
4	홍준성	내	1	030101-3253222	22	장애인					1	○	
4	홍태오	내	1	190101-3621252	6	20세이하							
6	임꺽정	내	1	990101-1234567	26	부							
합 계 [명]						5				1	1	1	

자료구분	보험료				의료비					교육비		
	건강	고용	일반보장성	장애인전용	일반	실손	선천성이상아	난임	65세,장애인	일반		장애인특수
국세청				1,500,000		2,000,000			3,000,000	1,000,000	3.대학생	
기타												

소득명세 | 부양가족 | 신용카드 등 | 의료비 | 기부금 | 연금저축 등I | 연금저축 등II | 월세액 | 연말정산입력

연말관계	성명	내/외국인		주민(외국인)번호	나이	기본공제	세대주구분	부녀자	한부모	경로우대	장애인	자녀	출산입양
0	홍길동	내	1	760101-1350911	49	본인	세대주						
1	홍수래	내	1	430101-1323222	82	60세이상				○			
3	임미래	내	1	810101-2388555	44	배우자							
4	홍준성	내	1	030101-3253222	22	장애인					1	○	
4	홍태오	내	1	190101-3621252	6	20세이하							
6	임꺽정	내	1	990101-1234567	26	부							
합 계 [명]						5				1	1	1	

자료구분	보험료				의료비					교육비		
	건강	고용	일반보장성	장애인전용	일반	실손	선천성이상아	난임	65세,장애인	일반		장애인특수
국세청										500,000	1.취학전	
기타												

소득명세 | 부양가족 | 신용카드 등 | 의료비 | 기부금 | 연금저축 등I | 연금저축 등II | 월세액 | 연말정산입력

연말관계	성명	내/외국인		주민(외국인)번호	나이	기본공제	세대주구분	부녀자	한부모	경로우대	장애인	자녀	출산입양
0	홍길동	내	1	760101-1350911	49	본인	세대주						
1	홍수래	내	1	430101-1323222	82	60세이상				○			
3	임미래	내	1	810101-2388555	44	배우자							
4	홍준성	내	1	030101-3253222	22	장애인					1	○	
4	홍태오	내	1	190101-3621252	6	20세이하							
6	임꺽정	내	1	990101-1234567	26	부							
합 계 [명]						5				1	1	1	

자료구분	보험료				의료비					교육비		
	건강	고용	일반보장성	장애인전용	일반	실손	선천성이상아	난임	65세,장애인	일반		장애인특수
국세청										1,000,000	3.대학생	
기타												

⑤ 연금저축 입력

2 연금계좌 세액공제 - 연금저축계좌(연말정산입력 탭의 38.개인연금저축, 60.연금저축) 크게보기

연금저축구분	코드	금융회사 등	계좌번호(증권번호)	납입금액	공제대상금액	소득/세액공제액
2.연금저축	1.개인연금저축 2.연금저축	한은행	110123852	1,000,000	1,000,000	120,000
개인연금저축						
연금저축				1,000,000	1,000,000	120,000

⑥ 월세 입력

임대인명 (상호)	주민등록번호 (사업자번호)	유형	계약면적(㎡)	임대차계약서 상 주소지	계약서상 임대차 계약기간 개시일 ~ 종료일	연간 월세액	공제대상금액	세액공제금액
박임대	650101-1544212	아파트	85.00	청주시 서원구 사직대로 854	2025-07-01 ~ 2025-12-31	4,000,000	4,000,000	600,000

⑦ 신용카드 입력

● 중고차 구입비는 지출액의 10%만 공제된다. (20,000,000원의 10% 2,000,000원)

성명 생년월일	자료구분	신용카드	직불.선불	현금영수증	도서등 신용	도서등 직불	도서등 현금	전통시장	대중교통	소비증가분 2024년	2025년
홍길동 1976-01-01	국세청 기타	2,000,000		5,000,000			1,000,000		500,000	7,000,000	8,500,000
홍수래 1943-01-01	국세청 기타										
임미래 1981-01-01	국세청 기타	3,000,000						2,000,000		4,000,000	5,000,000
홍준성 2003-01-01	국세청 기타										
홍태오 2019-01-01	국세청 기타										
임꺽정 1999-01-01	국세청 기타										

⑧ 전체화면

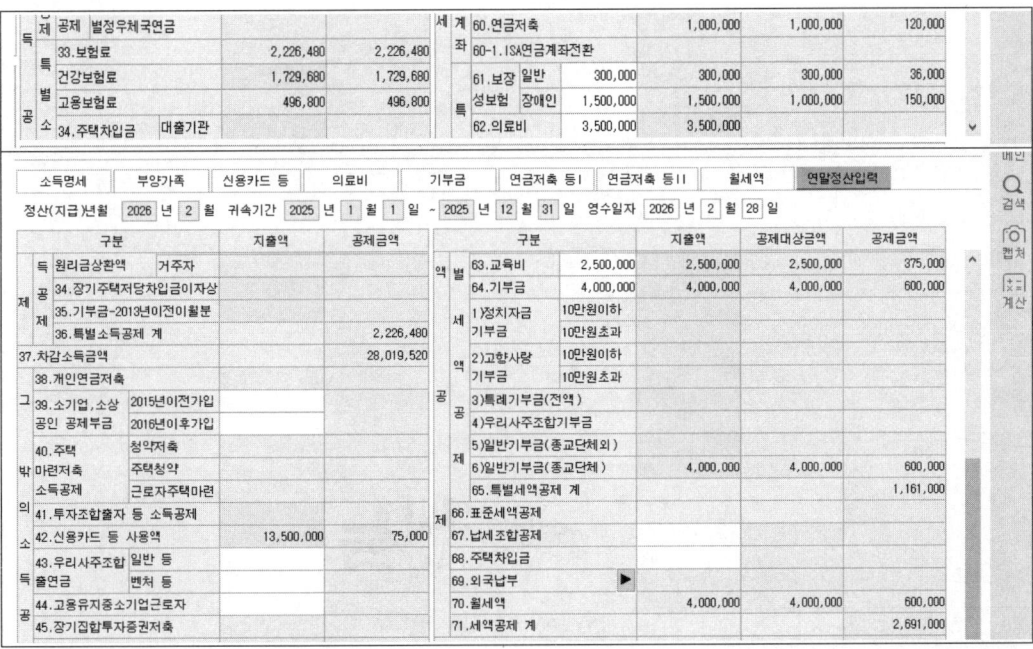

강선생 전산세무 2급

www.nanumant.com

VI 기출문제 데이터 설치

chapter 1 기출문제 데이터 설치

Chapter 1 기출문제 데이터 설치

- http://www.webhard.co.kr
- 아이디 : ant6545
- 비밀번호 : 1234
- 2025년 데이터 및 자료 → 강선생 전산세무2급(기출문제집)

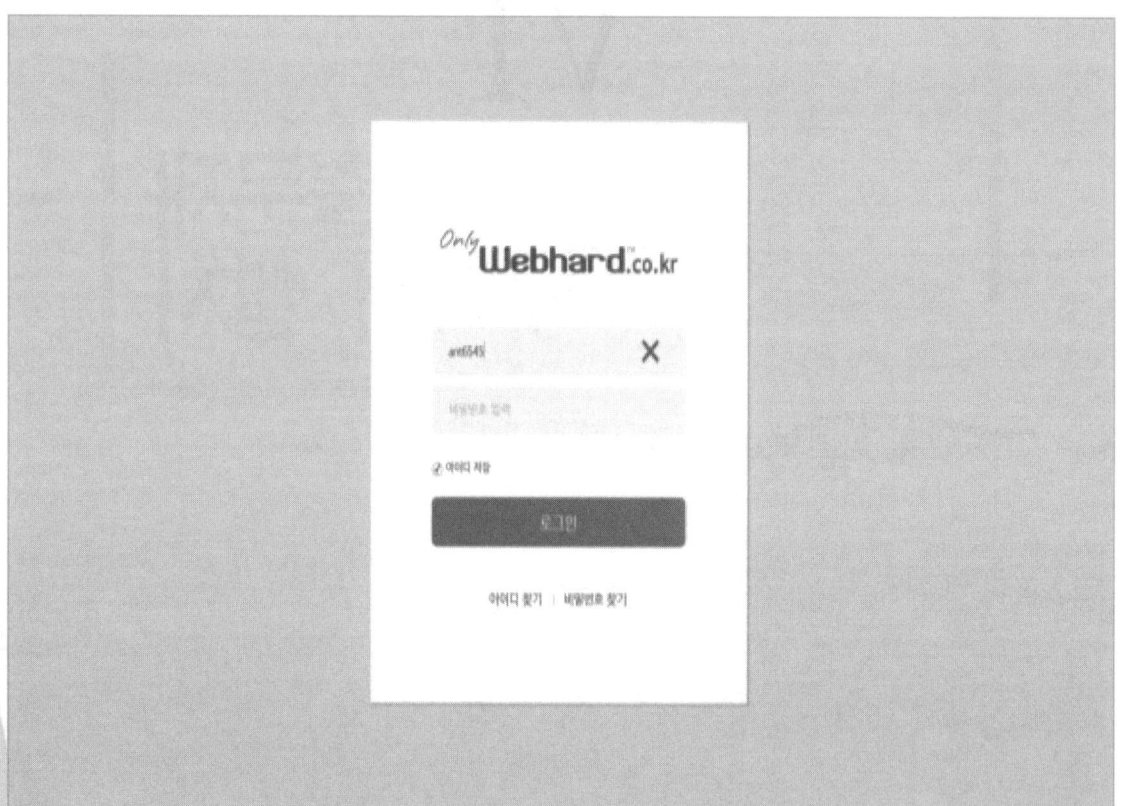

chapter 1. 기출문제 데이터 설치

1. 데이터를 다운받아 실행하면 내컴퓨터 - C드라이브 - Kclep DB - Kclep 폴더에 데이터가 생성됩니다. (경로를 바탕화면에 받으면 연습할 때마다 다시 다운 받지 않아도 됨)

2. **프로그램 실행**

   - 케이랩 프로그램 실행

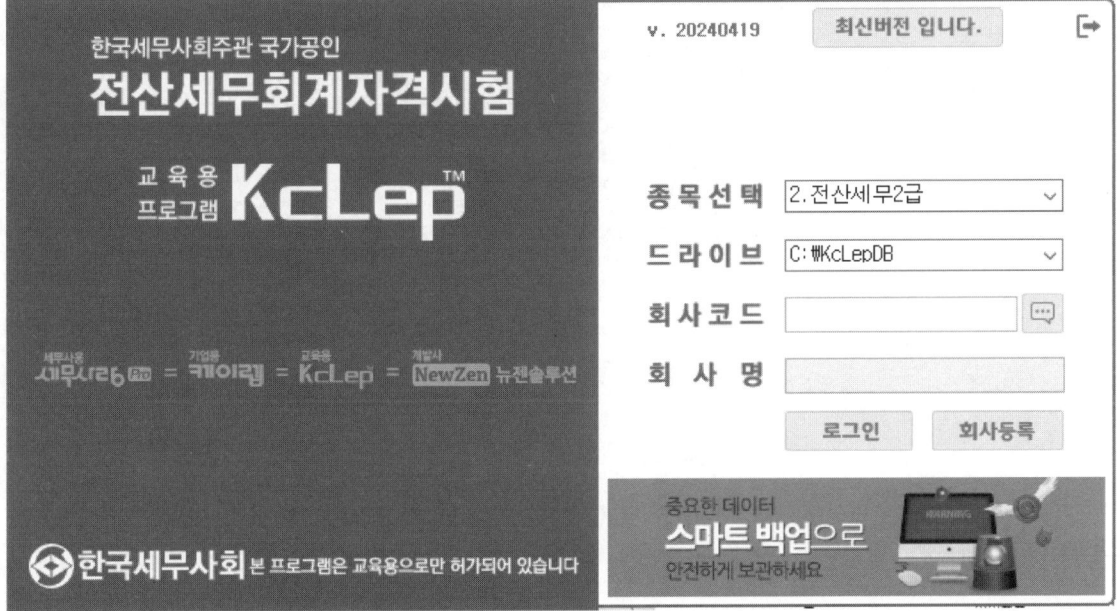

3. **회사등록**

   - 회사등록메뉴 클릭.

   - F4 회사코드재생성 클릭해서 기출데이터를 불러온다.

335

4. 회사코드재생성 확인

VII

기출문제 및 해답

- 전산세무 2급 기출문제
- 해답

제108회 전산세무2급 기출

이론시험

※ 다음 문제를 보고 알맞은 것을 골라 [이론문제 답안작성] 메뉴에 입력하시오.(객관식 문항당 2점)

―【 기 본 전 제 】―
문제에서 한국채택국제회계기준을 적용하도록 하는 전제조건이 없는 경우, 일반기업회계기준을 적용한다.

01. 다음 중 회계정책, 회계추정의 변경 및 오류에 대한 설명으로 틀린 것은?

① 회계추정 변경의 효과는 당해 회계연도 개시일부터 적용한다.
② 변경된 새로운 회계정책은 원칙적으로 전진적으로 적용한다.
③ 매기 동일한 회계추정을 사용하면 비교가능성이 증대되어 재무제표의 유용성이 향상된다.
④ 매기 동일한 회계정책을 사용하면 비교가능성이 증대되어 재무제표의 유용성이 향상된다.

02. 다음 중 주식배당에 대한 설명으로 가장 옳지 않은 것은?

① 주식발행 회사의 순자산은 변동이 없으며, 주주 입장에서는 주식 수 및 단가만 조정한다.
② 주식발행 회사의 입장에서는 배당결의일에 미처분이익잉여금이 감소한다.
③ 주식의 주당 액면가액이 증가한다.
④ 주식발행 회사의 자본금이 증가한다.

03. 비용의 인식이란 비용이 귀속되는 보고기간을 결정하는 것을 말하며, 관련 수익과의 대응 여부에 따라 수익과 직접대응, 합리적인 기간 배분, 당기에 즉시 인식의 세 가지 방법이 있다. 다음 중 비용인식의 성격이 나머지와 다른 하나는 무엇인가?

① 감가상각비
② 급여
③ 광고선전비
④ 기업업무추진비

04. 다음 중 재무상태표와 손익계산서에 모두 영향을 미치는 오류에 해당하는 것은?

① 만기가 1년 이내에 도래하는 장기채무를 유동성대체하지 않은 경우
② 매출할인을 영업외비용으로 회계처리한 경우
③ 장기성매출채권을 매출채권으로 분류한 경우
④ 감가상각비를 과대계상한 경우

05. 아래의 자료에서 기말재고자산에 포함해야 할 금액은 모두 얼마인가?

- 선적지인도조건으로 매입한 미착상품 1,000,000원
- 도착지인도조건으로 판매한 운송 중인 상품 3,000,000원
- 담보로 제공한 저당상품 5,000,000원
- 반품률을 합리적으로 추정가능한 상태로 판매한 상품 4,000,000원

① 4,000,000원 ② 8,000,000원
③ 9,000,000원 ④ 13,000,000원

06. 제조부서에서 사용하는 비품의 감가상각비 700,000원을 판매부서의 감가상각비로 회계처리할 경우, 해당 오류가 당기손익에 미치는 영향으로 옳은 것은? (단, 당기에 생산한 제품은 모두 당기 판매되고, 기초 및 기말재공품은 없는 것으로 가정한다.)

① 제품매출원가가 700,000원만큼 과소계상된다.
② 매출총이익이 700,000원만큼 과소계상된다.
③ 영업이익이 700,000원만큼 과소계상된다.
④ 당기순이익이 700,000원만큼 과소계상된다.

07. 다음의 ㈜광명의 원가 관련 자료이다. 당기의 가공원가는 얼마인가?

- 직접재료 구입액 : 110,000원   · 직접재료 기말재고액 : 10,000원
- 직접노무원가 : 200,000원   · 고정제조간접원가 : 500,000원
- 변동제조간접원가는 직접노무원가의 3배이다.

① 900,000원   ② 1,100,000원
③ 1,300,000원   ④ 1,400,000원

08. 다음의 자료에서 설명하는 원가행태의 예시로 가장 올바른 것은?

> · 조업도가 '0'이라도 일정한 원가가 발생하고 조업도가 증가할수록 원가도 비례적으로 증가한다.
> · 혼합원가(Mixed Costs)라고도 한다.

① 직접재료원가　　　　　　　　② 임차료
③ 수선비　　　　　　　　　　　④ 전기요금

09. 종합원가계산제도하의 다음 물량흐름 자료를 참고하여 ㉠과 ㉡의 차이를 구하면 얼마인가?

> · 재료원가는 공정 초에 전량 투입되며, 가공원가는 공정 전반에 걸쳐 균등하게 발생한다.
> · 기초재공품 : 300개(완성도 40%)　　　· 당기착수량 : 700개
> · 기말재공품 : 200개(완성도 50%)　　　· 당기완성품 : 800개
> · 평균법에 의한 가공원가의 완성품환산량은 (㉠)개이다.
> · 선입선출법에 의한 가공원가의 완성품환산량은 (㉡)개이다.

① 100개　　　　　　　　　　② 120개
③ 150개　　　　　　　　　　④ 200개

10. 다음 중 공손 및 작업폐물의 회계처리에 대한 설명으로 틀린 것은?

① 정상적이면서 모든 작업에 공통되는 공손원가는 공손이 발생한 제조부문에 부과하여 제조간접원가의 배부과정을 통해 모든 작업에 배부되도록 한다.
② 비정상공손품의 제조원가가 80,000원이고, 처분가치가 10,000원이라면 다음과 같이 회계처리한다.
　　(차)　공손품　　　　　　　10,000원　　(대)　재공품　　　　　　80,000원
　　　　　공손손실　　　　　　70,000원
③ 작업폐물이 정상적이면서 모든 작업에 공통되는 경우에는 처분가치를 제조간접원가에서 차감한다.
④ 작업폐물이 비정상적인 경우에는 작업폐물의 매각가치를 제조간접원가에서 차감한다.

11. 다음 중 부가가치세법에 따른 과세거래에 대한 설명으로 틀린 것은?

① 자기가 주요자재의 일부를 부담하는 가공계약에 따라 생산한 재화를 인도하는 것은 재화의 공급으로 본다.
② 사업자가 위탁가공을 위하여 원자재를 국외의 수탁가공 사업자에게 대가 없이 반출하는 것은 재화의 공급으로 보지 아니한다.
③ 주된 사업과 관련하여 용역의 제공 과정에서 필연적으로 생기는 재화의 공급은 주된 용역의 공급에 포함되는 것으로 본다.
④ 사업자가 특수관계인에게 사업용 부동산의 임대용역을 제공하는 것은 용역의 공급으로 본다.

12. 다음 중 부가가치세법에 따른 신고와 납부에 대한 설명으로 틀린 것은?

① 모든 사업자는 예정신고기간의 과세표준과 납부세액을 관할 세무서장에게 신고해야 한다.
② 간이과세자에서 해당 과세기간 개시일 현재 일반과세자로 변경된 경우 예정고지가 면제된다.
③ 조기에 환급을 받기 위하여 신고한 사업자는 이미 신고한 과세표준과 납부한 납부세액 또는 환급받은 세액은 신고하지 아니한다.
④ 폐업하는 경우 폐업일이 속한 달의 다음 달 25일까지 과세표준과 세액을 신고해야 한다.

13. 다음 중 세금계산서에 대한 설명으로 가장 올바르지 않은 것은?

① 소매업을 영위하는 사업자가 영수증을 발급한 경우, 상대방이 세금계산서를 요구할지라도 세금계산서를 발행할 수 없다.
② 세관장은 수입자에게 세금계산서를 발급하여야 한다.
③ 면세사업자도 재화를 공급하는 경우 계산서를 발급하여야 한다.
④ 매입자발행세금계산서 발급이 가능한 경우가 있다.

14. 다음 중 소득세법상 비과세되는 근로소득이 아닌 것은?

① 근로자가 출장여비로 실제 소요된 비용을 별도로 지급받지 않고 본인 소유의 차량을 직접 운전하여 업무수행에 이용한 경우 지급하는 월 20만원 이내의 자가운전보조금
② 회사에서 현물식사를 제공하는 대신에 별도로 근로자에게 지급하는 월 20만원의 식대
③ 근로자가 6세 이하 자녀보육과 관련하여 받는 급여로서 월 10만원 이내의 금액
④ 대주주인 출자임원이 사택을 제공받음으로써 얻는 이익

15. 소득세법상 다음 자료에 의한 소득만 있는 거주자의 2025년 귀속 종합소득금액은 모두 얼마인가?

> · 사업소득금액(도소매업) : 25,000,000원
> · 사업소득금액(음식점업) : △10,000,000원
> · 사업소득금액(비주거용 부동산임대업) : △7,000,000원
> · 근로소득금액 : 13,000,000원
> · 양도소득금액 : 20,000,000원

① 21,000,000원　　② 28,000,000원
③ 41,000,000원　　④ 48,000,000원

실무시험

㈜세아산업(회사코드:1082)은 제조 및 도·소매업을 영위하는 중소기업으로, 당기(10기) 회계기간은 2025.1.1.~2025.12.31.이다. 전산세무회계 수험용 프로그램을 이용하여 다음 물음에 답하시오.

【 기 본 전 제 】
- 문제에서 한국채택국제회계기준을 적용하도록 하는 전제조건이 없는 경우, 일반기업회계기준을 적용하여 회계 처리한다.
- 문제의 풀이와 답안작성은 제시된 문제의 순서대로 진행한다.

문제 1 [일반전표입력] 메뉴를 이용하여 다음의 거래자료를 입력하시오. (15점)

【 입력 시 유의사항 】
- 일반적인 적요의 입력은 생략하지만, 타계정 대체거래는 적요 번호를 선택하여 입력한다.
- 채권·채무와 관련된 거래는 별도의 요구가 없는 한 반드시 기등록된 거래처코드를 선택하는 방법으로 거래처명을 입력한다.
- 제조경비는 500번대 계정코드를, 판매비와관리비는 800번대 계정코드를 사용한다.
- 회계처리 시 계정과목은 별도의 제시가 없는 한 등록된 계정과목 중 가장 적절한 과목으로 한다.

[1] 02월 11일 영업부의 거래처 직원인 최민영의 자녀 돌잔치 축의금으로 100,000원을 보통예금 계좌에서 이체하였다. (3점)

[2] 03월 31일 제조공장의 직원을 위해 확정기여형(DC) 퇴직연금에 가입하고 당월분 납입액 2,700,000원을 보통예금 계좌에서 퇴직연금 계좌로 이체하였다. (3점)

[3] 05월 30일 당사는 유상증자를 통해 보통주 5,000주를 주당 4,000원(주당 액면가액 5,000원)에 발행하고, 증자대금은 보통예금 계좌로 입금되었다. 유상증자일 현재 주식발행초과금 잔액은 2,000,000원이다. (3점)

[4] 07월 10일 래인상사㈜로부터 제품 판매대금으로 수령한 3개월 만기 약속어음 20,000,000원을 하나은행에 할인하고, 할인수수료 550,000원을 차감한 잔액이 보통예금 계좌로 입금되었다(단, 차입거래로 회계처리 할 것). (3점)

[5] 12월 13일 당사의 거래처인 ㈜서울로부터 기계장치를 무상으로 받았다. 동 기계장치의 공정가치는 3,800,000원이다. (3점)

문제 2 [매입매출전표입력] 메뉴를 이용하여 다음의 거래자료를 입력하시오. (15점)

【 입력 시 유의사항 】

· 일반적인 적요의 입력은 생략하지만, 타계정 대체거래는 적요 번호를 선택하여 입력한다.
· 채권·채무 관련 거래는 별도의 요구가 없는 한 반드시 기등록된 거래처코드를 선택하는 방법으로 거래처명을 입력한다.
· 제조경비는 500번대 계정코드를, 판매비와관리비는 800번대 계정코드를 사용한다.
· 회계처리 시 계정과목은 등록된 계정과목 중 가장 적절한 과목으로 한다.
· 입력화면 하단의 분개까지 처리하고, 세금계산서 및 계산서는 전자 여부를 입력하여 반영한다.

[1] 10월 08일   수출업체인 ㈜상상에 구매확인서에 의하여 제품을 10,000,000원에 판매하고, 영세율 전자세금계산서를 발급하였다. 판매대금은 당월 20일에 지급받는 것으로 하였다(단, 서류번호의 입력은 생략한다). (3점)

[2] 10월 14일   제조공장에서 사용하는 화물용 트럭의 접촉 사고로 인해 파손된 부분을 안녕정비소에서 수리하고, 1,650,000원(부가가치세 포함)을 법인카드(㈜순양카드)로 결제하였다. 단, 지출비용은 차량유지비 계정을 사용한다. (3점)

카드매출전표

카드종류 : ㈜순양카드
카드번호 : 2224-1222-****-1347
거래일시 : 2025.10.14. 22:05:16
거래유형 : 신용승인
금   액 : 1,500,000원
부 가 세 : 150,000원
합   계 : 1,650,000원
결제방법 : 일시불
승인번호 : 71999995
은행확인 : 하나은행

가맹점명 : 안녕정비소
- 이하생략 -

[3] 11월 03일   ㈜바이머신에서 10월 1일에 구입한 기계장치에 하자가 있어 반품하고 아래와 같이 수정세금계산서를 발급받았으며 대금은 전액 미지급금과 상계처리하였다(단, 분개는 음수(-)로 회계처리할 것). (3점)

수정전자세금계산서

승인번호	20251103-00054021-00000086

공급자
- 등록번호: 105-81-72040
- 상호(법인명): ㈜바이머신
- 성명: 한만군
- 사업장주소: 경북 칠곡군 석적읍 강변대로 220
- 업태: 도소매
- 종목: 기타 기계 및 장비
- 이메일:

공급받는자
- 등록번호: 202-81-03655
- 상호(법인명): ㈜세아산업
- 성명: 오세아
- 사업장주소: 서울시 동대문구 겸재로 16
- 업태: 제조,도소매
- 종목: 컴퓨터부품
- 이메일:

작성일자	공급가액	세액	수정사유	비고
2025-11-03	-30,000,000원	-3,000,000원	재화의 환입	당초 작성일자(20251001), 당초 승인번호

월	일	품목	규격	수량	단가	공급가액	세액	비고
11	03	기계장치				-30,000,000원	-3,000,000원	

합계금액	현금	수표	어음	외상미수금	
-33,000,000원				-33,000,000원	위 금액을 (**청구**) 함

[4] 11월 11일 빼빼로데이를 맞아 당사의 영업부 직원들에게 선물하기 위해 미리 주문하였던 초콜릿을 ㈜사탕으로부터 인도받았다. 대금 2,200,000원(부가가치세 포함) 중 200,000원은 10월 4일 계약금으로 지급하였으며, 나머지 금액은 보통예금 계좌에서 지급하고 아래의 전자세금계산서를 수취하였다. (3점)

전자세금계산서

승인번호	20251111-15454645-58811886

공급자
- 등록번호: 178-81-12341
- 상호(법인명): ㈜사탕
- 성명: 박사랑
- 사업장주소: 서울특별시 동작구 여의대방로 28
- 업태: 소매업
- 종목: 과자류
- 이메일:

공급받는자
- 등록번호: 202-81-03655
- 상호(법인명): ㈜세아산업
- 성명: 오세아
- 사업장주소: 서울시 동대문구 겸재로 16
- 업태: 제조,도소매
- 종목: 컴퓨터부품
- 이메일:

작성일자	공급가액	세액	수정사유	비고
2025-11-11	2,000,000원	200,000원	해당 없음	계약금 200,000원 수령(2025년 10월 4일)

월	일	품목	규격	수량	단가	공급가액	세액	비고
11	11	힘내라 초콜렛 외			2,000,000원	2,000,000원	200,000원	

합계금액	현금	수표	어음	외상미수금	
2,200,000원	200,000			2,000,000원	위 금액을 (**청구**) 함

[5] 12월 28일 비사업자인 개인 소비자에게 사무실에서 사용하던 비품(취득원가 1,200,000원, 감가상각누계액 960,000원)을 275,000원(부가가치세 포함)에 판매하고, 대금은 보통예금 계좌로 받았다(별도의 세금계산서나 현금영수증을 발급하지 않았으며, 거래처 입력은 생략한다). (3점)

문제 3 부가가치세신고와 관련하여 다음 물음에 답하시오. (10점)

[1] 다음은 2025년 제2기 부가가치세 예정신고기간의 신용카드 매출 및 매입자료이다. 아래 자료를 이용하여 [신용카드매출전표등발행금액집계표]와 [신용카드매출전표등수령명세서(갑)]을 작성하시오(단, 매입처는 모두 일반과세자이다). (4점)

1. 신용카드 매출

거래일자	거래내용	공급가액	부가가치세	합계	비고
7월 17일	제품매출	4,000,000원	400,000원	4,400,000원	전자세금계산서를 발급하고 신용카드로 결제받은 3,300,000원이 포함되어 있다.
8월 21일	제품매출	3,000,000원	300,000원	3,300,000원	
9월 30일	제품매출	2,000,000원	200,000원	2,200,000원	

2. 신용카드 매입

거래일자	상호	사업자번호	공급가액	부가가치세	비고
7월 11일	㈜가람	772-81-10112	70,000원	7,000원	사무실 문구구입-법인(신한)카드 사용
8월 15일	㈜기쁨	331-80-62014	50,000원	5,000원	거래처 선물구입-법인(신한)카드 사용
9월 27일	자금성	211-03-54223	10,000원	1,000원	직원 간식구입-직원 개인카드 사용

※ 법인(신한)카드 번호 : 7777-9999-7777-9999, 직원 개인카드 번호 : 3333-5555-3333-5555

[2] 다음의 자료를 이용하여 2025년 제1기 부가가치세 확정신고기간(2025년 4월~2025년 6월)에 대한 [대손세액공제신고서]를 작성하시오. (4점)

· 대손이 발생된 매출채권은 아래와 같다.

공급일자	거래상대방	계정과목	공급대가	비고
2025. 01. 05.	정성㈜	외상매출금	11,000,000원	부도발생일(2025. 03. 31.)
2024. 09. 01.	수성㈜	받을어음	7,700,000원	부도발생일(2024. 11. 01.)
2022. 05. 10.	금성㈜	외상매출금	5,500,000원	상법상 소멸시효 완성(2025. 05. 10.)
2024. 01. 15.	우강상사	단기대여금	2,200,000원	자금 차입자의 사망(2025. 06. 25.)

· 전기에 대손세액공제(사유 : 전자어음부도, 당초공급일 : 2024.01.05, 대손확정일자 : 2024.10.01.)를 받았던 매출채권(공급대가 : 5,500,000원, 매출처 : 비담㈜, 111-81-33339)의 50%를 2025.05.10.에 회수하였다.

[3] 당 법인의 2025년 제1기 예정신고기간의 부가가치세신고서를 작성 및 마감하여 부가가치세 전자신고를 수행하시오. (2점)

1. 부가가치세신고서와 관련 부속서류는 마감되어 있다.
2. [전자신고] → [국세청 홈택스 전자신고변환(교육용)] 순으로 진행한다.
3. 전자신고용 전자파일 제작 시 신고인 구분은 2.납세자 자진신고로 선택하고, 비밀번호는 "12341234"로 입력한다.
4. 전자신고용 전자파일 저장경로는 로컬디스크(C :)이며, 파일명은 "enc작성연월일.101.v2028103655"이다.
5. 최종적으로 국세청 홈택스에서 [전자파일 제출하기]를 완료한다.

문제 4 다음 결산자료를 입력하여 결산을 완료하시오. (15점)

[1] 2025년 6월 1일에 제조공장에 대한 화재보험료(보험기간 : 2025.06.01.~2026.05.31.) 3,000,000원을 전액 납입하고 즉시 비용으로 회계처리하였다(단, 음수(-)로 회계처리하지 말고, 월할계산할 것). (3점)

[2] 보통예금(우리은행)의 잔액이 (-)7,200,000원으로 계상되어 있어 거래처원장을 확인해보니 마이너스통장으로 확인되었다. (3점)

[3] 다음은 기말 현재 보유하고 있는 매도가능증권(투자자산)의 내역이다. 이를 반영하여 매도가능증권의 기말평가에 대한 회계처리를 하시오. (3점)

회사명	2024년 취득가액	2024년 기말 공정가액	2025년 기말 공정가액
㈜대박	159,000,000원	158,500,000원	135,000,000원

[4] 결산일 현재 외상매출금 잔액과 미수금 잔액에 대해서만 1%의 대손충당금(기타채권 제외)을 보충법으로 설정하고 있다. (3점)

[5] 기말 현재 보유 중인 감가상각 대상 자산은 다음과 같다. (3점)

· 계정과목 : 특허권　　· 취득원가 : 4,550,000원
· 내용연수 : 7년　　· 취득일자 : 2023.04.01.　　· 상각방법 : 정액법

문제 5 2025년 귀속 원천징수자료와 관련하여 다음의 물음에 답하시오. (15점)

[1] 다음은 영업부 최철수 과장(사원코드 : 101)의 3월과 4월의 급여자료이다. 3월과 4월의 [급여자료입력]과 [원천징수이행상황신고서]를 작성하시오(단, 원천징수이행상황신고서는 각각 작성할 것). (5점)

1. 회사 사정으로 인해 3월과 4월 급여는 2025년 4월 30일에 일괄 지급되었다.
2. 수당 및 공제항목은 불러온 자료는 무시하고, 아래 자료에 따라 입력하되 사용하지 않는 항목은 "부"로 등록한다.
3. 급여자료

구 분	3월	4월	비 고
기 본 급	2,800,000원	3,000,000원	
식 대	100,000원	200,000원	현물식사를 별도로 제공하고 있다.
지 급 총 액	2,900,000원	3,200,000원	
국 민 연 금	135,000원	135,000원	
건 강 보 험	104,850원	115,330원	
장 기 요 양 보 험	13,430원	14,770원	
고 용 보 험	23,200원	25,600원	
건 강 보 험 료 정 산	–	125,760원	공제소득유형 : 5.건강보험료정산
장 기 요 양 보 험 정 산	–	15,480원	공제소득유형 : 6.장기요양보험정산
소 득 세	65,360원	91,460원	
지 방 소 득 세	6,530원	9,140원	
공 제 총 액	348,370원	532,540원	
차 인 지 급 액	2,551,630원	2,667,460원	

[2] 신영식 사원(사번 : 102, 입사일 : 2025년 05월 01일)의 2025년 귀속 연말정산과 관련된 자료는 다음과 같다. 아래의 자료를 이용하여 [연말정산추가자료입력] 메뉴의 [소득명세] 탭, [부양가족] 탭, [의료비] 탭, [기부금] 탭, [연금저축 등 I] 탭, [연말정산입력] 탭을 작성하여 연말정산을 완료하시오. 단, 신영식은 무주택 세대주로 부양가족이 없으며, 근로소득 이외에 다른 소득은 없다. (10점)

현근무지	·급여총액 : 24,800,000원(비과세 급여, 상여, 감면소득 없음) ·소득세 기납부세액 : 747,200원(지방소득세 : 74,720원) ·이외 소득명세 탭의 자료는 불러오기 금액을 반영한다.
전(前)근무지 근로소득원천 징수 영수증	·근무처 : ㈜진우상사(사업자번호 : 258-81-84442) ·근무기간 : 2025.01.01.~2025.04.20. ·급여총액 : 20,000,000원 (비과세 급여, 상여, 감면소득 없음) ·건강보험료 : 419,300원 ·장기요양보험료 : 51,440원 ·고용보험료 : 108,000원 ·국민연금 : 540,000원 ·소득세 결정세액 : 200,000원(지방소득세 결정세액 : 20,000원)
2025년도 연말정산자료	※ 안경구입비를 제외한 연말정산 자료는 모두 국세청 홈택스 연말정산간소화서비스 자료임 | 항목	내용
보험료 (본인)	·일반 보장성 보험료 : 2,000,000원 ·저축성 보험료 : 1,500,000원 ※ 계약자와 피보험자 모두 본인이다.
교육비(본인)	·대학원 교육비 : 7,000,000원

의료비
(본인)
	·질병 치료비 : 3,000,000원
	  (본인 현금 결제, 실손의료보험금 1,000,000원 수령)
	·시력보정용 안경 구입비 : 800,000원
	  (안경원에서 의료비공제용 영수증 수령)
	·미용 목적 피부과 시술비 : 1,000,000원
	·건강증진을 위한 한약 : 500,000원

기부금 (본인)	·종교단체 금전 기부금 : 1,200,000원 ·사회복지공동모금회 금전 기부금 : 2,000,000원 ※ 지급처(기부처) 상호 및 사업자번호 입력은 생략한다.
개인연금저축 (본인)	·개인연금저축 납입금액 : 2,000,000원 ·KEB 하나은행, 계좌번호 : 253-660750-73308	

제109회 전산세무2급 기출

이론시험

※ 다음 문제를 보고 알맞은 것을 골라 [이론문제 답안작성] 메뉴에 입력하시오.(객관식 문항당 2점)

---【 기 본 전 제 】---

문제에서 한국채택국제회계기준을 적용하도록 하는 전제조건이 없는 경우, 일반기업회계기준을 적용한다.

---

01. 다음 중 금융부채에 대한 설명으로 틀린 것은?

① 금융부채는 최초 인식 시 공정가치로 측정하는 것이 원칙이다.
② 양도한 금융부채의 장부금액과 지급한 대가의 차액은 기타포괄손익으로 인식한다.
③ 금융부채는 후속 측정 시 상각후원가로 측정하는 것이 원칙이다.
④ 금융채무자가 재화 또는 용역을 채권자에게 제공하여 금융부채를 소멸시킬 수 있다.

02. 아래의 자료는 시장성 있는 유가증권에 관련된 내용이다. 이에 대한 설명으로 옳은 것은?

· 2024년 08월 05일 : A회사 주식 500주를 주당 4,000원에 매입하였다.
· 2024년 12월 31일 : A회사 주식의 공정가치는 주당 5,000원이다.
· 2025년 04월 30일 : A회사 주식 전부를 주당 6,000원에 처분하였다.

① 단기매매증권으로 분류할 경우 매도가능증권으로 분류하였을 때보다 2023년 당기순이익은 감소한다.
② 단기매매증권으로 분류할 경우 매도가능증권으로 분류하였을 때보다 2023년 기말 자산이 더 크다.
③ 매도가능증권으로 분류할 경우 처분 시 매도가능증권처분이익은 500,000원이다.
④ 매도가능증권으로 분류할 경우 단기매매증권으로 분류하였을 때보다 2024년 당기순이익은 증가한다.

03. 다음 중 회계변경으로 인정되는 정당한 사례로 적절하지 않은 것은?

① 일반기업회계기준의 제·개정으로 인하여 새로운 해석에 따라 회계변경을 하는 경우
② 기업환경의 중대한 변화에 의하여 종전의 회계정책을 적용하면 재무제표가 왜곡되는 경우
③ 동종산업에 속한 대부분의 기업이 채택한 회계정책 또는 추정방법으로 변경함에 있어서 새로운 회계정책 또는 추정방법이 종전보다 더 합리적이라고 판단되는 경우
④ 정확한 세무신고를 위해 세법 규정을 따를 필요가 있는 경우

04. 다음 중 무형자산에 대한 설명으로 가장 옳지 않은 것은?

① 개발비 중 연구단계에서 발생한 지출은 발생한 기간의 비용으로 인식한다.
② 합리적인 상각방법을 정할 수 없는 경우에는 정률법으로 상각한다.
③ 일반기업회계기준에서는 무형자산의 재무제표 표시방법으로 직접상각법과 간접상각법을 모두 허용하고 있다.
④ 무형자산의 내용연수는 법적 내용연수와 경제적 내용연수 중 짧은 것으로 한다.

05. 다음 중 자본에 대한 설명으로 틀린 것은?

① 자본은 기업의 자산에서 모든 부채를 차감한 후의 잔여지분을 나타낸다.
② 주식의 발행금액이 액면금액보다 크면 그 차액을 주식발행초과금으로 하여 이익잉여금으로 회계처리한다.
③ 납입된 자본에 기업활동을 통해 획득하여 기업의 활동을 위해 유보된 금액을 가산하여 계산한다.
④ 납입된 자본에 소유자에 대한 배당으로 인한 주주지분 감소액을 차감하여 계산한다.

06. ㈜하나의 제조간접원가 배부차이가 250,000원 과대배부인 경우, 실제 제조간접원가 발생액은 얼마인가? 단, 제조간접원가 예정배부율은 작업시간당 3,000원이며, 작업시간은 1일당 5시간으로 총 100일간 작업하였다.

① 1,000,000원
② 1,250,000원
③ 1,500,000원
④ 1,750,000원

07. ㈜연우가 2025년에 사용한 원재료는 500,000원이다. 2025년 초 원재료 재고액이 2025년 말 원재료 재고액보다 50,000원 적을 경우, 2024년의 원재료 매입액은 얼마인가?

① 450,000원 ② 500,000원
③ 550,000원 ④ 600,000원

08. 다음 중 제조원가명세서를 작성하기 위하여 필요한 내용이 아닌 것은?

① 당기 직접노무원가 발생액 ② 당기 직접재료 구입액
③ 당기 기말제품 재고액 ④ 당기 직접재료 사용액

09. ㈜푸른솔은 보조부문의 원가배분방법으로 직접배분법을 사용한다. 보조부문 A와 B의 원가가 각각 1,500,000원과 1,600,000원으로 집계되었을 경우, 아래의 자료를 바탕으로 제조부문 X에 배분될 보조부문원가는 얼마인가?

사용부문 제공부문	보조부문		제조부문		합계
	A	B	X	Y	
A	—	50시간	500시간	300시간	850시간
B	200시간	—	300시간	500시간	1,000시간

① 1,150,000원 ② 1,250,000원
③ 1,332,500원 ④ 1,537,500원

10. 다음 중 종합원가계산에 대한 설명으로 틀린 것은?

① 선입선출법은 실제 물량흐름을 반영하므로 평균법보다 더 유용한 정보를 제공한다.
② 평균법은 당기 이전에 착수된 기초재공품도 당기에 착수한 것으로 본다.
③ 선입선출법이 평균법보다 계산방법이 간편하다.
④ 기초재공품이 없다면 선입선출법과 평균법의 적용 시 기말재공품원가는 언제나 동일하다.

11. 다음 중 부가가치세법상 용역의 공급시기에 대한 설명으로 틀린 것은?

① 임대보증금의 간주임대료는 예정신고기간 또는 과세기간의 종료일을 공급시기로 한다.
② 폐업 전에 공급한 용역의 공급시기가 폐업일 이후에 도래하는 경우 폐업일을 공급시기로 한다.
③ 장기할부조건부 용역의 공급의 경우 대가의 각 부분을 받기로 한 때를 공급시기로 한다.
④ 용역의 대가의 각 부분을 받기로 한 때 대가를 받지 못하는 경우 공급시기로 보지 않는다.

12. 다음 중 부가가치세법상 면세 대상이 아닌 것은?

① 항공법에 따른 항공기에 의한 여객운송용역
② 도서, 신문
③ 연탄과 무연탄
④ 우표, 인지, 증지, 복권

13. 다음 중 부가가치세법상 재화의 공급에 해당하는 거래는?

① 과세사업자가 사업을 폐업할 때 자기생산·취득재화가 남아있는 경우
② 사업장별로 그 사업에 관한 모든 권리와 의무를 포괄적으로 승계시키는 경우
③ 법률에 따라 조세를 물납하는 경우
④ 각종 법에 의한 강제 경매나 공매에 따라 재화를 인도하거나 양도하는 경우

14. 다음 중 소득세법상 과세방법이 다른 하나는?

① 복권 당첨금
② 일용근로소득
③ 계약금이 위약금으로 대체되는 경우의 위약금이나 배상금
④ 비실명 이자소득

15. 다음 중 근로소득만 있는 거주자의 연말정산 시 산출세액에서 공제하는 세액공제에 대한 설명으로 틀린 것은?

① 저축성보험료에 대해서는 공제받을 수 없다.
② 근로를 제공한 기간에 지출한 의료비만 공제 대상 의료비에 해당한다.
③ 직계존속의 일반대학교 등록금은 교육비세액공제 대상이다.
④ 의료비세액공제는 지출한 의료비가 총급여액의 3%를 초과하는 경우에만 적용받을 수 있다.

실무시험

㈜천부전자(회사코드:1092)는 제조 및 도·소매업을 영위하는 중소기업으로, 당기(제16기) 회계기간은 2025.1.1.~2025.12.31.이다. 전산세무회계 수험용 프로그램을 이용하여 다음 물음에 답하시오.

―【 기 본 전 제 】―
- 문제에서 한국채택국제회계기준을 적용하도록 하는 전제조건이 없는 경우, 일반기업회계기준을 적용하여 회계 처리한다.
- 문제의 풀이와 답안작성은 제시된 문제의 순서대로 진행한다.

문제 1 [일반전표입력] 메뉴를 이용하여 다음의 거래자료를 입력하시오. (15점)

―【 입력 시 유의사항 】―
- 일반적인 적요의 입력은 생략하지만, 타계정 대체거래는 적요 번호를 선택하여 입력한다.
- 채권·채무와 관련된 거래는 별도의 요구가 없는 한 반드시 기등록된 거래처코드를 선택하는 방법으로 거래처명을 입력한다.
- 제조경비는 500번대 계정코드를, 판매비와관리비는 800번대 계정코드를 사용한다.
- 회계처리 시 계정과목은 별도의 제시가 없는 한 등록된 계정과목 중 가장 적절한 과목으로 한다.

[1] 01월 22일 ㈜한강물산에 제품을 8,000,000원에 판매하기로 계약하고, 판매대금 중 20%를 당좌예금 계좌로 송금받았다. (3점)

[2] 03월 25일 거래처인 ㈜동방불패의 파산으로 외상매출금 13,000,000원의 회수가 불가능해짐에 따라 대손처리하였다(대손 발생일 직전 외상매출금에 대한 대손충당금 잔액은 4,000,000원이었으며, 부가가치세법상 대손세액공제는 고려하지 않는다). (3점)

[3] 06월 30일 업무용 승용자동차(5인승, 2,000cc)의 엔진 교체 후 대금 7,700,000원을 보통예금 계좌에서 지급하고 현금영수증을 수령하였다(단, 승용자동차의 엔진 교체는 자본적지출에 해당한다). (3점)

[4] 07월 25일 이사회에서 2025년 07월 12일에 결의한 중간배당(현금배당 100,000,000원)인 미지급배당금에 대하여 소득세 등 15.4%를 원천징수하고 보통예금 계좌에서 지급하였다(단, 관련 데이터를 조회하여 회계처리할 것). (3점)

[5] 11월 05일   액면가액 10,000,000원(3년 만기)인 사채를 10,850,000원에 할증발행하였으며, 대금은 전액 보통예금 계좌로 입금되었다. (3점)

문제 2   [매입매출전표입력] 메뉴를 이용하여 다음의 거래자료를 입력하시오. (15점)

【 입력 시 유의사항 】

· 일반적인 적요의 입력은 생략하지만, 타계정 대체거래는 적요 번호를 선택하여 입력한다.
· 채권·채무 관련 거래는 별도의 요구가 없는 한 반드시 기등록된 거래처코드를 선택하는 방법으로 거래처명을 입력한다.
· 제조경비는 500번대 계정코드를, 판매비와관리비는 800번대 계정코드를 사용한다.
· 회계처리 시 계정과목은 등록된 계정과목 중 가장 적절한 과목으로 한다.
· 입력화면 하단의 분개까지 처리하고, 세금계산서 및 계산서는 전자 여부를 입력하여 반영한다.

[1] 07월 18일   취득가액은 52,000,000원, 매각 당시 감가상각누계액은 38,000,000원인 공장에서 사용하던 기계장치를 ㈜로라상사에 매각하고 아래와 같이 전자세금계산서를 발급하였다(당기의 감가상각비는 고려하지 말고 하나의 전표로 입력할 것). (3점)

전자세금계산서				승인번호	20250718-000023-123547		
공급자	등록번호	130-81-25029	종사업장번호	공급받는자	등록번호	101-81-42001	종사업장번호
	상호(법인명)	㈜천부전자	성명 정지훈		상호(법인명)	㈜로라상사	성명 전소민
	사업장주소	인천시 남동구 간석로 7			사업장주소	경기 포천시 중앙로 8	
	업태	제조,도소매	종목 전자제품		업태	제조업	종목 자동차부품
	이메일				이메일		
					이메일		

작성일자	공급가액	세액	수정사유	비고
2025.07.18.	11,000,000	1,100,000	해당 없음	

월	일	품목	규격	수량	단가	공급가액	세액	비고
07	18	기계장치 매각				11,000,000	1,100,000	

합계금액	현금	수표	어음	외상미수금	위 금액을 (**청구**) 함
12,100,000				12,100,000	

[2] 07월 30일 영업부에 필요한 비품을 ㈜소나무로부터 구입하고 법인 명의로 현금영수증을 발급받았다. 법인의 운영자금이 부족하여 대표자 개인 명의의 계좌에서 대금을 지급하였다(단, 가수금(대표자)으로 처리할 것). (3점)

현금영수증

●거래정보

거래일시	2025년 7월 30일 13:40:14
승인번호	1234567
거래구분	승인거래
거래용도	지출증빙
발급수단번호	130-81-25029

●거래금액

공급가액	부가세	봉사료	총 거래금액
600,000	60,000		660,000

●가맹점 정보

상호	㈜소나무
사업자번호	222-81-12347
대표자명	박무늬
주소	서울특별시 강남구 압구정동 14

● 익일 홈택스에서 현금영수증 발급 여부를 반드시 확인하시기 바랍니다.
● 홈페이지 (http://www.hometax.go.kr)
  - 조회/발급 > 현금영수증 조회 > 사용내역(소득공제) 조회
                                      > 매입내역(지출증빙) 조회
● 관련문의는 국세상담센터(☎126-1-1)

[3] 08월 31일 제2기 부가가치세 예정신고 시 누락한 제조부의 자재 창고 임차료에 대하여 아래와 같이 종이 세금계산서를 10월 30일에 수취하였다(단, 제2기 확정 부가가치세신고서에 자동 반영되도록 입력 및 설정할 것). (3점)

세금계산서(공급받는 자 보관용)

공급자				공급받는자			
등록번호	113-55-61448			등록번호	130-81-25029		
상호(법인명)	오미순부동산	성명(대표자)	오미순	상호(법인명)	㈜천부전자	성명(대표자)	정지훈
사업장 주소	경기도 부천시 신흥로 111			사업장 주소	인천시 남동구 간석로 7		
업태	부동산업	종목	임대업	업태	제조 외	종목	전자제품

작성 연월일	공급가액	세액	비고
25.08.31	1,500,000	150,000	

월	일	품목	규격	수량	단가	공급가액	세액	비고
08	31	자재창고 임차료				1,500,000	150,000	

합계금액	현금	수표	어음	외상미수금	이 금액을 **청구** 함
1,650,000				1,650,000	

[4] 09월 28일 제품의 제작에 필요한 원재료를 수입하면서 인천세관으로부터 아래의 수입전자세금계산서를 발급받고, 부가가치세는 보통예금 계좌에서 지급하였다(단, 재고자산에 대한 회계처리는 생략할 것). (3점)

수입전자세금계산서

승인번호: 20250928-16565842-11125669

세관명				수입자			
등록번호	135-82-12512	종사업장번호		등록번호	130-81-25029	종사업장번호	
세관명	인천세관	성명	김세관	상호(법인명)	㈜천부전자	성명	정지훈
세관주소	인천광역시 미추홀구 항구로			사업장주소	인천시 남동구 간석로 7		
수입신고번호 또는 일괄발급기간(총건)				업태	제조,도소매	종목	전자제품

납부일자	과세표준	세액	수정사유	비고
2025.09.28.	20,000,000	2,000,000	해당 없음	

월	일	품목	규격	수량	단가	공급가액	세액	비고
09	28	수입신고필증 참조				20,000,000	2,000,000	

합계금액	22,000,000

[5] 09월 30일 영업부에서 거래처에 추석선물로 제공하기 위하여 ㈜부천백화점에서 선물세트를 구입하고 아래의 전자세금계산서를 발급받았다. 대금 중 500,000원은 현금으로 결제하였으며, 잔액은 보통예금 계좌에서 지급하였다. (3점)

전자세금계산서

승인번호	20250930-100156-956214

공급자
- 등록번호: 130-81-01236
- 상호(법인명): ㈜부천백화점
- 성명: 안부천
- 사업장주소: 경기도 부천시 길주로 280 (중동)
- 업태: 소매
- 종목: 잡화
- 이메일: bucheon@never.net

공급받는자
- 등록번호: 130-81-25029
- 상호(법인명): ㈜천부전자
- 성명: 정지훈
- 사업장주소: 인천시 남동구 간석로 7
- 업태: 제조
- 종목: 전자제품

작성일자	공급가액	세액	수정사유	비고
2025.09.30.	2,600,000	260,000	해당 없음	

월	일	품목	규격	수량	단가	공급가액	세액	비고
09	30	홍삼선물세트		10	260,000	2,600,000	260,000	

합계금액	현금	수표	어음	외상미수금	
2,860,000	2,860,000				위 금액을 (**영수**) 함

문제 3 부가가치세 신고와 관련하여 다음 물음에 답하시오. (10점)

[1] 아래의 자료를 이용하여 2025년 제1기 부가가치세 확정신고기간의 [수출실적명세서]를 작성하시오 (단, 거래처코드와 거래처명은 조회하여 불러올 것). (3점)

거래처	수출신고번호	선적일	환가일	통화	수출액	기준환율	
						선적일	환가일
B&G	11133-77-100066X	2025.04.15.	2025.04.10.	USD	$80,000	₩1,350/$	₩1,300/$
PNP	22244-88-100077X	2025.05.30.	2025.06.07.	EUR	€52,000	₩1,400/€	₩1,410/€

[2] 다음의 자료만을 이용하여 2025년 제1기 부가가치세 확정신고기간(4월 1일~6월 30일)의 [부가가치세신고서]를 작성하시오(단, 기존에 입력된 자료 또는 불러온 자료는 무시하고, 부가가치세신고서 외의 부속서류 작성은 생략할 것). (5점)

구분	자 료
매출	1. 전자세금계산서 발급분 제품 매출액 : 200,000,000원(부가가치세 별도) 2. 신용카드로 결제한 제품 매출액 : 44,000,000원(부가가치세 포함) 3. 내국신용장에 의한 제품 매출액(영세율세금계산서 발급분) : 공급가액 40,000,000원 4. 수출신고필증 및 선하증권으로 확인된 수출액(직수출) : 5,000,000원(원화 환산액)
매입	1. 세금계산서 수취분 일반매입 : 공급가액 120,000,000원, 세액 12,000,000원 2. 세금계산서 수취분 9인승 업무용 차량 매입 : 공급가액 30,000,000원, 세액 3,000,000원 ※ 위 1번의 일반매입분과 별개이다. 3. 법인신용카드매출전표 수취분 중 공제 대상 일반매입 : 공급가액 10,000,000원, 세액 1,000,000원 4. 제1기 예정신고 시 누락된 세금계산서 매입 : 공급가액 20,000,000원, 세액 2,000,000원
비고	1. 제1기 예정신고 시 미환급세액은 1,000,000원이라고 가정한다. 2. 전자신고세액공제는 고려하지 않도록 한다.

[3] 다음의 자료를 이용하여 2025년 제1기 부가가치세 예정신고기간(1월 1일~3월 31일)의 [부가가치세신고서] 및 관련 부속서류를 전자신고하시오. (2점)

1. 부가가치세신고서와 관련 부속서류는 마감되어 있다.
2. [전자신고] → [국세청 홈택스 전자신고변환(교육용)] 순으로 진행한다.
3. [전자신고]의 [전자신고제작] 탭에서 신고인구분은 2.납세자 자진신고를 선택하고, 비밀번호는 "12341234"로 입력한다.
4. [국세청 홈택스 전자신고변환(교육용)] → 전자파일변환(변환대상파일선택) → 찾아보기 에서 전자신고용 전자파일을 선택한다.
5. 전자신고용 전자파일 저장경로는 로컬디스크(C:)이며, 파일명은 "enc작성연월일.101.v사업자등록번호"이다.
6. 형식검증하기 ➡ 형식검증결과확인 ➡ 내용검증하기 ➡ 내용검증결과확인 ➡ 전자파일제출 을 순서대로 클릭한다.
7. 최종적으로 전자파일 제출하기 를 완료한다.

문제 4 결산정리사항은 다음과 같다. 관련 메뉴를 이용하여 결산을 완료하시오. (15점)

[1] 기말 재고조사 결과 자산으로 처리하였던 영업부의 소모품 일부(장부가액 : 250,000원)가 제조부의 소모품비로 사용되었음을 확인하였다. (3점)

[2] 기말 재무상태표의 단기차입금 중에는 당기에 발생한 ㈜유성에 대한 외화차입금 26,000,000원이 포함되어 있다. 발생일 현재 기준환율은 1,300원/$이고, 기말 현재 기준환율은 1,400원/$이다. (3점)

[3] 대출금에 대한 이자지급일은 매월 16일이다. 당해연도분 미지급비용을 인식하는 회계처리를 하시오 (단, 거래처 입력은 하지 않을 것). (3점)

> 대출 적용금리는 변동금리로 은행에 문의한 결과 2025년 12월 16일부터 2026년 1월 15일까지의 기간에 대하여 지급되어야 할 이자는 총 5,000,000원이며, 이 중 2025년도 12월 31일까지에 대한 발생이자는 2,550,000원이었다.

[4] 기존에 입력된 데이터는 무시하고 제2기 확정신고기간의 부가가치세와 관련된 내용이 다음과 같다고 가정한다. 12월 31일 부가세예수금과 부가세대급금을 정리하는 회계처리를 하시오. 단, 납부세액(또는 환급세액)은 미지급세금(또는 미수금)으로, 경감세액은 잡이익으로, 가산세는 세금과공과(판)로 회계처리한다. (3점)

| · 부가세대급금 | 12,400,000원 | · 부가세예수금 | 240,000원 |
| · 전자신고세액공제액 | 10,000원 | · 세금계산서지연발급가산세 | 24,000원 |

[5] 당기분 법인세가 27,800,000원(법인지방소득세 포함)으로 확정되었다. 회사는 법인세 중간예납세액과 이자소득원천징수세액의 합계액 11,000,000원을 선납세금으로 계상하고 있었다. (3점)

문제 5 2025년 귀속 원천징수자료와 관련하여 다음의 물음에 답하시오. (15점)

[1] 다음은 자재부 사원 김경민(사번 : 101)의 부양가족 자료이다. 부양가족은 모두 생계를 함께하고 있으며 세부담 최소화를 위해 가능하면 김경민이 모두 공제받고자 한다. [사원등록] 메뉴의 [부양가족명세]를 작성하시오(단, 기본공제대상자가 아닌 경우에는 입력하지 말 것, 주민등록번호는 모두 맞는 것으로 가정). (5점)

성명	관계	주민등록번호	동거 여부	비고
김경민	본인	670213-1234567	세대주	총급여 : 50,000,000원
정혜미	배우자	650415-2215676	동거	퇴직소득금액 100만원
김경희	동생	720115-2157895	동거	일용근로소득 550만원, 장애인(장애인복지법)
김경우	부친	420122-1789545	주거형편상 별거	이자소득 2천만원
박순란	모친	420228-2156777	주거형편상 별거	소득없음
정지원	처남	710717-1333451	동거	양도소득금액 100만원, 장애인(중증환자)
김기정	아들	971111-1123456	주거형편상 별거	취업준비생, 일용근로소득 500만원
김지은	딸	051230-4156870	동거	사업소득금액 100만원

[2] 다음은 진도준(사번:15, 입사일:2025.01.02.) 사원의 2025년 귀속 연말정산 관련 자료이다. [연말정산추가자료입력]의 [부양가족(보험료, 교육비)] 탭, [신용카드] 탭, [의료비] 탭, [연금저축] 탭을 작성하고, [연말정산입력] 탭에서 연말정산을 완료하시오(단, 근로자 본인의 세부담이 최소화되도록 하며, 주민등록번호는 모두 맞는 것으로 가정한다). (10점)

1. 가족사항(모두 동거하며, 생계를 같이한다. 아래 제시된 자료 외의 다른 소득은 없다.)

관계	성명	주민등록번호	소득	비고
본인	진도준	791030-1224112	총급여 8,000만원	세대주
어머니	박정희	510511-2148712	종합과세금융소득 2,400만원	
배우자	김선영	820115-2347238	분리과세 선택 기타소득 300만원	
아들	진도진	160131-3165610	소득 없음	초등학생
아들	진시진	190121-3165115	소득 없음	유치원생

※ 기본공제대상자가 아닌 경우 기본공제 "부"로 입력할 것

2. 연말정산 자료
※ 아래의 자료는 국세청 홈택스 및 기타 증빙을 통해 확인된 것으로, 별도의 언급이 없는 한 국세청 홈택스 연말정산간소화서비스에서 조회된 자료이다.

구분	내용
보험료	· 진도준 보장성보험료 : 2,200,000원 · 진도진 보장성보험료 : 480,000원 · 진시진 보장성보험료 : 456,000원
교육비	· 진도준 대학원 수업료 : 8,000,000원 · 박정희 사이버대학 수업료 : 2,050,000원 · 진도진 영어보습학원비 : 2,640,000원 · 진도진 태권도학원비 : 1,800,000원 · 진시진 축구교실학원비 : 1,200,000원 (진시진의 축구교실학원비는 국세청 홈택스 연말정산간소화서비스에서 조회한 자료가 아니며, 교육비세액공제 요건을 충족하지 못하는 것으로 확인되었다.)

의료비	· 진도준 질병 치료비 : 3,000,000원(진도준 신용카드 결제)
	· 진도준 시력보정용 렌즈 구입비용 : 600,000원(1건, 진도준 신용카드 결제)
	  －구입처 : 렌즈모아(사업자등록번호 105-68-23521)
	  －의료비증빙코드 : 기타영수증
	· 박정희 질병 치료비 : 3,250,000원(진도준 신용카드 결제)
	  －보험업법에 따른 보험회사에서 실손의료보험금 2,000,000원 수령

신용카드 등 사용액	· 진도준 신용카드 사용액 : 32,000,000원(전통시장 사용분 2,000,000원 포함) · 진도준 현금영수증 사용액 : 3,200,000원(전통시장 사용분 200,000원 포함) · 진도준 체크카드 사용액 : 2,382,000원(대중교통 사용분 182,000원 포함) · 진도준 신용카드 사용액은 의료비 지출액이 모두 포함된 금액이다. · 제시된 내용 외 전통시장/대중교통/도서 등 사용분은 없다.
기타	· 진도준 연금저축계좌 납입액 : 2,400,000원(2023년도 납입분) －삼성생명보험㈜ 계좌번호 : 153-05274-72339

제10회 전산세무2급 기출

이론시험

※ 다음 문제를 보고 알맞은 것을 골라 [이론문제 답안작성] 메뉴에 입력하시오.(객관식 문항당 2점)

―【 기 본 전 제 】―
문제에서 한국채택국제회계기준을 적용하도록 하는 전제조건이 없는 경우, 일반기업회계기준을 적용한다.

01. 다음 중 재무제표의 작성과 표시에 관한 설명으로 틀린 것은?

① 자산과 부채는 유동성이 낮은 항목부터 배열하는 것을 원칙으로 한다.
② 재무제표는 재무상태표, 손익계산서, 현금흐름표, 자본변동표로 구성되며, 주석을 포함한다.
③ 자산과 부채 및 자본은 총액에 의하여 기재함을 원칙으로 하고, 자산 항목과 부채 항목 또는 자본 항목을 상계하여 그 전부 또는 일부를 재무상태표에서 제외하면 안된다.
④ 자본거래에서 발생한 자본잉여금과 손익거래에서 발생한 이익잉여금을 구분하여 표시한다.

02. 다음 자료를 이용하여 유동자산에 해당하는 금액의 합계액을 구하면 얼마인가?

· 매출채권	1,000,000원	· 상품	2,500,000원
· 특허권	1,500,000원	· 당좌예금	3,000,000원
· 선급비용	500,000원	· 장기매출채권	2,000,000원

① 5,500,000원
② 6,000,000원
③ 6,500,000원
④ 7,000,000원

03. 다음 중 물가가 지속적으로 상승하는 상황에서 기말재고자산이 가장 크게 계상되는 재고자산의 평가방법은 무엇인가?

① 선입선출법
② 후입선출법
③ 총평균법
④ 이동평균법

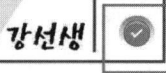

04. 유형자산을 보유하고 있는 동안 발생한 수익적 지출을 자본적 지출로 잘못 회계 처리한 경우, 재무제표에 미치는 효과로 가장 올바른 것은?

① 자산의 과소계상
② 부채의 과대계상
③ 당기순이익의 과대계상
④ 매출총이익의 과소계상

05. 다음 중 자본에 대한 설명으로 가장 옳지 않은 것은?

① 자본금은 기업이 발행한 발행주식 총수에 1주당 액면금액을 곱한 금액이다.
② 자본잉여금은 주식발행초과금과 기타자본잉여금(감자차익, 자기주식처분이익 등)으로 구분하여 표시한다.
③ 매도가능증권평가손익은 자본조정 항목으로 계상한다.
④ 미처분이익잉여금은 배당 등으로 처분할 수 있는 이익잉여금을 말한다.

06. 다음 중 원가에 대한 설명으로 가장 옳지 않은 것은?

① 직접원가란 특정원가집적대상에 직접 추적이 가능하거나 식별가능한 원가이다.
② 고정원가란 관련범위 내에서 조업도 수준과 관계없이 총원가가 일정한 원가 형태를 말한다.
③ 가공원가란 직접재료원가와 직접노무원가를 말한다.
④ 매몰원가란 과거 의사결정에 따라 이미 발생한 원가로 현재의 의사결정에 영향을 미치지 못하는 원가를 의미한다.

07. 다음의 원가 자료를 이용하여 직접재료원가를 계산하면 얼마인가?

· 총제조원가 : 4,000,000원
· 직접노무원가 : 제조간접원가의 2배
· 제조간접원가 : 총제조원가의 25%

① 1,000,000원 ② 1,500,000원 ③ 2,000,000원 ④ 2,500,000원

08. ㈜한국은 직접노무시간을 기준으로 제조간접원가를 예정배부하고 있다. 당기 초 제조간접원가 예산은 2,000,000원이며, 예정 직접노무시간은 200시간이다. 당기 말 현재 실제 제조간접원가는 2,500,000원이 발생하였으며, 제조간접원가 배부차이가 발생하지 않았다면 실제 직접노무시간은 얼마인가?

① 160시간 ② 200시간 ③ 250시간 ④ 500시간

09. 다음 중 공손에 관한 설명으로 옳지 않은 것은?

① 정상적인 생산과정에서 필수불가결하게 발생하는 정상공손원가는 제조원가에 포함된다.
② 주산품의 제조과정에서 발생한 원재료의 부스러기 등 작업폐물의 순실현가치는 제조원가에서 차감한다.
③ 작업자의 부주의 등에 의하여 발생하는 비정상공손원가는 발생한 기간의 영업외비용으로 처리한다.
④ 정상공손수량과 비정상공손수량은 원가흐름의 가정에 따라 다르게 계산된다.

10. 다음 중 가중평균법에 의한 종합원가계산방법을 적용하여 완성품 단위당 원가를 산정할 때 필요하지 않은 자료는 무엇인가?

① 기말재공품의 완성도
② 당기총제조원가
③ 완성품의 물량
④ 기초재공품의 물량

11. 다음 중 부가가치세법상 재화의 공급의제 (재화의 공급으로 보는 특례)에 해당하는 것은? 단, 일반과세자로서 매입 시 매입세액은 전부 공제받았다고 가정한다.

① 자기의 다른 과세사업장에서 원료 또는 자재 등으로 사용·소비하기 위해 반출하는 경우
② 사용인에게 사업을 위해 착용하는 작업복, 작업모, 작업화를 제공하는 경우
③ 무상으로 견본품을 인도 또는 양도하거나 불특정 다수에게 광고선전물을 배포하는 경우
④ 자동차 제조회사가 자기 생산한 승용자동차(2,000cc)를 업무용으로 사용하는 경우

12. 다음 중 부가가치세법상 영세율제도에 대한 설명으로 가장 옳지 않은 것은?

① 부가가치세의 역진성 완화를 목적으로 한다.
② 완전 면세제도이다.
③ 면세사업자는 영세율 적용대상자가 아니다.
④ ④ 비거주자 또는 외국법인의 경우에는 상호 면세주의에 따른다.

13. 다음은 부가가치세법상 가산세에 대한 설명이다. 빈칸에 들어갈 내용으로 알맞은 것은?

> 사업자가 재화 또는 용역을 공급하지 아니하고 세금계산서를 발급하는 경우 그 세금계산서에 적힌 공급가액의 (   )를 납부세액에 더하거나 환급세액에서 뺀다.

① 1%   ② 2%   ③ 3%   ④ 10%

14. 다음 중 소득세법상 근로소득의 수입시기로 옳지 않은 것은?

① 잉여금처분에 의한 상여 : 결산일
② 인정상여 : 해당 사업연도 중 근로를 제공한 날
③ 일반상여 : 근로를 제공한 날
④ 일반급여 : 근로를 제공한 날

15. 다음의 자료를 이용하여 소득세법상 복식부기 의무자의 <u>사업소득 총수입금액</u>을 구하면 얼마인가?

> · 매출액 300,000,000원   · 원천징수된 은행 예금의 이자수익 500,000원
> · 차량운반구(사업용) 양도가액 30,000,000원   · 공장건물 양도가액 100,000,000원

① 430,500,000원   ② 430,000,000원
③ 330,000,000원   ④ 300,000,000원

실무시험

㈜도원기업(회사코드:1102)은 전자제품의 제조 및 도·소매업을 주업으로 영위하는 중소기업으로, 당기(제18기)의 회계기간은 2025.1.1.~2025.12.31.이다. 전산세무회계 수험용 프로그램을 이용하여 다음 물음에 답하시오.

【 기 본 전 제 】

· 문제에서 한국채택국제회계기준을 적용하도록 하는 전제조건이 없는 경우, 일반기업회계기준을 적용하여 회계 처리한다.
· 문제의 풀이와 답안작성은 제시된 문제의 순서대로 진행한다.

문제 1 [일반전표입력] 메뉴를 이용하여 다음의 거래자료를 입력하시오. (15점)

【 입력 시 유의사항 】

· 일반적인 적요의 입력은 생략하지만, 타계정 대체거래는 적요 번호를 선택하여 입력한다.
· 채권·채무와 관련된 거래는 별도의 요구가 없는 한 반드시 기등록된 거래처코드를 선택하는 방법으로 거래처명을 입력한다.
· 제조경비는 500번대 계정코드를, 판매비와관리비는 800번대 계정코드를 사용한다.
· 회계처리 시 계정과목은 별도의 제시가 없는 한 등록된 계정과목 중 가장 적절한 과목으로 한다.

---

[1] 01월 05일 에코전자의 상장주식 100주를 단기 투자목적으로 1주당 60,000원에 취득하고 대금은 증권거래수수료 30,000원과 함께 보통예금 계좌에서 지급하였다. (3점)

[2] 03월 31일 보유 중인 신한은행의 예금에서 이자수익 500,000원이 발생하여 원천징수세액을 제외한 423,000원이 보통예금 계좌로 입금되었다(단, 원천징수세액은 자산으로 처리할 것). (3점)

[3] 04월 30일 본사 건물 신축공사를 위한 장기차입금의 이자비용 2,500,000원을 보통예금 계좌에서 지급하였다. 해당 지출은 차입원가 자본화 요건을 충족하였으며, 신축공사 중인 건물은 2026년 2월 28일에 완공될 예정이다. (3점)

[4] 07월 10일 당사는 퇴직연금제도를 도입하면서 퇴직연금상품에 가입하였다. 생산부서 직원에 대해서는 확정급여형(DB형) 상품으로 10,000,000원, 영업부서 직원에 대해서는 확정기여형(DC형) 상품으로 7,000,000원을 보통예금 계좌에서 이체하여 납입하였다(단, 하나의 전표로 입력하고 기초 퇴직급여충당부채 금액은 고려하지 말 것). (3점)

[5] 07월 15일 ㈜지유로부터 공장에서 사용할 기계장치를 구입하기로 계약하고, 계약금 5,000,000원을 즉시 당좌수표를 발행하여 지급하였다. (3점)

문제 2 [매입매출전표입력] 메뉴를 이용하여 다음의 거래자료를 입력하시오. (15점)

━━━━【 입력 시 유의사항 】━━━━

· 일반적인 적요의 입력은 생략하지만, 타계정 대체거래는 적요 번호를 선택하여 입력한다.
· 채권·채무 관련 거래는 별도의 요구가 없는 한 반드시 기등록된 거래처코드를 선택하는 방법으로 거래처명을 입력한다.
· 제조경비는 500번대 계정코드를, 판매비와관리비는 800번대 계정코드를 사용한다.
· 회계처리 시 계정과목은 등록된 계정과목 중 가장 적절한 과목으로 한다.
· 입력화면 하단의 분개까지 처리하고, 세금계산서 및 계산서는 전자 여부를 입력하여 반영한다.

[1] 07월 07일 ㈜신화에서 영업부서의 매출처에 선물로 증정할 와인세트 10세트를 1세트당 50,000원(부가가치세 별도)에 구입하고 전자세금계산서를 발급받았다. 대금 550,000원은 현금으로 지급하고, 선물은 구입 즉시 모두 거래처에 전달하였다. (3점)

[2] 07월 20일 공장에서 생산부서가 사용할 선풍기를 ㈜하나마트에서 현금으로 구입하고, 아래와 같이 현금영수증을 발급받았다(단, 소모품비로 처리할 것). (3점)

[3] 08월 16일 미국 UFC사에 제품을 $10,000에 해외 직수출하고, 8월 31일에 수출대금 전액을 달러($)로 받기로 하였다. 일자별 환율은 다음과 같다(단, 수출신고번호 입력은 생략할 것). (3점)

구분	8월 10일(수출신고일)	8월 16일(선적일)	8월 31일(대금회수일)
기준환율	1,150원/$	1,100원/$	1,200원/$

[4] 09월 30일 ㈜명학산업에 제품을 공급하고 아래와 같이 전자세금계산서를 발급하였다. 대금은 8월 31일에 기수령한 계약금 1,800,000원을 제외한 잔액을 ㈜명학산업이 발행한 당좌수표로 수령하였다. (3점)

전자세금계산서					승인번호	20250930-1547412-2014956		
공급자	등록번호	㈜도원기업	종사업장번호		공급받는자	등록번호	301-81-45665	종사업장번호
	상호(법인명)	370-81-12345	성명	이세종		상호(법인명)	㈜명학산업	성명	김연동
	사업장주소	서울 구로구 안양천로539길 6				사업장주소	세종시 부강면 문곡리 128	
	업태	제조등	종목	전자부품		업태	제조	종목	가전제품
	이메일					이메일		
						이메일		

작성일자	공급가액	세액	수정사유	비고
2025/09/30	18,000,000	1,800,000		

월	일	품목	규격	수량	단가	공급가액	세액	비고
09	30	제품				18,000,000	1,800,000	

합계금액	현금	수표	어음	외상미수금	위 금액을 (영수) 함
19,800,000	1,800,000	18,000,000			

[5] 10월 31일 구매확인서에 의하여 ㈜크림으로부터 수출용 원재료(공급가액 6,000,000원)를 매입하고 영세율전자세금계산서를 발급받았다. 대금은 보통예금 계좌에서 지급하였다. (3점)

문제 3 부가가치세 신고와 관련하여 다음 물음에 답하시오. (10점)

[1] 다음의 자료를 이용하여 2025년 제2기 부가가치세 확정신고기간에 대한 [건물등감가상각자산취득명세서]를 작성하시오(단, 아래의 자산은 모두 감가상각 대상에 해당함). (3점)

취득일	내용	공급가액	상호	비고
		부가가치세액	사업자등록번호	
10.04.	회계부서의 컴퓨터 및 프린터 교체	20,000,000원	우리전산	종이세금계산서 수취
		2,000,000원	102-03-52877	
11.11.	생산부서의 보관창고 신축공사비	100,000,000원	㈜튼튼건설	전자세금계산서 수취
		10,000,000원	101-81-25749	
11.20.	업무용승용차(1,500cc) 구입	15,000,000원	㈜빠름자동차	전자세금계산서 수취
		1,500,000원	204-81-96316	
12.14.	영업부서의 에어컨 구입	10,000,000원	㈜시원마트	법인 신용카드 결제
		1,000,000원	304-81-74529	

[2] 아래의 자료만을 이용하여 2025년 제1기 부가가치세 확정신고기간(4월~6월)의 [부가가치세신고서]를 직접 입력하여 작성하시오(단, 부가가치세신고서 외의 부속서류와 과세표준명세의 작성은 생략하며, 불러온 데이터는 무시하고 새로 입력할 것). (5점)

매출자료	· 전자세금계산서 매출액주1) : 공급가액 320,000,000원, 세액 30,000,000원 주1)영세율세금계산서 매출액(공급가액 20,000,000원)이 포함되어 있다. · 해외 직수출 매출액 : 공급가액 15,000,000원 · 현금영수증 매출액 : 공급대가 11,000,000원

매입자료:
· 전자세금계산서를 수취한 매입액주2) : 공급가액 150,000,000원, 세액 15,000,000원
  주2)운반용 화물자동차 매입액(공급가액 20,000,000원, 세액 2,000,000원)이 포함되어 있으며, 나머지 금액은 모두 재고자산 매입액이다.
· 신용카드 매입액은 다음과 같다.

구분	내용	공급가액	세액
일반매입	직원 복리후생 관련 매입	8,000,000원	800,000원
	대표자 개인용 물품 매입	1,000,000원	100,000원
고정자산매입	제품 품질 테스트 기계설비 매입	6,000,000원	600,000원
합 계		15,000,000원	1,500,000원

기타자료:
· 예정신고 미환급세액은 900,000원으로 가정한다.
· 전자신고세액공제 10,000원을 적용하여 세부담최소화를 가정한다.

[3] 2025년 제1기 예정신고기간(2025.01.01.~2025.03.31.)의 [부가가치세신고서]를 전자신고하시오. (2점)

> 1. 부가가치세신고서와 관련 부속서류는 마감되어 있다.
> 2. [전자신고] → [국세청 홈택스 전자신고변환(교육용)] 순으로 진행한다.
> 3. [전자신고] 메뉴의 [전자신고제작] 탭에서 신고인구분은 2.납세자 자진신고를 선택하고, 비밀번호는 "12341234"로 입력한다.
> 4. [국세청 홈택스 전자신고변환(교육용)] → 전자파일변환(변환대상파일선택) → 찾아보기 에서 전자신고용 전자파일을 선택한다.
> 5. 전자신고용 전자파일 저장경로는 로컬디스크(C:)이며, 파일명은 "enc작성연월일.101.v3708112345"이다.
> 6. 형식검증하기 → 형식검증결과확인 → 내용검증하기 → 내용검증결과확인 → 전자파일제출 을 순서대로 클릭한다.
> 7. 최종적으로 전자파일 제출하기 를 완료한다.

문제 4 결산정리사항은 다음과 같다. 관련 메뉴를 이용하여 결산을 완료하시오. (15점)

[1] 다음은 2025년 제2기 확정신고기간의 부가가치세 관련 자료이다. 아래의 자료만을 이용하여 부가세 대급금과 부가세예수금을 정리하는 회계처리를 하시오. 단 입력된 데이터는 무시하고, 납부세액은 미지급세금으로, 환급세액은 미수금으로, 가산세는 세금과공과(판)로, 공제세액은 잡이익으로 처리하시오. (3점)

· 부가세예수금 : 720,000원   · 부가세대급금 : 520,000원
· 전자세금계산서지연발급가산세 : 10,000원   · 전자신고세액공제 : 10,000원

[2] 돌담은행으로부터 차입한 장기차입금 중 100,000,000원은 2026년 6월 30일에 상환기일이 도래한다. (3점)

[3] 외상매출금 및 미수금에 대하여만 기말잔액에 1%의 대손율을 적용하여 보충법에 의해 대손충당금을 설정하시오. (3점)

[4] 기말 현재 보유하고 있는 무형자산 중 영업권의 전기 말 상각 후 미상각잔액은 16,000,000원이다. 해당 영업권의 취득일은 2024년 1월 1일이며, 회사는 영업권에 대하여 5년간 월할 균등상각하고 있다. (3점)

[5] 결산일 현재 재고자산은 다음과 같다. 결산자료입력을 이용하여 결산을 수행하시오. (3점)

구분	금액	비고
원재료	93,000,000원	선적지 인도기준(FOB)으로 매입하여 운송 중인 미착원재료 2,000,000원 미포함
재공품	70,000,000원	
제품	135,000,000원	수탁자가 보관 중인 위탁제품 5,000,000원 미포함

문제 5   2025년 귀속 원천징수와 관련된 다음의 물음에 답하시오. (15점)

[1] 다음은 ㈜도원기업의 사무직 사원 김우리(사원코드:100)의 6월 급여자료이다. 아래 자료를 이용하여 [사원등록]의 [부양가족명세] 탭의 부양가족에 대한 기본공제 및 추가공제 여부를 반영하고, [수당공제등록] 및 [급여자료입력]을 수행하시오(단, 근로자 본인의 세부담 최소화를 가정한다). (5점)

1. 부양가족 명세(모두 거주자인 내국인에 해당함) 주민등록번호는 모두 맞는 것으로 가정.

성명	주민등록번호	관계	동거(생계)여부	비고
김우리	821210-1127858	본인		세대주, 2025년 총급여액 5,200만원
이현진	841010-2145201	배우자	여	소득없음
김아현	210101-4928325	입양자녀	여	소득없음, 2025년 1월에 입양신고함

※ 제시된 자료 외의 다른 소득은 없다.

2. 6월분 급여자료

이 름	김 우 리	지 급 일	2025년 07월 10일
기 본 급	3,000,000원	소 득 세	89,390원
식 대	200,000원	지 방 소 득 세	8,930원
자 가 운 전 보 조 금	200,000원	국 민 연 금	166,500원
육 아 수 당	200,000원	건 강 보 험	131,160원
야 간 근 로 수 당	527,000원	장 기 요 양 보 험	16,800원
		고 용 보 험	34,440원
급 여 계	4,127,000원	공 제 합 계	447,220원
		지 급 총 액	3,679,780원

· 식대 : 당사는 현물식사와 식대를 함께 제공하고 있다.
· 자가운전보조금 : 당사는 본인 명의의 차량을 업무 목적으로 사용한 직원에게만 자가운전보조금을 지급하고 있으며, 실제 발생한 교통비를 별도로 지급하지 않는다.
· 육아수당 : 당사는 6세 이하 자녀(입양자녀 포함) 1명당 200,000원씩 육아수당을 지급하고 있다.
※ 수당등록 시 월정액 및 통상임금은 고려하지 않으며, 사용하는 수당 이외의 항목은 사용 여부를 "부"로 반영한다.
※ 급여자료입력 시 공제항목의 불러온 데이터는 무시하고 직접 입력하여 작성한다.

[2] 다음은 회계부서에 재직 중인 김갑용(사원코드:101) 사원의 연말정산 관련 자료이다. 다음의 자료를 이용하여 [연말정산추가자료입력] 메뉴의 [부양가족] 탭 및 관련된 탭을 모두 작성하여 연말정산을 완료하시오(단, 근로자 본인의 세부담 최소화를 가정하고, [연말정산입력] 탭은 직접 입력하지 않음). (10점)

1. 가족사항(모두 거주자인 내국인에 해당함, 주민등록번호는 모두 맞는 것으로 가정.)

성명	관계	주민등록번호	동거여부	소득금액	비고
김갑용	본인	850505-1478521		65,000,000원	총급여액(근로소득 외의 소득없음), 세대주
강희영	배우자	860630-2547858	여	10,000,000원	근로소득금액
김수필	부친	581012-1587428	여	900,000	부동산임대소득금액 : 　총수입금액 20,000,000원 　필요경비　　19,100,000원
김정은	아들	160408-3852611	여	-	초등학생
김준희	딸	211104-4487122	여	-	취학 전 아동

2. 연말정산 관련 추가자료(모든 자료는 국세청에서 제공된 자료에 해당함)

내역	비고
보장성 보험료	・김갑용(본인) : 자동차보험료 300,000원 ・강희영(배우자) : 보장성보험료 200,000원 ・김수필(부친) : 생명보험료 150,000원(만기까지 납입액이 만기환급액보다 큰 경우에 해당) ・김준희(딸) : 보장성보험료 350,000원
교육비	・김갑용(본인) : 정규 교육 과정 대학원 교육비 5,000,000원 ・김정은(아들) : 국내 소재 사립초등학교(「교육법」상의 정규 교육기관) 수업료 8,000,000원, 바이올린 학원비 2,400,000원 ・김준희(딸) : 「영유아보육법」상의 어린이집 교육비 1,800,000원
의료비	・김갑용(본인) : 시력보정용 안경 구입비용 650,000원 ・김수필(부친) : 질병 치료 목적 의료비 1,500,000원 ・김준희(딸) : 질병 치료 목적 의료비 250,000원
신용카드 사용액	・김갑용(본인) : 신용카드 사용액 21,500,000원(국세청 자료) 　(신용카드사용분 중 전통시장/대중교통/도서 등 사용분은 없음)
연금저축	・김갑용(본인) : 2025년 연금저축계좌 납입액 6,000,000원 　(계좌번호 : 농협중앙회 301-02-228451, 당해연도에 가입함)

제111회 전산세무2급 기출

이론시험

※ 다음 문제를 보고 알맞은 것을 골라 [이론문제 답안작성] 메뉴에 입력하시오.(객관식 문항당 2점)

---【 기 본 전 제 】---
문제에서 한국채택국제회계기준을 적용하도록 하는 전제조건이 없는 경우, 일반기업회계기준을 적용한다.

---

01. 다음 중 재무제표의 기본가정에 대한 설명으로 가장 옳은 것은?

① 재무제표의 기본가정에는 기업실체의 가정, 계속기업의 가정, 수익·비용 대응의 가정이 있다.
② 기간별 보고의 가정은 자산과 부채의 분류표시를 유동성 순위에 따라 분류하여야 한다는 가정이다.
③ 기업실체의 가정은 기업실체를 소유주와는 독립적으로 보아 기업의 자산과 소유주의 자산을 분리하여 인식하여야 한다는 가정이다.
④ 계속기업의 가정은 기업실체의 지속적인 경제적 활동을 일정한 기간 단위로 분할하여 각 기간별로 재무제표를 작성하는 것을 말한다.

02. 물가가 지속해서 상승하는 경제 상황을 가정할 때, 다음 중 당기순이익이 가장 적게 계상되는 재고자산 평가방법은 무엇인가?

① 선입선출법
② 총평균법
③ 이동평균법
④ 후입선출법

03. 2025년 10월 1일 ㈜한국은 기계장치를 5,000,000원에 취득하였다. 기계장치의 내용연수는 3년, 잔존가치는 500,000원으로 추정되었으며, 연수합계법으로 상각한다. ㈜한국이 결산일인 2025년 12월 31일에 계상하여야 할 감가상각비는 얼마인가? (단, 월할상각 할 것)

① 416,666원
② 562,500원
③ 625,000원
④ 750,000원

04. 다음 중 무형자산에 대한 설명으로 옳지 않은 것은?

① 무형자산의 재무제표 표시방법으로 직접법만을 허용하고 있다.
② 무형자산 상각 시 잔존가치는 원칙적으로 '0'인 것으로 본다.
③ 무형자산은 유형자산과 마찬가지로 매입가액에 취득 관련 부대 원가를 가산한 금액을 취득원가로 처리한다.
④ 무형자산의 상각기간은 독점적·배타적인 권리를 부여하고 있는 관계 법령이나 계약에 정해진 경우를 제외하고는 20년을 초과할 수 없다.

05. 다음 중 자본 항목의 자본조정으로 분류하는 것은?

① 자기주식처분손실
② 주식발행초과금
③ 매도가능증권평가손익
④ 감자차익

06. 다음 중 원가의 개념에 대한 설명으로 가장 옳지 않은 것은?

① 기회원가 : 자원을 다른 대체적인 용도로 사용할 경우 얻을 수 있는 최대금액
② 매몰원가 : 과거의 의사결정으로 이미 발생한 원가로서 의사결정에 고려하지 말아야 하는 원가
③ 회피가능원가 : 특정한 대체안을 선택하는 것과 관계없이 계속해서 발생하는 원가
④ 관련원가 : 여러 대안 사이에 차이가 나는 원가로서 의사결정에 직접적으로 관련되는 원가

07. 다음 중 변동원가와 고정원가에 대한 설명으로 가장 옳지 않은 것은?

① 변동원가는 생산량이 증가함에 따라 총원가가 증가하는 원가이다.
② 고정원가는 생산량의 증감과는 관계없이 총원가가 일정한 원가이다.
③ 생산량의 증감과는 관계없이 제품 단위당 변동원가는 일정하다.
④ 생산량의 증감과는 관계없이 제품 단위당 고정원가는 일정하다.

08. 다음 중 제조원가명세서에 대한 설명으로 가장 옳지 않은 것은?

① 제조원가명세서에는 기말 제품 재고액이 표시된다.
② 판매비와관리비는 제조원가명세서 작성과 관련이 없다.
③ 당기총제조원가는 직접재료원가, 직접노무원가, 제조간접원가의 합을 의미한다.
④ 제조원가명세서의 당기제품제조원가는 손익계산서의 당기제품제조원가와 일치한다.

09. 캠핑카를 생산하여 판매하는 ㈜붕붕은 고급형 캠핑카와 일반형 캠핑카 두 가지 모델을 생산하고 있다. 모델별 제조와 관련하여 당기에 발생한 원가는 각각 아래와 같다. ㈜붕붕은 직접재료원가를 기준으로 제조간접원가를 배부하고 있으며, 당기의 실제 제조간접원가는 2,400,000원이다. 일반형 캠핑카의 당기총제조원가는 얼마인가?

구분	고급형 캠핑카	일반형 캠핑카	합계
직접재료원가	1,800,000원	1,200,000원	3,000,000원
직접노무원가	1,000,000원	600,000원	1,600,000원

① 2,700,000원　② 2,760,000원　③ 4,240,000원　④ 4,300,000원

10. 다음 자료를 이용하여 평균법에 따른 종합원가계산을 적용할 경우, 가공원가의 완성품환산량 단위당 원가는 얼마인가?

- 직접재료는 공정 개시 시점에 모두 투입하며, 가공원가는 공정 진행에 따라 균등하게 발생한다.
- 기초재공품 2,500개(완성도 30%), 당기투입량 30,000개, 기말재공품 4,000개(완성도 30%)
- 기초재공품원가 : 직접재료원가 200,000원, 가공원가 30,000원
- 당기제조원가 : 직접재료원가 2,400,000원, 가공원가 1,306,500원

① 25원　② 37원　③ 42원　④ 45원

11. 다음 중 부가가치세법상 면세에 해당하는 것은 모두 몇 개인가?

가. 시외 우등고속버스 여객운송용역	라. 식용으로 제공되는 외국산 미가공식료품
나. 토지의 공급	마. 형사소송법에 따른 국선변호인의 국선 변호
다. 자동차운전학원에서 가르치는 교육용역	바. 제작 후 100년이 초과 된 골동품

① 5개　② 4개　③ 3개　④ 2개

12. 다음 중 부가가치세법상 대손세액공제에 대한 설명으로 가장 옳지 않은 것은?

① 대손 사유에는 부도 발생일부터 6개월 이상 지난 어음·수표가 포함된다.
② 회수기일이 6개월 이상 지난 채권 중 채권가액이 30만원 이하인 채권은 대손 사유를 충족한다.
③ 재화를 공급한 후 공급일부터 15년이 지난 날이 속하는 과세기간에 대한 확정신고기한까지 대손 사유로 확정되는 경우 대손세액공제를 적용한다.
④ 대손세액은 대손이 확정된 날이 속하는 과세기간의 매출세액에서 뺄 수 있다.

13. 다음 중 소득세의 특징으로 가장 옳은 것은?

① 소득세의 과세기간은 사업자의 선택에 따라 변경할 수 있다.
② 거주자의 소득세 납세지는 거주자의 거소지가 원칙이다.
③ 소득세법은 종합과세제도에 의하므로 거주자의 모든 소득을 합산하여 과세한다.
④ 소득세는 개인별 소득을 기준으로 과세하는 개인 단위 과세제도이다.

14. 거주자 김민재 씨의 소득이 다음과 같을 경우, 종합소득금액은 얼마인가? 단, 이자소득금액은 모두 국내은행의 정기예금이자이다.

· 양도소득금액 : 10,000,000원	· 근로소득금액 : 30,000,000원
· 이자소득금액 : 22,000,000원	· 퇴직소득금액 : 8,700,000원

① 30,000,000원　　　　　　　　　② 52,000,000원
③ 54,700,000원　　　　　　　　　④ 74,700,000원

15. 다음 중 소득세법상 근로소득의 원천징수 시기가 틀린 것은?

① 2025년 11월 귀속 근로소득을 2025년 12월 31일에 지급한 경우 : 2025년 12월 말일
② 2025년 11월 귀속 근로소득을 2026년 01월 31일에 지급한 경우 : 2026년 01월 말일
③ 2025년 12월 귀속 근로소득을 2026년 01월 31일에 지급한 경우 : 2026년 01월 말일
④ 2025년 12월 귀속 근로소득을 2026년 03월 31일에 지급한 경우 : 2026년 02월 말일

실무시험

㈜대동산업(회사코드:1112)은 컴퓨터 및 주변장치의 제조 및 도·소매업을 주업으로 영위하는 중소기업으로, 당기(15기)의 회계기간은 2025.1.1.~2025.12.31.이다. 전산세무회계 수험용 프로그램을 이용하여 다음 물음에 답하시오.

【 기 본 전 제 】
- 문제에서 한국채택국제회계기준을 적용하도록 하는 전제조건이 없는 경우, 일반기업회계기준을 적용하여 회계 처리한다.
- 문제의 풀이와 답안작성은 제시된 문제의 순서대로 진행한다.

문제 1 [일반전표입력] 메뉴를 이용하여 다음의 거래자료를 입력하시오. (15점)

【 입력 시 유의사항 】
- 일반적인 적요의 입력은 생략하지만, 타계정 대체거래는 적요 번호를 선택하여 입력한다.
- 채권·채무와 관련된 거래는 별도의 요구가 없는 한 반드시 기등록된 거래처코드를 선택하는 방법으로 거래처명을 입력한다.
- 제조경비는 500번대 계정코드를, 판매비와관리비는 800번대 계정코드를 사용한다.
- 회계처리 시 계정과목은 별도의 제시가 없는 한 등록된 계정과목 중 가장 적절한 과목으로 한다.

[1] 01월 30일 당사가 생산한 제품(원가 50,000원, 시가 80,000원)을 제조부 생산직 직원에게 복리후생 목적으로 제공하였다(단, 부가가치세법상 재화의 공급의제에 해당하지 아니함). (3점)

[2] 04월 01일 미국 LA은행으로부터 차입한 외화장기차입금 $20,000와 이자 $800에 대해 보통예금으로 달러를 구입하여 원금과 이자를 지급하였다. 4월 1일의 기준환율은 ₩1,400/$이다(단, 외화장기차입금은 거래처원장을 조회하여 회계처리하고, 하나의 전표로 처리할 것). (3점)

[3] 05월 06일 영업부 사무실로 사용하기 위하여 4월 2일에 아래와 같이 ㈜명당과 체결한 부동산임대차계약에 따라 임대차계약서상의 보증금 20,000,000원 중 잔금 18,000,000원을 보통예금 계좌에서 송금하여 지급하고, 사무실의 임차를 개시하였다(단, 관련 계정을 조회하여 처리할 것). (3점)

부동산임대차계약서

제 1 조 임대차계약에 있어 임차인은 보증금을 아래와 같이 계약금과 잔금으로 나누어 지급하기로 한다.

보증금	일금	이천만원정	(₩ 20,000,000)	
계약금	일금	이백만원정	(₩ 2,000,000)	은 계약 시에 지불하고 영수함.
잔금	일금	일천팔백만원정	(₩ 18,000,000)	은 2025년 05월 06일에 지불한다.

[4] 08월 20일   전기에 회수불능으로 대손처리한 외상매출금 2,750,000원(부가가치세 포함)을 회수하여 보통예금 계좌로 입금되었다(단, 당시 대손 요건을 충족하여 대손세액공제를 받았으며, 하나의 전표로 처리할 것). (3점)

[5] 09월 19일   영업부에서 사용할 업무용 차량의 취득세 1,250,000원을 보통예금 계좌에서 납부하였다. (3점)

문제 2

[매입매출전표입력] 메뉴를 이용하여 다음의 거래자료를 입력하시오. (15점)

【 입력 시 유의사항 】

· 일반적인 적요의 입력은 생략하지만, 타계정 대체거래는 적요 번호를 선택하여 입력한다.
· 채권·채무 관련 거래는 별도의 요구가 없는 한 반드시 기등록된 거래처코드를 선택하는 방법으로 거래처명을 입력한다.
· 제조경비는 500번대 계정코드를, 판매비와관리비는 800번대 계정코드를 사용한다.
· 회계처리 시 계정과목은 등록된 계정과목 중 가장 적절한 과목으로 한다.
· 입력화면 하단의 분개까지 처리하고, 세금계산서 및 계산서는 전자 여부를 입력하여 반영한다.

[1] 04월 02일   제품을 ㈜이레테크에 판매하고 다음과 같이 전자세금계산서를 발급하였다. 3월 2일에 받은 선수금 5,000,000원을 제외한 대금 중 30,000,000원은 ㈜이레테크가 발행한 어음으로 받고 나머지는 외상으로 하였다. (3점)

전자세금계산서

승인번호			20250402-000023123547			

	공급자				공급받는자		
등록번호	128-81-59325	종사업장번호		등록번호	127-81-32505	종사업장번호	
상호(법인명)	(주)대동산업	성명	지민아	상호(법인명)	㈜이레테크	성명	이진주
사업장주소	서울시 서초구 서초대로12길 45			사업장주소	부산시 사상구 대동로 307		
업태	제조 외	종목	컴퓨터 및 주변장치	업태	제조업	종목	전자제품
이메일	jjjj@daum.net			이메일	sky@naver.com		
				이메일			

작성일자	공급가액	세액	수정사유	비고
2025/04/02	50,000,000	5,000,000	해당 없음	

월	일	품목	규격	수량	단가	공급가액	세액	비고
04	02	제품				50,000,000	5,000,000	

합계금액	현금	수표	어음	외상미수금	위 금액을 (**청구**) 함
55,000,000	5,000,000		30,000,000	20,000,000	

[2] 04월 09일 해외 매출거래처인 BTECH에 제품을 3,000,000원에 직수출하고, 대금은 1개월 후에 받기로 하였다(단, 반드시 수출신고번호는 「1234500123456X」를 입력할 것). (3점)

[3] 05월 29일 직원회식대로 제조부 660,000원과 영업부 440,000원을 지출하고 침산가든에서 제일카드(법인카드)로 결제하였다. (3점)

[4] 06월 05일   ㈜한라상사로부터 과세사업에는 사용하지 않고 면세사업에만 사용하기 위한 기계장치를 공급가액 100,000,000원(세액 10,000,000원)에 취득하고, 전자세금계산서를 발급받았다. 대금은 보통예금 계좌에서 10,000,000원을 송금하고, 나머지는 당좌수표를 발행하여 지급하였다. (3점)

[5] 06월 15일   제조부가 사용할 청소용품을 일진상사(일반과세자)에서 현금으로 구입하고, 현금영수증을 발급받았다(단, 소모품비로 회계처리할 것). (3점)

일진상사

211-11-10614   박일문
경기도 부천시 신흥로 110   TEL : 031-117-2727

홈페이지 http://www.kacpta.or.kr

현금영수증(지출증빙용)

구매 2025/06/15 17:27   거래번호 : 11511

상품명	수량	단가	공급가액
청소용품			200,000

과 세 물 품 가 액	200,000원
부 가 가 치 세 액	20,000원
합 계	220,000원
받 은 금 액	220,000원

문제 3 부가가치세 신고와 관련하여 다음 물음에 답하시오. (10점)

[1] 다음 자료를 보고 2025년 제1기 예정신고기간의 [수출실적명세서]와 [영세율매출명세서]를 작성하시오(단, 매입매출전표입력은 생략할 것). (4점)

거래처	수출신고번호	선적일	환가일	통화	수출액	적용환율 선적일	적용환율 환가일
제임스사	13065-22-065849X	2025.01.31.	2025.01.25.	USD	$100,000	₩1,000/$	₩1,080/$
랜덤기업	13075-20-080907X	2025.02.20.	2025.02.23.	USD	$80,000	₩1,050/$	₩1,070/$
큐수상사	13889-25-148890X	2025.03.18.	-	JPY	¥5,000,000	₩800/100¥	-

[2] 다음은 2025년 제2기 부가가치세 확정신고기간 귀속 자료이다. 다음 자료만을 이용하여 [부가가치세신고서]를 작성하시오(단, 기존의 입력된 자료는 무시하고, 부가가치세신고서 외의 부속서류 및 과세표준명세 입력은 생략할 것). (6점)

구분	자 료
매출	1. 전자세금계산서 발급분(과세분) : 공급가액 500,000,000원, 세액 50,000,000원 2. 신용카드에 의한 매출액 : 공급가액 80,000,000원, 세액 8,000,000원 3. 직수출액 : 150,000,000원 4. 영세율세금계산서 발급분 : 50,000,000원(종이 세금계산서 발급) 5. 2024년 제2기 확정신고 시 대손세액공제 받은 외상매출금 33,000,000원을 전액 회수함.
매입	1. 세금계산서 수취분 일반매입 : 공급가액 550,000,000원, 세액 55,000,000원 (세금계산서 수취분 매입액 중 520,000,000원은 과세사업의 매출과 관련된 매입액이며, 나머지 30,000,000원은 거래처 접대와 관련된 매입액이다.) 2. 제2기 예정신고 시 누락된 종이 세금계산서 수취분 : 공급가액 20,000,000원, 세액 2,000,000원
기타	1. 예정신고 누락분은 확정신고 시 반영하기로 한다. 2. 홈택스에서 직접 전자신고하여 세액공제를 받기로 한다.

문제 4 결산정리사항은 다음과 같다. 관련 메뉴를 이용하여 결산을 완료하시오. (15점)

[1] 관리부가 2025년 9월 1일에 구입한 소모품 중 당기 말 현재까지 미사용한 소모품은 100,000원이다. (단, 비용에 대한 계정과목은 소모품비(판매관리비)를 사용하고, 반드시 해당 거래를 조회하여 적절한 회계처리를 할 것). (3점)

[2] 결산일 현재 보유 중인 매도가능증권(2022년 취득)에 대하여 일반기업회계기준에 따라 회계처리를 하시오(단, 매도가능증권은 비유동자산에 해당함). (3점)

주식명	주식 수	취득일	1주당 취득원가	2024년 12월 31일 1주당 공정가치	2025년 12월 31일 1주당 공정가치
㈜에코	100주	2024.05.23.	10,000원	8,300원	7,000원

[3] 2025년 12월 16일에 차입한 대출금에 대한 이자를 다음 달부터 매월 16일에 지급하기로 하였다. (3점)

> 2025년 12월 16일부터 2026년 1월 15일까지 1개월 동안 지급되어야 할 이자는 3,100,000원이었으며, 이 중 2025년도 12월 31일까지의 발생이자는 1,600,000원이었다.

[4] 당해연도 말 퇴직급여추계액은 생산직 75,000,000원, 관리직 35,000,000원이며, 이미 설정된 퇴직급여충당부채액은 생산직 50,000,000원과 관리직 28,000,000원이다. 당사는 퇴직급여추계액의 100%를 퇴직급여충당부채로 계상한다. (3점)

[5] 2025년 결산을 하면서 당해연도에 대한 법인세 45,000,000원, 법인지방소득세 6,000,000원을 확정하였다. 중간예납세액 23,000,000원, 이자수익에 대한 원천징수세액 3,080,000원이 자산으로 계상되어 있다. (3점)

문제 5 2025년 귀속 원천징수와 관련된 다음의 물음에 답하시오. (15점)

[1] 다음 자료는 인사부 박한별 사원(입사일 2025년 6월 1일, 국내 근무)의 부양가족과 관련된 내용이다. 제시된 자료만을 이용하여 [사원등록(사번 : 500)]을 하고, 부양가족을 모두 [부양가족명세]에 등록 후 박한별의 세부담이 최소화되도록 기본공제 및 추가공제 여부를 입력하시오. 주민등록번호는 모두 맞는 것으로 가정한다. (6점)

- 박한별 사원 본인과 부양가족은 모두 내국인이며 거주자이다.
- 기본공제 대상자가 아닌 경우 '부'로 표시한다.

관계	성명	주민등록번호	동거(생계)여부	장애인여부	소득현황 및 기타사항
본인	박한별	830505-2027818	-	부	근로소득금액 2,500만원
배우자	김준호	820525-1056931	부	부	소득 없음, 주거형편상 별거
본인의 아버지	박인수	530725-1013119	여	부	「장애인복지법」상 장애인에 해당함, 소득 없음, 2025년 1월 31일에 사망
아들	김은수	070510-3212685	부	부	분리과세 기타소득 200만원, 국외 유학 중
딸	김아름	251225-4115731	여	부	소득 없음

[2] 2025년 7월 1일 입사한 김기웅(사번 : 600)의 연말정산 자료는 다음과 같다. [연말정산추가입력]에 전(前)근무지의 내용을 반영하여 [소득명세] 탭, [부양가족] 탭, [신용카드 등] 탭, [연금저축 등] 탭, [연말정산입력] 탭을 작성하시오. (9점)

1. 전(前) 근무지(㈜해탈상사)에서 받은 근로소득원천징수영수증 자료를 입력한다.
2. 2025년 7월에 직장 근처로 이사하면서 전세자금대출을 받았다.

〈김기웅의 전(前)근무지 근로소득원천징수영수증〉

	구 분		주(현)	종(전)	⑯-1 납세조합	합 계
Ⅰ 근무처별 소득명세	⑨ 근 무 처 명		㈜해탈상사			
	⑩ 사업자등록번호		120-85-22227			
	⑪ 근무기간		2025.1.1.~2025.6.30.	~	~	~
	⑫ 감면기간		~	~	~	~
	⑬ 급 여		24,000,000			
	⑭ 상 여		3,000,000			
	⑮ 인 정 상 여					
	⑮-1 주식매수선택권 행사이익					
	⑮-2 우리사주조합인출금					
	⑮-3 임원 퇴직소득금액 한도초과액					
	⑯ 계		27,000,000			
Ⅱ 비과세 및 감면소득 명세	⑱ 국외근로					
	⑱-1 야간근로수당	001				
	⑱-2 출산·보육수당	Q01	600,000			
	⑱-4 연구보조비					
	~					
	⑱-29					
	⑲ 수련보조수당	Y22				
	⑳ 비과세소득 계					
	⑳-1 감면소득 계					
Ⅲ 세액명세	구 분			⑱ 소 득 세	⑲ 지방소득세	⑳ 농어촌특별세
	⑫ 결 정 세 액			1,255,000	125,500	
	기납부세액	⑬ 종(전)근무지 (결정세액란의 세액을 적습니다)	사업자 등록 번호			
		⑭ 주(현)근무지		1,350,000	135,000	
	⑮ 납부특례세액					
	⑯ 차 감 징 수 세 액(⑫-⑬-⑭-⑮)			△95,000	△9,500	

(국민연금 1,610,000원 건강보험 1,388,000원 장기요양보험 189,000원 고용보험 235,600원)
위의 원천징수액(근로소득)을 정히 영수(지급)합니다.

항목	내용
〈김기웅의 2025년 연말정산자료 : 모든 자료는 국세청에서 제공된 자료에 해당함〉	
보험료	· 본인 저축성보험료 : 800,000원
교육비	· 본인 야간대학원 등록금 : 3,000,000원
의료비	· 시력보정용 안경구입비 : 600,000원(본인 신용카드 결제) · 본인 질병치료비 : 2,500,000원(실손의료보험금 500,000원 수령)
신용카드 등 사용액	· 신용카드 사용액 : 21,200,000원(대중교통 1,200,000원 포함) · 직불카드 사용액 : 1,300,000원(전통시장 300,000원 포함) · 현금영수증 사용액 : 1,200,000원(도서·공연 200,000원 포함)
주택차입금 원리금상환액	· 이자상환액 : 300,000원 · 원금상환액 : 3,000,000원 ※ 주택임차차입금원리금 상환액 공제요건을 충족한다고 가정한다.

제112회 전산세무2급 기출

이론시험

※ 다음 문제를 보고 알맞은 것을 골라 [이론문제 답안작성] 메뉴에 입력하시오.(객관식 문항당 2점)

―――【 기 본 전 제 】―――
문제에서 한국채택국제회계기준을 적용하도록 하는 전제조건이 없는 경우, 일반기업회계기준을 적용한다.

01. 다음 중 유가증권에 대한 설명으로 옳지 않은 것은?

① 유가증권은 증권의 종류에 따라 지분증권과 채무증권으로 분류할 수 있다.
② 단기매매증권은 주로 단기간 내 매매차익을 목적으로 취득한 유가증권을 의미한다.
③ 지분증권은 단기매매증권과 매도가능증권으로 분류할 수 있으나, 만기보유증권으로 분류할 수 없다.
④ 보고기간 종료일로부터 1년 이내 만기가 도래하는 만기보유증권의 경우 단기매매증권으로 변경하여 유동자산으로 재분류하여야 한다.

02. 다음의 회계상 거래가 2025년 재무제표에 미치는 영향으로 옳지 않은 것은?

> 영업부의 업무용 차량에 대한 보험료(보험기간 : 2025.07.01.~2026.06.30.)를 2025년 7월 1일에 지급하고 전부 비용으로 회계처리하였다. 2025년 12월 31일 결산일 현재 별도의 회계처리를 하지 않았다.

① 자산 과대   ② 비용 과대   ③ 당기순이익 과소   ④ 부채 영향 없음

03. 다음 중 유형자산의 취득 이후 지출에 대한 설명으로 가장 옳지 않은 것은?

① 유형자산의 인식기준을 충족하는 경우에는 자본적 지출로 처리하고, 충족하지 못한 경우에는 수익적 지출로 처리한다.
② 본래의 용도를 변경하기 위한 지출은 자본적 지출에 해당한다.
③ 자산의 원상회복, 수선유지를 위한 지출 등은 자본적 지출에 해당한다.
④ 건물 벽의 도장, 파손된 유리창 대체, 일반적인 소액 수선비는 수익적 지출에 해당한다.

04. 다음 중 용역의 제공으로 인한 수익 인식의 조건에 대한 설명으로 틀린 것은?

① 용역제공거래의 성과를 신뢰성 있게 추정할 수 있을 때 진행기준에 따라 인식한다.
② 이미 발생한 원가와 그 거래를 완료하기 위해 추가로 발생할 것으로 추정되는 원가의 합계액이 총수익을 초과하는 경우에는 그 초과액과 이미 인식한 이익의 합계액을 전액 당기손실로 인식한다.
③ 용역제공거래의 성과를 신뢰성 있게 추정할 수 없는 경우에는 발생한 비용의 범위 내에서 회수가능한 금액을 수익으로 인식한다.
④ 용역제공거래의 성과를 신뢰성 있게 추정할 수 없고 발생한 원가의 회수가능성이 낮은 경우에는 수익을 인식하지 않고 발생한 원가도 비용으로 인식하지 않는다.

05. 다음 중 일반기업회계기준 상 보수주의에 대한 예시로 옳지 않은 것은?

① 재고자산의 평가 시 저가주의에 따른다.
② 회계연도의 이익을 줄이기 위해 유형자산의 내용연수를 임의로 단축한다.
③ 물가 상승 시 재고자산평가방법으로 후입선출법을 적용한다.
④ 우발손실은 인식하나 우발이익은 인식하지 않는다.

06. 다음 중 원가행태(조업도)에 따른 분류에 대한 설명으로 가장 틀린 것은?

① 고정원가는 조업도의 변동과 관계없이 일정하게 발생하는 원가이다.
② 조업도가 증가하면 총 변동원가도 증가한다.
③ 제조공장의 임차료는 대표적인 고정원가이다.
④ 조업도가 감소하면 단위당 변동원가는 증가한다.

07. ㈜한국은 제조간접원가를 직접노무시간 기준으로 배부하고 있으며 제조간접원가 배부율은 시간당 2,000원이다. 제조간접원가 실제 발생액이 18,000,000원이고, 실제 직접노무시간이 10,000시간이 발생한 경우 제조간접원가 배부차이는 얼마인가?

① 2,000,000원 과대배부　　② 2,000,000원 과소배부
③ 3,000,000원 과소배부　　④ 배부차이 없음

08. 다음은 ㈜한국의 제조활동과 관련된 물량흐름 관련 자료이다. 이에 대한 설명으로 옳은 것은?

| ·기초재공품 : 500개 ·기말재공품 : 300개   ·당기착수량 : 5,000개 ·공손품수량 : 700개 |

① 완성품의 10%가 정상공손이면 완성품수량은 4,200개이다.
② 완성품의 10%가 정상공손이면 정상공손수량은 450개이다.
③ 완성품의 10%가 정상공손이면 비정상공손수량은 280개이다.
④ 완성품의 10%가 정상공손이면 정상공손수량은 420개이다.

09. 다음 중 개별원가계산에 대한 설명으로 옳지 않은 것은?

① 작업원가표를 근거로 원가계산을 한다.
② 직접원가와 제조간접원가의 구분이 중요하다.
③ 공정별 제품원가 집계 후 해당 공정의 생산량으로 나누어 단위당 원가를 계산하는 방식이다.
④ 주문생산형태에 적합한 원가계산방식이다.

10. 아래의 자료를 이용하여 평균법에 의한 가공원가의 완성품환산량을 계산하면 얼마인가?

구분	수량	완성도
기초재공품	1,000개	50%
당기착수	3,000개	
기말재공품	2,000개	40%

① 2,800개
② 3,800개
③ 4,000개
④ 4,300개

11. 다음 중 부가가치세법상 간이과세자에 대한 설명으로 가장 틀린 것은?

① 간이과세자란 원칙적으로 직전 연도의 공급대가의 합계액이 1억 4백만원에 미달하는 사업자를 말한다.
② 직전 연도의 공급대가의 합계액이 4,800만원 이상인 부동산임대사업자는 간이과세자로 보지 않는다.
③ 간이과세자는 세금계산서를 발급받은 재화의 공급대가에 1%를 곱한 금액을 납부세액에서 공제한다.
④ 직전 연도의 공급대가의 합계액이 4,800만원 미만인 간이과세자는 세금계산서를 발급할 수 없다.

12. 다음 중 부가가치세법상 의제매입세액공제제도에 관한 내용으로 가장 틀린 것은?

① 의제매입세액은 면세농산물 등을 공급받거나 수입한 날이 속하는 과세기간의 매출세액에서 공제한다.
② 의제매입세액공제는 사업자등록을 한 부가가치세 과세사업자가 적용대상자이며, 미등록자는 허용되지 않는다.
③ 면세농산물 등의 매입가액에는 운임 등의 직접 부대비용 및 관세를 포함한다.
④ 면세농산물 등에 대하여 세금계산서 없이도 일정한 금액을 매입세액으로 의제하여 공제하는 것이기 때문에 의제매입세액공제라고 한다.

13. 다음 중 소득세법상 근로소득과 관련된 내용으로 틀린 것은?

① 식사나 기타 음식물을 제공받지 않는 근로자가 받는 월 20만원 이하의 식사대는 비과세 근로소득이다.
② 종업원이 지급받은 경조금 중 사회통념상 타당하다고 인정되는 범위 내의 금액은 근로소득으로 보지 않는다.
③ 고용관계에 의하여 지급받은 강연료는 근로소득이다.
④ 근로자의 가족에 대한 학자금은 비과세 근로소득이다.

14. 다음 중 소득세법상 과세표준 확정신고를 반드시 하여야 하는 경우는?

① 퇴직소득만 있는 경우
② 근로소득과 사업소득이 있는 경우
③ 근로소득과 퇴직소득이 있는 경우
④ 근로소득과 보통예금이자 150만원(14% 원천징수세율 적용 대상)이 있는 경우

15. 다음 중 소득세법상 종합소득공제에 대한 설명으로 가장 옳지 않은 것은?

① 근로소득금액 5,000,000원이 있는 40세 배우자는 기본공제 대상자에 해당한다. (단, 다른 소득은 없다)
② 종합소득금액이 35,000,000원이고, 배우자가 없는 거주자로서 기본공제 대상자인 직계비속이 있는 자는 한부모 공제가 가능하다.
③ 부녀자 공제와 한부모 공제가 중복되는 경우에는 한부모 공제만 적용한다.
④ 기본공제 대상자가 아닌 자는 추가공제 대상자가 될 수 없다.

㈜시완산업(회사코드:1122)은 전자제품의 제조 및 도·소매업을 주업으로 영위하는 중소기업으로, 당기(제12기)의 회계기간은 2025.1.1.~2025.12.31.이다. 전산세무회계 수험용 프로그램을 이용하여 다음 물음에 답하시오.

---【 기 본 전 제 】---

· 문제에서 한국채택국제회계기준을 적용하도록 하는 전제조건이 없는 경우, 일반기업회계기준을 적용하여 회계 처리한다.
· 문제의 풀이와 답안작성은 제시된 문제의 순서대로 진행한다.

문제 1 [일반전표입력] 메뉴를 이용하여 다음의 거래자료를 입력하시오. (15점)

---【 입 력 시 유 의 사 항 】---

· 일반적인 적요의 입력은 생략하지만, 타계정 대체거래는 적요 번호를 선택하여 입력한다.
· 채권·채무와 관련된 거래는 별도의 요구가 없는 한 반드시 기등록된 거래처코드를 선택하는 방법으로 거래처명을 입력한다.
· 제조경비는 500번대 계정코드를, 판매비와관리비는 800번대 계정코드를 사용한다.
· 회계처리 시 계정과목은 별도의 제시가 없는 한 등록된 계정과목 중 가장 적절한 과목으로 한다.

[1] 06월 12일 단기매매증권으로 분류되는 ㈜단타의 주식 5,000주를 1주당 2,000원에 매입하였다. 매입수수료는 매입가액의 1%이고, 매입 관련 대금은 모두 보통예금 계좌에서 지급하였다. (3점)

[2] 07월 09일 5월분 급여 지급 시 원천징수한 소득세 3,000,000원 및 지방소득세 300,000원을 보통예금 계좌에서 이체하여 납부하였다(단, 소득세와 지방소득세를 합하여 하나의 전표로 입력할 것). (3점)

[3] 07월 21일 대주주로부터 업무용 토지(공정가치 350,000,000원)를 무상으로 기증받고, 같은 날에 토지에 대한 취득세 20,000,000원을 보통예금 계좌에서 납부하였다(단, 하나의 전표로 입력할 것). (3점)

[4] 09월 20일 액면금액 35,000,000원(5년 만기)인 사채를 34,100,000원에 발행하고, 대금은 전액 보통예금 계좌로 입금받았다. (3점)

[5] 10월 21일 전기에 발생한 ㈜도담의 외상매출금 $100,000를 회수하고 즉시 전액을 원화로 환가하여 보통예금 계좌에 입금하였다(단, 전기 결산일에 외화자산 및 부채의 평가는 적절히 반영되었으며, 계정과목은 외상매출금을 사용할 것). (3점)

2024년 12월 31일(전기 결산일) 기준환율	2025년 10월 21일(환가일) 적용환율
1,150원/$	1,250원/$

문제 2

[매입매출전표입력] 메뉴를 이용하여 다음의 거래자료를 입력하시오. (15점)

―【 입력 시 유의사항 】―

· 일반적인 적요의 입력은 생략하지만, 타계정 대체거래는 적요 번호를 선택하여 입력한다.
· 채권·채무 관련 거래는 별도의 요구가 없는 한 반드시 기등록된 거래처코드를 선택하는 방법으로 거래처명을 입력한다.
· 제조경비는 500번대 계정코드를, 판매비와관리비는 800번대 계정코드를 사용한다.
· 회계처리 시 계정과목은 등록된 계정과목 중 가장 적절한 과목으로 한다.
· 입력 화면 하단의 분개까지 처리하고, 세금계산서 및 계산서는 전자 여부를 입력하여 반영한다.

[1] 07월 02일 기계장치의 내용연수를 연장시키는 주요 부품을 교체하고 16,500,000원(부가가치세 포함)을 대보상사에 당좌수표를 발행하여 지급하였다. 이에 대해 종이세금계산서를 수취하였다(단, 부품교체 비용은 자본적지출로 처리할 것). (3점)

[2] 07월 24일 마케팅부서 직원의 야식을 참맛식당(일반과세자)에서 현금으로 구입하고, 현금영수증 (지출증빙용)을 발급받았다. (3점)

현금영수증

● 거래정보

거래일시	20250724
승인번호	G00260107
거래구분	승인거래
거래용도	지출증빙
발급수단번호	609-81-40259

● 거래금액

공급가액	부가세	봉사료	총 거래금액
80,000	8,000	0	88,000

● 가맹점 정보

상호	참맛식당
사업자번호	356-52-00538
대표자명	강연우
주소	서울시 강서구 가로공원로 74

● 익일 홈택스에서 현금영수증 발급 여부를 반드시 확인하시기 바랍니다.
● 홈페이지 (http://www.hometax.go.kr)
  - 조회/발급 > 현금영수증 조회 > 사용내역(소득공제) 조회
                              > 매입내역(지출증빙) 조회
● 관련문의는 국세상담센터(☎126-1-1)

[3] 08월 01일 제품의 영업관리를 위하여 개별소비세 과세대상 승용차(1,500cc)를 ㈜빠름자동차에서 구입하였다. 대금은 보통예금 계좌에서 3,000,000원을 지급하고 나머지는 외상으로 하였으며, 다음과 같은 전자세금계산서를 발급받았다. (3점)

전자세금계산서

승인번호	20250801-410000012-7c00mk5

공급자
- 등록번호: 123-81-12147
- 상호(법인명): ㈜빠름자동차
- 성명: 김빠름
- 사업장주소: 서울 강남구 강남대로 256
- 업태: 제조
- 종목: 자동차

공급받는자
- 등록번호: 609-81-40259
- 상호(법인명): ㈜시완산업
- 성명: 신서윤
- 사업장주소: 서울특별시 강서구 가로공원로 173
- 업태: 제조,도소매
- 종목: 전자제품

작성일자	공급가액	세액	수정사유	비고
2025-08-01	25,000,000	2,500,000	해당없음	

월	일	품목	규격	수량	단가	공급가액	세액	비고
08	01	승용차(1,500cc)				25,000,000	2,500,000	

---

[4] 08월 17일 ㈜더뷰상사에게 제품 2,000개를 개당 20,000원(부가가치세 별도)에 판매하고 전자세금계산서를 발급하였다. 이와 관련하여 공급가액의 30%는 보통예금 계좌로 받고 나머지는 외상으로 하였다. (3점)

전자세금계산서

승인번호	202508172501-45121451215-4212445

공급자
- 등록번호: 609-81-40259
- 상호(법인명): ㈜시완산업
- 성명: 신서윤
- 사업장주소: 서울특별시 강서구 가로공원로 173
- 업태: 제조,도소매
- 종목: 전자제품

공급받는자
- 등록번호: 606-81-95866
- 상호(법인명): ㈜더뷰상사
- 성명: 김소인
- 사업장주소: 충북 청주시 흥덕구 청주역로 105
- 업태: 도소매
- 종목: 완구

작성일자	공급가액	세액	수정사유	비고
2025-08-17	40,000,000	4,000,000		

월	일	품목	규격	수량	단가	공급가액	세액	비고
08	17	모니터 외		2,000	20,000	40,000,000	4,000,000	

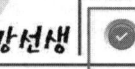

[5] 11월 30일 미국의 KYM사에 $60,000(수출신고일 11월 27일, 선적일 11월 30일)의 제품을 직수출하였다. 수출대금 중 $30,000는 11월 30일에 보통예금 계좌로 받았으며, 나머지 잔액은 12월 5일에 받기로 하였다. 일자별 기준환율은 다음과 같다(단, 수출신고필증은 정상적으로 발급받았으며, 수출신고번호는 고려하지 말 것). (3점)

일자	11월 27일	11월 30일	12월 05일
기준환율	1,350원/$	1,310원/$	1,295원/$

문제 3 부가가치세 신고와 관련하여 다음 물음에 답하시오. (10점)

[1] 다음 자료를 바탕으로 제2기 확정신고기간(2025.10.01.~2025.12.31.)의 [부동산임대공급가액명세서]를 작성하시오(단, 간주임대료에 대한 정기예금 이자율은 3.5%로 가정한다). (3점)

동수	층수	호수	면적(㎡)	용도	임대기간	보증금(원)	월세(원)	관리비(원)
2	1	103	100	사무실	2023.11.01.~2025.10.31.	50,000,000	2,000,000	500,000
					2025.11.01.~2027.10.31.	60,000,000	2,000,000	500,000

· 위 사무실은 ㈜삼정테크(502-86-56232)에게 2023.11.01. 최초로 임대를 개시하였으며, 계약기간 만료로 2025.11.01. 임대차계약을 갱신하면서 보증금만 인상하기로 하였다.
· 월세와 관리비 수입은 모두 정상적으로 세금계산서를 발급하였으며, 간주임대료에 대한 부가가치세는 임대인이 부담하고 있다.

[2] 다음 자료를 이용하여 2025년 제1기 예정신고기간(01.01.~03.31.)의 [부가가치세신고서]를 작성하시오(단, 기존에 입력된 자료 또는 불러오는 자료는 무시하고, 부가가치세 신고서 외의 부속서류 작성은 생략할 것). (5점)

매출 자료	(1) 전자세금계산서 발급분 : 공급가액 350,000,000원 세액 35,000,000원 (2) 현금영수증 발급분 : 공급가액 12,000,000원 세액 1,200,000원 (3) [부동산임대공급가액명세서]에서 계산된 간주임대료 과세표준 금액 : 287,600원 (단, 임대료에 대한 전자세금계산서는 적법하게 발급되었음)

매입 자료	(1) 전자세금계산서 수취분 일반매입 : 공급가액 110,000,000원 세액 11,000,000원
	    -업무용 토지취득 관련 법무사비용 공급가액 350,000원 세액 35,000원이 포함되어 있다.
	(2) 전자세금계산서 수취분 고정자산매입 : 공급가액 40,000,000원 세액 4,000,000원
	    -개별소비세 과세 대상 업무용승용차(5인승, 1,995cc) 매입액이다.
	(3) 신용카드 일반매입액 : 공급가액 50,000,000원 세액 5,000,000원
	    -접대 관련 카드사용분 공급가액 5,000,000원 세액 500,000원이 포함되어 있다.

기타 자료	·매출 및 매입에 대한 전자세금계산서는 적법하게 발급되었다. ·전자신고세액공제는 고려하지 않는다.

[3] 2025년 제1기 확정 부가가치세신고서의 [전자신고]를 수행하시오. (2점)

1. 부가가치세 신고서와 관련 부속서류는 마감되어 있다.
2. [전자신고]→[국세청 홈택스 전자신고변환(교육용)] 순으로 진행한다.
3. [전자신고]에서 전자파일 제작 시 신고인 구분은 2.납세자 자진신고로 선택하고, 비밀번호는 "13001300"으로 입력한다.
4. [국세청 홈택스 전자신고변환(교육용)]에서 전자파일변환(변환대상파일선택)> 찾아보기
5. 전자신고용 전자파일 저장경로는 로컬디스크(C:)이며, 파일명은 "enc작성연월일.101.v6098140259"이다.
6. 형식검증하기 → 형식검증결과확인 → 내용검증하기 → 내용검증결과확인 → 전자파일제출 을 순서대로 클릭한다.
7. 최종적으로 전자파일 제출하기 를 완료한다.

문제 4 다음 결산자료를 입력하여 결산을 완료하시오. (15점)

[1] 3월 22일에 장기 투자 목적으로 ㈜바른상사의 비상장주식 10,000주를 7,300,000원에 취득하였다. 결산일 현재 해당 주식의 시가는 1주당 850원이다. (3점)

[3] 12월 30일에 장부상 현금보다 실제 현금이 102,000원이 적은 것을 발견하여 현금과부족으로 회계처리하였으나 기말까지 원인을 파악하지 못했다. (3점)

[3] 결산 시 거래처원장 중 보통예금(우리은행)의 잔액이 (-)35,423,800원임을 발견하였다. 보통예금(우리은행) 계좌는 마이너스 통장으로 확인되었다(단, 마이너스 통장은 단기차입금 계정을 사용하고, 음수(-)로 회계처리하지 말 것). (3점)

[4] 2025년 3월 1일에 영업부 사무실에 대한 화재보험료(보험기간 2025.03.01.~2026.02.29.) 1,200,000원을 전액 납입하고, 전액 비용으로 회계처리하였다(단, 음수(-)로 회계처리하지 말고, 월할계산 할 것). (3점)

[5] 퇴직급여추계액이 다음과 같을 때 퇴직급여충당부채를 설정하시오. 회사는 퇴직급여추계액의 100%를 퇴직급여충당부채로 설정하고 있다. (3점)

구분	퇴직금추계액	설정 전 퇴직급여충당부채 잔액
생산부서	300,000,000원	60,000,000원
마케팅부서	100,000,000원	20,000,000원

문제 5 2025년 귀속 원천징수자료와 관련하여 다음의 물음에 답하시오. (15점)

[1] 다음 자료를 이용하여 본사 기업부설연구소의 수석연구원으로 근무하는 박정수(사번:102)의 7월분 [급여자료입력]과 [원천징수이행상황신고서]를 작성하시오(단, 전월미환급세액은 150,000원이다). (5점)

※ 수당등록 시 월정액 및 통상임금은 고려하지 않으며, 사용하는 수당 이외의 항목은 사용 여부를 "부"로 체크한다.
※ 급여자료입력 시 공제항목의 불러온 데이터는 무시하고 직접 입력하여 작성한다.
※ 원천징수이행상황신고서의 귀속월과 지급월은 동일하게 매월 작성하여 신고하고 있으며, 박정수의 급여내역만 반영하고 환급신청은 하지 않기로 한다.
※ 비과세 요건에 해당하면 최대한 반영하기로 한다.

〈7월 급여내역〉

이름	박정수	지급일	7월 31일
기본급	2,000,000원	소득세	39,690원
직책수당	300,000원	지방소득세	3,960원
식대	200,000원	국민연금	112,500원
[기업연구소]연구보조비	200,000원	건강보험	88,620원
육아수당	200,000원	장기요양보험	11,350원
		고용보험	23,400원
급여계	2,900,000원	공제합계	279,520원
		지급총액	2,620,480원

· 식대 : 식대 이외에 현물식사도 함께 제공하고 있다.
· [기업연구소]연구보조비 : 연구활동에 직접 종사하는 자에게 지급하고 있다.
· 육아수당 : 사규에 따라 6세 이하 자녀의 보육과 관련하여 자녀 1인당 200,000원의 수당을 지급하고 있다.

[2] 2025년 9월 20일에 입사한 사원 김민수(사번:130, 세대주)의 2025년 귀속 연말정산 관련 자료는 다음과 같다. [연말정산추가자료입력] 메뉴에서 이전 근무지와 관련한 근로소득 원천징수영수증은 [소득명세] 탭, 나머지 연말정산 자료에 따라 [부양가족] 탭, [의료비] 탭에 입력하고, [연말정산입력] 탭을 완성하시오(단, 제시된 자료 외의 소득은 없으며, 본인의 세부담 최소화를 가정하고, 주민등록번호는 모두 맞는 것으로 가정한다). (10점)

1. 가족사항 (단, 모두 생계를 같이 하며, 반드시 기본공제대상자가 아닌 경우에는 '부'로 입력할 것)

성명	관계	주민번호	비고
김민수	본인	800205-1884520	
여민지	배우자	830120-2118524	근로소득자(총급여액 : 5,000,000원)
김수지	자녀	120810-4988221	중학생, 일시적인 문예창작소득 50만원
김지민	자녀	140520-3118529	초등학생, 소득없음.
한미녀	모친	571211-2113251	「장애인복지법」상 장애인, 원천징수 대상 금융소득금액 1,000만원

2. 김민수의 전(前)근무지 근로소득 원천징수영수증

- 근무처 : ㈜강일전자(205-85-11389)
- 급여 : 33,250,000원
- 국민연금보험료 : 1,822,500원
- 장기요양보험료 : 183,870원
- 근무기간 : 2025.01.01.~2025.09.19.
- 상여 : 8,500,000원
- 국민건강보험료 : 1,435,680원
- 고용보험료 : 364,500원

구분		소득세	지방소득세
세액명세	결정세액	325,000원	32,500원
	기납부세액	370,000원	37,000원
	차감징수세액	-45,000원	-4,500원

3. 연말정산추가자료(모두 국세청 연말정산간소화서비스에서 조회한 자료임)

항목	내용
보험료	· 김민수 자동차 운전자보험료(보장성) : 1,150,000원 · 한미녀 장애인전용보장성 보험료 : 1,200,000원
의료비	· 여민지(배우자) : 국내에서 지출한 질병 치료비 3,000,000원(김민수의 신용카드로 결제함) ※ 실손의료보험금 수령액 1,000,000원 · 김수지(자녀) : 시력보정용 콘택트렌즈 구입비 600,000원(김민수 신용카드로 결제함)
교육비	· 김수지(자녀) : 중학교의 수업료 및 특별활동비 200,000원, 영어학원비 1,000,000원 · 김지민(자녀) : 초등학교 현장학습체험학습비 400,000원, 태권도학원비 700,000원 · 한미녀(모친) : 평생교육법에 따른 대학교 등록금 3,000,000원 (장애인특수교육비에 해당하지 않음)
신용카드 등 사용액	· 김민수(본인) 신용카드 사용액 : 32,570,000원(아래의 항목이 포함된 금액임) | 구분 | 금액 | |---|---| | 전통시장 | 5,200,000원 | | 대중교통 | 7,500,000원 | · 여민지(배우자) 직불카드 사용액 : 12,000,000원 · 한미녀(모친) 현금영수증 사용액 : 5,000,000원

제13회 전산세무2급 기출

이론시험

※ 다음 문제를 보고 알맞은 것을 골라 [이론문제 답안작성] 메뉴에 입력하시오.(객관식 문항당 2점)

―【 기 본 전 제 】―
문제에서 한국채택국제회계기준을 적용하도록 하는 전제조건이 없는 경우, 일반기업회계기준을 적용한다.

01. 다음 중 재무상태표의 구성요소에 대한 설명으로 틀린 것은?

① 부채는 유동성에 따라 유동부채와 비유동부채로 구분한다.
② 자산과 부채는 유동성이 큰 항목부터 배열하는 것을 원칙으로 한다.
③ 자산은 유동자산과 비유동자산으로 구분하며 유동자산은 당좌자산과 투자자산으로 구분한다.
④ 자본은 자본금, 자본잉여금, 자본조정, 기타포괄손익누계액 및 이익잉여금(결손금)으로 구분한다.

02. 다음의 자료를 이용하여 기말 자본잉여금을 구하시오. 단, 기초 자본잉여금은 10,000,000원이다.

당기에 발생한 자본 항목의 증감 내역은 아래와 같다.
· 주식발행초과금 증가 2,000,000원   · 자기주식처분이익 발생 300,000원
· 이익준비금 적립 3,000,000원   · 자본금 증가 5,000,000원

① 12,000,000원 ② 12,300,000원
③ 15,000,000원 ④ 17,000,000원

03. 다음 중 받을어음의 대손충당금을 과대 설정하였을 경우 재무제표에 미치는 영향으로 올바른 것은?

① 자산의 과소계상 ② 비용의 과소계상
③ 당기순이익 과대계상 ④ 이익잉여금의 과대계상

04. 다음 중 일반기업회계기준에 따른 유형자산에 대한 설명으로 옳지 않은 것은?

① 취득원가는 구입원가 또는 제작원가 및 경영진이 의도하는 방식으로 자산을 가동하는 데 필요한 장소와 상태에 이르게 하는 데 직접 관련되는 원가로 구성된다.
② 취득세, 등록면허세 등 유형자산의 취득과 직접 관련된 제세공과금은 당기비용으로 처리한다.
③ 새로운 상품과 서비스를 소개하는 데 소요되는 원가(예 : 광고 및 판촉활동과 관련된 원가)는 유형자산의 원가를 구성하지 않는다.
④ 건물을 신축하기 위하여 사용 중인 기존 건물을 철거하는 경우 그 건물의 장부금액은 제거하여 처분손실로 반영하고, 철거비용은 전액 당기비용으로 처리한다.

05. 다음 중 충당부채에 대한 설명으로 틀린 것은?

① 과거사건에 의해 충당부채를 인식하기 위해서는 그 사건이 기업의 미래행위와 독립적이어야 한다.
② 충당부채는 보고기간말마다 그 잔액을 검토하고, 보고기간말 현재 최선의 추정치를 반영하여 증감조정한다.
③ 충당부채를 발생시킨 사건과 밀접하게 관련된 자산의 예상되는 처분차익은 충당부채 금액의 측정에 고려하지 아니한다.
④ 의무발생사건의 결과로 현재의무가 존재하면 자원의 유출 가능성이 낮더라도 충당부채로 인식해야 한다.

06. ㈜한국은 선입선출법에 의한 종합원가계산을 적용하고 있으며, 당기 생산 관련 자료는 아래와 같다. 품질검사는 완성도 30% 시점에서 이루어지며, 당기에 검사를 통과한 정상품의 3%를 정상공손으로 간주한다. 당기의 정상공손수량은 몇 개인가?

〈물량흐름〉	기초재공품	500개	(완성도 70%)
	당기착수량	2,000개	
	당기완성량	2,000개	
	기말재공품	300개	(완성도 50%)

① 51개　　② 54개　　③ 60개　　④ 75개

07. 다음 중 원가회계의 목적과 거리가 먼 것은?

① 내부 경영 의사결정에 필요한 원가 정보를 제공하기 위함이다.
② 원가통제에 필요한 원가 정보를 제공하기 위함이다.
③ 손익계산서상 제품 원가에 대한 원가 정보를 제공하기 위함이다.
④ 이익잉여금처분계산서상 이익잉여금 처분 정보를 제공하기 위함이다.

08. 다음은 정상원가계산을 채택하고 있는 ㈜서울의 2024년 원가 관련 자료이다. ㈜서울은 직접노동시간에 비례하여 제조간접원가를 배부한다. 제조간접원가 배부액을 구하시오.

- 제조간접원가 예산 : 39,690,000원
- 예산 직접노동시간 : 90,000시간
- 실제 제조간접원가 : 44,100,000원
- 실제 직접노동시간 : 70,000시간

① 30,870,000원
② 34,300,000원
③ 47,800,000원
④ 51,030,000원

09. 다음 중 제조원가의 분류로 잘못 구성된 것을 고르시오.

① 추적가능성에 따른 분류 : 직접재료원가, 간접재료원가, 직접노무원가, 간접노무원가
② 제조원가의 요소에 따른 분류 : 직접재료원가, 직접노무원가, 제조간접원가
③ 원가행태에 따른 분류 : 재료원가, 노무원가, 제조간접원가
④ 발생형태에 따른 분류 : 재료원가, 노무원가, 제조경비

10. 다음 중 보조부문원가의 배분 방법에 대한 설명으로 옳은 것은?

① 직접배분법은 보조부문 상호간의 용역수수관계를 전혀 인식하지 않아 항상 가장 부정확하다.
② 상호배분법은 보조부문 상호간의 용역수수관계를 가장 정확하게 배분하므로 가장 많이 이용된다.
③ 단계배분법은 보조부문 상호간의 용역수수관계를 일부 인식하며 배분 순서에 따라 결과가 달라진다.
④ 단계배분법은 우선순위가 낮은 부문의 원가를 우선순위가 높은 부문과 제조부문에 먼저 배분한다.

11. 다음 중 부가가치세법상 아래의 수정세금계산서 발급 방법에 대한 수정세금계산서 발급 사유로 옳은 것은?

(수정세금계산서 발급 방법)
사유 발생일을 작성일로 적고 비고란에 처음 세금계산서 작성일을 덧붙여 적은 후 붉은색 글씨로 쓰거나 음의 표시를 하여 발급

① 착오로 전자세금계산서를 이중으로 발급한 경우
② 계약의 해제로 재화 또는 용역이 공급되지 아니한 경우
③ 필요적 기재사항 등이 착오 외의 사유로 잘못 적힌 경우
④ 면세 등 세금계산서 발급 대상이 아닌 거래 등에 대하여 세금계산서를 발급한 경우

12. 다음 중 부가가치세법상 공제하지 아니하는 매입세액이 아닌 것은?

① 토지에 관련된 매입세액
② 사업과 직접 관련이 없는 지출에 대한 매입세액
③ 기업업무추진비 및 이와 유사한 비용 지출에 대한 매입세액
④ 세금계산서 임의적 기재사항의 일부가 적히지 아니한 지출에 대한 매입세액

13. 다음 중 부가가치세법상 환급에 대한 설명으로 가장 옳지 않은 것은?

① 각 과세기간별로 그 과세기간에 대한 환급세액을 확정신고한 사업자에게 그 확정신고기한이 지난 후 25일 이내에 환급하여야 한다.
② 재화 및 용역의 공급에 영세율을 적용받는 경우 조기환급 신고할 수 있다.
③ 조기환급 신고의 경우 조기환급 신고기한이 지난 후 15일 이내에 환급할 수 있다.
④ 사업 설비를 신설·취득·확장 또는 증축하는 경우 조기환급 신고할 수 있다.

14. 다음 중 소득세법상 종합소득에 대한 설명으로 틀린 것은?

① 이자소득은 총수입금액과 소득금액이 동일하다.
② 퇴직소득과 양도소득은 종합소득에 해당하지 않는다.
③ 사업소득, 근로소득, 연금소득, 기타소득에는 비과세 소득이 존재한다.
④ 금융소득(이자 및 배당)은 납세자의 선택에 따라 금융소득종합과세를 적용할 수 있다.

15. 다음 중 소득세법상 결손금과 이월결손금에 대한 설명으로 가장 옳지 않은 것은?

① 비주거용 부동산 임대업에서 발생한 이월결손금은 타 소득에서 공제할 수 없다.
② 추계 신고 시에는 원칙적으로 이월결손금을 공제할 수 없다.
③ 해당 과세기간에 일반사업소득에서 결손금이 발생하고 이월결손금도 있는 경우에는 이월결손금을 먼저 다른 소득금액에서 공제한다.
④ 결손금의 소급공제는 중소기업에 한하여 적용 가능하다.

실무시험

㈜파도상회(회사코드 : 1132)는 전자제품의 제조 및 도·소매업을 주업으로 영위하는 중소기업으로, 당기(제13기)의 회계기간은 2025.1.1.~2025.12.31.이다. 전산세무회계 수험용 프로그램을 이용하여 다음 물음에 답하시오.

【 기 본 전 제 】
- 문제에서 한국채택국제회계기준을 적용하도록 하는 전제조건이 없는 경우, 일반기업회계기준을 적용하여 회계 처리한다.
- 문제의 풀이와 답안작성은 제시된 문제의 순서대로 진행한다.

문제 1 [일반전표입력] 메뉴를 이용하여 다음의 거래자료를 입력하시오. (15점)

【 입력 시 유의사항 】
- 일반적인 적요의 입력은 생략하지만, 타계정 대체거래는 적요 번호를 선택하여 입력한다.
- 채권·채무와 관련된 거래는 별도의 요구가 없는 한 반드시 기등록된 거래처코드를 선택하는 방법으로 거래처명을 입력한다.
- 제조경비는 500번대 계정코드를, 판매비와관리비는 800번대 계정코드를 사용한다.
- 회계처리 시 계정과목은 별도의 제시가 없는 한 등록된 계정과목 중 가장 적절한 과목으로 한다.
---

[1] 03월 21일 정기 주주총회에서 이익배당을 결의하다. 다음은 정기 주주총회 의사록이며, 실제 배당금 지급일은 4월로 예정되었다(단, 이익배당과 관련된 회계처리를 이월이익잉여금(375) 계정을 사용하여 회계처리할 것). (3점)

제12기 정기 주주총회 의사록

㈜파도상회

1. 일시 : 2025년 3월 21일 16시
2. 장소 : 경기도 부천시 길주로 284, 515호 (중동, 신중동역 헤리움 메트로타워)
3. 출석상황

    주주총수 : 5명 주식총수 : 100,000주
    출석주주 : 5명 주식총수 : 100,000주
    참 석 율 : 100%   100%

의장인 사내이사 이도진은 정관 규정에 따라 의장석에 등단하여 위와 같이 법정수에 달하는 주주가 출석하여 본 총회가 적법하게 성립되었음을 알리고 개회를 선언하다.

제1호 의안 : 제12기(2024년 1월 1일부터 2024년 12월 31일까지) 재무제표 승인의 건
의장은 본 의안을 2024년 결산기가 2024년 12월 31일자로 종료됨에 따라 재무상태표 및 손익계산서를 보고하고 이에 따른 승인을 구한바 참석주주 전원의 일치로 이를 승인가결하다.

제2호 의안 : 제12기 이익배당의 건
의장은 제12기(2024년) 배당에 관한 안건을 상정하고 의안에 대한 설명 및 필요성을 설명하고 그 승인을 구한바, 만장일치로 찬성하여 다음과 같이 승인 가결하다.

1) 배당에 관한 사항
 가. 1주당 배당금 : 보통주 1,000원
 나. 액면배당률 : 보통주 10%
 다. 배당총액 : 100,000,000원
2) 기타사항
 가. 배당은 현금배당으로 하며, 이익배당액의 10%를 결의일에 이익준비금으로 적립한다.

이상으로서 금일의 의안 전부를 심의 종료하였으므로 의장은 폐회를 선언하다.

위 결의를 명확히 하기 위해 이 의사록을 작성하고 의장과 출석한 이사 및 감사 아래에 기명 날인하다.

---

[2] 03월 28일 남일상사에 대한 외상매입금 15,500,000원 중 7,000,000원은 보통예금 계좌에서 이체하여 지급하였으며 잔액은 대표자 개인 명의의 보통예금 계좌에서 이체하여 지급하였다(단, 가수금 계정을 사용하고, 거래처(00133)를 입력할 것). (3점)

[3] 06월 25일 외부 강사를 초청하여 영업부 직원들의 CS교육을 실시하고 강사료 2,400,000원에서 원천징수세액(지방소득세 포함) 79,200원을 차감한 금액을 보통예금 계좌에서 지급하였다. (3점)

[4] 08월 10일 단기매매차익을 얻을 목적으로 전기에 취득하여 보유하고 있던 ㈜연홍의 주식(취득가액 500,000원)을 모두 1,000,000원에 처분하고 대금에서 거래수수료 등 제비용 50,000원을 차감한 잔액이 보통예금 계좌로 입금되었다. (3점)

[5] 09월 05일 제품 생산에 투입할 원재료로 사용하기 위해 구입하여 보관 중인 미가공식료품을 수재민을 도와주기 위하여 지방자치단체에 무상으로 기부하였다. 단, 취득원가는 2,000,000원이며, 시가는 2,100,000원이다. (3점)

문제 2 [매입매출전표입력] 메뉴를 이용하여 다음의 거래자료를 입력하시오. (15점)

【 입력 시 유의사항 】
· 일반적인 적요의 입력은 생략하지만, 타계정 대체거래는 적요 번호를 선택하여 입력한다.
· 채권·채무 관련 거래는 별도의 요구가 없는 한 반드시 기등록된 거래처코드를 선택하는 방법으로 거래처명을 입력한다.
· 제조경비는 500번대 계정코드를, 판매비와관리비는 800번대 계정코드를 사용한다.
· 회계처리 시 계정과목은 등록된 계정과목 중 가장 적절한 과목으로 한다.
· 입력 화면 하단의 분개까지 처리하고, 세금계산서 및 계산서는 전자 여부를 입력하여 반영한다.

[1] 07월 17일 비사업자인 개인 소비자 추미랑에게 제품을 판매하고 대금은 현금으로 받아 아래의 현금영수증을 발급하였다. (3점)

Hometax. 국세청홈택스 현금영수증

● 거래정보

거래일시	2025/07/17
승인번호	G45972376
거래구분	승인거래
거래용도	소득공제
발급수단번호	010 - **** - 9694

● 거래금액

공급가액	부가세	봉사료	총 거래금액
480,000	48,000	0	528,000

● 가맹점 정보

상호	㈜파도상회
사업자번호	124-86-94282
대표자명	이도진
주소	경기도 부천시 길주로 284, 515호

● 익일 홈택스에서 현금영수증 발급 여부를 반드시 확인하시기 바랍니다.
● 홈페이지 (http : //www.hometax.go.kr)
 - 조회/발급 > 현금영수증 조회 > 사용내역(소득공제) 조회
  > 매입내역(지출증빙) 조회
● 관련문의는 국세상담센터(☎126-1-1)

[2] 07월 28일 비사업자인 개인에게 영업부 사무실에서 사용하던 에어컨(취득원가 2,500,000원, 감가상각누계액 1,500,000원)을 1,100,000원(부가가치세 포함)에 판매하고, 대금은 보통예금 계좌로 받았다(단, 별도의 세금계산서나 현금영수증을 발급하지 않았으며, 거래처 입력은 생략할 것). (3점)

[3] 08월 28일 해외거래처인 LQTECH로부터 제품 생산에 필요한 원재료를 수입하면서 인천세관으로부터 아래의 수입전자세금계산서를 발급받고, 부가가치세는 현금으로 납부하였다(단, 재고자산에 대한 회계처리는 생략할 것). (3점)

수입전자세금계산서					승인번호	20250828-11324560-11134567			
세관명	등록번호	135-82-12512	종사업장번호		수입자	등록번호	124-86-94282	종사업장번호	
	세관명	인천세관	성명	김세관		상호(법인명)	㈜파도상회	성명	이도진
	세관주소	인천광역시 미추홀구 항구로				사업장주소	경기도 부천시 길주로 284, 515호		
	수입신고번호 또는 일괄발급기간(총건)					업태	제조업	종목	전자제품
납부일자		과세표준		세액	수정사유	비고			
2025/08/28		5,400,000		540,000	해당 없음				
월	일	품목	규격	수량	단가	공급가액	세액	비고	
08	28	수입신고필증 참조				5,400,000	540,000		
합계금액		5,940,000							

[4] 09월 02일   사내 행사를 위하여 영업부 직원들에게 제공할 다과류를 구입하고 법인카드(비씨카드)로 결제하였다. (3점)

과자나라㈜	
2025.09.02.(화) 09 : 30 : 51	
1,100,000원	
정상승인 | 일시불	
결제정보	
카드	비씨카드(1234-5678-1001-2348)
승인번호	71942793
이용구분	일시불
결제금액	**1,100,000원**
공급가액	1,000,000원
부가세	100,000원
봉사료	0원
가맹점 정보	
가맹점명	과자나라㈜
업종	도소매
사업자등록번호	123-86-12346
대표자명	오나라
전화번호	02-452-4512
주소	서울시 서초구 명달로 105

본 매출표는 신용카드 이용에 따른 증빙용으로 비씨카드사에서 발급한 것임을 확인합니다.

[5] 09월 11일 공장에서 사용할 목적으로 지난 4월 2일 ㈜오성기계와 체결한 기계장치 공급계약에 따라 절단로봇을 인도받고 시험가동을 완료하였다. 잔금은 보통예금 계좌에서 지급하고 아래의 전자세금계산서를 발급받았다. (3점)

고압제트 절단로봇 공급계약서

(생략)

제 2 조 위 공급계약의 총 계약금액은 22,000,000원(VAT 포함)으로 하며, 아래와 같이 지불하기로 한다.

계약금	일금 이백만 원정 (₩ 2,000,000)은 계약 시에 지불한다.
잔 금	일금 이천만 원정 (₩ 20,000,000)은 2025년 09월 30일 내에 제품 인도 후 시험가동이 완료된 때에 지불한다.

(이하 생략)

전자세금계산서

승인번호: 20250911-31000013-443461111

공급자
- 등록번호: 130-81-08113
- 상호(법인명): ㈜오성기계
- 성명: 유오성
- 사업장: 경기도 부천시 길주로 1
- 업태: 제조
- 종목: 생산로봇
- 이메일: osung@naver.com

공급받는자
- 등록번호: 124-86-94282
- 상호(법인명): ㈜파도상회
- 성명: 이도진
- 사업장: 경기도 부천시 길주로 284, 515호
- 업태: 제조,도소매
- 종목: 전자제품
- 이메일: wavestore@naver.com

작성일자	공급가액	세액	수정사유
2025/09/11	20,000,000	2,000,000	

비고:

월	일	품목	규격	수량	단가	공급가액	세액	비고
09	11	고압제트 절단 로봇	M701C			20,000,000	2,000,000	

합계금액	현금	수표	어음	외상미수금	이 금액을 (영수) 함
22,000,000	22,000,000				

문제 3 부가가치세 신고와 관련하여 다음 물음에 답하시오. (10점)

[1] [1] 이 문제에 한정하여 ㈜파도상회는 음식점업만을 영위하는 법인으로 가정한다. 다음 자료를 이용하여 2025년 제1기 확정신고기간(2025.04.01.~2025.06.30.)에 대한 의제매입세액공제신고서를 작성하시오. (4점)

1. 매입자료

취득일자	공급자	사업자등록번호 (주민등록번호)	물품명	수량	매입가액	구분
2025.04.10.	은성	752-06-02023	야채	250개	1,020,000원	계산서
2025.04.30.	㈜이두식자재	872-87-85496	생닭	300마리	1,830,000원	신용카드
2025.05.20.	김어부	650321-1548905	갈치	80마리	790,000원	농어민 매입

2. 제1기 예정분 과세표준은 80,000,000원이며, 확정분 과세표준은 95,000,000원이다.
3. 제1기 예정신고 시 의제매입세액 75,000원을 공제받았다.
4. 위 자료 1의 면세 매입 물품은 모두 과세사업인 음식점업에 직접 사용하였다.

[2] 다음의 자료를 이용하여 2025년 제2기 부가가치세 확정신고기간에 대한 [건물등감가상각자산취득명세서]를 작성하시오(단, 아래의 자산은 모두 감가상각 대상에 해당함). (4점)

취득일	내용	공급가액 부가가치세액	상호 사업자등록번호	비고
10.04.	영업부의 업무용승용차(2,000cc) 구입	31,000,000원 3,100,000원	㈜원대자동차 210-81-13571	전자세금계산서 수취
11.26.	제조부의 공장 건물 신축공사비 지급	50,000,000원 5,000,000원	아름건설 101-26-97846	종이세금계산서 수취
12.09.	제조부 공장에서 사용할 포장기계 구입	2,500,000원 250,000원	나라포장 106-02-56785	법인 신용카드 결제

[3] 2025년 제1기 예정신고기간(2025.01.01.~2025.03.31.)의 [부가가치세신고서]를 전자신고하시오. (2점)

1. 부가가치세신고서와 관련 부속서류는 마감되어 있다.
2. [전자신고] → [국세청 홈택스 전자신고변환(교육용)] 순으로 진행한다.
3. [전자신고] 메뉴의 [전자신고제작] 탭에서 신고인구분은 2.납세자 자진신고를 선택하고, 비밀번호는 "12341234"로 입력한다.
4. [국세청 홈택스 전자신고변환(교육용)] → 전자파일변환(변환대상파일선택) → 찾아보기 에서 전자신고용 전자파일을 선택한다.
5. 전자신고용 전자파일 저장경로는 로컬디스크(C :)이며, 파일명은 "enc작성연월일.101.v사업자등록번호"다.
6. 형식검증하기 → 형식검증결과확인 → 내용검증하기 → 내용검증결과확인 → 전자파일제출 을 순서대로 클릭한다.
7. 최종적으로 전자파일 제출하기 를 완료한다.

문제 4 결산정리사항은 다음과 같다. 관련 메뉴를 이용하여 결산을 완료하시오. (15점)

[1] 아래의 자료를 이용하여 정기예금의 당기분 경과이자에 대한 회계처리를 하시오(단, 월할 계산할 것). (3점)

· 정기예금액 : 30,000,000원   · 예금가입기간 : 2025.04.01.~2026.03.31.   · 연이자율 : 3.4%
· 이자는 만기일(2026.03.31.)에 일시 수령한다.

[2] 일반기업회계기준에 따라 2025년 말 현재 보유 중인 매도가능증권에 대하여 결산일의 적절한 회계처리를 하시오(단, 매도가능증권은 비유동자산이며, 2023년의 회계처리는 적절하게 되었다). (3점)

주식명	2024년 취득가액	2024년 말 공정가치	2025년 말 공정가치
㈜엔지	5,000,000원	6,000,000원	4,800,000원

[3] 2025년 11월 중 캐나다 ZF사에 수출한 외상매출금 $100,000은 2026년 1월 15일에 외화 통장으로 회수될 예정이며, 일자별 기준환율은 다음과 같다. (3점)

구분	수출신고일 : 25.11.03.	선적일 : 25.11.10.	결산일 : 2025.12.31.
기준환율	900원/$	920원/$	950원/$

[4] 기존에 입력된 데이터는 무시하고 2025년 제2기 확정신고기간의 부가가치세와 관련된 내용은 다음과 같다고 가정한다. 12월 31일 부가세예수금과 부가세대급금을 정리하는 회계처리를 하시오. 단, 납부세액(또는 환급세액)은 미지급세금(또는 미수금)으로, 경감세액은 잡이익으로, 가산세는 세금과공과(판)로 회계처리한다. (3점)

| · 부가세대급금 | 6,400,000원 | · 부가세예수금 | 8,240,000원 |
| · 전자신고세액공제액 | 10,000원 | · 세금계산서지연발급가산세 | 84,000원 |

[5] 결산일 현재 무형자산인 영업권의 전기 말 상각 후 미상각잔액은 200,000,000원으로 이 영업권은 작년 1월 초 250,000,000원에 취득한 것이다. 이에 대한 회계처리를 하시오. 단, 회사는 무형자산에 대하여 5년간 월할 균등 상각하고 있으며, 상각기간 계산 시 1월 미만은 1월로 간주한다. (3점)

문제 5 2025년 귀속 원천징수와 관련된 다음의 물음에 답하시오. (15점)

[1] 다음 자료를 이용하여 2025년 5월 귀속 [원천징수이행상황신고서]를 작성하시오. 단, 아래에 주어진 자료만을 이용하여 [원천징수이행상황신고서]를 직접 작성하고, [급여자료입력] 메뉴에서 불러오는 자료는 무시할 것. (5점)

[지급일자 : 2025년 6월 05일]			2024년 5월 귀속 급여대장						(단위:원)
구분	급여내역상세					공제내역상세			
성명	기본급	자격수당	식대	자가운전보조금	합계	4대보험	소득세	지방소득세	합계
김성현	2,600,000	−	200,000	200,000	3,000,000	234,000	90,000	9,000	333,000
서지은	2,700,000	300,000	200,000	−	3,200,000	270,000	−200,000	−20,000	50,000
합계	5,300,000	300,000	400,000	200,000	6,200,000	504,000	−110,000	−11,000	383,000

1. 위 급여내역 중 식대 및 자가운전보조금은 비과세 요건을 충족한다.
2. 5월 귀속 급여 지급일은 2025년 6월 5일이다.
3. 서지은(중도퇴사자) 관련 사항
   (1) 2025년 5월 31일까지 근무 후 중도퇴사하였다.
   (2) 2025년 1월부터 4월까지의 총지급액은 12,000,000원이라고 가정한다.
   (3) 소득세 및 지방소득세는 중도퇴사자 정산이 반영된 내역이며, 5월분 급여에 대해서는 원천징수하지 않았다.

[2] 함춘식 대리(사번 : 301, 입사일 : 2025년 04월 21일)의 2025년 귀속 연말정산과 관련된 자료는 다음과 같다. 아래의 자료를 이용하여 [연말정산추가자료입력] 메뉴의 [소득명세] 탭, [부양가족] 탭, [의료비] 탭, [신용카드등] 탭, [월세액] 탭을 작성하고 [연말정산입력] 탭에서 연말정산을 완료하시오(단, 제시된 소득 이외의 소득은 없으며, 세부담 최소화를 가정한다). (10점)

현근무지	• 급여총액 : 40,600,000원(비과세 급여, 상여, 감면소득 없음) • 소득세 기납부세액 : 2,368,370원(지방소득세 : 236,800원) • 이외 소득명세 탭의 자료는 불러오기 금액을 반영한다.
전(前)근무지 근로소득 원천징수 영수증	• 근무처 : ㈜솔비공업사(사업자번호 : 956-85-02635) • 근무기간 : 2025.01.01.~2025.04.20. • 급여총액 : 12,200,000원(비과세 급여, 상여, 감면소득 없음) • 건강보험료 : 464,810원 • 장기요양보험료 : 97,290원 • 고용보험료 : 134,320원 • 국민연금 : 508,700원 • 소득세 결정세액 : 398,000원(지방소득세 결정세액 : 39,800원)
가족사항	<table><tr><th>성명</th><th>관계</th><th>주민번호</th><th>비고</th></tr><tr><td>함춘식</td><td>본인</td><td>910919-1668321</td><td>무주택 세대주임</td></tr><tr><td>함덕주</td><td>부</td><td>511223-1589321</td><td>일용근로소득금액 4,300만원</td></tr><tr><td>박경자</td><td>모</td><td>540807-2548718</td><td>복권 당첨소득 500만원</td></tr><tr><td>함경리</td><td>누나</td><td>891229-2509019</td><td>중증환자 등 장애인으로 소득 없음</td></tr></table>· 기본공제대상자가 아닌 경우 기본공제 여부에 '부'로 표시할 것. · 주민번호는 모두 맞는 것으로 가정한다.
2025년도 연말정산자료	**보험료** • 함덕주(부) : 일반 보장성 보험료 50만원 • 함춘식(본인) : 저축성 보험료 120만원 • 함경리(누나) : 장애인 전용 보장성 보험료 70만원 **의료비** • 박경자(모) : 임플란트 비용 200만원 • 함덕주(부) : 보청기 구입비용 30만원 • 함경리(누나) : 치료를 위한 한약 30만원 ※ 위 의료비는 모두 함춘식 본인의 신용카드로 결제하였고, 치료 목적으로 지출하였다. ※ 주어진 자료만 고려하여 입력한다. **신용카드등 사용액** • 함춘식(본인) 신용카드 사용액 : 2,100만원 -대중교통 사용분 60만원, 아파트 관리비 100만원, 동거가족 의료비 260만원 포함 • 함덕주(부) 체크카드 사용액 : 800만원 -전통시장 사용분 200만원 포함 **월세액** • 임대인 : 이고동(주민등록번호 701126-1904701) • 유형 및 면적 : 아파트, 84㎡ • 임대주택 주소지 : 경기도 안산시 단원구 중앙대로 620 • 임대차 기간 : 2025.01.01.~2026.12.31. • 월세액 : 월 60만원 ※ 위 보험료, 의료비, 신용카드 등 사용액은 모두 국세청 연말정산 간소화 서비스에서 조회된 자료이다.

제114회 전산세무2급 기출

이론시험

※ 다음 문제를 보고 알맞은 것을 골라 [이론문제 답안작성] 메뉴에 입력하시오.(객관식 문항당 2점)

―【 기 본 전 제 】―
문제에서 한국채택국제회계기준을 적용하도록 하는 전제조건이 없는 경우, 일반기업회계기준을 적용한다.

01. 다음 중 재무상태표의 목적을 설명한 것으로 옳지 않은 것은?

① 일정시점 현재 기업이 보유하고 있는 경제적 자원에 대한 정보를 제공한다.
② 회계정보이용자들이 기업의 유동성, 재무적 탄력성, 수익성과 위험을 평가하는데 정보를 제공한다.
③ 기업이 보유하고 있는 자산과 부채, 그리고 자본에 대한 정보를 제공한다.
④ 종업원의 실적을 측정하여 근무태도를 평가한다.

02. 재고자산의 단가결정방법 중 후입선출법에 대한 설명으로 바르지 않은 것은?

① 실제 물량흐름과 원가흐름이 대체로 일치한다.
② 기말재고가 가장 오래 전에 매입한 상품의 단가로 계상된다.
③ 물가가 상승한다는 가정에는 이익이 과소계상된다.
④ 물가가 상승한다는 가정에는 기말재고가 과소평가된다.

03. 다음 중 일반기업회계기준상 거래형태별 수익 인식시점으로 가장 올바른 것은?

① 배당금 수익 : 배당금을 수취한 날
② 상품권 판매 : 상품권을 발행한 날
③ 장기할부판매 : 판매가격을 기간별로 안분하여 수익으로 인식한다.
④ 건설형 공사계약 : 공사 진행률에 따라 진행기준에 의해 수익을 인식한다.

04. 다음 중 자본에 대한 설명으로 옳지 않은 것은?

① 상법 규정에 따라 자본금의 1/2에 달할 때까지 금전에 의한 이익배당액의 1/10 이상의 금액을 이익준비금으로 적립하여야 한다.
② 주식배당을 하면 자본금 계정과 자본총액은 변하지 않는다.
③ 자본은 주주의 납입자본에 기업활동을 통하여 획득하고 기업의 활동을 위해 유보된 금액을 가산하고, 기업활동으로 인한 손실 및 소유자에 대한 배당으로 인한 주주지분 감소액을 차감한 잔액이다.
④ 현금으로 배당하는 경우에는 배당액을 이익잉여금에서 차감한다.

05. 다음은 시장성 있는 유가증권의 취득 및 처분에 대한 내역이다. 다음 중 아래의 자료에 대한 설명으로 틀린 것은?

· 2024년 07월 12일 : 주식회사 한세의 주식 10주를 주당 20,000원에 매입하였다.
· 2024년 12월 31일 : 주식회사 한세의 공정가치는 주당 19,000원이다.
· 2025년 05월 09일 : 주식회사 한세의 주식 전부를 주당 21,000원에 처분하였다.

① 단기매매증권으로 분류할 경우, 2024년 기말 장부가액은 200,000원이다.
② 매도가능증권으로 분류할 경우, 처분 시 매도가능증권처분이익은 10,000원이다.
③ 단기매매증권으로 분류할 경우, 처분 시 단기매매증권처분이익은 20,000원이다.
④ 매도가능증권으로 분류할 경우, 단기매매증권으로 분류하였을 경우보다 2025년 당기순이익이 감소한다.

06. 다음 중 기본원가에 해당하면서 동시에 가공원가에 해당하는 것은?

① 직접재료원가
② 직접노무원가
③ 제조간접원가
④ 직접재료원가와 직접노무원가

07. ㈜미르는 동일한 원재료를 투입하여 동일한 제조공정에서 제품 A, B, C를 생산하고 있다. 세 가지 제품에 공통적으로 투입된 결합원가가 400,000원일 때, 순실현가치법으로 결합원가를 배부하는 경우 제품 B의 제조원가는 얼마인가?

제품	생산량	단위당 판매가격	추가가공원가(총액)
A	200kg	@3,000원	없음
B	250kg	@2,000원	125,000원
C	500kg	@1,200원	75,000원

① 100,000원
② 165,000원
③ 200,000원
④ 225,000원

08. 다음 중 제조간접원가 배부차이 조정 방법에 해당하지 않는 것은?

① 매출원가조정법　　② 단계배분법
③ 비례배분법　　　　④ 영업외손익법

09. 다음 중 개별원가계산에 대한 설명으로 옳지 않은 것은?

① 제조간접원가는 원가대상에 직접 추적할 수 없으므로 배부기준을 정하여 배부율을 계산하여야 한다.
② 조선업이나 건설업 등에 적합한 원가계산 방법이다.
③ 단일 종류의 제품을 연속적으로 대량 생산하는 경우에 적용한다.
④ 실제개별원가계산에서는 제조간접원가를 기말 전에 배부할 수 없어 제품원가 계산이 지연된다는 단점이 있다.

10. 다음 중 공손에 대한 설명으로 틀린 것을 고르시오.

① 정상품을 생산하는 과정에서 불가피하게 발생하는 계획된 공손을 정상공손이라고 한다.
② 정상공손은 예측이 가능하며 단기적으로 통제할 수 없다.
③ 비정상공손은 능률적인 생산조건 하에서는 발생하지 않을 것으로 예상되며 예측할 수 없다.
④ 비정상공손은 통제가능한 공손으로서 제품원가에 가산한다.

11. 다음 중 우리나라 부가가치세법의 특징에 대한 설명으로 옳지 않은 것은?

① 전단계세액공제법　　② 간접세
③ 소비행위에 대하여 과세　　④ 생산지국 과세원칙

12. 다음 중 부가가치세법상 공통매입세액 안분 계산을 생략하는 경우를 고르시오.

가. 해당 과세기간 중 공통매입세액이 5만원 미만인 경우
가. 해당 과세기간의 총공급가액 중 면세공급가액이 5% 미만이면서, 공통매입세액은 5백만원 이상인 경우
나. 해당 과세기간 중 공통매입세액이 없는 경우

① 가　　　　② 다
③ 가, 다　　④ 가, 나, 다

13. 다음 중 부가가치세법상 신고와 납부에 대한 설명으로 옳은 것은?

① 예정신고를 한 사업자는 이미 신고한 과세표준과 납부한 납부세액 또는 환급받은 세액은 각 과세기간의 확정신고에 대한 과세표준과 납부세액 또는 환급세액을 신고할 때 신고하지 아니한다.
② 모든 법인사업자는 예정신고기간의 과세표준과 납부세액을 관할 세무서장에게 신고해야 한다.
③ 신규로 사업을 시작하는 자에 대한 최초의 예정신고기간은 그 날이 속하는 과세기간의 개시일로부터 사업 개시일까지로 한다.
④ 모든 개인사업자는 예정신고를 하고 예정신고기간의 납부세액을 납부할 수 있다.

14. 다음 중 소득세법상 과세 방법이 나머지와 다른 하나는 무엇인가?

① Gross-Up 대상 배당소득 2,400만원
② 일용근로소득 5,000만원
③ 주택임대소득이 아닌 부동산 임대소득 100만원
④ 인적용역을 일시적으로 제공하고 받은 대가 800만원

15. 다음 중 소득세법상 사업소득 총수입금액에 산입하여야 하는 것은?

① 부가가치세 매출세액
② 사업과 관련된 자산수증이익
③ 사업용 고정자산 매각액 (복식부기의무자가 아님)
④ 자가생산한 제품을 타 제품의 원재료로 사용한 경우 그 금액

실무시험

㈜효원상회(회사코드:1142)는 전자제품의 제조 및 도·소매업을 주업으로 영위하는 중소기업으로 당기(제11기)의 회계기간은 2025.1.1.~2025.12.31.이다. 전산세무회계 수험용 프로그램을 이용하여 다음 물음에 답하시오.

【 기 본 전 제 】

· 문제에서 한국채택국제회계기준을 적용하도록 하는 전제조건이 없는 경우, 일반기업회계기준을 적용하여 회계 처리한다.
· 문제의 풀이와 답안작성은 제시된 문제의 순서대로 진행한다.

문제 1 [일반전표입력] 메뉴를 이용하여 다음의 거래자료를 입력하시오. (15점)

【 입력 시 유의사항 】

· 일반적인 적요의 입력은 생략하지만, 타계정 대체거래는 적요 번호를 선택하여 입력한다.
· 채권·채무와 관련된 거래는 별도의 요구가 없는 한 반드시 기등록된 거래처코드를 선택하는 방법으로 거래처명을 입력한다.
· 제조경비는 500번대 계정코드를, 판매비와관리비는 800번대 계정코드를 사용한다.
· 회계처리 시 계정과목은 별도의 제시가 없는 한 등록된 계정과목 중 가장 적절한 과목으로 한다.

[1] 01월 25일 미지급세금으로 계상되어 있는 2024년 제2기 확정 부가가치세 납부세액 8,500,000원을 국민카드로 납부하였다. 단, 납부대행수수료는 납부세액의 0.8%이며, 세금과공과(판)로 처리한다. (3점)

[2] 01월 31일 제품 판매대금으로 수령한 약속어음을 하나은행에 할인하고, 할인수수료 85,000원을 차감한 잔액이 보통예금 계좌로 입금되었다(단, 매각거래로 회계처리 할 것). (3점)

전 자 어 음

㈜효원상회 귀하

금 일천만원정   10,000,000원

위의 금액을 귀하 또는 귀하의 지시인에게 지급하겠습니다.

지급기일	2025년 03월 31일	발행일	2024년 12월 31일
지 급 지	국민은행	발행지 주 소	경기도 부천시 길주로 284, 805호
지급장소	신중동역 종합금융센터	발행인	무인상사㈜

[3] 02월 04일　액면가액 10,000,000원(5년 만기)인 사채를 9,800,000원에 할인발행하였으며, 대금은 전액 보통예금 계좌로 입금되었다. (3점)

[4] 06월 17일　생산부에서 사용할 소모품을 현금으로 구입하고 아래의 간이영수증을 수령하였다(단, 당기 비용으로 처리할 것). (3점)

영 수 증 (공급받는자용)

No.　　　㈜효원상회 귀하

공급자	사업자등록번호	150-45-51052		
	상호	나래철물	성명	이나래 (인)
	사업장소재지	서울시 강남구 도곡동		
	업태	도소매	종목	철물점

작성년월일	공급대가 총액	비고
2025.06.17.	20,000원	

위 금액을 정히 **영수**(청구)함.

월일	품목	수량	단가	공급가(금액)
06.17.	청소용품	2	10,000원	20,000원
	합계			20,000원

부가가치세법시행규칙 제25조의 규정에 의한 (영수증)으로 개정

[5] 09월 13일　매입처인 ㈜제주상사로부터 일시적으로 차입한 50,000,000원에 대하여 이자를 지급하였다. 이자 200,000원에 대한 원천징수세액은 55,000원이다. 당사는 이자에서 원천징수세액을 차감한 금액을 보통예금 계좌에서 송금하였다. (3점)

문제 2 [매입매출전표입력] 메뉴를 이용하여 다음의 거래자료를 입력하시오. (15점)

[1] 07월 08일   내국신용장에 의하여 ㈜한빛에 제품을 22,000,000원에 판매하고, 영세율전자세금계산서를 발급하였다. 판매대금 중 계약금을 제외한 잔금은 ㈜한빛이 발행한 약속어음(만기 3개월)으로 수령하였으며, 계약금 7,000,000원은 작년 말에 현금으로 받았다(단, 서류번호 입력은 생략할 것). (3점)

[2] 07월 15일   회사 사옥을 신축하기 위하여 취득한 토지의 부동산중개수수료에 대하여 ㈜다양으로부터 아래의 전자세금계산서를 수취하였다. (3점)

전자세금계산서					승인번호	20250715-10454645-53811338		
공급자	등록번호	211-81-41992	종사업장번호		공급받는자	등록번호	651-81-00898	종사업장번호	
	상호(법인명)	㈜다양	성명	오미인		상호(법인명)	㈜효원상회	성명	오미자
	사업장	서울시 금천구 시흥대로 198-11				사업장	경기도 용인시 처인구 경안천로 2-7		
	업태	서비스	종목	부동산중개		업태	제조 외	종목	전자제품
	이메일	ds114@naver.com				이메일	jjsy77@naver.com		
작성일자		공급가액		세액			수정사유		
2025/07/15		10,200,000		1,020,000			해당 없음		
월	일	품목	규격	수량	단가		공급가액	세액	비고
07	15	토지 중개수수료					10,200,000	1,020,000	
합계금액		현금	수표		어음		외상미수금	이 금액을 (**청구**) 함	
11,220,000							11,220,000		

[3] 08월 05일   생산부 직원들의 단합을 위한 회식을 하고 식사비용 275,000원(부가가치세 포함)을 현금으로 지급하였으며, 일반과세자인 ㈜벽돌갈비로부터 지출증빙용 현금영수증을 적법하게 발급받았다. (3점)

Hometax. 국세청홈택스 현금영수증

● 거래정보

거래일시	2025-08-05 20:12:55
승인번호	G00260107
거래구분	승인거래
거래용도	지출증빙
발급수단번호	651-81-00898

● 거래금액

공급가액	부가세	봉사료	총 거래금액
250,000	25,000	0	275,000

● 가맹점 정보

상호	㈜벽돌갈비
사업자번호	123-81-98766
대표자명	심재은
주소	서울시 송파구 방이동 12-2

[4] 08월 20일   영업부에서 사용하던 업무용 승용자동차(12고1234)를 헤이중고차상사㈜에 5,500,000원(부가가치세 포함)에 처분하고 전자세금계산서를 발급하였다. 대금은 전액 보통예금 계좌로 지급받았으며, 해당 차량은 20,000,000원에 취득한 것으로 처분일 현재 감가상각누계액은 16,000,000원이다. (3점)

[5] 09월 12일 제조공장의 임대인으로부터 다음의 전자세금계산서를 발급받았다. 단, 비용은 아래의 품목에 기재된 계정과목으로 각각 회계처리하시오. (3점)

전자세금계산서

	승인번호	20250912-31000013-44346111

공급자
- 등록번호: 130-55-08114
- 상호(법인명): 건물주
- 성명: 편미선
- 사업장: 경기도 부천시 길주로 1
- 업태: 부동산업
- 종목: 부동산임대

공급받는자
- 등록번호: 651-81-00898
- 상호(법인명): ㈜효원상회
- 성명: 오미자
- 사업장: 경기도 용인시 처인구 경안천로 2-7
- 업태: 제조 외
- 종목: 전자제품
- 이메일: jjsy77@naver.com

작성일자	공급가액	세액	수정사유
2025/09/12	3,000,000	300,000	해당 없음

월	일	품목	규격	수량	단가	공급가액	세액	비고
09	12	임차료				2,800,000	280,000	
09	12	건물관리비				200,000	20,000	

합계금액	현금	수표	어음	외상미수금	이 금액을 (청구) 함
3,300,000				3,300,000	

문제 3 부가가치세 신고와 관련하여 다음 물음에 답하시오. (10점)

[1] 아래의 자료를 이용하여 2025년 제1기 부가가치세 확정신고기간의 [수출실적명세서]를 작성하시오 (단, 거래처코드와 거래처명은 등록된 거래처를 조회하여 사용할 것). (3점)

거래처	수출신고번호	선적일	환가일	통화	수출액	기준환율	
						선적일	환가일
BOB	12345-77-100066X	2025.06.15	2025.04.10	USD	$80,000	1,350원/$	1,300원/$
ORANGE	22244-88-100077X	2025.06.15	2025.06.30	EUR	€52,000	1,400원/€	1,410원/€

[2] 다음의 자료만을 이용하여 2025년 제2기 확정신고기간의 [부가가치세신고서]를 작성하시오(단, 불러온 데이터 값은 무시하고 새로 입력할 것). (5점)

구분	자료
매출 자료	1. 전자세금계산서 발급분 과세 매출액 : 공급가액 155,000,000원, 세액 15,500,000원 2. 종이세금계산서 발급분 과세 매출액 : 공급가액 12,500,000원, 세액 1,250,000원 3. 내국신용장에 의한 영세율 매출액 : 공급가액 100,000,000원, 세액 0원 4. 당기에 대손이 확정(대손세액 공제 요건 충족)된 채권 : 1,320,000원(VAT 포함)
매입 자료	1. 전자세금계산서 수취분 매입내역 | 구분 | 공급가액 | 세액 | |---|---|---| | 일반 매입 | 185,000,000원 | 18,500,000원 | | 일반 매입(접대성 물품) | 2,400,000원 | 240,000원 | | 제조부 화물차 구입 | 28,000,000원 | 2,800,000원 | | 합계 | 215,400,000원 | 21,540,000원 | 2. 신용카드 사용분 매입내역 | 구분 | 공급가액 | 세액 | |---|---|---| | 일반 매입 | 18,554,200원 | 1,855,420원 | | 사업과 관련 없는 매입 | 1,363,637원 | 136,363원 | | 비품(고정자산) 매입 | 2,545,455원 | 254,545원 | | 예정신고누락분(일반 매입) | 500,000원 | 50,000원 | | 합계 | 22,963,292원 | 2,296,328원 |
기타	1. 당사는 법인으로 전자세금계산서 의무발급대상자이나 종이세금계산서 발급 1건이 있다. (위 매출자료의 '2. 종이세금계산서 발급분 과세 매출액') 2. 위 '기타 1.' 외 전자세금계산서의 발급 및 국세청 전송은 정상적으로 이루어졌다. 3. 예정신고누락분은 확정신고 시에 반영하기로 한다. 4. 전자신고세액공제를 받기로 한다.

[3] 다음의 자료를 이용하여 2025년 제1기 부가가치세 예정신고기간(1월 1일~3월 31일)의 [부가가치세신고서] 및 관련 부속서류를 전자신고하시오. (2점)

1. 부가가치세신고서와 관련 부속서류는 마감되어 있다.
2. [전자신고] → [국세청 홈택스 전자신고변환(교육용)] 순으로 진행한다.
3. [전자신고]의 [전자신고제작] 탭에서 신고인구분은 2.납세자 자진신고를 선택하고, 비밀번호는 "12345678"로 입력한다.

문제 4 결산정리사항은 다음과 같다. 관련 메뉴를 이용하여 결산을 완료하시오. (15점)

[1] 당기 중 현금 시재가 부족하여 현금과부족으로 처리했던 1,200,000원의 원인이 결산일 현재 다음과 같이 확인되었다(단, 항목별로 적절한 계정과목으로 처리하고, 하나의 전표로 입력할 것). (3점)

내용	금액
불우이웃돕기 성금	1,000,000원
영업부 거래처 직원의 결혼 축의금	200,000원

[2] 제조부의 제품 생산공장에 대한 화재보험료 전액을 납부일에 즉시 비용으로 처리하였다. 결산일에 필요한 회계처리를 하시오(단, 보험료는 월할 계산한다). (3점)

구분	보장기간	납부일	납부액
제조부 제품 생산공장 화재보험료	2025.06.01.~2026.05.31.	2025.06.01.	3,600,000원

[3] 대표자에게 대여한 20,000,000원(대여기간 : 2025.01.01.~2025.12.31.)에 대하여 당좌대출이자율(연 4.6%)로 계산한 이자 상당액을 보통예금 계좌로 입금받았다. (3점)

[4] 당사는 기말 현재 보유 중인 다음의 3가지 채권의 잔액에 대해서만 1%의 대손충당금을 보충법으로 설정하고 있다(단, 원 단위 미만은 절사한다). (3점)

구 분	기말잔액	설정 전 대손충당금 잔액
외 상 매 출 금	548,550,000원	4,750,000원
받 을 어 음	22,700,000원	20,000원
단 기 대 여 금	50,000,000원	0원

[5] 기말 현재 당기분 법인세(지방소득세 포함)는 8,400,000원으로 산출되었다. 단, 당기분 법인세 중간예납세액과 이자소득 원천징수세액의 합계액인 5,800,000원은 선납세금으로 계상되어 있다. (3점)

문제 5 2025년 귀속 원천징수와 관련된 다음의 물음에 답하시오. (15점)

[1] 다음은 영업부 대리 정기준(사번 : 33)의 급여 관련 자료이다. 필요한 [수당공제등록]을 하고 4월분 [급여자료입력]과 [원천징수이행상황신고서]를 작성하시오. (5점)

1. 4월의 급여 지급내역은 다음과 같다.

이름 : 정기준		지급일 : 2025년 04월 30일	
기 본 급	2,800,000원	국 민 연 금	153,000원
직 책 수 당	400,000원	건 강 보 험	120,530원
야 간 근 로 수 당	200,000원	장 기 요 양 보 험	15,600원
(비과세) 식 대	200,000원	고 용 보 험	27,200원
(비과세) 자 가 운 전 보 조 금	200,000원	소 득 세	114,990원
(비과세) 출 산 보 육 수 당	200,000원	지 방 소 득 세	11,490원
급 여 합 계	4,000,000원	공 제 합 계	442,810원
		차 인 지 급 액	3,557,190원

2. 수당공제등록 시 다음에 주의하여 입력한다.
   · 수당등록 시 사용하는 수당 이외의 항목은 사용 여부를 "부"로 체크한다.
    (단, 월정액 여부와 통상임금 여부는 무시할 것)
   · 공제등록은 고려하지 않는다.
3. 급여자료입력 시 다음에 주의하여 입력한다.
   · 비과세에 해당하는 항목은 모두 비과세 요건을 충족하며, 최대한 반영하기로 한다.
   · 공제항목은 불러온 데이터를 무시하고 직접 입력하여 작성한다.
4. 원천징수는 매월하고 있으며, 전월 미환급세액은 601,040원이다.

[2] 다음은 2025.08.01. 홍보부에 입사한 홍상현(사원코드 : 1005, 세대주) 사원의 연말정산 관련 자료이다. 다음 자료를 이용하여 [연말정산추가자료입력] 메뉴의 [소득명세] 탭, [부양가족(보험료, 교육비)] 탭, [신용카드 등] 탭, [의료비] 탭을 작성하여 [연말정산입력] 탭에서 연말정산을 완료하시오(단, 근로자 본인의 세부담 최소화를 가정한다). (10점)

1. 전(前)근무지 근로소득원천징수영수증
   · 근무기간 : 2025.01.01.~2025.07.31.
   · 근무처 : 주식회사 두섬(사업자등록번호 : 103-81-62982)
   · 소득명세 : 급여 26,000,000원, 상여 1,000,000원(비과세 급여, 비과세 상여 및 감면소득 없음)

세액명세	소득세	지방소득세	공제보험료 명세	건강보험료	905,300원
결정세액	340,000원	34,000원		장기요양보험료	115,900원
기납부세액	460,000원	46,000원		고용보험료	243,000원
차감징수세액	-120,000원	-12,000원		국민연금보험료	1,170,000원

2. 가족사항 : 모두 동거하며, 생계를 같이함, 주민번호는 모두 맞는 것으로 가정

성명	관계	주민번호	비고
홍상현	본인	870314-1287653	현근무지 총급여액 15,000,000원
이명지	배우자	870621-2044775	총급여액 6,000,000원
홍라율	자녀	200827-4842416	소득 없음
홍천운	부친	590919-1287035	소득 없음

   ※ 기본공제대상자가 아닌 경우, 기본공제 "부"로 입력할 것

3. 연말정산추가자료
   (안경 구입비용을 제외한 연말정산 자료는 모두 국세청 홈택스 연말정산간소화서비스 자료임)

항목	내용
보험료	· 홍상현(본인) - 자동차운전자보험료 800,000원 · 이명지(배우자) - 보장성보험료 800,000원 · 홍라율(자녀) - 일반보장성보험료 500,000원
의료비	· 홍상현(본인) - 질병치료비 300,000원 　　　　　　　- 시력보정용 안경 구입비용 700,000원 　　　　　　　　(상호 : 모든안경, 사업자등록번호 : 431-01-00574) · 홍라율(자녀) - 질병치료비 400,000원 · 홍천운(부친) - 질병치료비 8,000,000원
교육비	· 홍상현(본인) - 정규 교육 과정 대학원 교육비 7,000,000원 · 홍라율(자녀) - 「영유아보육법」상의 어린이집 교육비 2,400,000원
신용카드 등 사용액	· 홍상현(본인) - 신용카드 사용액 23,000,000원(대중교통 사용분 1,000,000원 포함) 　　　　　　　　- 현금영수증 사용액 7,000,000원(전통시장 사용분 4,000,000원 포함) · 홍상현의 신용카드 사용액은 위 의료비 지출액이 모두 포함된 금액이다. · 제시된 내용 외 전통시장/대중교통/도서 등 사용분은 없다.

제115회 전산세무2급 기출

이론시험

※ 다음 문제를 보고 알맞은 것을 골라 [이론문제 답안작성] 메뉴에 입력하시오.(객관식 문항당 2점)

―【 기 본 전 제 】―
문제에서 한국채택국제회계기준을 적용하도록 하는 전제조건이 없는 경우, 일반기업회계기준을 적용한다.

01. 다음 중 재무제표의 기본가정에 해당하지 않는 것은?

① 기업실체를 중심으로 하여 기업실체의 경제적 현상을 재무제표에 보고해야 한다.
② 기업이 계속적으로 존재하지 않을 것이라는 반증이 없는 한, 기업실체의 본래 목적을 달성하기 위하여 계속적으로 존재한다.
③ 기업실체의 지속적인 경제적 활동을 인위적으로 일정 기간 단위로 분할하여 각 기간마다 경영자의 수탁책임을 보고한다.
④ 회계정보가 유용하기 위해서는 그 정보가 의사결정에 반영될 수 있도록 적시에 제공되어야 한다.

02. 다음의 자료를 통해 2025년 12월 31일 결산 후 재무제표에서 확인 가능한 정보로 올바른 것은?

2023년 1월 1일 기계장치 취득	
· 매입가액	20,000,000원
· 취득에 직접적으로 필요한 설치비	300,000원
· 2023년에 발생한 소모품 교체비	600,000원
· 2023년에 발생한 본래의 용도를 변경하기 위한 제조 · 개량비	4,000,000원
· 내용연수는 6년, 정액법으로 매년 정상적으로 상각함(월할계산할 것), 잔존가치는 없음.	

① 기계장치의 취득원가는 24,000,000원으로 계상되어 있다.
② 손익계산서에 표시되는 감가상각비는 4,150,000원이다.
③ 재무상태표에 표시되는 감가상각누계액은 8,300,000원이다.
④ 상각 후 기계장치의 미상각잔액은 12,150,000원이다.

03. 다음 중 일반기업회계기준상 무형자산 상각에 대한 설명으로 옳지 않은 것은?

① 무형자산의 상각대상 금액은 그 자산의 추정 내용연수 동안 체계적인 방법에 의하여 비용으로 배분된다.
② 제조와 관련된 무형자산의 상각비는 제조원가에 포함한다.
③ 무형자산의 상각방법으로는 정액법만 사용해야 한다.
④ 무형자산의 잔존가치는 없는 것을 원칙으로 한다.

04. 다음 중 사채에 대한 설명으로 가장 옳지 않은 것은?

① 사채할인발행차금은 사채의 발행금액에서 차감하는 형식으로 표시한다.
② 액면이자율보다 시장이자율이 큰 경우에는 할인발행된다.
③ 사채할증발행차금은 사채의 액면금액에서 가산하는 형식으로 표시한다.
④ 액면이자율이 시장이자율보다 큰 경우에는 할증발행된다.

05. 다음 중 회계정책, 회계추정의 변경 및 오류에 대한 설명으로 옳지 않은 것은?

① 회계정책의 변경은 기업환경의 변화, 새로운 정보의 획득 또는 경험의 축적에 따라 지금까지 사용해 오던 회계적 추정치의 근거와 방법 등을 바꾸는 것을 말한다.
② 회계추정의 변경은 전진적으로 처리하여 그 효과를 당기와 당기 이후의 기간에 반영한다.
③ 회계변경의 효과를 회계정책의 변경효과와 회계추정의 변경효과로 구분하는 것이 불가능한 경우 회계추정의 변경으로 본다.
④ 회계추정 변경의 효과는 당해 회계연도 개시일부터 적용한다.

06. 다음 중 원가 집계과정에 대한 설명으로 옳지 않은 것은?

① 당기제품제조원가(당기완성품원가)는 원재료 계정의 차변으로 대체된다.
② 당기총제조원가는 재공품 계정의 차변으로 대체된다.
③ 당기제품제조원가(당기완성품원가)는 제품 계정의 차변으로 대체된다.
④ 제품매출원가는 매출원가 계정의 차변으로 대체된다.

07. 다음 중 개별원가계산과 종합원가계산에 대한 설명으로 옳지 않은 것은?

① 개별원가계산은 주문받은 개별 제품별로 작성된 작업원가표에 집계하여 원가를 계산한다.
② 종합원가계산은 개별 제품별로 작업원가표를 작성하여 원가를 계산한다.
③ 개별원가계산은 각 제조지시별로 원가계산을 해야하므로 많은 시간과 비용이 발생한다.
④ 조선업, 건설업은 개별원가계산이 적합한 업종에 해당한다.

08. 다음 중 제조원가명세서와 손익계산서 및 재무상태표의 관계에 대한 설명으로 옳지 않은 것은?

① 제조원가명세서의 기말원재료재고액은 재무상태표의 원재료 계정에 계상된다.
② 제조원가명세서의 기말재공품의 원가는 재무상태표의 재공품 계정으로 계상된다.
③ 제조원가명세서의 당기제품제조원가는 재무상태표의 매출원가에 계상된다.
④ 손익계산서의 기말제품재고액은 재무상태표의 제품 계정 금액과 같다.

09. 다음의 자료를 이용하여 직접노무시간당 제조간접원가 예정배부율을 구하시오.

| · 제조간접원가 실제 발생액 : 6,000,000원 간접원가 배부 차이 : 400,000원(과대배부) |
| · 실제 직접 노무 시간 : 50,000시간 |

① 112원　　② 128원　　③ 136원　　④ 146원

10. 기초재공품은 1,000개이고 완성도는 30%이다. 당기투입수량은 6,000개이고 기말재공품은 800개일 경우 선입선출법에 의한 가공원가의 완성품환산량이 6,100개라면, 기말재공품의 완성도는 몇 %인가? (단, 가공원가는 전공정에 걸쳐 균등하게 발생한다.)

① 10%　　② 15%　　③ 20%　　④ 25%

11. 다음 중 부가가치세법상 과세기간에 대한 설명으로 옳지 않은 것은?

① 일반과세자의 과세기간은 원칙상 1년에 2개가 있다.
② 신규로 사업을 개시하는 것은 과세기간 개시일의 예외가 된다.
③ 매출이 기준금액에 미달하여 일반과세자가 간이과세자로 변경되는 경우 그 변경되는 해에 간이과세자에 관한 규정이 적용되는 과세기간은 그 변경 이전 1월 1일부터 6월 30일까지이다.
④ 간이과세자가 간이과세자에 관한 규정의 적용을 포기함으로써 일반과세자로 되는 경우에는 1년에 과세기간이 3개가 될 수 있다.

12. 다음 중 부가가치세법상 재화의 공급에 해당하는 것은?

① 담보의 제공
② 사업용 상가건물의 양도
③ 사업의 포괄적 양도
④ 조세의 물납

13. 다음 중 소득세법상 근로소득이 없는 거주자(사업소득자가 아님)가 받을 수 있는 특별세액공제는?

① 보험료 세액공제
② 의료비 세액공제
③ 교육비 세액공제
④ 기부금 세액공제

14. 다음 중 소득세법상 수입시기로 가장 옳지 않은 것은?

① 비영업대금의 이익 : 약정에 의한 이자 지급일
② 잉여금 처분에 의한 배당 : 잉여금 처분 결의일
③ 장기할부판매 : 대가의 각 부분을 받기로 한 날
④ 부동산 등의 판매 : 소유권이전등기일, 대금청산일, 사용수익일 중 빠른 날

15. 다음 중 소득세법상 기타소득에 대한 설명으로 가장 옳지 않은 것은?

① 「공익법인의 설립·운영에 관한 법률」의 적용을 받는 공익법인이 주무관청의 승인을 받아 시상하는 상금 및 부상과 다수가 순위 경쟁하는 대회에서 입상자가 받는 상금 및 부상의 경우, 거주자가 받은 금액의 100분의 60에 상당하는 금액을 필요경비로 한다.
② 고용관계 없이 다수인에게 강연을 하고 강연료 등 대가를 받는 용역을 일시적으로 제공하고 받는 대가는 기타소득에 해당한다.
③ 이자소득·배당소득·사업소득·근로소득·연금소득·퇴직소득 및 양도소득 외의 소득으로서 재산권에 관한 알선수수료는 기타소득에 해당한다.
④ 이자소득·배당소득·사업소득·근로소득·연금소득·퇴직소득 및 양도소득 외의 소득으로서 상표권·영업권을 양도하거나 대여하고 받는 금품은 기타소득에 해당한다.

㈜은마상사(회사코드:1152)는 전자제품의 제조 및 도·소매업을 주업으로 영위하는 중소기업으로 당기(제17기)의 회계기간은 2025.1.1.~2025.12.31.이다. 전산세무회계 수험용 프로그램을 이용하여 다음 물음에 답하시오.

---【 기 본 전 제 】---

· 문제에서 한국채택국제회계기준을 적용하도록 하는 전제조건이 없는 경우, 일반기업회계기준을 적용하여 회계 처리한다.
· 문제의 풀이와 답안작성은 제시된 문제의 순서대로 진행한다.

문제 1 [일반전표입력] 메뉴를 이용하여 다음의 거래자료를 입력하시오. (15점)

---【 입력 시 유의사항 】---

· 일반적인 적요의 입력은 생략하지만, 타계정 대체거래는 적요 번호를 선택하여 입력한다.
· 채권·채무와 관련된 거래는 별도의 요구가 없는 한 반드시 기등록된 거래처코드를 선택하는 방법으로 거래처명을 입력한다.
· 제조경비는 500번대 계정코드를, 판매비와관리비는 800번대 계정코드를 사용한다.
· 회계처리 시 계정과목은 별도의 제시가 없는 한 등록된 계정과목 중 가장 적절한 과목으로 한다.

[1] 04월 11일 당사가 보유 중인 매도가능증권을 12,000,000원에 처분하고 처분대금은 보통예금 계좌로 입금받았다. 해당 매도가능증권의 취득가액은 10,000,000원이며, 2024년 말 공정가치는 11,000,000원이다. (3점)

[2] 06월 25일 당사의 거래처인 ㈜은비로부터 비품을 무상으로 받았다. 해당 비품의 공정가치는 5,000,000원이다. (3점)

[3] 08월 02일 ㈜은마상사의 사옥으로 사용할 토지를 비사업자로부터 다음과 같이 매입하였다. 그 중 토지 취득 관련 지출은 다음과 같다. 취득세는 현금으로 납부하고 토지대금과 등기수수료, 중개수수료는 보통예금 계좌에서 이체하였다. (3점)

· 토지가액	300,000,000원
· 토지 관련 취득세	13,000,000원
· 토지 취득 관련 법무사 등기수수료	300,000원
· 토지 취득 관련 중개수수료	2,700,000원

[4] 08월 10일   당기분 퇴직급여를 위하여 영업부서 직원에 대한 퇴직연금(DB형) 5,000,000원과 제조부서 직원에 대한 퇴직연금(DC형) 3,000,000원을 보통예금 계좌에서 이체하였다. (3점)

[5] 12월 13일   자기주식(취득가액 : 주당 58,000원) 120주를 주당 65,000원에 처분하여 매매대금이 보통예금 계좌로 입금되었다. 처분일 현재 자기주식처분손실 200,000원이 계상되어 있다. (3점)

문제 2   [매입매출전표입력] 메뉴를 이용하여 다음의 거래자료를 입력하시오. (15점)

[1] 03월 12일   싱가포르에 소재하는 ABC사에 제품을 $30,000에 직수출하였다. 수출대금 중 $20,000가 선적과 동시에 보통예금 계좌에 입금되었으며 나머지 $10,000는 다음 달 말일에 수취하기로 하였다(수출신고번호 입력은 생략할 것). (3점)

수출대금	대금수령일	기준환율	비고
$20,000	2025.03.12.	1,300원/$	선적일
$10,000	2025.04.30.	1,250원/$	잔금청산일

[2] 10월 01일   업무용으로 사용할 목적으로 거래처 달려요로부터 업무용승용차(990cc)를 중고로 구입하였다. 대금은 한 달 후에 지급하기로 하고, 다음의 종이세금계산서를 발급받았다. (3점)

세금계산서(공급받는 자 보관용)

책 번 호 [권] [호]
일련번호 [ ]-[ ]

공급자	등록번호	106-11-56318			공급받는자	등록번호	688-85-01470	
	상호(법인명)	달려요	성명(대표자)	정화물		상호(법인명)	㈜은마상사	성명(대표자)	박은마
	사업장 주소	경기도 성남시 중원구 성남대로 99				사업장 주소	경기도 평택시 가재길 14	
	업태	서비스	종목	화물		업태	도소매	종목	전자제품

작성			공 급 가 액									세 액								비고
연	월	일	빈칸수	조	천	백	십	억	천	백	십	만	천	백	십	일	천	백	십	억	천	백	십	만	천	백	십	일	
25	10	01	4						2	0	0	0	0	0	0	0						2	0	0	0	0	0	

월	일	품 목	규격	수량	단가	공급가액	세액	비고
10	01	승용차				20,000,000	2,000,000	

합계금액	현금	수표	어음	외상미수금	이 금액을 청구 함
22,000,000				22,000,000	

[3] 10월 29일   업무용승용차를 ㈜월클파이낸셜로부터 운용리스 조건으로 리스하였다. 영업부서에서 사용하고 임차료 1,800,000원의 전자계산서를 발급받았다. 대금은 다음 달 5일에 지급하기로 하였다. (3점)

[4] 11월 01일   ㈜은마상사는 ㈜진산에 아래와 같은 전자세금계산서를 발급하였다. 제품 대금은 ㈜진산에게 지급해야할 미지급금(8,000,000원)과 상계하기로 상호 협의하였으며 잔액은 보통예금 계좌로 입금받았다. (3점)

전자세금계산서				승인번호		20251101-1547412-2014956	
공급자	등록번호	688-85-01470	종사업장번호		공급받는자	등록번호	259-81-15652	종사업장번호	
	상호(법인명)	㈜은마상사	성명	박은마		상호(법인명)	㈜진산	성명	이진산
	사업장주소	경기도 평택시 가재길 14				사업장주소	세종시 부강면 부곡리 128		
	업태	도소매	종목	전자제품		업태	건설업	종목	인테리어
	이메일					이메일			
						이메일			

작성일자	공급가액	세액	수정사유	비고
2025.11.01	10,000,000	1,000,000		

월	일	품목	규격	수량	단가	공급가액	세액	비고
11	01	전자제품				10,000,000	1,000,000	

합계금액	현금	수표	어음	외상미수금	위 금액을 (청구) 함
11,000,000	3,000,000			8,000,000	

[5] 11월 20일 ㈜코스트코코리아에서 제조부 사원들을 위해 공장에 비치할 목적으로 온풍기를 1,936,000원(부가가치세 포함)에 구입하고, 대금은 보통예금 계좌에서 이체하여 지급한 후 현금영수증(지출증빙용)을 수취하였다(단, 자산으로 처리할 것). (3점)

항목	내용
Hometax. 국세청홈택스 현금영수증	
● 거래정보	
거래일시	2025-11-20
승인번호	G45972376
거래구분	승인거래
거래용도	지출증빙
발급수단번호	688-85-01470

● 거래금액

공급가액	부가세	봉사료	총 거래금액
1,760,000	176,000	0	1,936,000

● 가맹점 정보

상호	㈜코스트코코리아
사업자번호	107-81-63829
대표자명	조만수
주소	경기도 부천시 길주로 284

문제 3 부가가치세 신고와 관련하여 다음 물음에 답하시오. (10점)

[1] 다음 자료를 보고 제2기 확정신고기간의 [공제받지못할매입세액명세서] 중 [공제받지못할매입세액내역] 탭과 [공통매입세액의정산내역] 탭을 작성하시오(단, 불러온 자료는 무시하고 직접 입력할 것). (4점)

1. 매출 공급가액에 관한 자료

구분	과세사업	면세사업	합계
7월~12월	350,000,000원	150,000,000원	500,000,000원

2. 매입세액(세금계산서 수취분)에 관한 자료

구분	① 과세사업 관련			② 면세사업 관련		
	공급가액	매입세액	매수	공급가액	매입세액	매수
10월~12월	245,000,000원	24,500,000원	18매	90,000,000원	9,000,000원	12매

3. 총공통매입세액(7월~12월) : 3,800,000원
※ 제2기 예정신고 시 공통매입세액 중 불공제매입세액 : 500,000원

[2] 다음의 자료를 이용하여 2025년 제1기 확정신고기간에 대한 [부가가치세신고서]를 작성하시오(단, 과세표준명세 작성은 생략한다). (6점)

구분	자료
매출	1. 전자세금계산서 발급 매출 공급가액 : 500,000,000원(세액 50,000,000원) 　(→지연발급한 전자세금계산서의 매출 공급가액 1,000,000원이 포함되어 있음) 2. 신용카드 매출전표 발급 매출 공급대가 : 66,000,000원 　(→전자세금계산서 발급 매출 공급가액 10,000,000원이 포함되어 있음) 3. 해외 직수출에 따른 매출 공급가액 : 30,000,000원
매입	1. 전자세금계산서 수취 매입(일반) 공급가액 : 320,000,000원(세액 32,000,000원) 2. 신용카드 매입 공급대가 : 12,100,000원 　(→에어컨 구입비 3,300,000원(공급대가)이 포함되어 있음) 3. 제1기 예정신고 시 누락된 세금계산서 매입(일반) 공급가액 : 10,000,000원(세액 1,000,000원)
비고	1. 지난해 11월에 발생한 매출채권(5,500,000원, 부가가치세 포함)이 해당 거래처의 파산으로 대손이 확정되었다. 2. 2025년 제1기 예정신고미환급세액 : 3,000,000원 3. 국세청 홈택스에 전자신고를 완료하였다.

문제 4 결산정리사항은 다음과 같다. 관련 메뉴를 이용하여 결산을 완료하시오. (15점)

[1] 전기에 은혜은행으로부터 차입한 장기차입금 20,000,000원의 만기일은 2026년 4월 30일이다. (3점)

[2] 10월 01일에 팝업스토어 매장 임차료 1년분 금액 3,000,000원을 모두 지불하고 임차료로 계상하였다. 기말 결산 시 필요한 회계처리를 행하시오(단, 임차료는 월할 계산한다). (3점)

[3] 아래의 차입금 관련 자료를 이용하여 결산일까지 발생한 차입금 이자비용에 대한 당해연도분 미지급비용을 인식하는 회계처리를 하시오(단, 이자는 만기 시에 지급하고, 월할 계산한다). (3점)

- 금융기관 : ㈜중동은행
- 대출금액 : 300,000,000원
- 대출기간 : 2025년 05월 01일~2026년 04월 30일
- 대출이자율 : 연 6.8%

[4] 결산 시 당기 감가상각비 계상액은 다음과 같다. 결산을 완료하시오. (3점)

계정과목	경비구분	당기 감가상각비 계상액
건물	판매및관리	20,000,000원
기계장치	제조	4,000,000원
영업권	판매및관리	3,000,000원

[5] 결산일 현재 재고자산은 다음과 같다. 아래의 정보를 반영하여 결산자료입력을 수행하시오. (3점)

1. 기말재고자산
   - 기말원재료 : 4,700,000원
   - 기말재공품 : 800,000원
   - 기말제품 : 16,300,000원
2. 추가정보(위 1.에 포함되지 않은 자료임)
   - 도착지 인도조건으로 매입하여 운송 중인 미착원재료 : 2,300,000원
   - 수탁자에게 인도한 위탁제품 14,000,000원 중에 수탁자가 판매 완료한 것은 9,000,000원으로 확인됨.

문제 5 2025년 귀속 원천징수와 관련된 다음의 물음에 답하시오. (15점)

[1] 다음은 영업부 사원 김필영(사번 : 1001)의 부양가족 자료이다. 부양가족은 모두 생계를 함께하고 있으며 세부담 최소화를 위해 가능하면 김필영이 모두 공제받고자 한다. 본인 및 부양가족의 소득은 주어진 내용이 전부이다. [사원등록] 메뉴의 [부양가족명세] 탭을 작성하시오(단, 기본공제대상자가 아닌 경우도 기본공제 '부'로 입력할 것, 주민번호는 맞는 것으로 가정). (5점)

관계	성명	주민등록번호	동거 여부	비고
본인	김필영	830419-1234564	세대주	총급여 8,000만원
배우자	최하나	851006-2219118	동거	퇴직소득금액 100만원
아들	김이온	130712-3035892	동거	소득 없음
딸	김시온	200103-4035455	동거	소득 없음
부친	김경식	460103-1156778	주거형편상 별거	소득 없음, 「국가유공자법」에 따른 상이자로 장애인, 2025.03.08. 사망.
모친	이연화	500717-2155433	주거형편상 별거	양도소득금액 1,000만원, 장애인(중증환자)
장모	한수희	521111-2523454	주거형편상 별거	총급여 500만원
형	김필모	801230-1234574	동거	일용근로소득 720만원, 「장애인복지법」에 따른 장애인

[2] 다음은 회계부서에 재직 중인 이철수(사원코드 : 102) 사원의 연말정산 관련 자료이다. 아래의 자료를 이용하여 [연말정산추가자료입력] 메뉴의 [부양가족] 탭, [신용카드 등] 탭, [의료비] 탭을 입력하여 [연말정산입력] 탭을 완성하시오(단, 근로자 본인의 세부담 최소화를 가정한다). (10점)

1. 가족사항(모두 거주자인 내국인에 해당함) 주민번호는 모두 맞는 것으로 가정.

성명	관계	주민등록번호	동거여부	소득금액	비고
이철수	본인	840505-1478521		48,000,000원	총급여액(근로소득 외의 소득 없음), 세대주
강희영	배우자	850630-2547858	여	10,000,000원	양도소득금액
이명수	부친	571012-1587428	여	900,000원	부동산임대소득금액 : 　총수입금액 20,000,000원 　필요경비　 19,100,000원
이현수	아들	150408-3852611	여	-	초등학생
이리수	딸	201104-4487122	여	-	취학 전 아동

※ 기본공제대상자가 아닌 경우도 기본공제 '부'로 입력할 것

2. 연말정산 관련 추가자료(모든 자료는 국세청에서 제공된 자료에 해당하며, 표준세액공제가 더 클 경우 표준세액공제를 적용한다.)

내역	비고
보장성 보험료	· 이철수(본인) : 자동차보험료 300,000원 · 강희영(배우자) : 보장성보험료 200,000원 · 이명수(부친) : 생명보험료 150,000원(만기까지 납입액이 만기환급액보다 큰 경우에 해당) · 이현수(아들) : 보장성보험료 350,000원
교육비	· 이철수(본인) : 정규 교육 과정 대학원 교육비 5,000,000원 · 이현수(아들) : 국내 소재 사립초등학교(「초·중등교육법」상의 정규 교육기관) 수업료 8,000,000원 　　　　　　바이올린 학원비 2,400,000원 · 이리수(딸) : 「영유아보육법」상의 어린이집 교육비 1,800,000원
의료비	· 이철수(본인) : 질병 치료 목적 의료비 1,050,000원 · 이명수(부친) : 질병 치료 목적 국외 의료비 1,500,000원 · 이리수(딸) : 질병 치료 목적 의료비 250,000원
신용카드 사용액	· 이철수(본인) : 신용카드 사용액 32,500,000원 　　　　　　(신용카드사용분 중 전통시장/대중교통/도서 등 사용분은 없음)

제116회 전산세무2급 기출

이론시험

※ 다음 문제를 보고 알맞은 것을 골라 [이론문제 답안작성] 메뉴에 입력하시오.(객관식 문항당 2점)

―【 기 본 전 제 】―
문제에서 한국채택국제회계기준을 적용하도록 하는 전제조건이 없는 경우, 일반기업회계기준을 적용한다.

01. 다음 중 자본적 지출 항목을 수익적 지출로 잘못 회계처리한 경우 재무제표에 미치는 영향으로 옳은 것은?

① 자산이 과소계상 된다.　　　② 당기순이익이 과대계상 된다.
③ 부채가 과소계상 된다.　　　④ 자본이 과대계상 된다.

02. 다음 중 당좌자산에 해당하지 않는 항목은 무엇인가?

① 영업권　　　② 매출채권
③ 단기투자자산　　　④ 선급비용

03. 다음 중 회계추정의 변경에 해당하지 않는 것은 무엇인가?

① 감가상각자산의 내용연수 변경
② 감가상각방법의 변경
③ 재고자산 평가방법의 변경
④ 재고자산의 진부화 여부에 대한 판단

04. 다음 중 자본에 대한 설명으로 옳지 않은 것은?

① 유상증자 시 주식이 할인발행된 경우 주식할인발행차금은 자본조정으로 계상한다.
② 신주발행비는 손익계산서상의 당기 비용으로 처리한다.
③ 주식분할의 경우 주식수만 증가할 뿐 자본금에 미치는 영향은 발생하지 않는다.
④ 무상감자는 주식소각 대가를 주주에게 지급하지 않으므로 형식적 감자에 해당한다.

05. 다음의 자료를 이용하여 기말재고자산에 포함해야 할 총금액을 계산하면 얼마인가? 단, 창고 재고 금액은 고려하지 않는다.

- 반품률이 높지만, 그 반품률을 합리적으로 추정할 수 없는 상태로 판매한 상품 : 2,000,000원
- 시용판매 조건으로 판매된 시송품 총 3,000,000원 중 고객이 구매의사표시를 한 상품 : 1,000,000원
- 담보로 제공한 저당상품 : 9,000,000원
- 선적지 인도조건으로 매입한 미착상품 : 4,000,000원

① 15,000,000원 ② 16,000,000원
③ 17,000,000원 ④ 18,000,000원

06. 다음 중 원가에 대한 설명으로 옳지 않은 것은?

① 조업도(제품생산량)가 증가함에 따라 단위당 변동원가는 일정하고 단위당 고정원가는 감소한다.
② 제조원가는 직접재료원가, 직접노무원가, 제조간접원가를 말한다.
③ 가공원가란 직접재료원가와 직접노무원가만을 합한 금액을 말한다.
④ 고정원가란 관련범위 내에서 조업도 수준과 관계없이 총원가가 일정한 원가를 말한다.

07. 다음 중 개별원가계산과 종합원가계산에 대한 설명으로 옳지 않은 것은?

① 개별원가계산은 개별적으로 원가를 추적해야 하므로 공정별로 원가를 통제하기가 어렵다.
② 종합원가계산 중 평균법은 기초재공품 모두를 당기에 착수하여 완성한 것으로 가정한다.
③ 종합원가계산을 적용할 때 기초재공품이 없다면 평균법과 선입선출법에 의한 계산은 차이가 없다.
④ 종합원가계산은 개별원가계산과 달리 기말재공품의 평가문제가 발생하지 않는다.

08. 다음 중 보조부문원가를 배분하는 방법에 대한 설명으로 옳지 않은 것은?

① 상호배분법은 보조부문 상호 간의 용역수수관계를 완전히 반영하는 방법이다.
② 단계배분법은 보조부문 상호 간의 용역수수관계를 전혀 반영하지 않는 방법이다.
③ 직접배분법은 보조부문 상호 간의 용역수수관계를 전혀 반영하지 않는 방법이다.
④ 상호배분법, 단계배분법, 직접배분법 중 어떤 방법을 사용하더라도 보조부문의 총원가는 제조부문에 모두 배분된다.

09. 당사의 보험료를 제조부문에 80%, 영업부문에 20%로 배분하고 있다. 당월 지급액 100,000원, 전월 미지급액 30,000원, 당월 미지급액이 20,000원인 경우 당월 제조간접원가로 계상해야 하는 보험료는 얼마인가?

① 64,000원　　② 72,000원　　③ 80,000원　　④ 90,000원

10. 종합원가계산을 적용할 경우, 다음의 자료를 이용하여 평균법과 선입선출법에 따른 가공원가의 완성품환산량을 각각 계산하면 몇 개인가?

- 기초재공품 : 300개(완성도 20%)
- 당기착수량 : 1,000개
- 당기완성량 : 1,100개
- 기말재공품 : 200개(완성도 60%)
- 원재료는 공정착수 시점에 전량 투입되며, 가공원가는 전체 공정에서 균등하게 발생한다.

	평균법	선입선출법
①	1,120개	1,060개
②	1,120개	1,080개
③	1,220개	1,180개
④	1,220개	1,160개

11. 다음 중 부가가치세법상 부가가치세가 과세되는 재화 또는 용역의 공급에 해당하는 것은?

① 박물관에 입장하도록 하는 용역
② 고속철도에 의한 여객운송 용역
③ 도서 공급
④ 도서대여 용역

12. 다음 중 부가가치세법상 매입세액공제가 가능한 경우는?

① 면세사업과 관련된 매입세액
② 기업업무추진비 지출과 관련된 매입세액
③ 토지의 형질변경과 관련된 매입세액
④ 제조업을 영위하는 사업자가 농민으로부터 면세로 구입한 농산물의 의제매입세액

13. 다음 중 소득세법상 근로소득의 원천징수 시기로 옳지 않은 것은?

① 2025년 05월 귀속 근로소득을 2025년 05월 31일에 지급한 경우 : 2025년 05월 31일
② 2025년 07월 귀속 근로소득을 2025년 08월 10일에 지급한 경우 : 2025년 08월 10일
③ 2025년 11월 귀속 근로소득을 2026년 01월 31일에 지급한 경우 : 2025년 12월 31일
④ 2025년 12월 귀속 근로소득을 2026년 03월 31일에 지급한 경우 : 2025년 12월 31일

14. 다음 중 소득세법상 사업소득에 대한 설명으로 가장 옳지 않은 것은?

① 간편장부대상자의 사업용 유형자산 처분으로 인하여 발생한 이익은 사업소득에 해당한다.
② 국세환급가산금은 총수입금액에 산입하지 않는다.
③ 거주자가 재고자산을 가사용으로 소비하는 경우 그 소비·지급한 때의 가액을 총수입금액에 산입한다.
④ 부동산임대와 관련 없는 사업소득의 이월결손금은 당해 연도의 다른 종합소득에서 공제될 수 있다.

15. 다음 중 소득세법상 종합소득공제 및 세액공제에 대한 설명으로 옳지 않은 것은?

① 거주자의 직계존속이 주거 형편에 따라 별거하고 있는 경우에는 생계를 같이 하는 것으로 본다.
② 재학 중인 학교로부터 받은 장학금이 있는 경우 이를 차감한 금액을 세액공제 대상 교육비로 한다.
③ 배우자가 있는 여성은 배우자가 별도의 소득이 없는 경우에 한하여 부녀자공제를 받을 수 있다.
④ ④ 맞벌이 부부 중 남편이 계약자이고 피보험자가 부부공동인 보장성보험의 보험료는 보험료 세액공제 대상이다.

㈜선진테크(회사코드:1162)는 컴퓨터 및 주변장치의 제조 및 도·소매업을 주업으로 영위하는 중소기업으로서 당기(제11기)의 회계기간은 2025.1.1.~2025.12.31.이다. 전산세무회계 수험용 프로그램을 이용하여 다음 물음에 답하시오.

---【 기 본 전 제 】---
· 문제에서 한국채택국제회계기준을 적용하도록 하는 전제조건이 없는 경우, 일반기업회계기준을 적용하여 회계 처리한다.
· 문제의 풀이와 답안작성은 제시된 문제의 순서대로 진행한다.

---【 입 력 시 유의사항 】---
· 일반적인 적요의 입력은 생략하지만, 타계정 대체거래는 적요 번호를 선택하여 입력한다.
· 채권·채무와 관련된 거래는 별도의 요구가 없는 한 반드시 기등록된 거래처코드를 선택하는 방법으로 거래처명을 입력한다.
· 제조경비는 500번대 계정코드를, 판매비와관리비는 800번대 계정코드를 사용한다.
· 회계처리 시 계정과목은 별도의 제시가 없는 한 등록된 계정과목 중 가장 적절한 과목으로 한다.

문제 1 [일반전표입력] 메뉴를 이용하여 다음의 거래자료를 입력하시오. (15점)

[1] 01월 03일 전기에 하남상회에게 제품을 판매하고 계상했던 외상매출금 총 3,400,000원 중 1,400,000원은 하남상회가 발행한 약속어음으로 받고, 나머지는 보통예금 계좌로 즉시 입금받았다. (3점)

[2] 01월 15일 영업부에서 사용할 실무서적을 현금으로 구입하고, 다음의 영수증을 수취하였다. (3점)

NO.	영수증 (공급받는자용)			
			㈜선진테크	귀하
공급자	사업자등록번호	145-91-12336		
	상 호	대일서점	성 명	김대일
	사업장소재지	서울시 강동구 천호대로 1(천호동)		
	업 태	도소매	종 목	서적
작성일자		금액합계		비고
2025.01.15.		25,000원		
공급내역				
월/일	품명	수량	단가	금액
1/15	영업전략실무	1	25,000원	25,000원
	합계	₩		25,000
	위 금액을 영수함			

[3] 08월 20일   당사는 공장신축용 토지를 취득한 후 취득세 18,000,000원과 지방채 12,000,000원 (액면가 12,000,000원, 공정가치 10,500,000원, 만기 5년, 무이자부)을 보통예금 계좌에서 지급하였다. (단, 지방채는 매도가능증권으로 분류할 것) (3점)

[4] 10월 25일   다음의 제조부서 직원급여를 보통예금 계좌에서 이체하여 지급하였다. 예수금은 하나의 계정으로 처리하시오. (3점)

2025년 10월분 급여명세서

(단위 : 원)

사원코드 : 0008   사원명 : 김하나   입사일 : 2024.05.01
부서 : 제조   직급 : 과장

지 급 내 역	지 급 액	공 제 내 역	공 제 액
기 본 급	3,500,000	국민연금	265,500
상 여	3,000,000	건강보험	230,420
		고용보험	58,500
		장기요양보험료	29,840
		소득세	530,000
		지방소득세	53,000
		공제액계	1,167,260
지급액계	6,500,000	차인지급액	5,332,740

귀하의 노고에 감사드립니다.   ㈜선진테크

[5] 12월 01일   지난 9월 2일 공장에서 사용할 목적으로 ㈜은성기계에서 기계장치를 구매하고 아래의 전자세금계산서를 수취하면서 미지급금으로 회계처리를 했던 거래에 대하여 12월 1일에 법인카드(신한카드)로 결제하여 지급하였다(단, 카드 결제분은 미지급금으로 처리할 것). (3점)

전자세금계산서					승인번호		20250902-31000013-44346111		
공급자	등록번호	180-81-41214	종사업장번호		공급받는자	등록번호	130-81-53506	종사업장번호	
	상호(법인명)	㈜은성기계	성명	박은성		상호(법인명)	㈜선진테크	성명	이득세
	사업장	서울특별시 성북구 장월로1길 28, 상가동 101호				사업장	경기도 부천 길주로 284, 105호(중동)		
	업태	제조업	종목	전자부품		업태	제조, 도소매 외	종목	컴퓨터 및 주변장치 외
	이메일	es@naver.com				이메일	jdcorp@naver.com		
						이메일			

작성일자	공급가액	세액	수정사유
2025/09/02	20,000,000	2,000,000	해당 없음
비고			

월	일	품목	규격	수량	단가	공급가액	세액	비고
09	02	기계장치				20,000,000	2,000,000	

합계금액	현금	수표	어음	외상미수금	이 금액을 (청구) 함
22,000,000				22,000,000	

문제 2

[매입매출전표입력] 메뉴를 이용하여 다음의 거래자료를 입력하시오. (15점)

【 입력 시 유의사항 】

· 일반적인 적요의 입력은 생략하지만, 타계정 대체거래는 적요 번호를 선택하여 입력한다.
· 채권·채무 관련 거래는 별도의 요구가 없는 한 반드시 기등록된 거래처코드를 선택하는 방법으로 거래처명을 입력한다.
· 제조경비는 500번대 계정코드를, 판매비와관리비는 800번대 계정코드를 사용한다.
· 회계처리 시 계정과목은 등록된 계정과목 중 가장 적절한 과목으로 한다.
· 입력 화면 하단의 분개까지 처리하고, 세금계산서 및 계산서는 전자 여부를 입력하여 반영한다.

---

[1] 01월 02일 제조부문에서 사용하던 기계장치(취득원가 5,000,000원, 감가상각누계액 4,300,000원)를 미래전자에 1,000,000원(부가가치세 별도)에 매각하면서 전자세금계산서를 발급하였으며, 대금 중 부가가치세는 현금으로 받고, 나머지는 전액 미래전자가 발행한 약속어음으로 수취하였다. (3점)

[2] 02월 12일 가공육선물세트를 구입하여 영업부 거래처에 접대를 목적으로 제공하고 아래의 전자세금계산서를 수취하면서 대금은 보통예금 계좌에서 지급하였다. (3점)

전자세금계산서

	공급자				공급받는자		
승인번호				20250212-100156-956214			
등록번호	130-81-23545	종사업장번호		등록번호	130-81-53506	종사업장번호	
상호(법인명)	㈜롯데백화점 중동	성명	이시진	상호(법인명)	㈜선진테크	성명	이득세
사업장주소	경기도 부천시 길주로 300 (중동)			사업장주소	경기도 부천시 길주로 284, 105호 (중동)		
업태	서비스	종목	백화점	업태	제조, 도소매	종목	컴퓨터 및 주변장치 외
이메일	fhdns@never.net			이메일	1111@daum.net		

작성일자	공급가액	세액	수정사유	비고
2025/02/12	7,100,000	710,000		

월	일	품목	규격	수량	단가	공급가액	세액	비고
02	12	가공육 선물세트 1호		100	71,000	7,100,000	710,000	

합계금액	현금	수표	어음	외상미수금	
7,810,000	7,810,000				위 금액을 (영수) 함

[3] 07월 17일   당사는 수출회사인 ㈜봉산실업에 내국신용장에 의해 제품을 판매하고 영세율전자세금계산서를 발급하였다. 대금 중 1,800,000원은 현금으로 받고, 나머지는 외상으로 하였다. (3점)

영세율전자세금계산서

승인번호: 20250717-1000000-0000415871

공급자
- 등록번호: 130-81-53506
- 상호(법인명): ㈜선진테크
- 성명: 이득세
- 사업장: 경기도 부천시 길주로 284, 105호 (중동)
- 업태: 제조 외
- 종목: 컴퓨터 및 주변장치 외
- 이메일: 1111@daum.net

공급받는자
- 등록번호: 130-81-55668
- 상호(법인명): ㈜봉산실업
- 성명: 안민애
- 사업장: 서울 강남구 역삼로 1504-20
- 업태: 도소매
- 종목: 전자제품
- 이메일: semicom@naver.com

작성일자	공급가액	세액	수정사유
2025/07/17	18,000,000	0	해당 없음

비고:

월	일	품목	규격	수량	단가	공급가액	세액	비고
07	17	제품	set	10	1,800,000	18,000,000	0	

합계금액	현금	수표	어음	외상미수금	이 금액을 (영수) 함
18,000,000	1,800,000			16,200,000	

[4] 08월 20일   ㈜하나로마트에서 한우갈비세트(부가가치세 면세 대상) 2,000,000원을 현금으로 결제하고 현금영수증(지출증빙용)을 수취하였다. 이 중 600,000원 상당은 복리후생 차원에서 당사 공장 직원에게 제공하였고, 나머지는 영업부서 직원에게 제공하였다. (3점)

[5] 09월 10일 아래의 세금계산서를 2024년 제2기 부가가치세 예정신고 시 누락하였다. 반드시 2025년 제2기 부가가치세 확정신고서에 반영되도록 입력 및 설정한다. (3점)

세금계산서										책 번 호		권		호	
										일련번호			-		

공급자	사업자등록번호	113-15-53127				공급받는자	사업자등록번호	130-81-53506		
	상호(법인명)	풍성철강	성명(대표자)	이소희			상호(법인명)	㈜선진테크	성명(대표자)	이득세
	사업장 주소	서울시 금천구 시흥대로 53					사업장 주소	경기도 부천시 길주로 284, 105호 (중동)		
	업태	도매업	종목	철강			업태	제조업	종목	컴퓨터 및 주변장치 외

작성			공급가액										세액									비고
연	월	일	공란수	백	십	억	천	백	십	만	천	백	십	일	십	억	천	백	십	만	천	백	십	일	
2025	09	10					1	0	0	0	0	0	0					1	0	0	0	0	0	

월	일	품목	규격	수량	단가	공급가액	세액	비고
09	10	원재료				1,000,000	100,000	

합계금액	현금	수표	어음	외상미수금	이 금액을 (청구) 함
1,100,000				1,100,000	

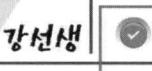

문제 3   부가가치세 신고와 관련하여 다음 물음에 답하시오. (10점)

[1] 다음의 자료를 토대로 2025년 제1기 부가가치세 확정신고기간의 [부가가치세신고서]를 작성하시오 (단, 아래 제시된 자료만 있는 것으로 가정함). (6점)

매출자료	· 세금계산서 발급분 과세 매출 : 공급가액 200,000,000원, 세액 20,000,000원 ㅡ종이(전자 외) 세금계산서 발급분(공급가액 50,000,000원, 세액 5,000,000원)이 포함되어 있다. ㅡ그 외 나머지는 모두 전자세금계산서 발급분이다. · 당사의 직원인 홍길동(임원 아님)에게 경조사와 관련하여 연간 100,000원(시가) 상당의 제품(당사가 제조한 제품임)을 무상으로 제공하였다. · 대손이 확정된 외상매출금 1,650,000원(부가가치세 포함)에 대하여 대손세액공제를 적용한다.
매입자료	· 수취한 매입세금계산서는 공급가액 120,000,000원, 세액 12,000,000원으로 내용은 아래와 같다. ㅡ승용자동차(배기량 : 999cc, 경차에 해당됨) 취득분 : 공급가액 20,000,000원, 세액 2,000,000원 ㅡ거래처 접대목적으로 구입한 물품(고정자산 아님) : 공급가액 5,000,000원, 세액 500,000원 ㅡ그 외 나머지는 일반 매입분이다.
유의사항	· 세부담 최소화를 가정한다. · 불러온 자료는 무시하고 문제에 제시된 자료만 직접 입력한다. · 해당 법인은 홈택스 사이트를 통해 전자적인 방법으로 부가가치세 신고를 직접 한다. · 부가가치세 신고서 이외의 과세표준명세 등 기타 부속서류의 작성은 생략한다.

[2] 다음의 자료는 2025년 제2기 확정신고 시의 대손 관련 자료이다. 해당 자료를 이용하여 2025년 제2기 확정신고 시의 [대손세액공제신고서]를 작성하시오(단, 모든 거래는 부가가치세 과세대상에 해당함). (4점)

대손 확정일	당초 공급일	계정과목	대손금	매출처 상호	대손사유
2025.10.5.	2024.5.3.	미수금 (유형자산매각대금)	11,000,000원	㈜가경	파산종결 결정공고
2025.10.24.	2022.10.10.	외상매출금	22,000,000원	㈜용암	소멸시효완성
2025.5.19. (부도발생일)	2025.4.8.	받을어음	16,500,000원	㈜개신	부도발생 (저당권설정 안 됨)
2025.12.19. (부도발생일)	2025.8.25.	받을어음	13,200,000원	㈜비하	부도발생 (저당권설정 안 됨)

문제 4 결산정리사항은 다음과 같다. 관련 메뉴를 이용하여 결산을 완료하시오. (15점)

[1] 기존에 입력된 데이터는 무시하고, 2025년 제2기 부가가치세 확정신고와 관련된 내용이 다음과 같다고 가정한다. 12월 31일 부가세예수금과 부가세대급금을 정리하는 회계처리를 하시오(단, 납부세액(또는 환급세액)은 미지급세금(또는 미수금)으로, 경감공제세액은 잡이익으로, 가산세는 세금과공과(판)로 회계처리한다). (3점)

- 부가세대급금 : 9,500,000원
- 전자신고세액공제액 : 10,000원
- 부가세예수금 : 12,500,000원
- 세금계산서 미발급가산세 : 240,000원

[2] 아래의 내용을 참고하여 2025년 말 현재 보유 중인 매도가능증권(비유동자산)에 대한 결산 회계처리를 하시오(단, 매도가능증권과 관련된 2024년의 회계처리는 적절하게 수행함). (3점)

주식명	2024년 취득가액	2024년 말 공정가치	2025년 말 공정가치
엔비디아듀	1,000,000원	800,000원	2,000,000원

[3] 9월 1일에 영업부 차량보험에 가입하고 1년치 보험료 1,200,000원을 납부하였다. 보험료 납부 당시 회사는 전액 보험료로 회계처리 하였다(단, 월할계산할 것). (3점)

[4] 당사는 2025년 1월 1일에 사채(액면가액 10,000,000원)를 발행하고 매년 결산일(12월 31일)에 이자비용을 보통예금 계좌에서 지급하고 있다. 만기 2027년 12월 31일, 액면이자율 10%, 시장이자율 7%이며 발행시점의 발행가액은 10,787,300원이다. 2025년 12월 31일 결산일에 필요한 회계처리를 하시오(단, 원단위 이하는 절사할 것). (3점)

[5] 다음은 ㈜선진테크의 유형자산 명세서이다. 기존에 입력된 데이터는 무시하며 다음의 유형자산만 있다고 가정하고 감가상각과 관련된 회계처리를 하시오. (3점)

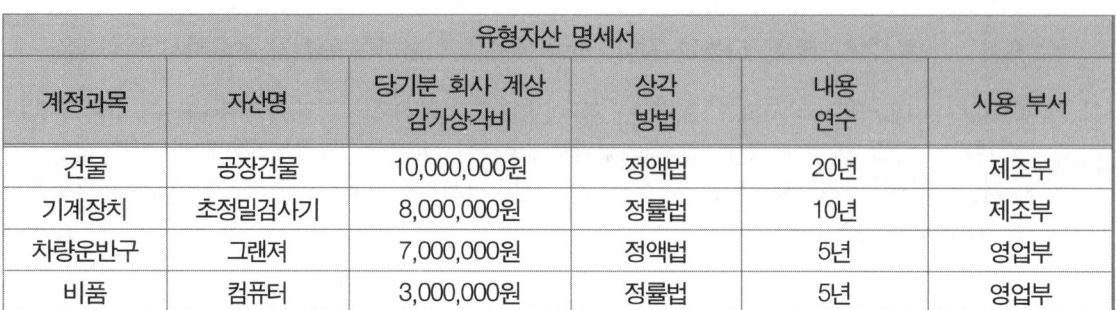

유형자산 명세서					
계정과목	자산명	당기분 회사 계상 감가상각비	상각 방법	내용 연수	사용 부서
건물	공장건물	10,000,000원	정액법	20년	제조부
기계장치	초정밀검사기	8,000,000원	정률법	10년	제조부
차량운반구	그랜져	7,000,000원	정액법	5년	영업부
비품	컴퓨터	3,000,000원	정률법	5년	영업부

문제 5 2025년 귀속 원천징수와 관련된 다음의 물음에 답하시오. (15점)

[1] 다음의 자료를 바탕으로 내국인이며 거주자인 생산직 사원 임하나(760128-2436815, 세대주, 입사일 : 2025.09.01.)의 세부담이 최소화 되도록 [사원등록] 메뉴의 [기본사항] 탭을 이용하여 아래의 내용 중에서 필요한 항목을 입력하고, 9월분 급여자료를 입력하시오(단, 급여지급일은 매월 말일이며, 사용하지 않는 수당항목은 '부'로 표시할 것). (6점)

※ 아래 〈자료〉를 통해 임하나의 [사원등록] 메뉴의 [기본사항] 탭에서 다음의 사항을 입력하고 9월분 급여자료를 입력하시오.
· 10.생산직등여부, 연장근로비과세, 전년도총급여
· 12.국민연금보수월액
· 13.건강보험보수월액
· 14.고용보험보수월액

〈자료〉

· 국민연금보수월액, 건강보험보수월액, 고용보험보수월액은 1,800,000원으로 신고하였다.
· 급여 및 제수당 내역은 다음과 같다.

급여 및 제수당	기본급	식대	시내교통비	출산.보육수당(육아수당)	야간근로수당
금액(원)	1,500,000	200,000	300,000	100,000	2,200,000

· 별도의 식사는 제공하지 않고 있으며, 식대로 매월 200,000원을 지급하고 있다.
· 출퇴근용 시내교통비로 매월 300,000원을 지급하고 있다.
· 출산보육수당(육아수당)은 6세 이하 자녀를 양육하는 직원에게 지급하는 수당이다.
· 9월은 업무 특성상 야간근무를 하며, 이에 대하여 별도의 수당을 지급하고 있다.
(→ 임하나 : 국내 근무, 월정액급여 1,800,000원, 전년도총급여 27,000,000원)
· 2025년 9월 1일 이전의 연장·야간근로수당으로서 비과세되는 금액은 없다.

[2] 다음은 퇴사자 우미영 사원(사번 : 301)의 2025년 3월 급여자료이다. [사원등록] 메뉴에서 퇴사년월일을 반영하고, 3월의 [급여자료입력]과 [원천징수이행상황신고서]를 작성하시오(단, 반드시 [급여자료입력]의 「F7 중도퇴사자정산」을 이용하여 중도퇴사자 정산 내역을 급여자료에 반영할 것). (6점)

- 퇴사일은 2025년 3월 31일이고, 3월 급여는 2025년 4월 5일에 지급되었다.
- 수당 및 공제항목은 중도퇴사자 정산과 관련된 부분을 제외하고 추가 및 변경하지 않기로 하며 사용하지 않는 항목은 그대로 둔다.
- 3월 급여자료(우미영에 대한 급여자료만 입력하도록 한다.)

급여 항목	금액	공제 항목	금액
기 본 급	2,700,000원	국 민 연 금	121,500원
식 대 (비 과 세)	200,000원	건 강 보 험	95,710원
		장 기 요 양 보 험	12,390원
		고 용 보 험	21,600원
		중 도 정 산 소 득 세	-96,500원
		중 도 정 산 지 방 소 득 세	-9,640원
		공 제 총 액	145,060원
지 급 총 액	2,900,000원	차 인 지 급 액	2,754,940원

[3] 다음 자료를 이용하여 이미 작성된 [원천징수이행상황신고서]를 조회하여 마감하고, 국세청 홈택스에 전자신고를 하시오. (3점)

〈전산프로그램에 입력된 소득자료〉

귀속월	지급월	소득구분	신고코드	인원	총지급액	소득세	비고
10월	10월	근로소득	A01	2명	7,000,000원	254,440원	매월(정기)신고

〈유의사항〉
1. 위 자료를 바탕으로 [원천징수이행상황신고서]가 작성되어 있다.
2. [원천징수이행상황신고서] 마감 → [전자신고] → [국세청 홈택스 전자신고 변환(교육용)] 순으로 진행한다.
3. [전자신고] 메뉴의 [원천징수이행상황제작] 탭에서 신고인구분은 2.납세자 자진신고를 선택하고, 비밀번호는 "123456789"를 입력한다.
4. [국세청 홈택스 전자신고 변환(교육용)] → 전자파일변환(변환대상파일선택) → 찾아보기 에서 전자신고용 전자파일을 선택한다.
5. 전자신고용 전자파일 저장경로는 로컬디스크(C :)이며, 파일명은 "작성연월일.01.t사업자등록번호"다.
6. 형식검증하기 → 형식검증결과확인 → 내용검증하기 → 내용검증결과확인 → 전자파일제출 을 순서대로 클릭한다.
7. 최종적으로 전자파일 제출하기 를 완료한다.

제117회 전산세무2급 기출

이론시험

※ 다음 문제를 보고 알맞은 것을 골라 [이론문제 답안작성] 메뉴에 입력하시오.(객관식 문항당 2점)

──【 기 본 전 제 】──
문제에서 한국채택국제회계기준을 적용하도록 하는 전제조건이 없는 경우, 일반기업회계기준을 적용한다.

01. 다음 중 자산, 부채의 분류가 잘못 연결된 것은?

① 임차보증금 – 비유동자산 ② 사채 – 유동부채
③ 퇴직급여충당부채 – 비유동부채 ④ 선급비용 – 유동자산

02. 다음 중 무형자산에 대한 설명으로 옳은 것은?

① 무형자산 창출을 위한 내부 프로젝트를 연구단계와 개발단계로 구분할 수 없는 경우 그 프로젝트에서 발생한 지출은 모두 연구단계에서 발생한 것으로 본다.
② 내부적으로 창출한 영업권은 취득일의 공정가치로 자산으로 인식한다.
③ 연구단계에서 발생한 지출은 모두 무형자산으로 인식한다.
④ 무형자산의 상각기간은 어떠한 경우에도 20년을 초과할 수 없다.

03. 다음 중 채무증권으로만 분류되는 유가증권은 무엇인가?

① 단기매매증권 ② 매도가능증권
③ 만기보유증권 ④ 지분법적용투자주식

04. 다음 중 유형자산의 감가상각에 대한 설명으로 옳지 않은 것은?

① 감가상각은 자산이 사용 가능한 때부터 시작한다.
② 감가상각대상금액은 내용연수에 걸쳐 합리적이고 체계적인 방법으로 배분한다.
③ 내용연수 도중 사용을 중단하고 처분 예정인 유형자산은 사용을 중단한 시점의 장부금액으로 표시한다.
④ 감가상각방법 중 연수합계법은 자산의 내용연수 동안 감가상각액이 매 기간 증가하는 방법이다.

05. 다음 중 일반기업회계기준상 오류수정에 대한 설명으로 옳지 않은 것은?

① 오류수정은 전기 또는 그 이전의 재무제표에 포함된 회계적 오류를 당기에 발견하여 수정하는 것을 말한다.
② 당기에 발견한 전기 또는 그 이전 기간의 오류 중 중대한 오류가 아닌 경우에는 영업외손익 중 전기오류수정손익으로 보고한다.
③ 전기 이전 기간에 발생한 중대한 오류의 수정은 발견 당시 회계기간의 재무제표 항목을 재작성한다.
④ 중대한 오류는 재무제표의 신뢰성을 심각하게 손상시킬 수 있는 매우 중요한 오류를 말한다.

06. 다음 중 공장에서 사용하는 제품 제조용 전기요금에 대한 원가행태로 옳은 것은?

① 변동원가, 가공원가
② 변동원가, 기초원가
③ 고정원가, 가공원가
④ 고정원가, 기초원가

07. 다음 중 제조원가명세서의 구성요소가 아닌 것은?

① 기초제품재고액
② 기말원재료재고액
③ 당기제품제조원가
④ 기말재공품재고액

08. 다음 중 종합원가계산 제도에 대한 설명으로 옳지 않은 것은?

① 완성품환산량이란 일정기간에 투입한 원가를 그 기간에 완성품만을 생산하는 데 투입하였다면 완성되었을 완성품 수량을 의미한다.
② 동종제품, 대량생산, 연속생산의 공정에 적합한 원가계산제도이다.
③ 정유업, 화학공업, 시멘트공업에 적합하다.
④ 원가의 정확성이 높으며, 작업원가표를 주요 원가자료로 사용한다.

09. 다음의 자료를 이용하여 제조간접원가 배부액과 제조원가를 각각 계산하면 얼마인가? 단, 제조간접원가는 기계작업시간을 기준으로 예정배부한다.

- 제조간접원가 총액(예정) : 5,000,000원
- 직접노무원가 : 4,000,000원
- 직접재료원가 : 2,000,000원
- 예정 기계작업시간 : 5,000시간
- 실제 기계작업시간 : 4,000시간

	제조간접원가 배부액	제조원가
①	6,250,000원	12,250,000원
②	6,250,000원	10,000,000원
③	4,000,000원	10,000,000원
④	4,000,000원	12,250,000원

10. 다음의 자료를 이용하여 직접배분법에 따라 보조부문의 제조간접원가를 배분한다면 제조부문 B에 배분된 보조부문원가는 얼마인가?

구분		보조부문		제조부문		합계
		X	Y	A	B	
자기부문 발생액		100,000원	300,000원	500,000원	750,000원	1,650,000원
제공 횟수	X	-	100회	400회	600회	1,100회
	Y	400회	-	300회	300회	1,000회

① 210,000원 ② 400,000원
③ 850,000원 ④ 960,000원

11. 다음 중 부가가치세법상 영세율에 대한 설명으로 옳지 않은 것은?

① 사업자가 비거주자인 경우에는 그 해당 국가에서 대한민국의 거주자에 대하여 동일하게 면세하는 경우에만 영세율을 적용한다.
② 영세율이 적용되는 사업자는 부가가치세 납세의무가 면제된다.
③ 국내에서 계약과 대가의 수령이 이루어지지만 영세율이 적용되는 경우도 있다.
④ 내국물품을 외국으로 반출하는 것은 수출에 해당하므로 영세율을 적용한다.

12. 다음 중 부가가치세법상 공급시기로 옳지 않은 것은?

① 내국물품을 외국으로 수출하는 경우 : 수출 재화의 선(기)적일
② 폐업 시 잔존재화의 경우 : 폐업하는 때
③ 위탁판매의 경우(위탁자 또는 본인을 알 수 있는 경우에 해당) : 위탁자가 판매를 위탁한 때
④ 무인판매기로 재화를 공급하는 경우 : 무인판매기에서 현금을 꺼내는 때

13. 다음 중 부가가치세법상 주사업장총괄납부와 사업자단위과세제도에 대한 설명으로 옳지 않은 것은?

① 법인의 경우 총괄납부제도의 주사업장은 분사무소도 가능하다.
② 총괄납부의 신청은 납부하려는 과세기간 종료일 20일 전에 신청하여야 한다.
③ 사업자 단위로 본점 관할세무서장에게 등록신청한 경우 적용 대상 사업장에 한 개의 등록번호만 부여된다.
④ 사업자단위과세를 적용할 경우 직매장반출은 재화의 공급의제에서 배제된다.

14. 다음 중 소득세법상 근로소득과 사업소득이 발생한 경우, 근로소득에 대한 종합소득산출세액을 초과하여 공제받을 수 있는 특별세액공제는?

① 교육비 세액공제
② 보험료 세액공제
③ 의료비 세액공제
④ 기부금 세액공제

15. 다음 중 소득세법상 과세표준의 확정신고와 납부에 대한 설명으로 옳은 것은?

① 공적연금소득과 근로소득이 있는 자로서 각각의 소득을 연말정산한 자는 종합소득세 확정신고의무가 없다.
② 두 곳 이상의 직장에서 근로소득이 발생된 자가 이를 합산하여 한 곳의 직장에서 연말정산을 했다면 종합소득세 확정신고의무가 없다.
③ 근로소득이 있는 자에게 연말정산 대상 사업소득이 추가로 발생한 경우, 해당 사업소득을 연말정산 했다면 종합소득세 확정신고의무가 없다.
④ 금융소득만 3천만원이 있는 자는 종합소득세 확정신고의무가 없다.

실무시험

㈜어진상사(회사코드 : 1172)는 전자제품의 제조 및 도·소매업을 주업으로 영위하는 중소기업으로 당기(제17기)의 회계기간은 2025.1.1.~2025.12.31.이다. 전산세무회계 수험용 프로그램을 이용하여 다음 물음에 답하시오.

【 기 본 전 제 】
- 문제에서 한국채택국제회계기준을 적용하도록 하는 전제조건이 없는 경우, 일반기업회계기준을 적용하여 회계 처리한다.
- 문제의 풀이와 답안작성은 제시된 문제의 순서대로 진행한다.

【 입력 시 유의사항 】
- 일반적인 적요의 입력은 생략하지만, 타계정 대체거래는 적요 번호를 선택하여 입력한다.
- 채권·채무와 관련된 거래는 별도의 요구가 없는 한 반드시 기등록된 거래처코드를 선택하는 방법으로 거래처명을 입력한다.
- 제조경비는 500번대 계정코드를, 판매비와관리비는 800번대 계정코드를 사용한다.
- 회계처리 시 계정과목은 별도의 제시가 없는 한 등록된 계정과목 중 가장 적절한 과목으로 한다.

문제 1 [일반전표입력] 메뉴를 이용하여 다음의 거래자료를 입력하시오. (15점)

[1] 01월 05일 ㈜대명으로부터 사옥을 구입하기 위한 자금 600,000,000원을 6개월 내 상환하는 조건에 차입하기로 약정하여 선이자 15,000,000원을 제외한 나머지 금액이 보통예금 계좌에 입금되었다(단, 하나의 전표로 입력할 것). (3점)

[2] 04월 20일 주주총회에서 결의된 내용에 따라 유상증자를 실시하였다. 1주당 6,000원(액면가액 : 1주당 5,000원)에 10,000주를 발행하고, 대금은 보통예금으로 입금받았다(단, 주식할인발행차금을 확인하고, 회계처리 할 것). (3점)

[3] 07월 17일 전기에 회수불능으로 대손처리한 외상매출금 11,000,000원(부가가치세 포함)을 보통예금으로 회수하였다(단, 당시 대손요건을 충족하여 대손세액공제를 받았음). (3점)

[4] 08월 01일 정기예금 100,000,000원을 중도해지하여 은행으로부터 다음과 같은 내역서를 받고 이자를 포함한 전액을 당사의 보통예금 계좌로 입금받았다. 이자는 이자수익 계정으로 계상하며, 법인세와 지방소득세는 자산계정으로 처리하시오. (3점)

거래내역 확인증			
계좌번호	103-9475-3561-31	거래일시	25.08.01.(15:12:59)
취급점	서울은행 강남지점	취급자	홍길동

※ 거래내용 : 중도해지 ※

· 예금주명 : ㈜어진상사
· 원금 : 100,000,000원
· 해지이자 : 300,000원
· 세후이자 : 253,800원
· 차감지급액 : 100,253,800원

· 법인세 : 42,000원
· 지방소득세 : 4,200원
· 세금 합계 : 46,200원

항상 저희 은행을 찾아주셔서 감사합니다.
계좌번호 및 거래내역을 확인하시기 바랍니다.

[5] 11월 01일 제2기 예정분 부가가치세 고지금액을 가산세를 포함하여 보통예금 계좌에서 이체하여 납부하였다(단, 부가세예수금 계정을 사용하고 차액은 잡손실 계정으로 회계처리 한다. 이 문제에 한하여 해당 법인은 소규모 법인이라고 가정한다). (3점)

납부고지서 겸 영수증 (납세자용)

납부번호	분류기호	납부연월	결정구분	세목	발행번호
	0126	2510	7	41	85521897

성명(상호)	㈜어진상사	수입징수관 계좌번호	011756		
주민등록번호 (사업자등록번호)	571-85-01094	회계연도	2025	일반 회계	기획재정부 소관 / 조세
		과세기간	202507		
주소(사업장)	서울시 구로구 안양천로 539길 6				

납부기한	2025 년 10월 25일 까지
부가가치세	950,000
계	950,000
납기경과 2024. 10. 26.까지	납부지연가산세 28,500
	계 978,500
납기 후 납부시 우측<납부일자별 납부할 금액>을 참고하여 기재	
납기경과 2025. 10. 27.부터	납부할 금액 978,500

위 금액을 한국은행 국고(수납)대 리점인 은행 또는 우체국 등에 납부하시기 바랍니다.
(인터넷 등에 의한 전자납부 가능)

2025년 10월 05일
구로 세무서장 (인)

위 금액을 정히 영수합니다.
년 월 일 (수납인)
은 행
우체국 등

문제 2 · [매입매출전표입력] 메뉴를 이용하여 다음의 거래자료를 입력하시오. (15점)

【 입력 시 유의사항 】
· 일반적인 적요의 입력은 생략하지만, 타계정 대체거래는 적요 번호를 선택하여 입력한다.
· 채권·채무 관련 거래는 별도의 요구가 없는 한 반드시 기등록된 거래처코드를 선택하는 방법으로 거래처명을 입력한다.
· 제조경비는 500번대 계정코드를, 판매비와관리비는 800번대 계정코드를 사용한다.
· 회계처리 시 계정과목은 등록된 계정과목 중 가장 적절한 과목으로 한다.
· 입력 화면 하단의 분개까지 처리하고, 세금계산서 및 계산서는 전자 여부를 입력하여 반영한다.

[1] 01월 04일 제조부문이 사용하는 시설장치의 원상회복을 위한 수선을 하고 수선비 330,000원을 전액 국민카드로 결제하고 다음의 매출전표를 수취하였다(부채계정은 미지급금으로 회계처리 할 것). (3점)

매 출 전 표

단말기번호	98758156	전표번호	123789
카드종류		거래종류	결제방법
국민카드		신용구매	일시불
회원번호(Card No)		취소시 원거래일자	
1234-5678-8888-9098			
유효기간		거래일시	품명
2026.12.01.		2025.01.04.	시설장치수선
전표제출	금	액 / AMOUNT	300,000
	부 가	세 / VAT	30,000
전표매입사	봉 사	료 / TIPS	
	합	계 / TOTAL	330,000
거래번호	승인번호/(Approval No.) 123789		

가 맹 점 시설수리전문여기야
대 표 자 박수리   TEL 02-2673-0001
가맹점번호 123456   사업자번호 124-11-80005
주   소 서울시 송파구 충민로 66

서명(Signature)

[2] 02월 03일 생산공장에서 사용할 목적으로 플라스틱 사출기(기계장치)를 중국으로부터 인천세관을 통하여 수입하고, 수입전자세금계산서를 수취하였다. 부가가치세는 보통예금으로 지급하였다. 부가가치세와 관련된 회계처리만 입력하시오. (3점)

수입전자세금계산서

승인번호	20250203-1451412-203458

세관명	등록번호	121-83-00561	종사업장번호			수입자	등록번호	571-85-01094	종사업장번호		
	세관명	인천세관	성명	김통관			상호(법인명)	㈜어진상사	성명	김세종	
	세관주소	인천광역시 중구 서해대로 339 (항동7가)					사업장주소	서울 구로구 안양천로 539길 6			
	수입신고번호 또는 일괄발급기간(총건)	20240203178528					업태	제조,도소매	종목	전자제품	

납부일자	과세표준	세액	수정사유	비고
2025.02.03.	42,400,000	4,240,000		

월	일	품목	규격	수량	단가	공급가액	세액	비고
02	03	사출기(기계장치)		10	4,240,000	42,400,000	4,240,000	

합계금액	46,640,000

[3] 02월 15일 영업부서 거래처 직원의 경조사가 발생하여 화환을 주문하고, 다음의 계산서를 발급받았다. (3점)

전자계산서				승인번호	20250215-90051116-10181237		
공급자	등록번호	123-90-11117	종사업장번호		공급받는자	등록번호	571-85-01094	종사업장번호	
	상호(법인명)	풍성화원	성명	오미숙		상호(법인명)	㈜어진상사	성명	김세종
	사업장주소	경기도 화성시 양감면 은행나무로 22				사업장주소	서울시 구로구 안양천로 539길 6		
	업태	도소매업	종목	화훼, 식물		업태	제조, 도소매	종목	전자제품
	이메일	miso7@naver.com				이메일	happy07@naver.com		
						이메일			

작성일자	공급가액	수정사유	비고
2025.02.15.	100,000		

월	일	품목	규격	수량	단가	공급가액	비고
02	15	화환		1	100,000	100,000	

합계금액	현금	수표	어음	외상미수금	위 금액을 (청구) 함
100,000				100,000	

[4] 02월 18일 공장에서 사용하던 화물용 트럭(취득가액 18,000,000원, 감가상각누계액 6,000,000원)을 10,500,000원(부가가치세 별도)에 이배달씨(비사업자)에게 매각하고 전자세금계산서를 발급하였으며 매각 대금은 2월 15일에 선수금으로 1,800,000원을 받았고 잔액은 2월 18일에 보통예금 계좌로 입금받았다. (※ 2월 18일의 회계처리를 하시오.) (3점)

전자세금계산서					승인번호		20250218-410100012-7115861	
공급자	등록번호	571-85-01094	종사업장번호		공급받는자	등록번호	680101-1240854	종사업장번호	
	상호(법인명)	㈜어진상사	성명	김세종		상호(법인명)		성명	이배달
	사업장	서울 구로구 안양천로 539길 6				사업장			
	업태	제조, 도소매	종목	전자제품		업태		종목	
	이메일	happy07@naver.com				이메일			
						이메일			

작성일자	공급가액	세액	수정사유
2025.02.18.	10,500,000	1,050,000	해당 없음
비고			

월	일	품목	규격	수량	단가	공급가액	세액	비고
02	18	화물용 트럭 판매		1	10,500,000	10,500,000	1,050,000	

합계금액	현금	수표	어음	외상미수금	이 금액을 (영수) 함
11,550,000	11,550,000				

[5] 03월 07일 당사의 건물 인테리어 공사를 담당한 ㈜양주산업의 견적 내역은 다음과 같으며, 3월 7일 전자세금계산서 수취와 동시에 해당 금액은 전액 약속어음(만기일 25.12.31.)을 발행하여 결제 완료하였다. 계정과목은 건물로 계상하시오. (3점)

공사 구분	금액	비고
건물 내부 인테리어	100,000,000원	
1층 보안시스템 설치	10,000,000원	
합계	110,000,000원	부가가치세 별도

· ㈜어진상사는 1층 보안시스템의 설치로 물품 도난 사고 방지에 도움이 될 것으로 예상하며, 건물의 감정평가액이 높아질 것으로 기대하고 있다.

문제 3 부가가치세 신고와 관련하여 다음 물음에 답하시오. (10점)

[1] 다음 자료를 보고 제2기 부가가치세 확정신고 기간의 [공제받지못할매입세액명세서](「공제받지못할매입세액내역」 및 「공통매입세액의정산내역」)를 작성하시오(단, 불러온 자료는 무시하고 다음의 자료를 참고하여 직접 입력할 것). (4점)

1. 매출 공급가액에 관한 자료

구분	과세사업	면세사업	합계
7월~12월	200,000,000원	50,000,000원	250,000,000원

2. 매입세액(세금계산서 수취분)에 관한 자료

구분	① 과세사업 관련			② 면세사업 관련		
	공급가액	매입세액	매수	공급가액	매입세액	매수
10월~12월	180,000,000원	18,000,000원	20매	20,000,000원	2,000,000원	8매

3. 총공통매입세액(7월~12월) : 5,000,000원
※ 제2기 예정신고 시 공통매입세액 중 불공제된 매입세액 : 800,000원

[2] 다음은 2025년 제2기 부가가치세 예정신고기간(7월 1일~9월 30일)의 영세율 매출과 관련된 자료이다. [수출실적명세서] 및 [내국신용장·구매확인서전자발급명세서]를 작성하시오. (4점)

1. 홈택스에서 조회한 수출실적명세서 관련 내역

수출신고번호	선적일자	통화	환율	외화금액	원화환산금액
8123458123458X	2025년 7월 22일	USD	1,400원/$	$30,000	42,000,000원

※ 위 자료는 직접수출에 해당하며, 거래처명 입력은 생략한다.

2. 홈택스에서 조회한 구매확인서 및 전자세금계산서 관련 내역
(1) 구매확인서 전자발급명세서 내역

서류구분	서류번호	발급일	공급일	금액
구매확인서	PKT20250731555	2025년 8월 5일	2025년 7월 31일	70,000,000원

(2) 영세율전자세금계산서

	영세율전자세금계산서			승인번호	20250731-33000099-11000022		
공급자	등록번호	571-85-01094	종사업장번호		등록번호	551-85-12772	종사업장번호
	상호(법인명)	㈜어진상사	성명	김세종	상호(법인명)	㈜최강전자	성명 최강수
	사업장	서울시 구로구 안양천로 539길 6			사업장	경기도 광명시 디지털로 5, 301호	
	업태	제조업	종목	전자제품	업태	도매업	종목 전자제품
	이메일	happy07@naver.com			이메일	big99@naver.com	

작성일자	공급가액	세액	수정사유
2025.07.31.	70,000,000		해당 없음
비고			

월	일	품목	규격	수량	단가	공급가액	세액	비고
07	31	전자제품				70,000,000		

합계금액	현금	수표	어음	외상미수금	이 금액을 (**청구**) 함
70,000,000				70,000,000	

[3] 당사의 2025년 제1기 부가가치세 확정 신고서를 작성 및 마감하여 국세청 홈택스에서 부가가치세 신고를 수행하시오. (2점)

1. 부가가치세신고서와 관련 부속서류는 마감되어 있다.
2. [전자신고] → [국세청 홈택스 전자신고변환(교육용)] 순으로 진행한다.
3. 전자신고용 전자파일 제작 시 신고인 구분은 2.납세자 자진신고로 선택하고, 비밀번호는 "12341234"로 입력한다.
4. 전자신고용 전자파일 저장경로는 로컬디스크(C:)이며, 파일명은 "enc작성연월일.101.v5718501094"이다.
5. 최종적으로 국세청 홈택스에서 [전자파일 제출하기]를 완료한다.

문제 4   결산정리사항은 다음과 같다. 관련 메뉴를 이용하여 결산을 완료하시오. (15점)

[1] ㈜어진상사는 2025년 2월 1일에 국민은행으로부터 1년 갱신 조건으로 마이너스 보통예금 통장을 개설하였다. 2025년 12월 31일 현재 통장 잔액은 (-)5,700,000원이다(단, 음수(-)로 회계처리 하지 말 것). (3점)

[2] 미국에 소재한 거래처 INSIDEOUT과의 거래로 발생한 외상매입금 60,250,000원($50,000)이 계상되어 있다(결산일 현재 기준환율 : 1,390원/$). (3점)

[3] 당사는 생산부서의 원재료를 보관하기 위해 창고를 임차하고 임대차계약을 체결하였다. 당해 연도 9월 1일에 임대인에게 1년분 임차료 18,000,000원(2025.9.1.~2026.8.31.)을 보통예금 계좌에서 이체하여 지급하고 지급일에 1년분 임차료를 선급비용으로 회계처리하였다(단, 임차료는 월할계산할 것). (3점)

[4] 당사는 외상매출금과 받을어음에 대하여 기말채권잔액의 2%를 대손예상액으로 추정하여 대손충당금을 설정하기로 한다(단, 다른 채권에 대해서는 대손충당금을 설정하지 않음). (3점)

[5] 2025년 4월 15일에 취득한 영업권의 취득원가는 54,000,000원이다. 영업권에 대한 12월 말 결산 회계처리를 하시오. 회사는 무형자산에 대하여 5년간 월할 균등 상각하고 있으며, 상각기간 계산 시 1월 미만은 1월로 간주한다. (3점)

문제 5 2025년 귀속 원천징수와 관련된 다음의 물음에 답하시오. (15점)

[1] 다음은 영업부 김성민 과장(사번 : 300)의 11월 귀속 급여 및 상여와 관련된 자료이다. [급여자료입력]과 [원천징수이행상황신고서]를 작성하시오(단, [기초코드등록]→[환경등록]→[원천]→[5.급여자료입력 화면]에서 "2.구분별로 입력"으로 변경한 후 작성할 것). (5점)

1. 11월 귀속 급여 및 상여 자료
1) 급여 자료

급여 항목	금액	공제항목	금액
기 본 급	3,000,000원	국 민 연 금	135,000원
식 대 (비 과 세)	200,000원	건 강 보 험	106,350원
		장 기 요 양 보 험	13,770원
		고 용 보 험	24,000원
		소 득 세	74,350원
		지 방 소 득 세	7,430원
		공 제 총 액	360,900원
지 급 총 액	3,200,000원	차 인 지 급 액	2,839,100원

2) 상여 자료

상여 항목	금액	공제항목	금액
상 여	2,500,000원	고 용 보 험	20,000원
		소 득 세	207,020원
		지 방 소 득 세	20,700원
		공 제 총 액	247,720원
지 급 총 액	2,500,000원	차 인 지 급 액	2,252,280원

2. 급여의 지급시기는 2025년 11월 30일이고, 상여의 지급시기는 2026년 3월 15일이다.
3. 소득세법상 11월 귀속 근로소득이 12월까지 지급되지 않은 경우, 12월 31일에 지급한 것으로 보아 소득세를 원천징수한다.
4. 지급시기별로 각각의 [급여자료입력]과 [원천징수이행상황신고서]를 작성한다.

[2] 다음은 ㈜어진상사의 사무관리직원인 이태원(사원코드 : 202번)씨의 연말정산 관련 자료이다. [연말정산추가자료입력] 메뉴의 [소득명세] 탭, [부양가족] 탭, [연말정산입력] 탭을 작성하시오(입력된 자료는 무시하고 다음의 자료만을 이용하여 입력할 것). (10점)

전산세무 2급

<자료 1> 근무지 현황(급여에는 기본급 외에는 없고, 급여일은 매달 말일임)

근무지	급여기간	월급여	연간 총급여
㈜경기 412-81-24785	2025.1.1.~2025.11.30.(퇴사)	4,500,000원	49,500,000원
	· 국민연금 : 2,400,000원, 고용보험 : 440,000원 · 건강보험 : 1,826,000원, 장기요양보험 : 187,000원 · 원천징수 소득세 : 2,580,000원, 지방소득세 : 258,000원		

근무지	급여기간	월급여	연간 총급여
㈜어진상사	2025.12.1.(입사)~2025.12.31.	5,500,000원	5,500,000원
	· 국민연금 : 218,700원, 고용보험 : 49,550원 · 건강보험 : 166,750원, 장기요양보험 : 17,090원 · 원천징수 소득세 : 289,850원, 지방소득세 : 28,980원		

<자료 2> 가족 현황 주민등록번호는 모두 맞는 것으로 가정.

관계	성명	주민등록번호	비고
본인	이태원	741210-1254632	총급여 55,000,000원
배우자	김진실	781214-2458694	소득 없음
모	최명순	450425-2639216	소득 있음(장애인(주1))
아들	이민석	040505-3569879	대학생
딸	이채영	090214-4452141	고등학생

※ (주1)모친인 최명순씨는 상가임대소득에 대한 총수입금액 36,000,000원과 필요경비 16,000,000원이 있으며, 「장애인복지법」 상 장애인에 해당함.

<자료 3> 연말정산자료
※ 단, 의료비, 보험료, 교육비 입력 시 국세청간소화에 입력하고, 의료비의 증빙코드는 1.국세청장으로 입력할 것.
(1) 보험료
 · 본인(이태원)
- 자동차보험료 600,000원
- 보장성운전자보험료 240,000원
 · 본인 외
- 모친의 장애인전용보장성보험료 960,000원
- 배우자의 저축성생명보험료 1,800,000원
(2) 교육비
 · 본인(이태원) : 경영대학원 교육비 8,000,000원
 · 배우자 : 정규야간전문대학 교육비 7,000,000원
 · 아들 : 대학교 수업료 7,000,000원
 · 딸 : 고등학교 수업료 2,000,000원, 교복구입비용 1,000,000원, 현장체험학습비 500,000원
(3) 의료비(단, 모두 근로자 본인(이태원)이 부담하였다.)
 · 모친 : 상해사고 치료비 5,000,000원(실손보험 수령액 3,000,000원)
 · 아들 : 시력보정용안경 300,000원
 · 배우자 : 미용목적 성형수술비 2,000,000원

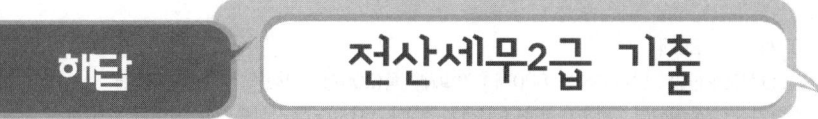

제108회 기출문제

이론시험

01	②	02	③	03	①	04	④	05	③	06	①	07	③	08	④	09	②	10	④
11	③	12	①	13	①	14	④	15	②										

01. ② 변경된 새로운 회계정책은 소급하여 적용한다. 전기 또는 그 이전의 재무제표를 비교목적으로 공시할 경우에는 소급적용에 따른 수정사항을 반영하여 재작성한다. 비교재무제표상의 최초회계기간 전의 회계기간에 대한 수정사항은 비교재무제표상 최초회계기간의 자산, 부채 및 자본의 기초금액에 반영한다. 또한 전기 또는 그 이전기간과 관련된 기타재무정보도 재작성한다.

02. ③ 주식배당으로 주당 액면가액의 변동은 없다.
· 주식발행 회사의 회계처리 : 미처분이익잉여금이 감소하고 자본금은 증가한다.
　배당결의일 :　　(차) 미처분이익잉여금　　　　(대) 미교부주식배당금
　배당지급일 :　　(차) 미교부주식배당금　　　　(대) 자본금
· 주주의 회계처리는 없다. 주식배당은 주식발행 회사의 미처분이익잉여금의 감소와 자본금의 증가로 자본 구성항목의 변동만 있을 뿐 순자산 유출은 발생하지 않아 순자산은 변동이 없다.

03. [답] ① 감가상각비는 기간 배분에 따라 비용을 인식하지만, 나머지는 당기에 즉시 비용으로 인식한다.

04. ④
· ①, ③ 재무상태표에만 영향을 미치는 오류
· ② 손익계산서에만 영향을 미치는 오류

05. ③ 9,000,000원
＝선적지인도조건 1,000,000원＋도착지인도조건 3,000,000원＋담보제공저당상품 5,000,000원

06. ① 제조부서의 감가상각비를 판매부서의 감가상각비로 회계처리 할 경우, 제품매출원가가 과소계상되어 매출총이익은 증가하고, 영업이익 및 당기순이익의 변동은 없다.

07. ③ 1,300,000원
　　　＝직접노무원가 200,000원＋변동제조간접원가 600,000원＋고정제조간접원가 500,000원
· 변동제조간접원가 : 직접노무원가 200,000원×3＝600,000원

08. ④ 준변동원가에 대한 설명이다.

09. ② 120개
   = ㉠ 900개 − ㉡ 780개
   · ㉠ 평균법 완성품환산량 : 당기완성품 800개 + 기말재공품(200개×완성도 50%) = 900개
   · ㉡ 선입선출법 완성품환산량 : 기초재공품(300개×완성도 60%) + 당기착수 당기완성품 500개 + 기말재공품(200개×완성도 50%) = 780개

10. ④ 작업폐물이 비정상적인 경우에는 작업폐물의 매각가치를 기타수익으로 처리한다.

11. ③ 주된 사업과 관련하여 주된 재화의 생산 과정이나 용역의 제공 과정에서 필연적으로 생기는 재화의 공급은 별도의 공급으로 보되, 과세 및 면세 여부 등은 주된 사업의 과세 및 면세 여부 등을 따른다.

12. ① 개인사업자와 직전 과세기간 공급가액의 합계액이 1억5천만원 미만인 법인사업자는 각 예정신고기간마다 직전 과세기간에 대한 납부세액의 50퍼센트로 결정하여 대통령령으로 정하는 바에 따라 해당 예정신고기간이 끝난 후 25일까지 징수한다.

13. ① 소매업을 영위하는 사업자가 영수증을 발급한 경우에도 재화 또는 용역을 공급받는 자가 사업자등록증을 제시하고 세금계산서 발급을 요구하는 경우에는 세금계산서를 발급하여야 한다.

14. ④ 대주주인 출자임원이 사택을 제공받음으로써 얻는 이익은 근로소득으로 과세되며, 주주가 아닌 임원의 경우에는 과세 제외된다.

15. ② 28,000,000원
   = 사업소득금액 25,000,000원 − 사업소득결손금 결손금 10,000,000원 + 근로소득금액 13,000,000원
   · 양도소득은 분류과세되는 소득이며, 비주거용 부동산 임대업에서 발생한 결손금은 해당연도의 다른 소득금액에서 공제할 수 없다.

실무시험

문제 1

[1] 일반전표입력
2025.02.11. (차) 기업업무추진비(판) 100,000원 (대) 보통예금 100,000원

[2] 일반전표입력
2025.03.31. (차) 퇴직급여(제) 2,700,000원 (대) 보통예금 2,700,000원

[3] 일반전표입력
2025.05.30. (차) 보통예금 20,000,000원 (대) 자본금 25,000,000원
             주식발행초과금 2,000,000원
             주식할인발행차금 3,000,000원

[4] 일반전표입력
2025.07.10. (차) 보통예금 19,450,000원 (대) 단기차입금(하나은행) 20,000,000원
             이자비용 550,000원

[5] 일반전표입력
2025.12.13. (차) 기계장치 3,800,000원 (대) 자산수증이익 3,800,000원

문제 2

[1] 매입매출전표입력
유형: 12.영세 공급가액: 10,000,000원 거래처: ㈜상상 전자: 여 분개: 외상 또는 혼합
영세율구분:③내국신용장·구매확인서에 의하여 공급하는 재화
2025.10.08. (차) 외상매출금 10,000,000원 (대) 제품매출 10,000,000원

[2] 매입매출전표입력
유형: 57.카과 공급가액: 1,500,000원 부가세: 150,000원 거래처: 안녕정비소 분개: 혼합 또는 카드
신용카드:㈜순양카드
2025.10.14. (차) 부가세대급금 150,000원 (대) 미지급금(㈜순양카드) 1,650,000원
             차량유지비(제) 1,500,000원   (또는 미지급비용)

[3] 매입매출전표입력
유형: 51.과세 공급가액: -30,000,000원 부가세: -3,000,000원 거래처: ㈜바이머신 전자: 여 분개: 혼합
2025.11.03. (차) 부가세대급금 -3,000,000원 (대) 미지급금 -33,000,000원
             기계장치 -30,000,000원

[4] 매입매출전표입력
유형: 51.과세 공급가액: 2,000,000원 부가세: 200,000원 거래처: ㈜사탕 전자: 여 분개: 혼합
2025.11.11. (차) 부가세대급금 200,000원 (대) 선급금 200,000원
             복리후생비(판) 2,000,000원   보통예금 2,000,000원

[5] 매입매출전표입력
유형: 14.건별 공급가액: 250,000원 부가세: 25,000원 분개: 혼합
2025.12.28. (차) 보통예금 275,000원 (대) 부가세예수금 25,000원
             감가상각누계액(213) 960,000원 비품 1,200,000원
                                            유형자산처분이익 10,000원

문제 3

[1]

1. [신용카드매출전표등발행금액집계표] 조회기간 2025년 07월 ~ 2025년 09월

1. 인적사항					
상호[법인명]	(주)세아산업	성명[대표자]	오세아	사업자등록번호	202-81-03655
사업장소재지		서울특별시 동대문구 겸재로 16 (회경동)			

2. 신용카드매출전표 등 발행금액 현황				
구 분	합 계	신용·직불·기명식 선불카드	현금영수증	직불전자지급 수단 및 기명식선불 전자지급수단
합 계	9,900,000	9,900,000		
과세 매출분	9,900,000	9,900,000		
면세 매출분				
봉 사 료				

3. 신용카드매출전표 등 발행금액중 세금계산서 교부내역			
세금계산서발급금액	3,300,000	계산서발급금액	

2. [신용카드매출전표등수령명세서(갑)] 조회기간 2025년 07월 ~ 2025년 09월

2. 신용카드 등 매입내역 합계			
구분	거래건수	공급가액	세액
합 계	2	80,000	8,000
현금영수증			
화물운전자복지카드			
사업용신용카드	1	70,000	7,000
그 밖의 신용카드	1	10,000	1,000

3. 거래내역입력							그 밖의 신용카드 등 거래내역 합계		
No	월/일	구분	공급자	공급자(가맹점) 사업자등록번호	카드회원번호		거래건수	공급가액	세액
1	07-11	사업	(주)가람	772-81-10112	7777-9999-7777-9999		1	70,000	7,000
2	09-27	신용	자금성	211-03-54223	3333-5555-3333-5555		1	10,000	1,000
	합계						2	80,000	8,000

[2]

[대손세액공제신고서] 조회기간 2025년 04월 ~ 2025년 06월

당초공급일	대손확정일	대손금액	공제율	대손세액	거래처		대손사유
2024.09.01	2025.05.02	7,700,000	10/110	700,000	수성(주)	5	부도(6개월경과)
2022.05.10	2025.05.10	5,500,000	10/110	500,000	금성(주)	6	소멸시효완성
2024.01.05	2025.05.10	-2,750,000	10/110	-250,000	비담(주)	7	채권일부회수

· 정성㈜ 외상매출금 : 부도발생일로부터 6개월이 경과하지 않았으므로 공제 불가.
· 우강상사 단기대여금 : 단기대여금은 부가가치세법상 대손세액공제가 불가하다.

[3]

1. [전자신고] : 전자신고 파일 제작 신고년월 2025년 01월 ~ 2025년 03월

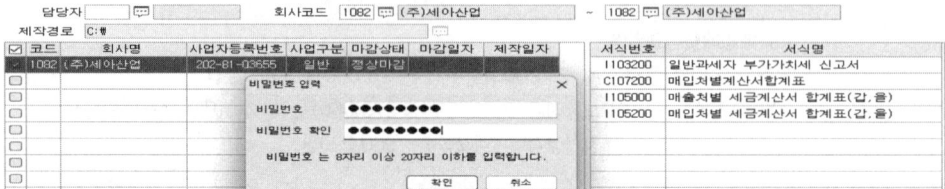

2. [국세청 홈택스 전자신고변환(교육용)]

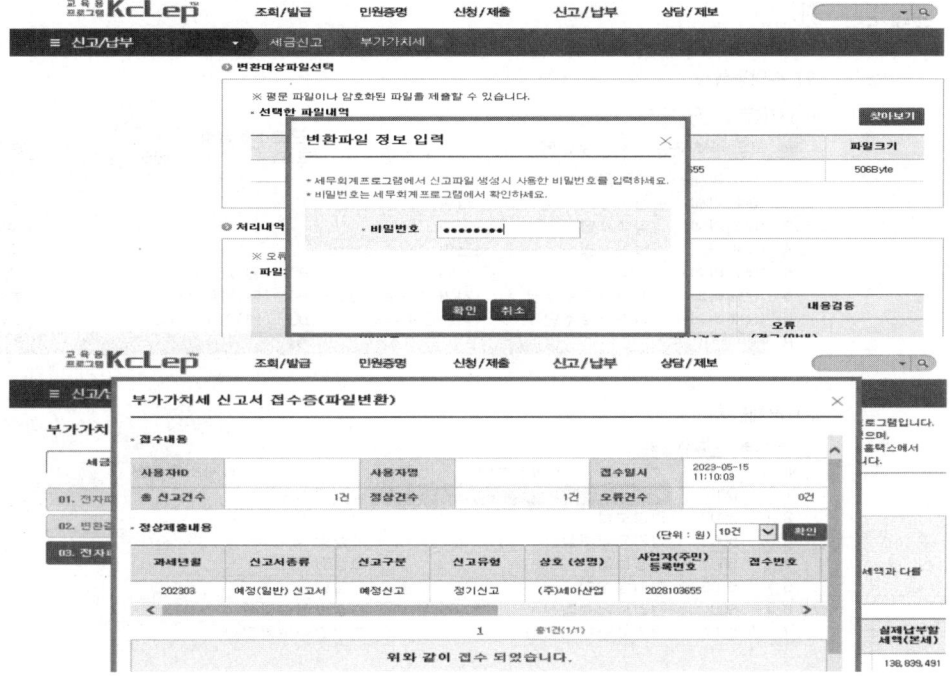

문제 4

[1] 일반전표입력
2025.12.31.   (차) 선급비용 1,250,000원   (대) 보험료(제)   1,250,000원

· 선급비용 : 3,000,000원 × $\dfrac{5월}{12월}$ = 1,250,000원

[2] 일반전표입력
2025.12.31.   (차) 보통예금 7,200,000원   (대) 단기차입금(우리은행) 7,200,000원

[3]
2025.12.31.   (차) 매도가능증권평가손실   (대) 매도가능증권(178) 23,500,000원
             23,500,000원

[4] [결산자료입력] > F8 대손상각
    > · 대손율 1.00
       · 외상매출금, 미수금을 제외한 계정의 추가설정액을 삭제
    > [결산반영] > F3 전표추가

[5] [결산자료입력] > 4.판매비와 일반관리비
    > 6). 무형자산상각비 > 특허권 결산반영금액란 650,000원 입력 > F3 전표추가

문제 5

[1]
1. [수당공제]
1) 수당등록

No	코드	과세구분	수당명	근로소득유형 유형	코드	한도	월정액	통상임금	사용여부
1	1001	과세	기본급	급여			정기	여	여
2	1002	과세	상여	상여			부정기	부	부
3	1003	과세	직책수당	급여			정기	부	부
4	1004	과세	월차수당	급여			정기	부	부
5	1005	비과세	식대	식대	P01	(월)200,000	정기	부	부
6	1006	비과세	자가운전보조금	자가운전보조금	H03	(월)200,000	부정기	부	부
7	1007	비과세	야간근로수당	야간근로수당	O01	(년)2,400,000	부정기	부	부
8	2001	과세	식대	급여			정기	부	여

2) 공제등록

No	코드	공제항목명	공제소득유형	사용여부
1	5001	국민연금	고정항목	여
2	5002	건강보험	고정항목	여
3	5003	장기요양보험	고정항목	여
4	5004	고용보험	고정항목	여
5	5005	학자금상환	고정항목	부
6	6001	건강보험료정산	건강보험료정산	여
7	6002	장기요양보험정산	장기요양보험정산	여

2. [급여자료입력]
1) 3월 귀속 급여 - 귀속년월 2025년 03월, 지급년월일 2025년 04월 30일

사번	사원명	감면율
101	최철수	

급여항목	금액
기본급	2,800,000
식대	100,000
과 세	2,900,000
비 과 세	
지 급 총 액	2,900,000

공제항목	금액
국민연금	135,000
건강보험	104,850
장기요양보험	13,430
고용보험	23,200
건강보험료정산	
장기요양보험정산	
소득세(100%)	65,360
지방소득세	6,530
농특세	
공 제 총 액	348,370
차 인 지 급 액	2,551,630

총인원(퇴사자) 1(0)

2) 4월 귀속 급여 - 귀속년월 2025년 04월, 지급년월일 2025년 04월 30일

사번	사원명	감면율
101	최철수	

급여항목	금액
기본급	3,000,000
식대	200,000
과 세	3,200,000
비 과 세	
지 급 총 액	3,200,000

공제항목	금액
국민연금	135,000
건강보험	115,330
장기요양보험	14,770
고용보험	25,600
건강보험료정산	125,760
장기요양보험정산	15,480
소득세(100%)	91,460
지방소득세	9,140
농특세	
공 제 총 액	532,540
차 인 지 급 액	2,667,460

총인원(퇴사자) 1(0)

3. 원천징수이행상황신고서
1) 3월 귀속 4월 지급분
   - 귀속기간 2025년 03월 ~ 2025년 03월, 지급기간 2025년 04월 ~ 2025년 04월

2) 4월 귀속 4월 지급분
   - 귀속기간 2025년 04월 ~ 2025년 04월, 지급기간 2025년 04월 ~ 2025년 04월

[2]
1. [소득명세] 탭

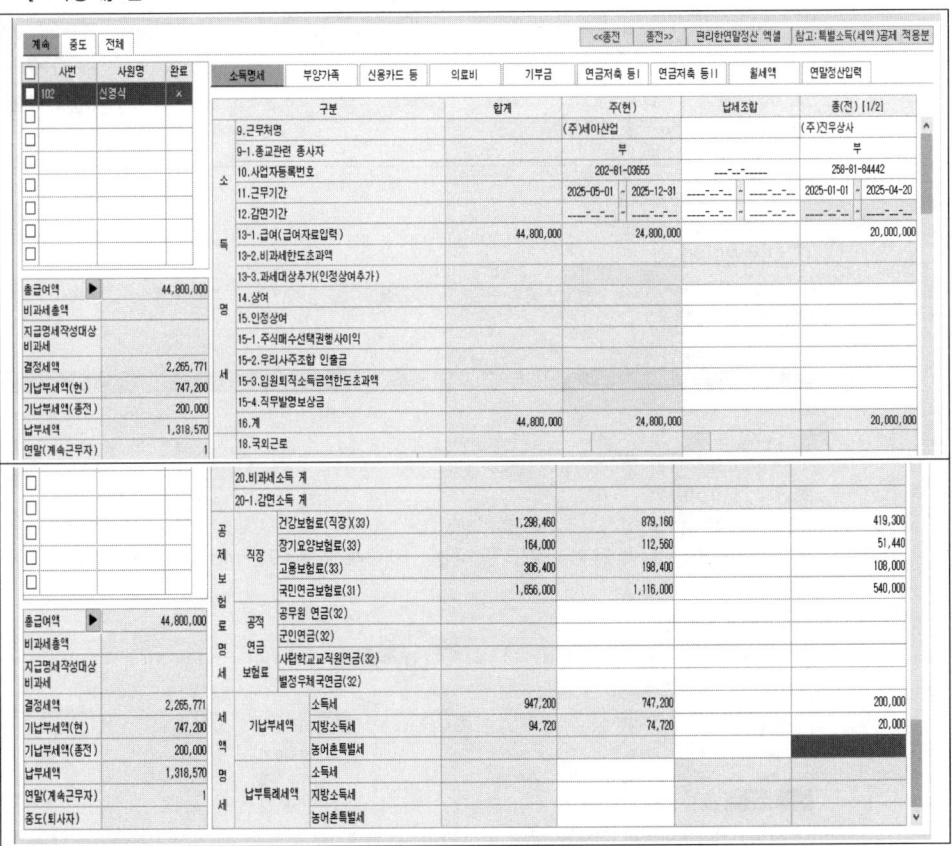

2. [부양가족] 탭

1) 보장성보험

자료구분	국세청소득	급여/기타	정산	공제대상금액
국민연금_직장		1,656,000		1,656,000
국민연금_지역				
합 계		1,656,000		1,656,000
건강보험료-보수월액		1,298,460		1,298,460
장기요양보험료-보수월액		164,000		164,000
건강보험료-소득월액(납부)				
기요양보험료-소득월액(납부)				
합 계		1,462,460		1,462,460
고용보험료		306,400		306,400
보장성보험-일반	2,000,000			2,000,000
보장성보험-장애인				
합 계	2,000,000			2,000,000

※ 보장성보험-일반 : 2,000,000원 또는 1,000,000원

2) 교육비

교육비	
일반	장애인특수
7,000,000 4.본인	

3. [의료비] 탭

성명	내/외	6.본인등 해당여부	9.증빙 코드	8.상호	7.사업자 등록번호	10. 건수	11.금액	11-1.실손 보험수령액	12.미숙아 선천성이상아	13.난임 여부	14.산후 조리원
신영식	내	1	0	1			3,000,000	1,000,000	X	X	X
신영식	내	1	0	5		1	500,000		X	X	X

4. [기부금] 탭

1) [기부금입력] 탭

주민등록번호	관계코드	내·외국인	성명
890801-1211112	거주자(본인)	내국인	신영식

구분			기부처			기부명세			자료
7.유형	8.코드	9.기부내용	10.상호 (법인명)	11.사업자 번호 등	건수	13.기부금합계 금액(14+15)	14.공제대상 기부금액	15.기부장려금 신청 금액	구분
종교	41	금전				1,200,000	1,200,000		국세청
일반	40	금전				2,000,000	2,000,000		국세청

※ 사회복지공동모금회 기부금 코드 및 유형 : 10.특례기부금 또는 40.일반기부금(종교단체 외)

2) [기부금조정] 탭

구분		기부연도	16.기부금액	17.전년도까지 공제된금액	18.공제대상 금액(16-17)	해당연도 공제금액	해당연도에 공제받지 못한 금액	
유형	코드						소멸금액	이월금액
일반	40	2023	2,000,000		2,000,000	2,000,000		
종교	41	2023	1,200,000		1,200,000	1,200,000		

※ 사회복지공동모금회 기부금 코드 및 유형 : 10.특례기부금 또는 40.일반기부금(종교단체 외)
· 공제금액계산 > 불러오기 > 공제금액반영 > 저장

5. [연금저축] 탭

연금저축구분	코드	금융회사 등	계좌번호(증권번호)	납입금액	공제대상금액	소득/세액공제액
1.개인연금저축	305	KEB 하나은행(구. 주식회사	253-660750-73308	2,000,000		720,000

2 연금계좌 세액공제 - 연금저축계좌(연말정산입력 탭의 38.개인연금저축, 60.연금저축)

6. [연말정산입력] 탭 : F8 부양가족탭불러오기

구분	지출액	공제금액	구분	지출액	공제대상금액	공제금액
21.총급여		44,800,000	49.종합소득 과세표준			27,185,140
22.근로소득공제		11,970,000	50.산출세액			2,817,771
23.근로소득금액		32,830,000	51.「소득세법」			
24.본인		1,500,000	52.「조세특례제한법」(53제외)			
25.배우자			53.「조세특례제한법」제30조			
26.부양가족 (명)			54.조세조약			
27.경로우대 (명)			55.세액감면 계			
28.장애인 (명)			56.근로소득 세액공제			660,000
29.부녀자			57.자녀 ⓐ자녀 (명)			
30.한부모가족			세액공제 ⓑ 출산.입양 (명)			
31.국민연금보험료	1,656,000	1,656,000	58.과학기술공제			
32. 공무원연금			59.근로자퇴직연금			
공적 군인연금			60.연금저축			
연금 사립학교교직원			60-1.ISA연금계좌전환			
보험 별정우체국연금			61.보장 일반	2,000,000	2,000,000	1,000,000	120,000
33.보험료	1,768,860	1,768,860	성보험 장애인			
건강보험료	1,462,460	1,462,460	62.의료비	3,500,000	3,500,000	1,156,000	173,400
고용보험료	306,400	306,400	63.교육비	7,000,000	7,000,000	7,000,000	1,050,000
34.주택차입금 대출기관			64.기부금	3,200,000	3,200,000	3,200,000	480,000
원리금상환액 거주자			1)정치자금 10만원이하			
34.장기주택저당차입금이자상			기부금 10만원초과			
35.기부금-2013년이전이월분			2)특례기부금(전액)			
36.특별소득공제 계		1,768,860	3)우리사주조합기부금			
37.차감소득금액		27,905,140	4)일반기부금(종교단체외)	2,000,000		300,000
38.개인연금저축	2,000,000	720,000	5)일반기부금(종교단체)	1,200,000	1,200,000	180,000
39.소기업,소상 2015년이전가입			65.특별세액공제 계			1,823,400
공인 공제부금 2016년이후가입			66.표준세액공제			
40.주택 청약저축			67.납세조합공제			
마련저축 주택청약			68.주택차입금			
소득공제 근로자주택마련			69.외국납부			
41.투자조합출자 등 소득공제			70.월세액			
42.신용카드 등 사용액			71.세액공제 계			2,483,400
43.우리사주조합 일반 등			72.결정세액((50)-(55)-(71))			334,371
출연금 벤처 등			82.실효세율(%) [(72/21)]X100			0.7
44.고용유지중소기업근로자						
45.장기집합투자증권저축						
46.청년형장기집합투자증권저축						
47.그 밖의 소득공제 계		720,000				
48.소득공제 종합한도 초과액						

475

제109회 기출문제

이론시험

01	②	02	④	03	④	04	②	05	②	06	②	07	③	08	③	09	④	10	③
11	④	12	①	13	①	14	③	15	③										

01. ② 양도한 금융부채의 장부금액과 지급한 대가의 차액은 당기손익으로 인식한다.

02. ④ 매도가능증권처분이익은 1,000,000원, 단기매매증권처분이익 500,000원이다. 따라서 매도가능증권으로 분류한 경우의 2025년 당기순이익이 단기매매증권으로 분류하였을 때보다 500,000원 증가한다.
① 매도가능증권으로 분류할 경우 2024년 당기순이익에 미치는 영향은 없으나 단기매매증권으로 분류할 경우 500,000원이 증가한다.
② 기말 자산은 동일하다.
③ 매도가능증권처분이익은 1,000,000원이다.

03. ④ 세법 규정을 따르기 위한 회계변경은 정당한 사유에 해당하지 않는다.

04. ② 합리적인 상각방법을 정할 수 없는 경우에는 정액법으로 상각한다.

05. ② 주주로부터 현금을 수령하고 주식을 발행하는 경우에 주식의 발행금액이 액면금액보다 크다면 그 차액을 주식발행초과금으로 하여 자본잉여금으로 회계처리한다.

06. ② 1,250,000원
 = 예정배부액 1,500,000원 – 과대배부액 250,000원
·예정배부액 : (5시간×100일)×예정배부율 3,000원 = 1,500,000원

07. ③ 550,000원
 = 당기사용 원재료 500,000원 + 원재료 재고 감소액 50,000원
·기초원재료 + 당기매입 원재료 = 당기사용 원재료 + 기말원재료
·기말원재료가 50,000원이라 가정하면 기초원재료는 없음
·즉, 0원 + ?원 = 500,000원 + 50,000원

08. ③ 당기 기말제품 재고액은 손익계산서에서 매출원가를 산출하는데 필요한 자료로 제조원가명세서와는 상관없는 자료이다

09. ④ 1,537,500원
 = A부문(1,500,000원×500시간/800시간) + B부문(1,600,000원×300시간/800시간)
·직접배분법은 보조부문 상호간에 행해지는 용역의 수수를 완전히 무시하는 원가배분방법이다.

10. ③ 평균법은 당기 이전에 착수된 기초재공품도 당기에 착수한 것으로 가정하여 계산하므로 평균법이 선입선출법보다 계산이 간편하다.

11. ④ 용역의 대가의 각 부분을 받기로 한 때란 "받기로 약정된 날"을 의미하므로 대가를 받지 못하는 경우에도 공급시기로 본다.

12. ① 항공법에 따른 항공기에 의한 여객운송용역은 과세 대상에 해당한다.

13. ① 폐업 시 잔존재화는 재화의 간주공급에 해당하며, 사업의 포괄양도와 조세의 물납, 강제 경매나 공매는 재화의 공급으로 보지 않는다.

14. ③ 나머지는 모두 무조건 분리과세 대상에 해당하며 ③은 무조건 종합과세 대상이다.

15. ③ 직계존속의 일반대학교 등록금은 교육비세액공제 대상이 아니다.

전산세무 2급

실무시험

문제 1

[1] 일반전표입력
2025.01.22.   (차) 당좌예금   1,600,000원   (대) 선수금(㈜한강물산)   1,600,000원

[2] 일반전표입력
2025.03.25.   (차) 대손충당금(109)   4,000,000원   (대) 외상매출금(㈜동방불패) 13,000,000원
              대손상각비(판)   9,000,000원

[3] 일반전표입력
2025.06.30.   (차) 차량운반구   7,700,000원   (대) 보통예금   7,700,000원

[4] 일반전표입력
2025.07.25.   (차) 미지급배당금   100,000,000원   (대) 예수금   15,400,000원
                                                보통예금   84,600,000원

[5] 일반전표입력
2025.11.05.   (차) 보통예금   10,850,000원   (대) 사채   10,000,000원
                                                사채할증발행차금   850,000원

문제 2

[1] 매입매출전표입력
유형: 11.과세 공급가액: 11,000,000원 부가세: 1,100,000원 거래처: ㈜로라상사 전자: 여 분개: 혼합
2025.07.18.   (차) 미수금   12,100,000원   (대) 부가세예수금   1,100,000원
              감가상각누계액(207)   38,000,000원   기계장치   52,000,000원
              유형자산처분손실   3,000,000원

[2] 매입매출전표입력
유형: 61.현과 공급가액: 600,000원 부가세: 60,000원 거래처: ㈜소나무 분개: 혼합
2025.07.30.   (차) 부가세대급금   60,000원   (대) 가수금   660,000원
              비품   600,000원   (대표자 또는 정지훈)

[3] 매입매출전표입력 : Shift F5 예정신고누락분 확정신고>확정신고 개시연월 : 2025년 10월>확인(Tab)
유형: 51.과세 공급가액: 1,500,000원 부가세: 150,000원 거래처: 오미순부동산 전자: 부 분개: 혼합
2025.08.31.   (차) 부가세대급금   150,000원   (대) 미지급금   1,650,000원
              임차료(제)   1,500,000원

[4] 매입매출전표입력
유형: 55.수입 공급가액: 20,000,000원 부가세: 2,000,000원 거래처: 인천세관 전자: 여 분개: 혼합
2025.09.28.   (차) 부가세대급금   2,000,000원   (대) 보통예금   2,000,000원

[5] 매입매출전표입력
유형: 54.불공 공급가액: 2,600,000원 부가세: 260,000원 거래처: ㈜부천백화점 전자: 여 분개: 혼합
불공제사유:④기업업무추진비 및 이와 유사한 비용 관련
2025.09.30.   (차) 기업업무추진비(판)   2,860,000원   (대) 현금   500,000원
                                                보통예금   2,360,000원

문제 3

[1] [수출실적명세서]

조회기간 2025년 04월 ~ 2025년 06월 구분: 1기 확정 과세기간별입력

구분	건수	외화금액	원화금액	비고
⑨합계	2	132,000.00	176,800,000	
⑩수출재화[=⑫합계]	2	132,000.00	176,800,000	
⑪기타영세율적용				

No	(13)수출신고번호	(14)선(기)적일자	(15)통화코드	(16)환율	(17)외화	(18)원화	거래처코드	거래처명
1	11133-77-100066x	2025-04-15	USD	1,300.0000	80,000.00	104,000,000	00159	B&G
2	22244-88-100077x	2025-05-30	EUR	1,400.0000	52,000.00	72,800,000	00160	PNP

[2] [부가가치세신고서] 조회기간 2025년 04월 01일 ~ 2025년 06월 30일

(정기신고금액)

구분			금액	세율	세액
과세표준및매출세액	과세	세금계산서발급분 ①	200,000,000	10/100	20,000,000
		매입자발행세금계산서 ②		10/100	
		신용카드·현금영수증발행분 ③	40,000,000	10/100	4,000,000
		기타(정규영수증외매출분) ④			
	영세	세금계산서발급분 ⑤	40,000,000	0/100	
		기타 ⑥	5,000,000	0/100	
	예정신고누락분 ⑦				
	대손세액가감 ⑧				
	합계 ⑨		285,000,000	㉮	24,000,000
매입세액	세금계산서수취분	일반매입 ⑩	120,000,000		12,000,000
		수출기업수입분납부유예 ⑩-1			
		고정자산매입 ⑪	30,000,000		3,000,000
	예정신고누락분 ⑫		20,000,000		2,000,000
	매입자발행세금계산서 ⑬				
	그 밖의 공제매입세액 ⑭		10,000,000		1,000,000
	합계(⑩)-(⑩-1)+(⑪)+(⑫)+(⑬)+(⑭) ⑮		180,000,000		18,000,000
	공제받지못할매입세액 ⑯				
	차감계 (⑮-⑯) ⑰		180,000,000	㉯	18,000,000
납부(환급)세액(매출세액㉮-매입세액㉯)				㉰	6,000,000
경감공제세액	그 밖의 경감·공제세액 ⑱				
	신용카드매출전표등 발행공제등 ⑲				
	합계 ⑳			㉱	
소규모 개인사업자 부가가치세 감면세액 ⑳-1				㉲	
예정신고미환급세액 ㉑				㉳	1,000,000
예정고지세액 ㉒				㉴	
사업양수자의 대리납부 기납부세액 ㉓				㉵	
매입자 납부특례 기납부세액 ㉔				㉶	
신용카드업자의 대리납부 기납부세액 ㉕				㉷	
가산세액계 ㉖				㉸	
차가감하여 납부할세액(환급받을세액)⑨-⑩-⑪-⑫-⑬-⑭-⑮+⑯ ㉗					5,000,000
총괄납부사업자가 납부할 세액(환급받을 세액)					

구분		금액	세율	세액
7.매출(예정신고누락분)				
예정누락분	과세	세금계산서 ㉝		10/100
		기타 ㉞		10/100
	영세	세금계산서 ㉟		0/100
		기타 ㊱		0/100
	합계 ㊲			
12.매입(예정신고누락분)				
예정누락분	세금계산서 ㊳	20,000,000		2,000,000
	그 밖의 공제매입세액 ㊴			
	합계 ㊵	20,000,000		2,000,000
	신용카드매출 일반매입 수령금액합계 고정매입			
	의제매입세액			
	재활용폐자원등매입세액			
	과세사업전환매입세액			
	재고매입세액			
	변제대손세액			
	외국인관광객에대한환급세액			
	합계			
14.그 밖의 공제매입세액				
신용카드매출	일반매입 ㊶	10,000,000		1,000,000
수령금액합계	고정매입 ㊷			
의제매입세액 ㊸			뒤쪽	
재활용폐자원등매입세액 ㊹			뒤쪽	
과세사업전환매입세액 ㊺				
재고매입세액 ㊻				
변제대손세액 ㊼				
외국인관광객에대한환급세액 ㊽				
합계 ㊾		10,000,000		1,000,000

[3]

1. [부가가치세신고서] 조회기간 : 2025년 01월 01일 ~ 2025년 03월 31일 상단의 적색 마감 확인

(정기신고금액)

구분			금액	세율	세액
과세표준및매출세액	과세	세금계산서발급분 ①	706,560,000	10/100	70,656,000
		매입자발행세금계산서 ②		10/100	
		신용카드·현금영수증발행분 ③		10/100	
		기타(정규영수증외매출분) ④			
	영세	세금계산서발급분 ⑤		0/100	
		기타 ⑥		0/100	
	예정신고누락분 ⑦				
	대손세액가감 ⑧				
	합계 ⑨		706,560,000	㉮	70,656,000
매입세액	세금계산서수취분	일반매입 ⑩	225,190,000		22,519,000
		수출기업수입분납부유예 ⑩-1			
		고정자산매입 ⑪			
	예정신고누락분 ⑫				
	매입자발행세금계산서 ⑬				
	그 밖의 공제매입세액 ⑭				
	합계(⑩)-(⑩-1)+(⑪)+(⑫)+(⑬)+(⑭) ⑮		225,190,000		22,519,000
	공제받지못할매입세액 ⑯				
	차감계 (⑮-⑯) ⑰		225,190,000	㉯	22,519,000
납부(환급)세액(매출세액㉮-매입세액㉯)				㉰	48,137,000
경감공제세액	그 밖의 경감·공제세액 ⑱				
	신용카드매출전표등 발행공제등 ⑲				
	합계 ⑳			㉱	
소규모 개인사업자 부가가치세 감면세액 ⑳-1				㉲	
예정신고미환급세액 ㉑				㉳	
예정고지세액 ㉒				㉴	
사업양수자의 대리납부 기납부세액 ㉓				㉵	
매입자 납부특례 기납부세액 ㉔				㉶	
신용카드업자의 대리납부 기납부세액 ㉕				㉷	
가산세액계 ㉖				㉸	
차가감하여 납부할세액(환급받을세액) ㉗					48,137,000
총괄납부사업자가 납부할 세액(환급받을 세액)					

구분		금액	세율	세액
7.매출(예정신고누락분)				
예정누락분	과세	세금계산서 ㉝		10/100
		기타 ㉞		10/100
	영세	세금계산서 ㉟		0/100
		기타 ㊱		0/100
	합계 ㊲			
12.매입(예정신고누락분)				
예정누락분	세금계산서 ㊳			
	그 밖의 공제매입세액 ㊴			
	합계 ㊵			
14.그 밖의 공제매입세액				
신용카드매출 일반매입 ㊶				
수령금액합계 고정매입 ㊷				
의제매입세액 ㊸			뒤쪽	
재활용폐자원등매입세액 ㊹			뒤쪽	
과세사업전환매입세액 ㊺				
재고매입세액 ㊻				
변제대손세액 ㊼				
외국인관광객에대한환급세액 ㊽				
합계 ㊾				

2. [전자신고]>[전자신고제작] 탭>F4 제작>비밀번호 입력

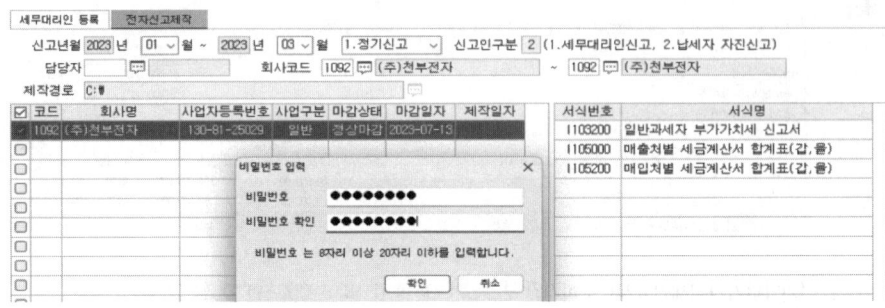

3. [국세청 홈택스 전자신고변환(교육용)]

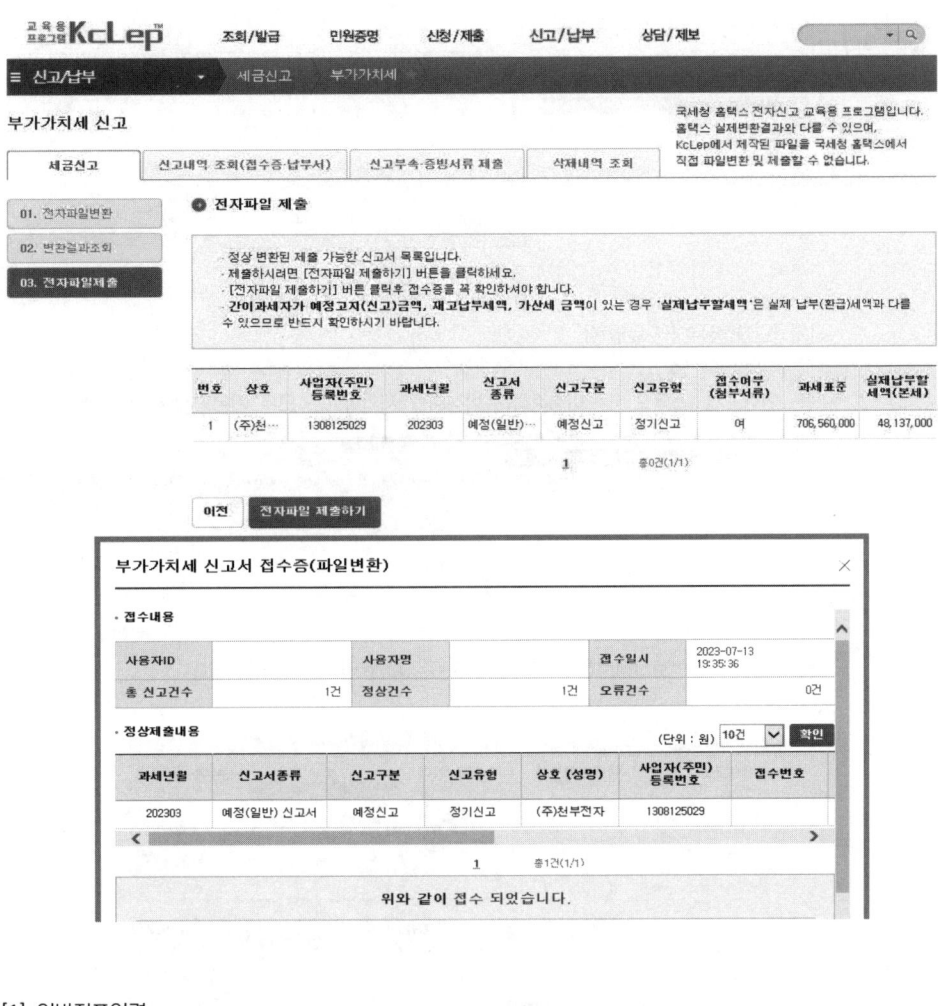

문제 4

[1] 일반전표입력
2025.12.31.　(차) 소모품비(제)　　250,000원　(대) 소모품　　250,000원

[2] 일반전표입력
2025.12.31.　(차) 외화환산손실　　2,000,000원　(대) 단기차입금(㈜유성)　2,000,000원
· 외화환산손실 : $20,000×(기말 기준환율 1,400원 - 발생일 기준환율 1,300원) = 2,000,000원

[3]
2025.12.31.　(차) 이자비용　　2,550,000원　(대) 미지급비용　　2,550,000원

[4]
2025.12.31.　(차) 부가세예수금　　240,000원　(대) 부가세대급금　12,400,000원
　　　　　　　세금과공과(판)　　24,000원　　　잡이익　　10,000원
　　　　　　　미수금　　12,146,000원

[5] [결산자료입력]>9. 법인세등>1). 선납세금 11,000,000원 입력
　　　　>F3전표추가 3). 추가계상액 16,800,000원 입력

문제 5

[1] [사원등록]>[부양가족명세]

사번	성명	주민(외국인)번호	나이
15	진도준	1 791030-1224112	45
101	김경민	1 670213-1234567	58

연말관계	성명	내/외국인	주민(외국인,여권)번호	나이	기본공제	부녀자	한부모	경로우대	장애인	자녀	출산입양	위탁관계
3	정혜미	내	1 650415-2215676	60	배우자							
6	김경희	내	1 720115-2157895	53	장애인					1		
1	김경우	내	1 420122-1799545	83	60세이상			○				
1	박순란	내	1 420229-2156777	83	60세이상			○				
6	정지원	내	1 710717-1333451	54	장애인					3		
4	김지은	내	1 051230-4156870	20	20세이하				○			

[2] [연말정산추가자료입력]

1. [부양가족] 탭

(1) 인적공제 : 소득요건을 미충족하는 박정희를 제외하고는 모두 기본공제대상자이다.

사번	성명	주민(외국인)번호	나이
15	진도준	1 791030-1224112	45
101	김경민	1 670213-1234567	58

연말관계	성명	내/외국인	주민(외국인,여권)번호	나이	기본공제	부녀자	한부모	경로우대	장애인	자녀	출산입양	위탁관계
0	진도준	내	1 791030-1224112	46	본인							
1	박정희	내	1 510511-2148712	74	부							
3	김선영	내	1 820115-2347238	43	배우자							
4	진도진	내	1 160131-3165610	9	20세이하					○		
4	진시진	내	1 190121-3165115	6	20세이하							

(2) 보험료 : 일반보장성보험료 합계가 1,000,000원 이상인 경우 정답

① 진도준

자료구분	국세청간소화	급여/기타	정산	공제대상금액
국민연금_직장		3,600,000		3,600,000
국민연금_지역				
합 계		3,600,000		3,600,000
건강보험료-보수월액		2,836,000		2,836,000
장기요양보험료-보수월액		363,270		363,270
건강보험료-소득월액(납부)				
기요양보험료-소득월액(납북)				
합 계		3,199,270		3,199,270
고용보험료		640,000		640,000
보장성보험-일반	2,200,000			2,200,000
보장성보험-장애인				
합 계	2,200,000			2,200,000

② 진도진

자료구분	국세청간소화	급여/기타	정산	공제대상금액
국민연금_직장				
국민연금_지역				
합 계				
건강보험료-보수월액				
장기요양보험료-보수월액				
건강보험료-소득월액(납부)				
기요양보험료-소득월액(납북)				
합 계				
고용보험료				
보장성보험-일반	480,000			480,000
보장성보험-장애인				
합 계	480,000			480,000

③ 진시진

보험료 등 공제대상금액				
자료구분	국세청간소화	급여/기타	정산	공제대상금액
국민연금_직장				
국민연금_지역				
합 계				
건강보험료-보수월액				
장기요양보험료-보수월액				
건강보험료-소득월액(납부)				
기요양보험료-소득월액(납부)				
합 계				
고용보험료				
보장성보험-일반	456,000			456,000
보장성보험-장애인				
합 계	456,000			456,000

(3) 교육비

① 진도준

교육비	
일반	장애인특수
8,000,000 4.본인	

② 박정희 : 직계존속의 교육비는 공제대상 교육비에 해당하지 않는다.
③ 진도진 : 취학아동의 학원비는 공제대상 교육비에 해당하지 않는다.
④ 진시진 : 공제 대상 교육비 요건 미충족

2. [의료비] 탭

성명	내/외	5.본인등해당여부	9.증빙코드	8.상호	7.사업자등록번호	10.건수	11.금액	11-1.실손보험수령액	12.미숙아선천성이상아	13.난임여부	14.산후조리원
진도준	내	1	0	1			3,000,000		X	X	X
진도진	내	1	0	5	렌즈모아	105-68-23521	1	500,000		X	X	X
박정희	내	2	0	1			3,250,000	2,000,000	X	X	X
합계						1	6,750,000	2,000,000			

일반의료비(본인): | 65세 이상자.장애인.건강보험산정특례자 3,250,000 | 일반의료비(그 외) | | 난임시술비 미숙아.선천성이상아 |

3. [신용카드 등] 탭

내/외관계	성명 생년월일	자료구분	신용카드	직불,선불	현금영수증	도서등신용	도서등직불	도서등현금	전통시장	대중교통
내 0	진도준 1977-10-30	국세청 기타	30,000,000	2,200,000	3,000,000				2,200,000	182,000
내 1	박정희 1949-05-11	국세청 기타								
내 3	김선영 1980-01-15	국세청 기타								
내 4	진도진 2014-01-31	국세청 기타								
내 4	진시진 2017-01-21	국세청 기타								
합계			30,000,000	2,200,000	3,000,000				2,200,000	182,000

4. [연금저축 등 I] 탭

연금저축구분	코드	금융회사 등	계좌번호(증권번호)	납입금액	공제대상금액	소득/세액공제액
2.연금저축	405	삼성생명보험(주)	153-05274-72339	2,400,000	2,400,000	288,000
개인연금저축						
연금저축				2,400,000	2,400,000	288,000

5. [연말정산입력] 탭 : F8 부양가족탭불러오기 실행

항목	금액	금액		항목	금액	금액	금액
33.보험료	3,839,270	3,839,270		59.근로자퇴직연금			
건강보험료	3,199,270	3,199,270		60.연금저축	2,400,000	2,400,000	288,000
고용보험료	640,000	640,000		60-1.ISA연금계좌전환			
34.주택차입금 대출기관				61.보장 일반	3,136,000	3,136,000	1,000,000	120,000
원리금상환액 거주자				성보험 장애인			
34.장기주택저당차입금이자상				62.의료비	6,750,000	6,750,000	2,350,000	352,500
35.기부금-2013년이전이월분				63.교육비	8,000,000	8,000,000	8,000,000	1,200,000
36.특별소득공제 계		3,839,270		64.기부금			
37.차감소득금액		52,810,730		1)정치자금 10만원이하			
38.개인연금저축				기부금 10만원초과			
39.소기업,소상 2015년이전가입				2)특례기부금(전액)			
공인 공제부금 2016년이후가입				3)우리사주조합기부금			
40.주택 청약저축				4)일반기부금(종교단체외)			
				5)일반기부금(종교단체)			
				65.특별세액공제 계			1,672,500

제110회 기출문제

이론시험

01	①	02	④	03	①	04	③	05	③	06	③	07	①	08	③	09	②,④	10	④
11	④	12	①	13	③	14	①	15	③										

01. ① 유동성이 높은 항목부터 배열하는 것을 원칙으로 한다.

02. ④ 7,000,000원
= 매출채권 1,000,000원 + 상품 2,500,000원 + 당좌예금 3,000,000원 + 선급비용 500,000원
· 비유동자산 : 특허권, 장기매출채권

03. ① 선입선출법
· 물가가 지속적으로 상승하는 경우, 기말재고자산 금액은 후입선출법 > 총평균법 > 이동평균법 > 선입선출법 순으로 커진다.

04. ③ 수익적지출을 자본적 지출로 잘못 회계처리하면 자산의 과대계상과 비용의 과소계상으로 인해 당기순이익과 자본이 과대계상된다.

05. ③ 매도가능증권평가손익은 기타포괄손익누계액에 계상한다.

06. ③ 가공원가란 직접노무원가와 제조간접원가를 말한다.

07. ① 1,000,000원
= 총제조원가 4,000,000원 − 제조간접원가 1,000,000원 − 직접노무원가 2,000,000원
· 제조간접원가 : 총제조원가 4,000,000원 × 25% = 1,000,000원
· 직접노무원가 : 제조간접원가 1,000,000원 × 200% = 2,000,000원

08. ③ 250시간
= 예정배부액(실제 제조간접원가) 2,500,000원 ÷ 예정배부율 10,000원
· 예정배부액 : 실제 제조간접원가 2,500,000원 ± 배부차이 0원 = 2,500,000원
· 예정배부율 : $\dfrac{\text{제조간접원가 예산 2,000,000원}}{\text{예정 직접노무시간 200시간}}$ = 10,000원/직접노무시간

09. ②, ④
· ② 작업폐물에 관한 설명이다.
· ④ 원가흐름과 상관없이 항상 동일하다.

10. ④ 평균법에 의한 종합원가계산의 경우, 완성품 단위당 원가의 산정 시 기초재공품의 물량에 대한 정보는 불필요하다.

11. ④ 사업자가 자기생산·취득재화를 비영업용 승용자동차(개별소비세 과세 대상)로 사용 또는 소비하거나 그 자동차의 유지를 위하여 사용 또는 소비하는 경우 재화의 공급으로 본다.

12. ① 면세제도에 대한 설명이다.
· 영세율 제도는 소비지국과세원칙의 구현을 목적으로 한다.

13. ③ 3%
· 사업자가 재화 또는 용역을 공급하지 아니하고 세금계산서 등을 발급한 경우 그 세금계산서 등에 적힌 공급가액의 3퍼센트를 납부세액에 더하거나 환급세액에서 뺀다.

14. ① 잉여금처분에 의한 상여는 해당 법인의 잉여금처분결의일을 수입시기로 한다.

15. ③ 330,000,000원
  = 매출액 300,000,000원 + 차량운반구 양도가액 30,000,000원
· 복식부기의무자가 차량 및 운반구 등 대통령령으로 정하는 사업용 유형자산을 양도함으로써 발생하는 소득은 사업으로 한다. 다만, 토지와 건물의 양도로 발생하는 양도소득에 해당하는 경우는 제외한다.

전산세무2급 기출문제 해답

실무시험

문제 1

[1] 일반전표입력
2025.01.05. (차) 단기매매증권 6,000,000원 (대) 보통예금 6,030,000원
            수수료비용(984) 30,000원

[2] 일반전표입력
2025.03.31. (차) 보통예금 423,000원 (대) 이자수익 500,000원
            선납세금 77,000원

[3] 일반전표입력
2025.04.30. (차) 건설중인자산 2,500,000원 (대) 보통예금 2,500,000원

[4] 일반전표입력
2025.07.10. (차) 퇴직연금운용자산 10,000,000원 (대) 보통예금 17,000,000원
            퇴직급여(판) 7,000,000원

[5] 일반전표입력
2025.07.15. (차) 선급금(㈜지유) 5,000,000원 (대) 당좌예금 5,000,000원

문제 2

[1] 매입매출전표입력
유형: 54.불공 공급가액: 500,000원 부가세: 50,000원 거래처: ㈜신화 전자: 여 분개: 현금 또는 혼합
불공제사유:④ 기업업무추진비 및 이와 유사한 비용 관련
2025.07.07. (차) 기업업무추진비(판) 550,000원 (대) 현금 550,000원

[2] 매입매출전표입력
유형: 61.현과 공급가액: 1,000,000원 부가세: 100,000원 거래처: ㈜하나마트 분개: 현금 또는 혼합
2025.07.20. (차) 부가세대급금 100,000원 (대) 현금 1,100,000원
            소모품비(제) 1,000,000원

[3] 매입매출전표입력
유형: 16.수출 공급가액: 11,000,000원 거래처: 미국 UFC사 분개: 외상 또는 혼합
영세율구분:① 직접수출(대행수출 포함)
2025.08.16. (차) 외상매출금 11,000,000원 (대) 제품매출 11,000,000원

[4] 매입매출전표입력
유형: 11.과세 공급가액: 18,000,000원 부가세: 1,800,000원 거래처: ㈜명학산업 전자: 여 분개: 혼합
2025.09.30. (차) 현금 18,000,000원 (대) 부가세예수금 1,800,000원
            선수금 1,800,000원   제품매출 18,000,000원

[5] 매입매출전표입력
유형: 52.영세 공급가액: 6,000,000원 거래처: ㈜크림 전자: 여 분개: 혼합
2025.10.31. (차) 원재료 6,000,000원 (대) 보통예금 6,000,000원

문제 3

[1] [건물등감가상각자산취득명세서] 조회기간 2025년 10월 ~ 2025년 12월

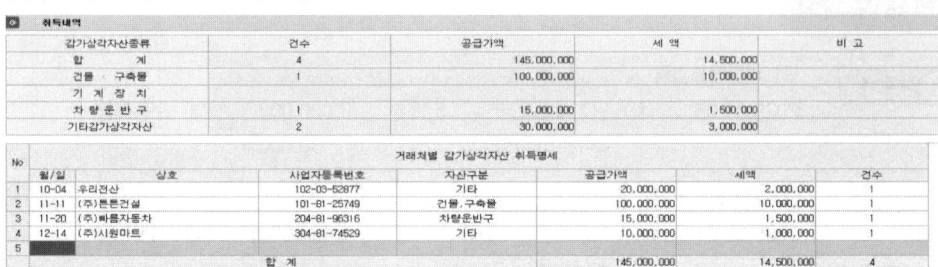

[2] [부가가치세신고서] 조회기간 2025년 04월 01일 ~ 2025년 06월 30일

[3]

1. [부가가치세신고서] 조회기간 2025년 01월 01일 ~ 2025년 03월 31일 신고서 상단위의 마감 확인

2. [전자신고]>[전자신고제작] 탭>F4 제작>비밀번호 입력

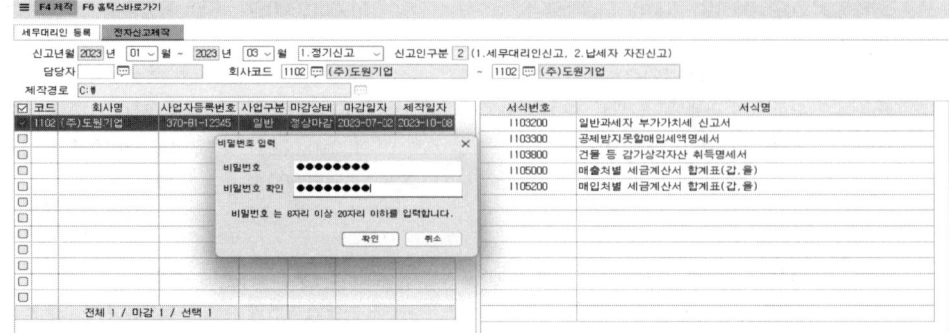

3. [국세청 홈택스 전자신고변환(교육용)]

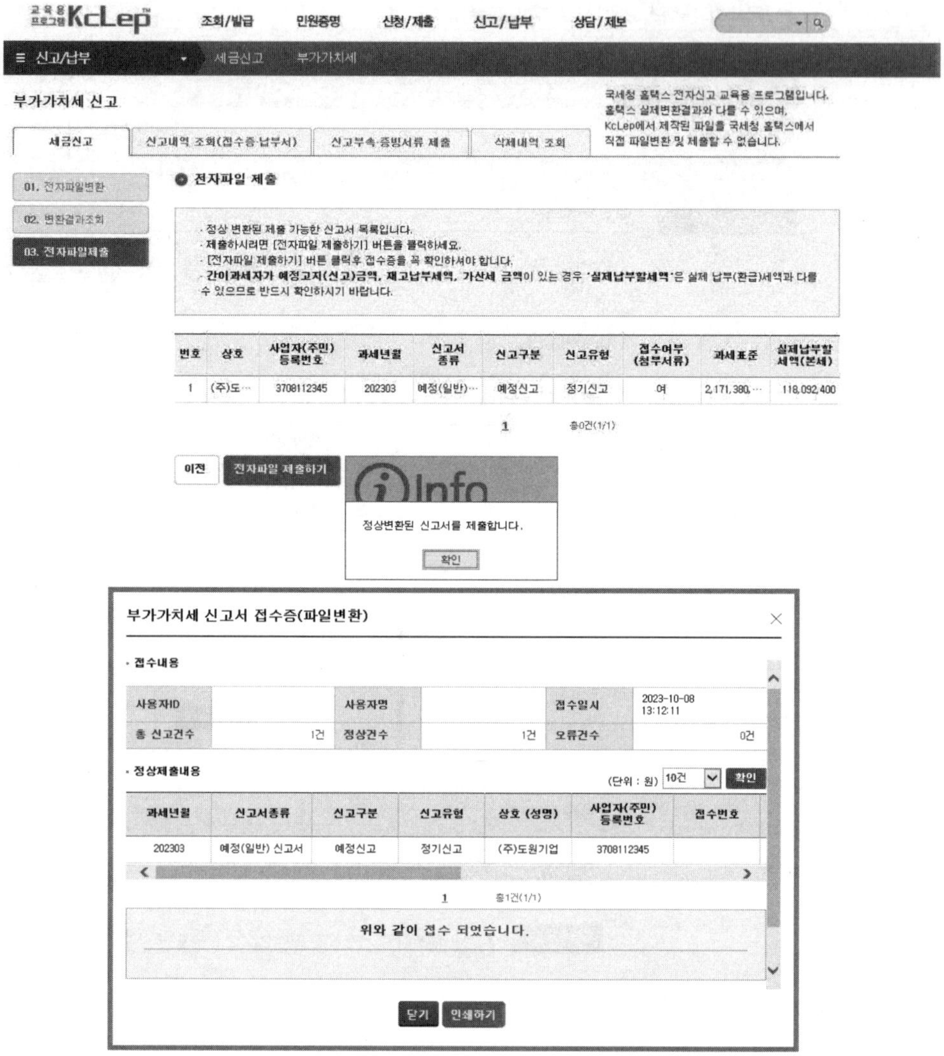

교육용 프로그램 KcLep
조회/발급 민원증명 신청/제출 신고/납부 상담/제보
신고/납부 세금신고 부가가치세
부가가치세 신고
국세청 홈택스 전자신고 교육용 프로그램입니다. 홈택스 실제변환결과와 다를 수 있으며, KcLep에서 제작된 파일을 국세청 홈택스에서 직접 파일변환 및 제출할 수 없습니다.
세금신고 신고내역 조회(접수증·납부서) 신고부속·증빙서류 제출 삭제내역 조회
01. 전자파일변환
02. 변환결과조회
03. 전자파일제출
전자파일 제출
· 정상 변환된 제출 가능한 신고서 목록입니다.
· 제출하시려면 [전자파일 제출하기] 버튼을 클릭하세요.
· [전자파일 제출하기] 버튼 클릭후 접수증을 꼭 확인하셔야 합니다.
· 간이과세자가 예정고지(신고)금액, 재고납부세액, 가산세 금액이 있는 경우 '실제납부할세액'은 실제 납부(환급)세액과 다를 수 있으므로 반드시 확인하시기 바랍니다.
번호 상호 사업자(주민)등록번호 과세년월 신고서종류 신고구분 신고유형 접수여부(첨부서류) 과세표준 실제납부할세액(본세)
1 (주)도··· 3708112345 202303 예정(일반)··· 예정신고 정기신고 여 2,171,380,··· 118,092,400
이전 전자파일 제출하기
Info
정상변환된 신고서를 제출합니다.
확인
부가가치세 신고서 접수증(파일변환)
· 접수내용
사용자ID 사용자명 접수일시 2023-10-08 13:12:11
총 신고건수 1건 정상건수 1건 오류건수 0건
· 정상제출내용
(단위 : 원) 10건 확인
과세년월 신고서종류 신고구분 신고유형 상호 (성명) 사업자(주민)등록번호 접수번호
202303 예정(일반) 신고서 예정신고 정기신고 (주)도원기업 3708112345
총1건(1/1)
위와 같이 접수 되었습니다.
닫기 인쇄하기

문제 4

[1] 일반전표입력

2025.12.31. (차) 부가세예수금 720,000원 (대) 부가세대급금 520,000원
　　　　　　　　　세금과공과(판) 10,000원　　　　잡이익 10,000원
　　　　　　　　　　　　　　　　　　　　　　　　미지급세금 200,000원

[2] 일반전표입력

2025.12.31. (차) 장기차입금(돌담은행) 100,000,000원 (대) 유동성장기부채 100,000,000원
　　　　　　　　　　　　　　　　　　　　　　　　　　　　　　　(돌담은행)

[3] [결산자료입력]＞기간 : 2025년 01월~2025년 12월
　　＞F8 대손＞ㆍ대손율(%) : 1.00
　ㆍ추가설정액(결산반영)＞ㆍ외상매출금 3,334,800 ＞결산반영＞F3 전표추가
　　　　　　　　　　　　ㆍ받을어음 0
　　　　　　　　　　　　ㆍ미수금 230,000
　　　　　　　　　　　　ㆍ선급금 0

[4] [결산자료입력]＞기간 : 2023년 01월~2023년 12월
　　＞4. 판매비와 일반관리비＞6). 무형자산상각비＞영업권 4,000,000원 입력＞F3 전표추가

[5] [결산자료입력]＞기간 : 2025년 01월~2025년 12월
　　＞2. 매출원가＞1)원재료비＞⑩ 기말 원재료 재고액 95,000,000원 입력
　　　　　　　　　8)당기 총제조비용＞⑩ 기말 재공품 재고액 70,000,000원 입력
　　　　　　　　　9)당기완성품제조원가＞⑩ 기말 제품 재고액 140,000,000원 입력
　　＞F3 전표추가

문제 5

[1]
1. [부양가족명세]

· 당해연도에 입양한 자녀에 대하여 출산입양공제가 가능하며, 8세 미만 자녀는 자녀세액공제 대상에 해당하지 않는다.

2. [수당등록]

· 현물식사를 제공받고 있으므로 식대로 제공받는 금액은 과세이다.
· 육아수당은 6세 이하 자녀가 있는 근로자가 받는 금액 중 월 10만원을 한도로 비과세한다.

3. [급여자료입력] 귀속년월 2025년 06월 지급년월일 2025년 07월 10일

사번	사원명	감면율		급여항목	금액		공제항목	금액
100	김우리			기본급	3,000,000		국민연금	166,500
101	김갑용			자가운전보조금	200,000		건강보험	131,160
				야간근로수당	527,000		장기요양보험	16,800
				식대	200,000		고용보험	34,440
				육아수당	200,000		소득세(100%)	89,390
							지방소득세	8,930
							농특세	
				과 세	3,827,000			
				비 과 세	300,000		공 제 총 액	447,220
총인원(퇴사자)	2(0)			지 급 총 액	4,127,000		차 인 지 급 액	3,579,780

[2] [연말정산추가자료입력]
1. [부양가족] 탭
(1) 인적공제

사번	성명	주민(외국인)번호	나이
100	김우리	1 821210-1127858	42
101	김갑용	1 950505-1478521	39

연말관계	성명	내/외국인	주민(외국인,여권)번호	나이	기본공제	부녀자	한부모	경로우대	장애인	자녀	출산입양	위탁관계
0	김갑용	내	1 850505-1478521	40	본인							
1	김수필	내	1 581012-1587428	67	60세이상							
3	강희영	내	1 860630-2547858	39	부							
4	김정은	내	1 160408-3852611	9	20세이하					O		
4	김준희	내	1 211104-4487122	4	20세이하							

(2) 보험료
① 김갑용(본인)

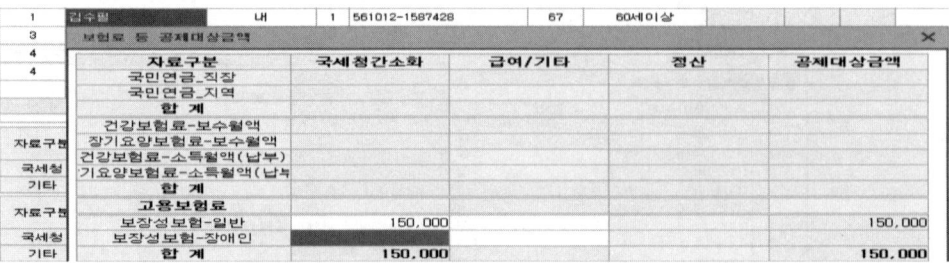

② 김수필(부친)

③ 김준희(딸)

보험료 350,000

(3) 교육비세액공제

· 김갑용(본인)

교육비	
일반	장애인특수
5,000,000 4.본인	

· 김정은(아들)

교육비	
일반	장애인특수
8,000,000 2.초중고	

※ 또는 3,000,000

· 김준희(딸)

교육비	
일반	장애인특수
1,800,000 1.취학전	

2. [신용카드] 탭

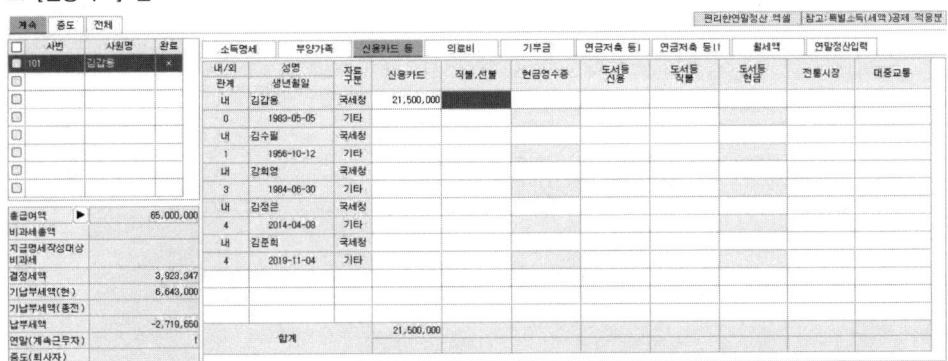

3. [의료비] 탭

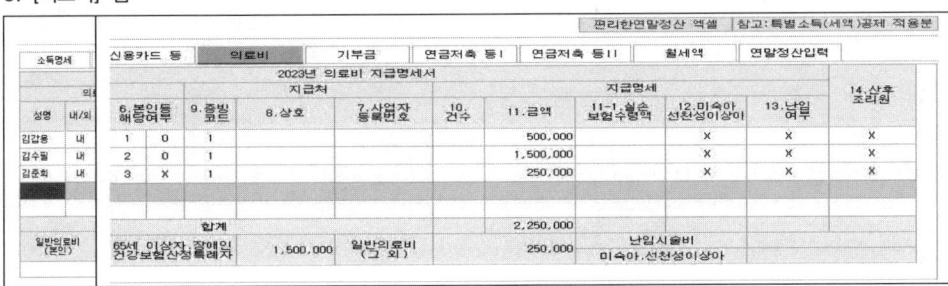

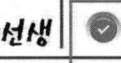

4. [연금저축 등 I] 탭

5. [연말정산입력] 탭 : F8부양가족탭불러오기 실행

제111회 기출문제

이론시험

01	③	02	④	03	②	04	①	05	①	06	③	07	④	08	①	09	②	10	④
11	③	12	③	13	④	14	②	15	②										

01. ③
- 재무제표는 일정한 가정 하에서 작성되며, 그러한 기본가정으로는 기업실체, 계속기업 및 기간별 보고를 들 수 있다.
- 기간별 보고의 가정이란 기업실체의 존속기간을 일정한 기간 단위로 분할하여 각 기간별로 재무제표를 작성하는 것을 말한다.
- 계속기업의 가정이란 기업실체는 그 목적과 의무를 이행하기에 충분할 정도로 장기간 존속한다고 가정하는 것을 말한다.

02. ④ 후입선출법

03. ② 562,500원

$$= 취득가액\ 45,000,000원 \times \frac{3년}{(1년+2년+3년)} \times \frac{3개월}{12개월}$$

04. ① 무형자산의 재무제표 표시방법으로 직접법과 간접법을 모두 허용하고 있다.

05. ① 자기주식처분손실
- 자본잉여금 : 주식발행초과금, 감자차익
- 기타포괄손익누계액 : 매도가능증권평가손익

06. ③ 회피불능원가에 대한 설명이다. 회피가능원가란 의사결정에 따라 회피할 수 있는 원가를 말한다.

07. ④ 생산량의 증감에 따라 제품 단위당 고정원가는 변동한다.

08. ① 제조원가명세서에는 기말 제품 재고액은 표시되지 않는다.

09. ② 2,760,000원
= 직접재료원가 1,200,000원 + 직접노무원가 600,000원 + 제조간접원가 960,000원
- 제조간접가 배부율 : 제조간접가 2,400,000원 ÷ 총직접재료원가 3,000,000원 = 80%
- 일반형 캠핑카 제조간접원가 배부액 : 직접재료원가 1,200,000원 × 배부율 80% = 960,000원
- 일반형 캠핑카 당기총제조원가 : 1,200,000원 + 600,000원 + 960,000원 = 2,760,000원

10. ④ 45원
- 가공원가 완성품환산량 : 당기완성품수량 28,500개 + 기말재공품 4,000개 × 0.3 = 29,700개
- 가공원가 완성품환산량 단위당원가 : (30,000원 + 1,306,500원) ÷ 29,700개 = 45원

11. ③ 3개, 나, 라, 마
· 과세 : 가, 다, 바
· 면세 : 나, 라, 마
· 미가공식료품은 국내산, 외국산 불문하고 면세한다.

12. ③ 공급일부터 10년이 지난 날이 속하는 과세기간에 대한 확정신고기한까지 확정되는 대손세액에 대하여 대손세액공제를 적용받을 수 있다.

13. ④

14. ② 52,000,000원
= 근로소득금액 30,000,000원 + 이자소득금액 22,000,000원
· 양도소득과 퇴직소득은 분류과세한다.

15. ②
· 2025년 11월 귀속 근로소득을 2026년 1월에 지급한 경우 원천징수시기는 2025년 12월 31일이다.
· 1월~11월 귀속 근로소득을 12월 31일까지 지급하지 않은 경우, 그 근로소득은 12월 31일에 지급한 것으로 보아 소득세를 원천징수한다.
· 12월 귀속 근로소득을 다음 연도 2월 말까지 지급하지 않은 경우, 그 근로소득은 다음 연도 2월 말에 지급한 것으로 보아 소득세를 원천징수한다.

실무시험

문제 1

[1] 일반전표입력
2025.01.30. (차) 복리후생비(제)   50,000원   (대) 제품   50,000원
                                                          (적요 8. 타계정으로 대체)

[2] 일반전표입력
2025.04.01. (차) 외화장기차입금(미국 LA은행) 26,000,000원 (대) 보통예금   29,120,000원
                  이자비용   1,120,000원
                  외환차손   2,000,000원

[3] 일반전표입력
2025.05.06. (차) 임차보증금(㈜명당)   20,000,000원   (대) 보통예금   18,000,000원
                                                           선급금(㈜명당)   2,000,000원

[4] 일반전표입력
2025.08.20. (차) 보통예금   2,750,000원   (대) 대손충당금(109)   2,500,000원
                                                           부가세예수금   250,000원

[5] 일반전표입력
2025.09.19. (차) 차량운반구   1,250,000원   (대) 보통예금   1,250,000원

문제 2

[1] 매입매출전표입력
유형: 11.과세 공급가액: 50,000,000원 부가세: 5,000,000원 거래처: ㈜이레테크 전자: 여 분개: 혼합
2025.04.02. (차) 선수금   5,000,000원   (대) 부가세예수금   5,000,000원
                  받을어음   30,000,000원   제품매출   50,000,000원
                  외상매출금   20,000,000원

[2] 매입매출전표입력
유형: 16.수출 공급가액: 3,000,000원 거래처: BTECH 분개: 외상 또는 혼합
영세율구분:①직접수출(대행수출 포함) 수출신고번호:12345-00-123456X
2025.04.09. (차) 외상매출금   3,000,000원   (대) 제품매출   3,000,000원

[3] 매입매출전표입력
유형: 57.카과 공급가액: 1,000,000원 부가세: 100,000원 거래처: 침산가든 분개: 카드 또는 혼합
신용카드사:제일카드
2025.05.29. (차) 부가세대급금   100,000원   (대) 미지급금(제일카드) 1,100,000원
                  복리후생비(제)   600,000원   (또는 미지급비용)
                  복리후생비(판)   400,000원

[4] 매입매출전표입력
유형: 54.불공 공급가액: 100,000,000원 부가세: 10,000,000원 거래처: ㈜한라상사 전자: 여 분개: 혼합
불공제사유:⑤ 면세사업 관련
2025.06.05. (차) 기계장치   110,000,000원 (대) 당좌예금   100,000,000원
                                                          보통예금   10,000,000원

[5] 매입매출전표입력
유형: 61.현과 공급가액: 200,000원 부가세: 20,000원 거래처: 일진상사 분개: 현금 또는 혼합
2025.06.15. (차) 부가세대급금   20,000원   (대) 현금   220,000원
                  소모품비(제)   200,000원

문제 3

[1]

1. [수출실적명세서]

조회기간 2025년 01월 ~ 2025년 03월, 구분: 1기 예정, 과세기간별입력

구분	건수	외화금액	원화금액	비고
⑨합계	3	5,180,000.00	232,000,000	
⑩수출재화[=⑫합계]	3	5,180,000.00	232,000,000	
⑪기타영세율적용				

No	(13)수출신고번호	(14)선(기)적일자	(15)통화코드	(16)환율	(17)외화	(18)원화	거래처코드	거래처명
1	13065-22-165649x	2025-01-31	USD	1,080.0000	100,000.00	108,000,000	00801	제임스사
2	13075-20-080907x	2025-02-20	USD	1,050.0000	80,000.00	84,000,000	00802	랜덤기업
3	13899-25-148890x	2025-03-18	JPY	8.0000	5,000,000.00	40,000,000	00901	큐수상사

2. [영세율매출명세서] 조회기간 2025년 01월 ~ 2025년 03월

(7)구분	(8)조문	(9)내용	(10)금액(원)
	제21조	직접수출(대행수출 포함)	232,000,000
		중계무역·위탁판매·외국인도 또는 위탁가공무역 방식의 수출	
		내국신용장·구매확인서에 의하여 공급하는 재화	
		한국국제협력단 및 한국국제보건의료재단에 공급하는 해외반출용 재화	
		수탁가공무역 수출용으로 공급하는 재화	

[2]

[답] 조회기간 2025년 10월 01일 ~ 2025년 12월 31일

정기신고금액

구분			금액	세율	세액
과세표준및매출세액	과세	세금계산서발급분	500,000,000	10/100	50,000,000
		매입자발행세금계산서		10/100	
		신용카드·현금영수증발행분	80,000,000	10/100	8,000,000
		기타(정규영수증외매출분)			
	영세	세금계산서발급분	50,000,000	0/100	
		기타	150,000,000	0/100	
	예정신고누락분				
	대손세액가감				3,000,000
	합계		780,000,000	㉮	61,000,000
매입세액	세금계산서 수취분	일반매입	550,000,000		55,000,000
		수출기업 수입분 납부유예	10-1		
		고정자산매입			
	예정신고누락분		20,000,000		2,000,000
	매입자발행세금계산서				
	그 밖의 공제매입세액				
	합계(10)-(10-1)+(11)+(12)+(13)+(14)	15	570,000,000		57,000,000
	공제받지못할매입세액	16	30,000,000		3,000,000
	차감계 (15-16)	17	540,000,000	㉯	54,000,000
납부(환급)세액(매출세액㉮-매입세액㉯)				㉰	7,000,000
경감공제세액	그 밖의 경감·공제세액	18			10,000
	신용카드매출전표등 발행공제등	19			
	합계	20		㉱	10,000
소규모 개인사업자 부가가치세 감면세액		20-1		㉲	
예정신고미환급세액		21		㉳	
예정고지세액		22		㉴	
사업양수자의 대리납부 기납부세액		23		㉵	
매입자 납부특례 기납부세액		24		㉶	
신용카드업자의 대리납부 기납부세액		25		㉷	
가산세액계		26		㉸	500,000
차가감하여 납부할세액(환급받을세액)㉰-㉱-㉲-㉳-㉴-㉵-㉶-㉷+㉸		27			7,490,000
총괄납부사업자가 납부할 세액(환급받을 세액)					

구분			금액	세율	세액
7.매출(예정신고누락분)					
예정누락분	과세	세금계산서	33		10/100	
		기타	34		10/100	
	영세	세금계산서	35		0/100	
		기타	36		0/100	
	합계		37			
12.매입(예정신고누락분)					
	세금계산서	38	20,000,000		2,000,000
	그 밖의 공제매입세액	39			
	합계	40	20,000,000		2,000,000
예정누락분	신용카드매출	일반매입			
	수령금액합계	고정매입			
	의제매입세액				
	재활용폐자원등매입세액				
	과세사업전환매입세액				
	재고매입세액				
	변제대손세액				
	외국인관광객에대한환급세액				
14.그 밖의 공제매입세액					
신용카드매출	일반매입	41			
수령금액합계표	고정매입	42			
의제매입세액		43		뒤쪽	
재활용폐자원등매입세액		44		뒤쪽	
과세사업전환매입세액		45			
재고매입세액		46			
변제대손세액		47			
외국인관광객에대한환급세액		48			
합계		49			

구분		금액	세율	세액
16.공제받지못할매입세액				
공제받지못할 매입세액	50	30,000,000		3,000,000
공통매입세액면세사업분	51			
대손처분받은세액	52			
합계	53	30,000,000		3,000,000
18.그 밖의 경감·공제세액				
전자신고 및 전자고지 세액공제	54			10,000
전자세금계산서발급세액공제	55			
택시운송사업자경감세액	56			
대리납부세액공제	57			
현금영수증사업자세액공제	58			
기타	59			
합계	60			10,000

25.가산세명세			금액	세율	세액
사업자미등록등		61		1/100	
세금계산서	지연발급 등	62		1/100	
	지연수취	63		5/1,000	
	미발급 등	64	50,000,000	뒤쪽참조	500,000
전자세금계산서	지연전송	65		3/1,000	
발급명세	미전송	66		5/1,000	
세금계산서합계표	제출불성실	67		5/1,000	
	지연제출	68		3/1,000	
신고불성실	무신고(일반)	69		뒤쪽	
	무신고(부당)	70		뒤쪽	
	과소·초과환급(일반)	71		뒤쪽	
	과소·초과환급(부당)	72		뒤쪽	
납부지연		73		뒤쪽	
영세율과세표준신고불성실		74		5/1,000	
현금매출명세서불성실		75		1/100	
부동산임대공급가액명세서		76		1/100	
매입자 납부특례	거래계좌 미사용	77		뒤쪽	
	거래계좌 지연입금	78		뒤쪽	
신용카드매출전표등수령명세서미제출·과다기재		79		5/1,000	
합계		80			500,000

※ 세금계산서 불성실 가산세 중 전자세금계산서 발급의무자가 세금계산서 발급시기에 종이세금계산서를 발급한 경우 가산세 : 공급가액×1%(64.미발급 등 또는 62.지연발급 등)

문제 4

[1] 일반전표입력
2025.12.31.   (차) 소모품비(판)   900,000원   (대) 소모품   900,000원

[2] 일반전표입력
2025.12.31.   (차) 매도가능증권평가손실   130,000원   (대) 매도가능증권(178)   130,000원
· (8,300원 − 7,000원) × 100주 = 130,000원

[3]
2025.12.31.   (차) 이자비용   1,600,000원   (대) 미지급비용   1,600,000원

[4] 1. [결산자료입력] > Ctrl F8 퇴직충당
　　　　　　　> 퇴직급여추계액 > · 퇴직급여(508) 75,000,000원 입력
　　　　　　　　　　　　　　　　· 퇴직급여(806) 35,000,000원 입력 > 결산반영
　　　　　　　> F3 전표추가

[5] 1. [결산자료입력] > 9.)법인세등 > 1.선납세금 26,080,000원 입력
　　 2. 추가계상액 24,920,000원 입력 > F3 전표추가

문제 5

[1]
1. [사원등록] > [기본사항]

사번	성명	주민(외국인)번호	나이
600	김기웅	1 820706-1256785	42
■ 500	박한별	1 830505-2027818	41

1.입사년월일 2025년 6월 1일
2.내/외국인 1 내국인
3.외국인국적 KR 한국   체류자격
4.주민구분 1 주민등록번호   주민등록번호 830505-2027818
5.거주구분 1 거주자   6.거주지국코드 KR 대한민국
7.국외근로제공 0 부   8.단일세율적용 0 부   9.외국법인 파견근로자 0 부
10.생산직등여부 0 부   연장근로비과세 0 부   전년도총급여

2. [사원등록] > [부양가족명세]

연말관계	성명	내/외국인	주민(외국인,여권)번호	나이	기본공제	부녀자	한부모	경로우대	장애인	자녀	출산입양	위탁관계
0	박한별	내 1	830505-2027818	42	본인	○						
3	김준호	내 1	820525-1056931	43	배우자							
1	박인수	내 1	530725-1013119	72	60세이상			○		1		
4	김은수	내 1	070510-3212685	18	20세이하					○		
4	김아름	내 1	251225-4115731	0	20세이하						둘째	

※ 박인수(아버지) – 기본공제 유형 : 4.60세이상 또는 5.장애인
　　　　　　　 – 장애인공제 : 1.장애인복지법 또는 0.부
① 배우자는 생계를 같이 해야 한다는 요건이 없다.
② 직계비속은 항상 생계를 같이하는 부양가족으로 본다.

[2]

1. 소득명세 탭

구분		합계	주(현)	납세조합	종(전) [1/2]
9.근무처명			(주)대동산업		(주)해탈상사
9-1.종교관련 종사자			부		부
10.사업자등록번호			129-81-59325		120-85-22227
11.근무기간			2025-07-01 ~ 2025-12-31	~	2025-01-01 ~ 2025-06-30
12.감면기간			~	~	~
13-1.급여(급여자료입력)		66,000,000	42,000,000		24,000,000
13-2.비과세한도초과액					
13-3.과세대상추가(인정상여추가)					
14.상여		3,000,000			3,000,000
15.인정상여					
15-1.주식매수선택권행사이익					
15-2.우리사주조합 인출금					
15-3.임원퇴직소득금액한도초과액					
15-4.직무발명보상금					
16.계		69,000,000	42,000,000		27,000,000
18.국외근로					
18-1.야간근로(연240만원)	001				
18-2.출산·보육(월20만원)	001	600,000			600,000
18-4.연구보조비(월20만원)					
20-1.감면소득 계					
공제보험료명세	직장	건강보험료(직장)(33)	2,876,900	1,488,900	1,388,000
		장기요양보험료(33)	379,680	190,680	189,000
		고용보험료(33)	571,600	336,000	235,600
		국민연금보험료(31)	3,203,000	1,593,000	1,610,000
	공적연금보험료	공무원 연금(32)			
		군인연금(32)			
		사립학교교직원연금(32)			
		별정우체국연금(32)			
세액	기납부세액	소득세	5,651,200	4,396,200	1,255,000
		지방소득세	565,120	439,620	125,500
		농어촌특별세			

2. 부양가족 탭 : 교육비

연말관계	성명	내/외국인	주민(외국인)번호	나이	기본공제	세대주구분	부녀자	한부모	경로우대	장애인	자녀	출산입양
0	김기웅	내	1 800706-1256785	43	본인	세대주						

합 계 [명] 1

자료구분	보험료				의료비					교육비	
	건강	고용	일반보장성	장애인전용	일반	실손	선천성이상아	난임	65세,장애인	일반	장애인특수
국세청										3,000,000 4.본인	
기타	3,256,580	571,600									

3. 신용카드 등 탭

내/외 관계	성명 생년월일	자료구분	신용카드	직불,선불	현금영수증	도서등신용	도서등직불	도서등현금	전통시장	대중교통
내	김기웅	국세청	20,000,000	1,000,000	1,000,000			200,000	300,000	1,200,000
0	1980-07-05	기타								
	합계		20,000,000	1,000,000	1,000,000			200,000	300,000	1,200,000

4. 의료비 탭

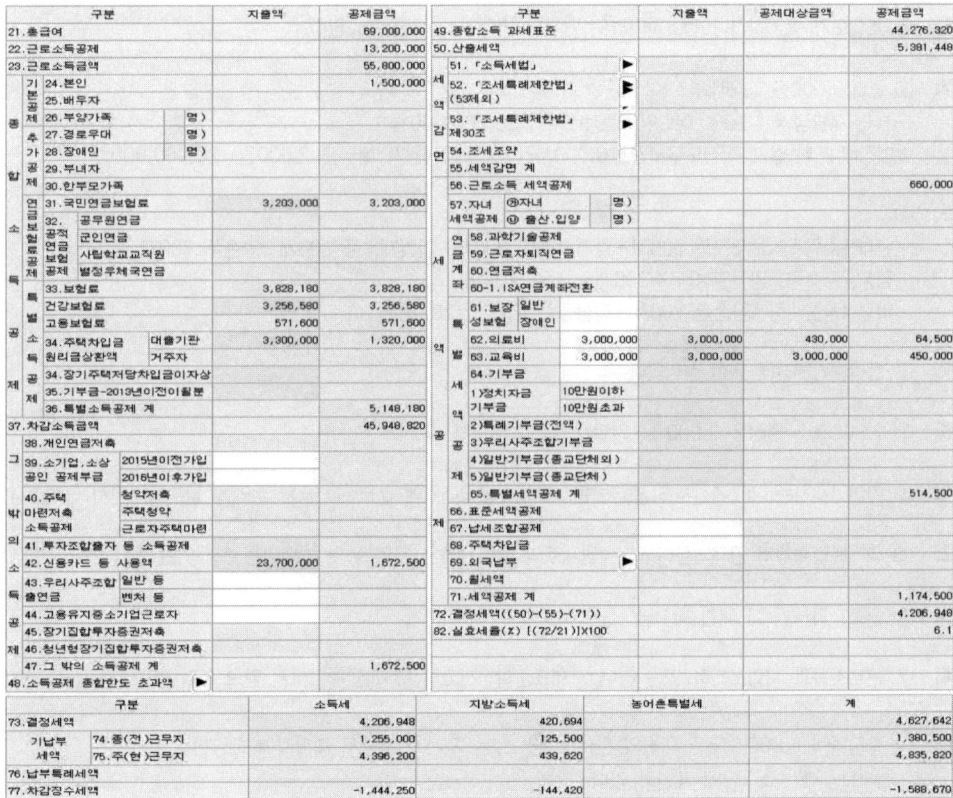

5. 연말정산입력 탭
1) 주택차입금원리금상환액

2) F8부양가족탭불러오기

제112회 기출문제

이론시험

| 01 | ④ | 02 | ① | 03 | ③ | 04 | ④ | 05 | ② | 06 | ④ | 07 | ① | 08 | ② | 09 | ③ | 10 | ① |
| 11 | ③ | 12 | ③ | 13 | ④ | 14 | ② | 15 | ① | | | | | | | | | | |

01. ④ 계정과목을 단기매매증권으로 분류변경하는 것이 아니라, 만기보유증권(유동자산)으로 분류변경한다.

02. ① · 미반영 회계처리 : (차) 선급비용(자산)   (대) 보험료(비용)
· 즉, 자산 과소, 비용 과대, 당기순이익 과소, 부채는 영향이 없다.

03. ③ 원상회복, 수선유지를 위한 지출은 수익적 지출에 해당한다.

04. ④ 용역제공거래의 성과를 신뢰성 있게 추정할 수 없고 발생한 원가의 회수가능성이 낮은 경우에도 발생한 원가는 비용으로 인식한다.

05. ② 회계연도의 이익을 줄이기 위해 유형자산의 내용연수를 임의로 단축하는 것은 회계처리의 오류이다.

06. ④ 조업도가 증가하거나 감소하더라도 단위당 변동원가는 변함이 없다.

07. ① 2,000,000원 과대배부
= 실제발생액 18,000,000원 – 예정배부액 20,000,000원
· 예정배부액 : 실제 직접노무시간 10,000시간 × 제조간접원가 배부율 2,000원 = 20,000,000원

08. ②
· 완성품수량 : 기초재공품 500개 + 당기착수 5,000개 – 기말재공품 300개 – 공손품 700개 = 4,500개
· 정상공손수량 : 당기완성품 4,500개 × 10% = 450개
· 비정상공손수량 : 공손품 700개 – 정상공손 450개 = 250개

09. ③ 종합원가계산에 대한 설명이다.

10. ① 2,800개 = 완성품 2,000개 + 기말재공품 2,000개 × 40%

11. ③ 간이과세자는 세금계산서를 발급받은 재화의 공급대가에 0.5%를 곱한 금액을 납부세액에서 공제한다.

12. ③ 의제매입세액의 공제대상이 되는 원재료의 매입가액은 운임 등의 부대비용을 제외한 매입원가로 한다.

13. ④ 근로자의 가족에 대한 학자금은 근로소득으로 과세한다.

14. ② 근로소득과 사업소득이 있는 경우 과세표준확정신고의 예외에 해당하지 않으므로 반드시 확정신고를 해야 한다.

15. ① 총급여액 5,000,000원 이하의 근로소득만 있는 자가 기본공제 대상자에 해당한다.
· 한부모공제는 소득금액 제한이 없다.

실무시험

문제 1

[1] 일반전표입력
2025.06.12. (차) 단기매매증권 10,000,000원 (대) 보통예금 10,100,000원
            수수료비용(984) 100,000원

[2] 일반전표입력
2025.07.09. (차) 예수금 3,300,000원 (대) 보통예금 3,300,000원

[3] 일반전표입력
2025.07.21. (차) 토지 370,000,000원 (대) 자산수증이익 350,000,000원
                                            보통예금 20,000,000원

[4] 일반전표입력
2025.09.20. (차) 보통예금 34,100,000원 (대) 사채 35,000,000원
            사채할인발행차금 900,000원

[5] 일반전표입력
2025.10.21. (차) 보통예금 125,000,000원 (대) 외상매출금(㈜도담) 115,000,000원
                                            외환차익 10,000,000원

문제 2

[1] 매입매출전표입력
유형: 51.과세 공급가액: 15,000,000원 부가세: 1,500,000원 공급처명: 대보상사 전자: 부 분개: 혼합
2025.07.02. (차) 부가세대급금 1,500,000원 (대) 당좌예금 16,500,000원
            기계장치 15,000,000원

[2] 매입매출전표입력
유형: 61.현과 공급가액: 80,000원 부가세: 8,000원 공급처명: 참맛식당 분개: 현금 또는 혼합
2025.07.24. (차) 부가세대급금 8,000원 (대) 현금 88,000원
            복리후생비(판) 80,000원

[3] 매입매출전표입력
유형: 54.불공 공급가액: 25,000,000원 부가세: 2,500,000원 공급처명: ㈜빠름자동차 전자: 여 분개: 혼합
불공제사유:③비영업용승용자동차 구입·유지 및 임차
2025.08.01. (차) 차량운반구 27,500,000원 (대) 보통예금 3,000,000원
                                            미지급금 24,500,000원

[4] 매입매출전표입력
유형: 11.과세 공급가액: 40,000,000원 부가세: 4,000,000원 공급처명: ㈜더뷰상사 전자: 여 분개: 혼합
2025.08.17. (차) 보통예금 12,000,000원 (대) 부가세예수금 4,000,000원
            외상매출금 32,000,000원 제품매출 40,000,000원

[5] 매입매출전표입력
유형: 16.수출 공급가액: 78,600,000원 공급처명: KYM사 분개: 혼합
영세율구분:① 직접수출(대행수출 포함)
2025.11.30. (차) 외상매출금 39,300,000원 (대) 제품매출 78,600,000원
            보통예금 39,300,000원

문제 3

[1] [부동산임대공급가액명세서]

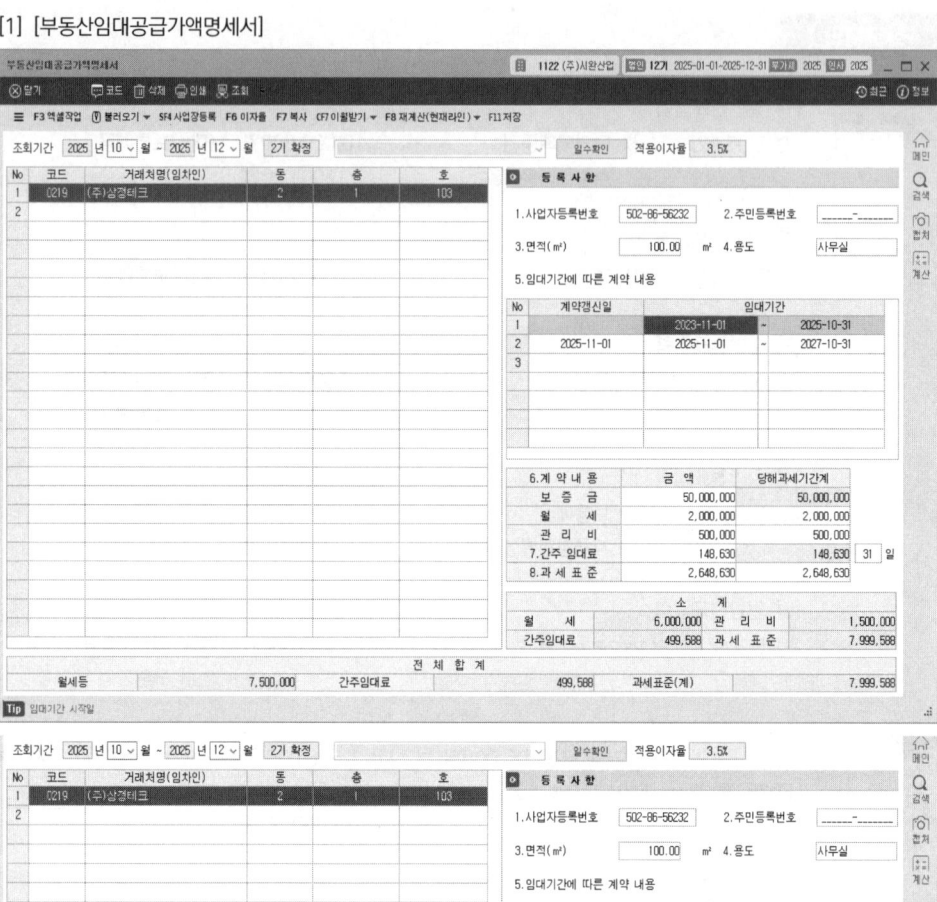

[2] [부가가치세신고서] 조회기간 2025년 01월 01일 ~2025년 03월 31일

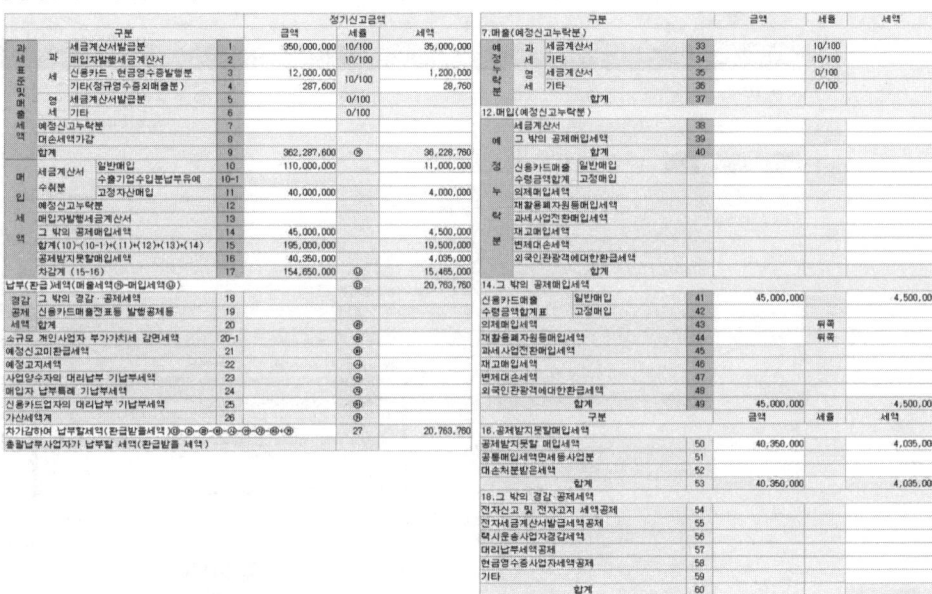

· 간주임대료는 기타(정규영수증외매출분)에 입력한다.

[3]
1. [부가가치세신고서] 2025년 04월 01일 ~ 2025년 06월 30일
   부속서류 마감 확인

2. 전자신고 데이터 제작

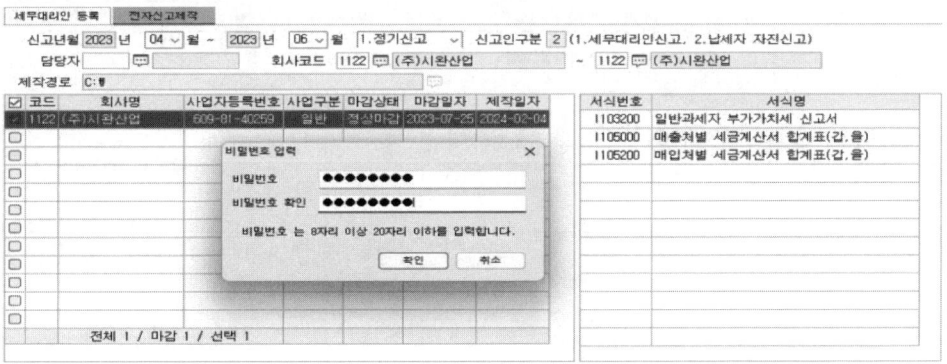

3. 가상홈택스 부가가치세 신고/납부

문제 4

[1] 일반전표입력
2025.12.31.   (차) 매도가능증권(178)   1,200,000원   (대) 매도가능증권평가이익 1,200,000원

[2] 일반전표입력
2025.12.31.   (차) 잡손실   102,000원   (대) 현금과부족   102,000원

[3] 일반전표입력
2025.12.31.   (차) 보통예금   35,423,800원   (대) 단기차입금(우리은행) 35,423,800원

[4] 일반전표입력
2025.12.31.   (차) 선급비용   200,000원   (대) 보험료(판)   200,000원

[5] 일반전표입력
1. [결산자료입력]＞Ctrl F8 퇴직충당＞퇴직급여추계액란＞퇴직급여(판) 100,000,000원 입력
         ＞퇴직급여(제) 300,000,000원 입력
   결산반영 후 F3 전표추가

문제 5

[1]
1. [수당등록]

2. [급여자료입력] 귀속년월 2025년 07월 지급년월일 2025년 07월 31일

3. 원천징수이행상황신고서
   귀속기간 2025년 07월 ~ 2025년 07월 지급기간 2025년 07월 ~ 2025년 07월

[2]
1. [연말정산추가자료입력]>[소득명세] 탭

구분		합계	주(현)	납세조합	종(전) [1/2]
소 득 명 세	9.근무처명		(주)시환산업		(주)강일전자
	9-1.종교관련 종사자		부		부
	10.사업자등록번호		609-81-40259		205-85-11389
	11.근무기간		2025-09-20 ~ 2025-12-31	---.--.--- ~ ---.--.---	2025-01-01 ~ 2025-09-19
	12.감면기간		---.--.--- ~ ---.--.---	---.--.--- ~ ---.--.---	---.--.--- ~ ---.--.---
	13-1.급여(급여자료입력)	50,750,000	17,500,000		33,250,000
	13-2.비과세한도초과액				
	13-3.과세대상추가(인정상여추가)				
	14.상여	8,500,000			8,500,000
	15.인정상여				
	15-1.주식매수선택권행사이익				
	15-2.우리사주조합 인출금				
	15-3.임원퇴직소득금액한도초과액				
	15-4.직무발명보상금				
	16.계	59,250,000	17,500,000		41,750,000
	18.국외근로				
공 제 보 험 료 명 세	20.비과세소득 계				
	20-1.감면소득 계				
	직장 건강보험료(직장)(33)	2,056,052	620,372		1,435,680
	장기요양보험료(33)	263,310	79,440		183,870
	고용보험료(33)	504,500	140,000		364,500
	국민연금보험료(31)	2,610,000	787,500		1,822,500
	공적연금보험료 공무원 연금(32)				
	군인연금(32)				
	사립학교교직원연금(32)				
	별정우체국연금(32)				
세 액 명 세	기납부세액 소득세	1,301,080	976,080		325,000
	지방소득세	130,100	97,600		32,500
	농어촌특별세				
	소득세				

2. [연말정산추가자료입력]>[부양가족명세] 탭
(1) 인적공제

연말관계	성명	내/외국인	주민(외국인)번호	나이	기본공제	세대주구분	부녀자	한부모	경로우대	장애인	자녀	출산입양
0	김민수	내 1	800205-1884520	45	본인	세대주						
3	여민지	내 1	830120-2118524	42	배우자							
4	김수지	내 1	120810-4988221	13	20세이하						O	
4	김지민	내 1	140520-3118529	11	20세이하						O	
1	한미녀	내 1	571211-2113251	68	60세이상					1		

· 여민지(배우자) : 총급여 500만원 이하는 기본공제대상자이다.
· 김수지(자녀) : 일시적인 문예창작소득 50만원은 기타소득 분리과세로 기본공제대상자에 해당한다.
· 한미녀(모친) – 기본공제유형 60세이상 또는 장애인
– 장애인은 연령의 제한이 없으며, 원천징수 대상 금융소득 2,000만원 이하는 분리과세로 기본공제대상자에 해당한다.

(2) 보험료

- 김민수 일반보장성보험료
- 한미녀(모친) 장애인보장성보험료

자료구분	국세청간소화	급여/기타	정산	공제대상금액
국민연금_직장		2,610,000		2,610,000
국민연금_지역				
합 계		2,610,000		2,610,000
건강보험료-보수월액		2,056,052		2,056,052
장기요양보험료-보수월액		263,310		263,310
건강보험료-소득월액(납부)				
기요양보험료-소득월액(납부)				
합 계		2,319,362		2,319,362
고용보험료		504,500		504,500
보장성보험-일반	1,150,000			1,150,000
보장성보험-장애인				
합 계	1,150,000			1,150,000

자료구분	국세청간소화	급여/기타	정산	공제대상금액
국민연금_직장				
국민연금_지역				
합 계				
건강보험료-보수월액				
장기요양보험료-보수월액				
건강보험료-소득월액(납부)				
기요양보험료-소득월액(납부)				
합 계				
고용보험료				
보장성보험-일반				
보장성보험-장애인	1,200,000			1,200,000
합 계	1,200,000			1,200,000

(3) 교육비

- 김수지

교육비	
일반	장애인특수
200,000 2.초중고	

- 김지민

교육비	
일반	장애인특수
300,000 2.초중고	

- 김수지(자녀) : 학원비는 초등학교 취학 전 아동에 한하여 공제가 가능하다.
- 김지민(자녀) : 초등학교 체험학습비는 연 30만원까지 공제가 가능하다.
- 한미녀(모친) : 직계존속의 교육비는 공제 대상이 아니다(다만, 장애인 특수교육비는 제외함).

3. [연말정산추가자료입력]>[의료비] 탭

					2023년 의료비 지급명세서							
	신용카드 등	의료비	기부금	연금저축 등I	연금저축 등II	월세액		연말정산입력				
		지급처				지급명세						14.산후조리원
14.산후조리원	6.본인등해당여부	9.증빙코드	8.상호	7.사업자등록번호	10.건수	11.금액	11-1.실손보험수령액	12.미숙아선천성이상아	13.납일여부			
	3	X		1		3,000,000	1,000,000	X	X			
X	3	X		1		500,000		X	X			

- 김수지(자녀) : 시력 보정용 콘택트렌즈 1인당 연 50만원까지 공제가 가능하다.

4. [연말정산추가자료입력]>[신용카드] 탭

소득명세	부양가족	신용카드 등	의료비	기부금	연금저축 등I	연금저축 등II	월세액	연말정산입력			
내/외 관계	성명 생년월일	자료구분	신용카드	직불,선불	현금영수증	도서등신용	도서등직불	도서등현금	전통시장	대중교통	
내	김민수	국세청	19,870,000						5,200,000	7,500,000	
0	1978-02-05	기타									
내	한미녀	국세청			5,000,000						
1	1955-12-11	기타									
내	여민지	국세청		12,000,000							
3	1981-01-20	기타									

5. [연말정산추가자료입력]>[연말정산입력] 탭 : F8부양가족불러오기 실행

특별공제	33.보험료		2,823,862	2,823,862		60-1.ISA연금계좌전환				
	건강보험료		2,319,362	2,319,362		61.보장 일반	1,150,000	1,150,000	1,000,000	120,000
	고용보험료		504,500	504,500	특별세액공제	성보험 장애인	1,200,000	1,200,000	1,000,000	150,000
	34.주택차입금	대출기관				62.의료비	3,500,000	3,500,000	722,500	108,375
	원리금상환액	거주자				63.교육비	500,000	500,000	500,000	75,000
	34.장기주택저당차입금이자상					64.기부금				
	35.기부금-2013년이전이월분					1.정치자금 10만원이하				
	36.특별소득공제 계			2,823,862		기부금 10만원초과				
37.차감소득금액				31,603,638		2.특례기부금(전액)				
38.개인연금저축						3.우리사주조합기부금				
그밖의소득공제	39.소기업,소상공인	2015년이전가입				4.일반기부금(종교단체외)				
	공제부금	2016년이후가입				7.일반기부금(종교단체)				
	40.주택마련저축	청약저축				65.특별세액공제 계				453,375
	소득공제	주택청약				66.표준세액공제				
		근로자주택마련				67.납세조합공제				
	41.투자조합출자 등 소득공제					68.주택차입금				
	42.신용카드 등 사용액		49,570,000	6,000,000		69.외국납부	▶			
	43.우리사주조합 일반 등					70.월세액				

제113회 기출문제

이론시험

01	③	02	②	03	①	04	②	05	④	06	②	07	④	08	①	09	③	10	③
11	②	12	④	13	①	14	④	15	③										

01. ③ 유동자산은 당좌자산과 재고자산으로 구분하고 투자자산은 비유동자산에 속한다.

02. ② 12,300,000원
= 기초 자본잉여금 10,000,000원 + 주식발행초과금 2,000,000원 + 자기주식처분이익 300,000원

03. ① 대손충당금 과대 설정은 동시에 대손상각비가 과대 계상된다.

04. ② 취득세, 등록면허세 등 유형자산의 취득과 직접 관련된 제세공과금은 유형자산의 원가를 구성한다.

05. ④ 충당부채는 과거사건이나 거래의 결과에 의한 현재의무로서, 지출의 시기 또는 금액이 불확실하지만 그 의무를 이행하기 위하여 자원이 유출될 가능성이 매우 높고 또한 당해 금액을 신뢰성 있게 추정할 수 있는 의무를 말한다.

06. ② 54개
· 실제 물량의 흐름

구분		검사 30%	기말 50%	기초 70%	완성 100%
완성품	2,000개				
기초재공품	500개	---			→
당기착수완성품	1500개				→
기말재공품	300개		→		

· 당기에 검사를 통과한 정상품 : 1,500개 + 300개 = 1,800개
· 정상공손수량 : 1,800개 × 3% = 54개

07. ④ 이익잉여금처분은 주주에게 지급하는 배당 등을 의미하며 주주인 외부 이해관계자에게 제공하는 것은 재무회계의 목적에 해당한다.

08. ① 30,870,000원
= 실제 직접노동시간 70,000시간 × 제조간접원가 예정배부율 441원
· 제조간접원가 예정배부율 : 제조간접원가 예산 39,690,000원 ÷ 예산 직접노동시간 90,000시간
= 441원/직접노동시간

09. ③ 제조원가를 원가행태에 따른 분류하면 변동제조원가, 고정제조원가로 분류한다.

10. ③ 단계배분법은 우선순위가 높은 부문의 보조부문원가를 우선순위가 낮은 부문과 제조부문에 먼저 배분하는 방법으로 상호간의 용역수수관계를 일부 인식하지만 배분 순서가 부적절한 경우 직접배분법보다도 정확성이 떨어질 수 있다.

- 상호배분법은 보조부문 상호간의 용역수수관계를 가장 정확하게 배분하지만 보조부문의 수가 여러 개일 경우 시간과 비용이 많이 소요되고 계산하기가 어려워 실무상 거의 사용되지 않는다.

11. ②
- 면세 등 세금계산서 발급 대상이 아닌 거래 등에 대하여 세금계산서를 발급한 경우 : 처음에 발급한 세금계산서의 내용대로 붉은색 글씨로 쓰거나 음의 표시를 하여 발급
- 필요적 기재사항 등이 착오 외의 사유로 잘못 적힌 경우 : 처음에 발급한 세금계산서의 내용대로 세금계산서를 붉은색 글씨로 쓰거나 음의 표시를 하여 발급하고, 수정하여 발급하는 세금계산서는 검은색 글씨로 작성하여 발급
- 착오로 전자세금계산서를 이중으로 발급한 경우 : 처음에 발급한 세금계산서의 내용대로 음의 표시를 하여 발급

12. ④ 세금계산서 임의적 기재사항의 일부가 적히지 아니한 지출에 대한 매입세액은 공제가 가능하다. 필요적 기재사항의 일부가 적히지 아니한 지출에 대한 매입세액에 대해서는 공제 불가하다.

13. ① 납세지 관할 세무서장은 각 과세기간별로 그 과세기간에 대한 환급세액을 확정신고한 사업자에게 그 확정신고기한이 지난 후 30일 이내(제2항 각 호의 어느 하나에 해당하는 경우에는 15일 이내)에 대통령령으로 정하는 바에 따라 환급하여야 한다.

14. ④ 금융소득은 납세자의 선택에 따라 종합소득합산과세를 적용할 수 없으며 금융소득이 연 2천만원을 초과하는 경우 금융소득종합과세를 적용 한다.

15. ③ 당해 과세기간에 발생한 결손금을 먼저 다른 소득금액에서 공제한다.

실무시험

문제 1

[1] 일반전표입력
2025.03.21. (차) 이월이익잉여금(375)   110,000,000원   (대) 미지급배당금   100,000,000원
                                                              이익준비금   10,000,000원

[2] 일반전표입력
2025.03.28. (차) 외상매입금(남일상사)   15,500,000원   (대) 보통예금   7,000,000원
                                                              가수금(대표자) 8,500,000원

[3] 일반전표입력
2025.06.25. (차) 교육훈련비(판)   2,400,000원   (대) 예수금   79,200원
                                                        보통예금   2,320,800원

[4] 일반전표입력
2025.08.10. (차) 보통예금   950,000원   (대) 단기매매증권   500,000원
                                              단기매매증권처분이익 450,000원

[5] 일반전표입력
2025.09.05. (차) 기부금   2,000,000원   (대) 원재료   2,000,000원
                                           (적요 8. 타계정으로 대체액)

문제 2

[1] 매입매출전표입력
유형: 22.현과 공급가액: 480,000원 부가세: 48,000원 공급처명: 추미랑 분개: 현금 또는 혼합
2025.07.17. (차) 현금   528,000원   (대) 제품매출   480,000원
                                          부가세예수금   48,000원

[2] 매입매출전표입력
유형: 14.건별 공급가액: 1,000,000원 부가세: 100,000원 공급처명: 없음 분개: 혼합
2025.07.28. (차) 보통예금   1,100,000원   (대) 부가세예수금   100,000원
              감가상각누계액(213) 1,500,000원   비품   2,500,000원

[3] 매입매출전표입력
유형: 55.수입 공급가액: 5,400,000원 부가세: 540,000원 공급처명: 인천세관 전자: 여 분개: 현금 또는 혼합
2025.08.28. (차) 부가세대급금   540,000원   (대) 현금   540,000원

[4] 매입매출전표입력
유형: 57.카과 공급가액: 1,000,000원 부가세: 100,000원 공급처명: 과자나라㈜ 분개: 카드 또는 혼합
신용카드사:비씨카드
2025.09.02. (차) 부가세대급금   100,000원   (대) 미지급금(비씨카드) 1,100,000원
              복리후생비(판) 1,000,000원   (또는 미지급비용)

[5] 매입매출전표입력
유형: 51.과세 공급가액: 20,000,000원 부가세: 2,000,000원 공급처명: ㈜오성기계 전자: 여 분개: 혼합
2025.09.11. (차) 기계장치   20,000,000원   (대) 보통예금   20,000,000원
              부가세대급금   2,000,000원   선급금   2,000,000원

문제 3

[1] [의제매입세액공제신고서]
※ 농어민으로부터의 매입은 제조업자에 한하여 가능하다.

※ 당기매입액 : 예정신고기간 매입액 1,325,000원[주1] + 확정신고기간 매입액 2,850,000원 = 4,175,000원
　[주1] 예정신고기간 매입액 : 예정신고 시 의제매입세액 75,000원÷6/106 = 1,325,000원
　다만, 예정신고기간 분에 대한 의제매입액을 명시하고 있지 아니하므로 의제매입세액공제신고서 하단의
　B.당기매입액 2,850,000원, C.공제대상금액 161,320원으로 입력한 경우도 정답으로 인정합니다.

[2] [건물등감가상각자산취득명세서] 조회기간 2025년 10월 ~ 2025년 12월

No	감가상각자산종류	건수	공급가액	세액	비고
	합 계	3	83,500,000	8,350,000	
	건물·구축물	1	50,000,000	5,000,000	
	기계장치	1	2,500,000	250,000	
	차량운반구	1	31,000,000	3,100,000	
	기타감가상각자산				

거래처별 감가상각자산 취득명세

No	월/일	상호	사업자등록번호	자산구분	공급가액	세액	건수
1	10-04	(주)원대자동차	210-81-13571	차량운반구	31,000,000	3,100,000	1
2	11-26	아름건설	101-26-97846	건물,구축물	50,000,000	5,000,000	1
3	12-09	나라포장	106-02-56785	기계장치	2,500,000	250,000	1
4							
		합 계			83,500,000	8,350,000	3

[3]

1. [부가가치세신고서] 조회기간 2025년 01월 01일 ~ 2025년 03월 31일
   - 적색 마감 확인

2. [전자신고]>[전자신고제작] 탭>F4 제작>비밀번호 입력

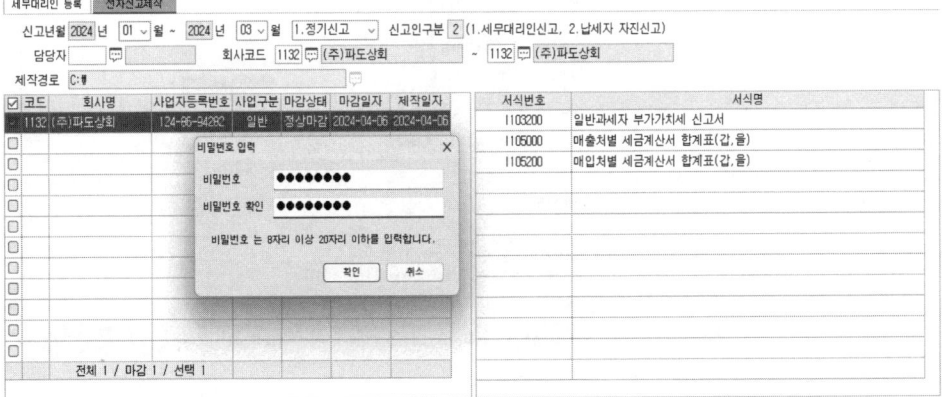

3. [국세청 홈택스 전자신고변환(교육용)]

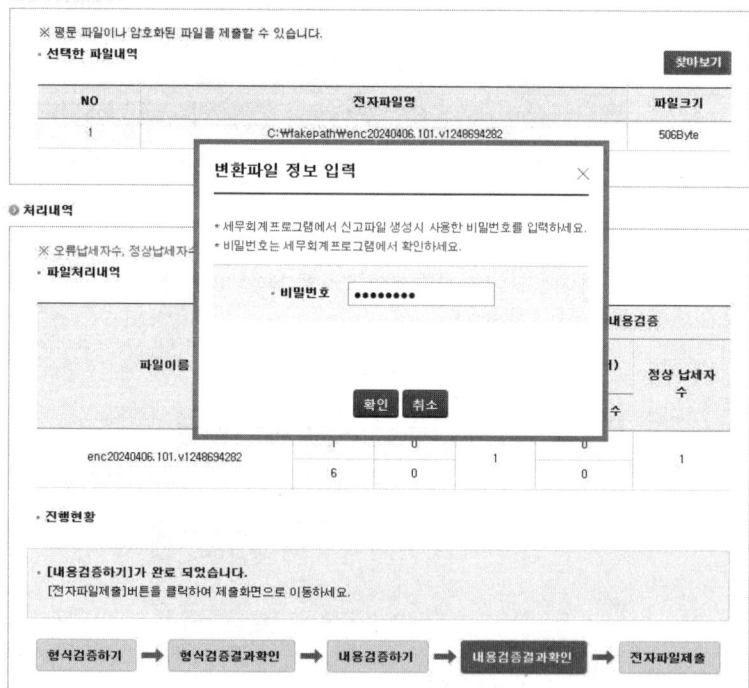

문제 4

[1] 일반전표입력
2025.12.31. (차) 미수수익 765,000원 (대) 이자수익 765,000원
· 미수수익 : 30,000,000원 × 3.4% × 9/12 = 765,000원

[2] 일반전표입력
2025.12.31. (차) 매도가능증권평가이익 1,000,000원 (대) 매도가능증권(178) 1,200,000원
            매도가능증권평가손실 200,000원

[3] 일반전표입력
2025.12.31. (차) 외상매출금(캐나다 ZF사) 3,000,000원 (대) 외화환산이익* 3,000,000원
*$100,000 × (950원 - 920원) = 3,000,000원

[4] 일반전표입력
2025.12.31. (차) 부가세예수금 8,240,000원 (대) 부가세대급금 6,400,000원
            세금과공과(판) 84,000원   잡이익 10,000원
                                          미지급세금 1,914,000원

[5] 일반전표입력
1. [결산자료입력] > 4. 판매비와일반관리비
              > 6). 무형자산상각비
              > 영업권 결산반영금액란 : 50,000,000원 입력 > F3전표추가

문제 5

[1] 원천징수이행상황신고서
    귀속기간 2025년 05월 ~ 2025년 05월   지급기간 2025년 06월 ~ 2025년 06월

· 간이세액[A01] 총지급액 : 급여 합계 6,200,000원 - 미제출비과세(자가운전보조금) 200,000원
                        = 6,000,000원
※ 원천세 신고 및 지급명세서 작성 시 식대는 제출비과세 항목이며, 자가운전보조금은 미제출비과세 항목이다.
· 중도퇴사[A02] : 1월~4월 총지급액 12,000,000원 + 5월 총지급액 3,200,000원 = 15,200,000원

[2]
1. [소득명세] 탭

구분		합계	주(현)	납세조합	종(전) [1/2]
소득명세	9.근무처명		(주)파도상회		(주)슬비공업사
	9-1.종교관련 종사자		부		부
	10.사업자등록번호		124-86-94282		956-85-02635
	11.근무기간		2025-04-21 ~ 2025-12-31	~	2025-01-01 ~ 2025-04-20
	12.감면기간		~	~	~
	13-1.급여(금여자료입력)	52,800,000	40,600,000		12,200,000
	13-2.비과세한도초과액				
	13-3.과세대상추가(인정상여추가)				
	14.상여				
	15.인정상여				
	15-1.주식매수선택권행사이익				
	15-2.우리사주조합 인출금				
	15-3.임원퇴직소득금액한도초과액				
	15-4.직무발명보상금				
	16.계	52,800,000	40,600,000		12,200,000
	18.국외근로				
공제보험료명세	20.비과세소득 계				
	20-1.감면소득 계				
	직장 건강보험료(직장)(33)	1,904,000	1,439,190		464,810
	장기요양보험료(33)	283,640	186,350		97,290
	고용보험료(33)	459,120	324,800		134,320
	국민연금보험료(31)	2,335,700	1,827,000		508,700
	공적연금 공무원 연금(32)				
	보험료 군인연금(32)				
	사립학교교직원연금(32)				
	별정우체국연금(32)				
세액	기납부세액 소득세	2,766,370	2,368,370		398,000
	지방소득세	276,630	236,830		39,800
	농어촌특별세				

2. [부양가족] 탭
1) 부양가족명세

연말관계	성명	내/외국인	주민(외국인)번호	나이	기본공제	세대주구분	부녀자	한부모	경로우대	장애인	자녀	출산입양
0	함춘식	내	1 910919-1668321	34	본인	세대주						
1	함덕주	내	1 511223-1589321	74	60세이상				○			
1	박경자	내	1 540807-2548718	71	60세이상				○			
6	함경리	내	1 891229-2509019	36	장애인					3		

2) 보험료
· 함춘식(본인) : 저축성 보험료는 공제 대상에 해당하지 않는다.
· 함덕주(부) : 일반 보장성보험료

자료구분	국세청간소화	급여/기타	정산	공제대상금액
국민연금_직장				
국민연금_지역				
합 계				
건강보험료-보수월액				
장기요양보험료-보수월액				
건강보험료-소득월액(납부)				
기요양보험료-소득월액(납부)				
합 계				
고용보험료				
보장성보험-일반	500,000			500,000
보장성보험-장애인				
합 계	500,000			500,000

· 함경리(누나) : 장애인전용 보장성보험료

고용보험료			
보장성보험-일반			
보장성보험-장애인	700,000		700,000
합 계	700,000		700,000

※ 일반보장성 보험료와 장애인전용 보장성 보험료는 각각 100만원을 한도로 공제 가능하다.

3. [의료비] 탭

			2024년 의료비 지급명세서									14.산후 조리원
			지급처				지급명세					
성명	내/외	6.본인등해당여부	9.증빙코드	8.상호	7.사업자등록번호	10.건수	11.금액	11-1.실손보험수령액	12.미숙아선천성이상아	13.난임여부		
박경자	내	2	0			1	2,000,000		X	X	X	X
함덕주	내	2	0			1	300,000		X	X	X	X
함경리	내	2	0			1	300,000		X	X	X	X

4. [신용카드 등] 탭

	성명 생년월일	자료구분	신용카드	직불,선불	현금영수증	도서등신용	도서등직불	도서등현금	전통시장	대중교통	소비증가분 2023년	2024년
☐	함춘식 1990-09-19	국세청 기타	19,400,000							600,000		20,000,000
☐	함덕주 1950-12-23	국세청 기타		6,000,000						2,000,000		8,000,000

· 함춘식의 신용카드 사용액 중 아파트 관리비 100만원은 공제 대상 신용카드 사용 금액에서 제외된다.

5. [월세액] 탭

1 월세액 세액공제 명세(연말정산입력 탭의 70.월세액)

임대인명 (상호)	주민등록번호 (사업자번호)	유형	계약 면적(㎡)	임대차계약서 상 주소지	계약서상 임대차 계약기간		연간 월세액	공제대상금액	세액공제금액
					개시일	종료일			
이고동	691126-1904701	아파트	84.00	경기도 안산시 단원구 중앙대	2024-01-01	2025-12-31	7,200,000	7,200,000	820,731

6. [연말정산입력] 탭 : F8 부양가족탭불러오기 실행

구분			지출액	공제금액		구분		지출액	공제대상금액	공제금액
21.총급여				52,800,000		49.종합소득 과세표준				20,387,540
22.근로소득공제				12,390,000		50.산출세액				1,798,131
23.근로소득금액				40,410,000	세액감면	51.「소득세법」 ▶				
종합소득공제	기본공제	24.본인		1,500,000		52.「조세특례제한법」(53제외) ▶				
		25.배우자				53.「조세특례제한법」제30조 ▶				
		26.부양가족 (3명)		4,500,000		54.조세조약 ▶				
	추가공제	27.경로우대 (2명)		2,000,000		55.세액감면 계				
		28.장애인 (1명)		2,000,000		56.근로소득 세액공제				660,000
		29.부녀자				57.자녀 ㉮자녀 (명)				
		30.한부모가족				세액공제 ㉯출산.입양 (명)				
	연금보험료공제	31.국민연금보험료	2,335,700	2,335,700	연금계좌	58.과학기술공제				
		32.공적연금보험료공제 공무원연금				59.근로자퇴직연금				
		군인연금				60.연금저축				
		사립학교교직원				60-1.ISA연금계좌전환				
		별정우체국연금			특별세액공제	61.보장성보험 일반	500,000	500,000	500,000	60,000
	특별소득공제	33.보험료	2,646,760	2,646,760		장애인	700,000	700,000	700,000	105,000
		건강보험료	2,187,640	2,187,640		62.의료비	2,600,000	2,600,000	1,016,000	152,400
		고용보험료	459,120	459,120		63.교육비				
		34.주택차입금 대출기관				64.기부금				
		원리금상환액 거주자				1)정치자금 10만원이하				
		35.장기주택저당차입금이자상환				기부금 10만원초과				
		35.기부금-2013년이전이월분				2)고향사랑 10만원이하				
		36.특별소득공제 계		2,646,760		기부금 10만원초과				
37.차감소득금액				25,427,540		3)특례기부금(전액)				
		38.개인연금저축				4)우리사주조합기부금				
	그 밖의 소득공제	39.소기업,소상공인 공제부금 2015년이전가입				5)일반기부금(종교단체외)				
		2016년이후가입				6)일반기부금(종교단체)				
		40.주택마련저축 청약저축				65.특별세액공제 계				317,400
		소득공제 주택청약				66.표준세액공제				
		근로자주택마련				67.납세조합공제				
		41.투자조합출자 등 소득공제				68.주택차입금				
		42.신용카드 등 사용액	28,000,000	5,040,000		69.외국납부 ▶				
		43.우리사주조합 일반 등				70.월세액		7,200,000	7,200,000	820,731
		출연금 벤처 등				71.세액공제 계				1,798,131
		44.고용유지중소기업근로자				72.결정세액((50)-(55)-(71))				
		45.장기집합투자증권저축				82.실효세율(%) [(72/21)]X100				
		46.청년형장기집합투자증권저축								
		47.그 밖의 소득공제 계		5,040,000						
48.소득공제 종합한도 초과액 ▶										

구분		소득세	지방소득세	농어촌특별세	계
73.결정세액					
기납부세액	74.종(전)근무지	398,000	39,800		437,800
	75.주(현)근무지	2,368,370	236,800		2,605,170
76.납부특례세액					
77.차감징수세액		-2,766,370	-276,600		-3,042,970

제114회 기출문제

이론시험

01	④	02	①	03	④	04	②	05	①	06	②	07	모두정답	08	②	09	③	10	④
11	④	12	③	13	①	14	②	15	②										

01. ④ 종업원의 근무태도를 평가하는 것은 재무상태표의 목적이 아니다.

02. ① 실제 물량 흐름과 원가흐름이 대체로 일치하는 것은 선입선출법에 대한 설명이다.

03. ④
- 배당금 수익 : 배당금을 받을 권리와 금액이 확정된 날
- 상품권 판매 : 상품권을 회수하고 재화를 인도한 시점
- 장기할부판매 : 재화의 인도 시점

04. ② 주식배당을 하면 이익잉여금 계정이 감소, 자본금 계정이 증가하고 자본총액은 변하지 않는다.

05. ① 단기매매증권으로 분류할 경우, 2024년 기말 장부가액은 190,000원이다.

06. ② 기본원가와 가공원가에 모두 포함되는 것은 직접노무원가이다.
- 직접재료원가 + 직접노무원가 = 기본원가
- 직접노무원가 + 제조간접원가 = 가공원가

07. ※ 연산품원가계산은 전산세무2급 시험의 평가범위가 아니므로 모두 정답으로 인정합니다.
  ④ 225,000원
    = 결합원가 배부액 100,000원 + 추가가공원가 125,000원

구분	순실현가치	결합원가 배부액
A	200kg × @3,000원 = 600,000원	160,000원
B	250kg × @2,000원 − 125,000원 = 375,000원	100,000원
C	500kg × @1,200원 − 75,000원 = 525,000원	140,000원
합계	1,500,000원	400,000원

08. ② 단계배분법은 보조부문원가의 배분방법에 해당한다.

09. ③ 종합원가계산에 대한 설명이다.

10. ④ 비정상공손은 통제가능한 공손으로서 제품원가로 처리할 수 없고, 발생한 기간에 손실로 처리한다.

11. ④ 소비지국 과세원칙을 구현하기 위해 영세율 제도를 두고 있으며 재화의 수입에 대하여 내국물품과 동일하게 과세한다.

12. ③ 해당 과세기간의 총공급가액 중 면세공급가액이 5% 미만이면서 공통매입세액 5백만원 미만이어야 한다.

13. ①
- 직전 과세기간 공급가액의 합계액이 1억5천만원 미만인 법인사업자는 예정고지에 의하여 부가가치세를 납부한다.
- 신규로 사업을 시작하는 자에 대한 최초의 예정신고기간은 사업 개시일부터 그 날이 속하는 예정신고기간의 종료일까지로 한다.
- 휴업 또는 사업 부진으로 인하여 사업실적이 악화된 경우 등 대통령령으로 정하는 사유가 있는 사업자만 예정신고를 할 수 있다.

14. ② 일용근로소득은 금액과 관계없이 분리과세로 종결하며, 나머지는 종합과세 대상이다.
- 기타소득의 필요경비 60%를 공제한 기타소득금액이 320만원이므로 종합과세 대상에 해당한다.

15. ② 사업과 관련된 자산수증이익은 사업소득 총수입금액에 산입하여야 한다.

실무시험

문제 1

[1] 일반전표입력
2025.01.25. (차) 미지급세금 8,500,000원 (대) 미지급금(국민카드) 8,568,000원
세금과공과(판) 68,000원 (또는 미지급비용)

[2] 일반전표입력
2025.01.31. (차) 보통예금 9,915,000원 (대) 받을어음(무인상사㈜) 10,000,000원
매출채권처분손실 85,000원

[3] 일반전표입력
2025.02.04. (차) 보통예금 9,800,000원 (대) 사채 10,000,000원
사채할인발행차금 200,000원

[4] 일반전표입력
2025.06.17. (차) 소모품비(제) 20,000원 (대) 현금 20,000원

[5] 일반전표입력
2025.09.13. (차) 이자비용 200,000원 (대) 예수금 55,000원
보통예금 145,000원

문제 2

[1] 매입매출전표입력
유형: 12.영세 공급가액: 22,000,000원 부가세: 0원 공급처명: ㈜한빛 전자: 여 분개: 혼합
영세율구분:③내국신용장·구매확인서에 의하여 공급하는 재화
2025.07.08. (차) 선수금 7,000,000원 (대) 제품매출 22,000,000원
받을어음 15,000,000원

[2] 매입매출전표입력
유형: 54.불공 공급가액: 10,200,000원 부가세: 1,020,000원 공급처명: ㈜다양 전자: 여 분개: 혼합
불공제사유: ⑥토지의 자본적 지출 관련
2025.07.15. (차) 토지 11,220,000원 (대) 미지급금 11,220,000원

[3] 매입매출전표입력
유형: 61.현과 공급가액: 250,000원 부가세: 25,000원 공급처명: ㈜벽돌갈비 분개: 현금 또는 혼합
2025.08.05. (차) 복리후생비(제) 250,000원 (대) 현금 275,000원
부가세대급금 25,000원

[4] 매입매출전표입력
유형: 11.과세 공급가액: 5,000,000원 부가세: 500,000원 공급처명: 헤이중고차상사㈜ 전자: 여 분개: 혼합
2025.08.20. (차) 보통예금 5,500,000원 (대) 부가세예수금 500,000원
감가상각누계액(209) 16,000,000원 차량운반구 20,000,000원
유형자산처분이익 1,000,000원

[5] 매입매출전표입력
유형: 51.과세 공급가액: 3,000,000원 부가세: 300,000원 공급처명: 건물주 전자: 여 분개: 혼합
2025.09.12. (차) 부가세대급금 300,000원 (대) 미지급금 3,300,000원
임차료(제) 2,800,000원 (또는 미지급비용)
건물관리비(제) 200,000원
※ 복수거래 입력 여부는 관계없음.

문제 3

[1] [수출실적명세서]

구분	건수	외화금액	원화금액	비고
⑨합계	2	132,000.00	176,800,000	
⑩수출재화[=⑫합계]	2	132,000.00	176,800,000	
⑪기타영세율적용				

No	(13)수출신고번호	(14)선(기)적일자	(15)통화코드	(16)환율	(17)외화	(18)원화	거래처코드	거래처명
1	12345-77-100066x	2025-06-15	USD	1,300.0000	80,000.00	104,000,000	00178	BOB
2	22244-88-100077x	2025-06-15	EUR	1,400.0000	52,000.00	72,800,000	00179	ORANGE

[2] [부가가치세신고서] 조회기간 2025년 10월 01일 ~ 2025년 12월 31일

구분		금액	세율	세액
과세표준및매출세액	과세 세금계산서발급분 1	167,500,000	10/100	16,750,000
	매입자발행세금계산서 2		10/100	
	신용카드·현금영수증발행분 3		10/100	
	기타(정규영수증외매출분) 4			
	영세 세금계산서발급분 5	100,000,000	0/100	
	기타 6		0/100	
	예정신고누락분 7			
	대손세액가감 8			-120,000
	합계 9	267,500,000		16,630,000
매입세액	세금계산서수취분 일반매입 10	167,400,000		18,740,000
	수출기업수입분납부유예 10-1			
	고정자산매입 11	28,000,000		2,800,000
	예정신고누락분 12	500,000		50,000
	매입자발행세금계산서 13			
	그 밖의 공제매입세액 14	21,099,655		2,109,965
	합계(10)-(10-1)+(11)+(12)+(13)+(14) 15	236,999,655		23,699,965
	공제받지못할매입세액 16	2,400,000		240,000
	차감계 (15-16) 17	234,599,655	ⓘ	23,459,965
납부(환급)세액(매출세액⑨-매입세액ⓘ)				-6,829,965
경감 공제세액	그 밖의 경감·공제세액 18			10,000
	신용카드매출전표등 발행공제등 19			
	합계 20		ⓔ	10,000
소규모 개인사업자 부가가치세 감면세액 20-1			ⓕ	
예정신고미환급세액 21			ⓖ	
예정고지세액 22			ⓗ	
사업양수자의 대리납부 기납부세액 23			ⓘ	
매입자 납부특례 기납부세액 24			ⓙ	
신용카드업자의 대리납부 기납부세액 25			ⓚ	
가산세액계 26				125,000
차가감하여 납부할세액(환급받을세액)⑨-ⓓ-ⓔ-ⓕ-ⓖ-ⓗ-ⓘ-ⓙ-ⓚ+ⓛ 27				-6,714,965
총괄납부사업자가 납부할 세액(환급받을 세액)				

구분		금액	세율	세액
7.매출(예정신고누락분)				
예정누락분	과세 세금계산서 33		10/100	
	기타 34		10/100	
	영세 세금계산서 35		0/100	
	기타 36		0/100	
	합계 37			
12.매입(예정신고누락분)				
	세금계산서 38			
	그 밖의 공제매입세액 39	500,000		50,000
	합계 40	500,000		50,000
정규영수증외매입	신용카드매출 일반매입	500,000		50,000
	수령금액합계 고정매입			
	의제매입세액			
	재활용폐자원등매입세액			
	과세사업전환매입세액			
	재고매입세액			
	변제대손세액			
	외국인관광객에대한환급세액			
	합계	500,000		50,000
14.그 밖의 공제매입세액				
	신용카드매출 일반매입 41	18,554,200		1,855,420
	수령금액합계표 고정매입 42	2,545,455		254,545
	의제매입세액 43		뒤쪽	
	재활용폐자원등매입세액 44		뒤쪽	
	과세사업전환매입세액 45			
	재고매입세액 46			
	변제대손세액 47			
	외국인관광객에대한환급세액 48			
	합계 49	21,099,655		2,109,965

구분		금액	세율	세액
16.공제받지못할매입세액				
공제받지못할 매입세액 50		2,400,000		240,000
공통매입세액면세등사업분 51				
대손처분받은세액 52				
합계 53		2,400,000		240,000
18.그 밖의 경감·공제세액				
전자신고 및 전자고지 세액공제 54				10,000
전자세금계산서발급세액공제 55				
택시운송사업자경감세액 56				
대리납부세액공제 57				
현금영수증사업자세액공제 58				
기타 59				
합계 60				10,000

25.가산세명세			금액	세율	세액
사업자미등록등		61		1/100	
세금계산서	지연발급 등	62		1/100	
	지연수취	63		5/1,000	
	미발급 등	64	12,500,000	뒤쪽참조	125,000
전자세금발급명세	지연전송	65		3/1,000	
	미전송	66		5/1,000	
세금계산서합계표	제출불성실	67		5/1,000	
	지연제출	68		3/1,000	
신고불성실	무신고(일반)	69		뒤쪽	
	무신고(부당)	70		뒤쪽	
	과소·초과환급(일반)	71		뒤쪽	
	과소·초과환급(부당)	72		뒤쪽	
납부지연		73		뒤쪽	
영세율과세표준신고불성실		74		5/1,000	
현금매출명세서불성실		75		1/100	
부동산임대공급가액명세서		76		1/100	
매입자 납부특례	거래계좌 미사용	77		뒤쪽	
	거래계좌 지연입금	78		뒤쪽	
신용카드매출전표등수령명세서미제출·과다기재		79		5/1,000	
합계		80			125,000

· 전자세금계산서 미발급분 가산세 : 미발급 등(64) 또는 지연발급 등(62)

[3]
1. [부가가치세신고서] 조회기간 2025년 01월 01일 ~ 2025년 03월 31일 마감 확인

2. [전자신고]>[전자신고제작] 탭>F4 제작>비밀번호 입력

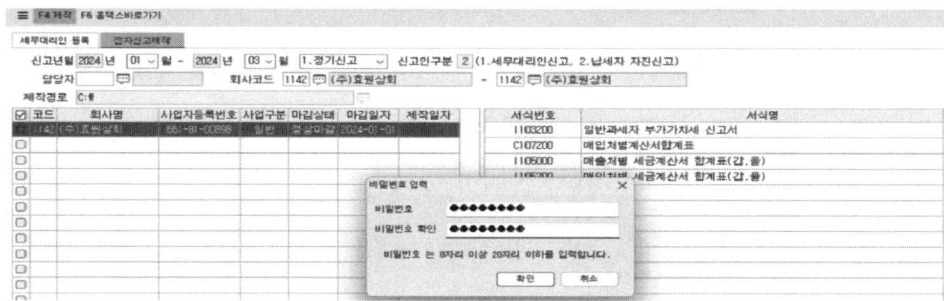

3. [국세청 홈택스 전자신고변환(교육용)]

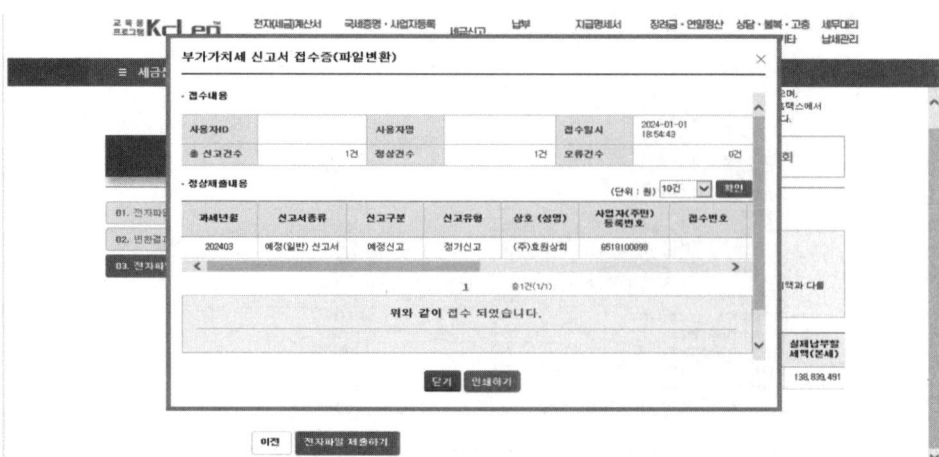

문제 4

[1] 일반전표입력

2025.12.31.	(차) 기부금	1,000,000원	(대) 현금과부족	1,200,000원
	기업업무추진비(판)	200,000원		

[2] 일반전표입력

2025.12.31.　(차) 선급비용　1,500,000원　(대) 보험료(제)　1,500,000원

· 3,600,000원 × 5개월/12개월 = 1,500,000원

[3] 일반전표입력

2025.12.31.　(차) 보통예금　920,000원　(대) 이자수익　920,000원

[4] 결산자료입력 > F8대손상각 > 대손율 1% > · 외상매출금 735,500원 입력
　　　　　　　　　　　　　　　　　　· 받을어음 207,000원 입력
　　　　　　　　　　　　　　　　　　· 단기대여금 500,000원 입력 > 결산반영 > F3전표추가

[5]
1. [결산자료입력] > 9. 법인세등 > · 1). 선납세금 결산반영금액 5,800,000원 입력
　　　　　　　　　　　　　　　　· 2). 추가계상액 결산반영금액 2,600,000원 입력 > F3전표추가

문제 5

[1]
1. [급여자료입력]
(1) [수당등록] 탭

No	코드	과세구분	수당명	근로소득유형 유형	코드	한도	월정액	통상임금	사용여부
1	1001	과세	기본급	급여			정기	여	여
2	1002	과세	상여	상여			부정기	부	부
3	1003	과세	직책수당	급여			정기	부	여
4	1004	과세	월차수당	급여			정기	부	부
5	1005	비과세	식대	식대	P01	(월)200,000	정기	부	여
6	1006	비과세	자가운전보조금	자가운전보조금	H03	(월)200,000	부정기	부	여
7	1007	비과세	야간근로수당	야간근로수당	O01	(년)2,400,000	부정기	부	여
8	2001	비과세	출산.보육수당(육아수당)	출산.보육수당(육아)	Q01	(월)200,000	정기	부	여

(2) [급여자료입력] 귀속년월 2025년 04월　지급년월 2025년 04월 30일

사번	사원명	감면율
33	정기준	

급여항목	금액
기본급	2,800,000
직책수당	400,000
식대	200,000
자가운전보조금	200,000
야간근로수당	200,000
출산보육수당	200,000

공제항목	금액
국민연금	153,000
건강보험	120,530
장기요양보험	15,600
고용보험	27,200
소득세(100%)	114,990
지방소득세	11,490
농특세	

2 [원천징수이행상황신고서]

귀속기간 2025년 04월 ~ 2025년 04월   지급기간 2025년 04월 ~ 2025년 04월

[2] [연말정산추가자료입력]
1. [소득명세] 탭

2. [부양가족] 탭
(1) 인적공제

연말정산	성명	내/외국인	주민(외국인)번호	나이	기본공제	세대주구분	부녀자	한부모	경로우대	장애인	자녀	출산입양
0	홍상현	내 1	870314-1287653	38	본인	세대주						
3	이명지	내 1	870621-2044775	38	부							
4	홍라율	내 1	200827-4842416	5	20세이하							
1	홍천운	내 1	590919-1287035	66	60세이상							

(2) 교육비
① 홍상현(본인)

교육비	
일반	장애인특수
7,000,000 4.본인	

② 홍라율(자녀)

교육비	
일반	장애인특수
2,400,000 1.취학전	

(3) 보험료
① 홍상현(본인)

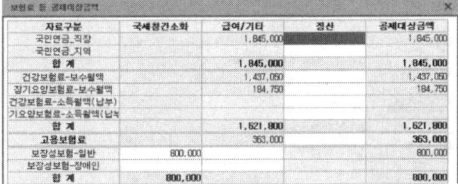

② 홍라율(자녀)

3. [신용카드 등] 탭

	성명 생년월일	자료구분	신용카드	직불,선불	현금영수증	도서등 신용	도서등 직불	도서등 현금	전통시장	대중교통	소비증가분 2023년	소비증가분 2024년
☐	홍상현 1986-03-14	국세청 기타	22,000,000		3,000,000				4,000,000	1,000,000		30,000,000
☐	홍천우 1958-09-19	국세청 기타										
☐	이명지 1986-06-21	국세청 기타										
☐	홍라율 2019-08-27	국세청 기타										

4. [의료비] 탭

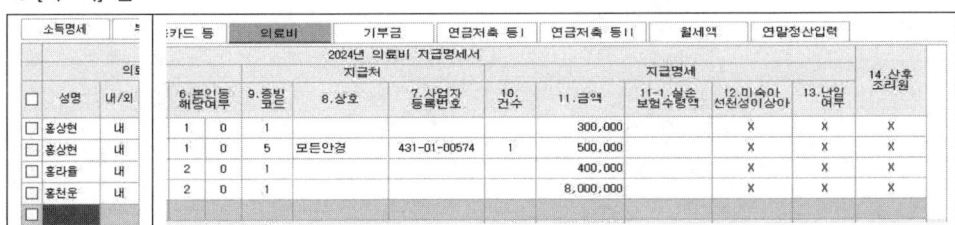

5. [연말정산입력] 탭 : F8 부양가족탭불러오기 실행

구분			지출액	공제금액	구분			지출액	공제대상금액	공제금액
21.총급여				42,000,000	49.종합소득 과세표준					16,120,200
22.근로소득공제				11,550,000	50.산출세액					1,158,030
23.근로소득금액				30,450,000	51.「소득세법」					
기본공제	24.본인			1,500,000	세액감면	52.「조세특례제한법」(53제외)				
	25.배우자					53.「조세특례제한법」제30조				
	26.부양가족 2명			3,000,000		54.조세조약				
추가공제	27.경로우대					55.세액감면 계				
	28.장애인 명					56.근로소득 세액공제				636,916
	29.부녀자					57.자녀 ㉮자녀 명					
	30.한부모가족				세액공제	세액공제 ㉯출산.입양 명					
연금보험료공제	31.국민연금보험료		1,845,000	1,845,000	연금계좌	58.과학기술공제					
	32.공적연금보험	공무원연금				59.근로자퇴직연금					
		군인연금				60.연금저축					
		사립학교교직원				60-1.ISA연금계좌전환					
		별정우체국연금			특별세액공제	61.보장성보험	일반	1,300,000	1,300,000	1,000,000	120,000
특별소득공제	33.보험료		1,984,800	1,984,800			장애인				
	건강보험료		1,621,800	1,621,800		62.의료비		9,200,000	9,200,000	7,940,000	401,114
	고용보험료		363,000	363,000		63.교육비		9,400,000	9,400,000	9,400,000	
	34.주택차입금	대출기관				64.기부금					
	원리금상환액	거주자				1)정치자금기부금	10만원이하				
	34.장기주택저당차입금이자상						10만원초과				
	35.기부금-2013년이전이월분					2)고향사랑기부금	10만원이하				
	36.특별소득공제 계			1,984,800			10만원초과				
37.차감소득금액				22,120,200		3)특례기부금(전액)					
그밖의소득공제	38.개인연금저축					4)우리사주조합기부금					
	39.소기업,소상공인 공제부금	2015년이전가입				5)일반기부금(종교단체외)					
		2016년이후가입				6)일반기부금(종교단체)					
	40.주택마련저축 소득공제	청약저축				65.특별세액공제 계					521,114
		주택청약				66.표준세액공제					
		근로자주택마련				67.납세조합공제					
	41.투자조합출자 등 소득공제					68.주택차입금					
	42.신용카드 등 사용액		30,000,000	6,000,000		69.외국납부					
	43.우리사주조합	일반 등				70.월세액					
	출연금	벤처 등				71.세액공제 계					1,158,030
	44.고용유지중소기업근로자					72.결정세액((50)-(55)-(71))					
	45.장기집합투자증권저축					82.실효세율(%) [(72/21)]X100					
	46.청년형장기집합투자증권저축										
	47.그 밖의 소득공제 계			6,000,000							
48.소득공제 종합한도 초과액											

구분		소득세	지방소득세	농어촌특별세	계
73.결정세액					
기납부세액	74.종(전)근무지	340,000	34,000		374,000
	75.주(현)근무지	371,750	37,150		408,900
76.납부특례세액					
77.차감징수세액		-711,750	-71,150		-782,900

제115회 기출문제

이론시험

01	④	02	④	03	③	04	①	05	①	06	①	07	②	08	③	09	②	10	④
11	③	12	②	13	④	14	③	15	①										

01. ④ 회계정보의 질적특성 중 목적적합성(적시성)에 대한 설명이다.

02. ④
① 기계장치 취득원가 : 20,000,000원 + 300,000원 + 4,000,000원 = 24,300,000원
· 소모품 교체비는 수익적 지출로서 당기 비용으로 처리한다.
② 감가상각비 : 24,300,000원 ÷ 6년 = 4,050,000원
③ 감가상각누계액 : 4,050,000원 × 3년 = 12,150,000원
· 2023년, 2024년, 2025년 감가상각비의 합계액
④ 2025.12.31. 미상각잔액 : 24,300,000원 − 12,150,000원 = 12,150,000원

03. ③ 무형자산의 상각방법은 합리적인 방법을 사용하며, 합리적인 상각방법을 정할 수 없는 경우에는 정액법을 사용한다.

04. ① 사채할인발행차금은 사채의 액면금액에서 차감하는 형식으로 표시한다.

05. ① 회계정책의 변경은 재무제표의 작성과 보고에 적용하던 회계정책을 다른 회계정책으로 바꾸는 것을 말한다.

06. ① 당기제품제조원가(당기완성품원가)는 재공품 계정의 대변으로 대체된다.

07. ② 작업원가표는 종합원가계산이 아닌, 개별원가계산을 적용할 때 작성한다.

08. ③ 제조원가명세서의 당기제품제조원가는 손익계산서의 당기제품제조원가에 계상된다.

09. ② 128원
= 예정배부액 6,400,000원 ÷ 50,000시간
· 예정배부액 : 6,000,000원 + 400,000원 = 6,400,000원

10. ④ 25%
· 선입선출법에 의한 가공원가의 완성품환산량
= 1,000개 × (1 − 30%) + 5,200개 + (800개 × 기말재공품의 완성도) = 6,100개
∴ 기말재공품의 완성도 = 25%

11. ③ 일반과세자가 간이과세자로 변경되는 경우 그 변경되는 해에 간이과세자에 관한 규정이 적용되는 기간은 그 변경 이후 7월 1일부터 12월 31일까지이다.

12. ② 사업용 상가건물의 양도는 재화의 공급에 해당하지만, 담보의 제공, 사업의 포괄적 양도, 조세의 물납은 재화의 공급으로 보지 않는다.

13. ④ 기부금세액공제는 종합소득(사업소득자는 필요경비 산입)이 있는 거주자가 받을 수 있다.

14. ③ 소득세법상 장기할부판매의 수입시기는 상품 등을 인도한 날이며, 부가가치세법상 장기할부판매의 공급시기는 대가의 각 부분을 받기로 한 때이다.

15. ① 거주자가 받은 금액의 100분의 80에 상당하는 금액을 필요경비로 한다.

실무시험

문제 1

[1] 일반전표입력
2025.04.11. (차) 보통예금   12,000,000원   (대) 매도가능증권(178) 11,000,000원
                  매도가능증권평가이익   1,000,000원   매도가능증권처분이익 2,000,000원

[2] 일반전표입력
2025.06.25. (차) 비품   5,000,000원   (대) 자산수증이익   5,000,000원

[3] 일반전표입력
2025.08.02. (차) 토지   316,000,000원   (대) 현금   13,000,000원
                                                             보통예금   303,000,000원

[4] 일반전표입력
2025.08.10. (차) 퇴직연금운용자산   5,000,000원   (대) 보통예금   8,000,000원
                  퇴직급여(제)   3,000,000원

[5] 일반전표입력
2025.12.13. (차) 보통예금   7,800,000원   (대) 자기주식   6,960,000원
                                                             자기주식처분손실   200,000원
                                                             자기주식처분이익   640,000원

문제 2

[1] 매입매출전표입력
유형: 16.수출, 공급가액: 39,000,000원, 공급처명: ABC사, 분개: 혼합
영세율구분:①직접수출(대행수출 포함)
2025.03.12. (차) 보통예금   26,000,000원   (대) 제품매출   39,000,000원
                  외상매출금   13,000,000원

[2] 매입매출전표입력
유형: 51.과세, 공급가액: 20,000,000원, 부가세: 2,000,000원, 공급처명: 달려요, 전자: 부, 분개: 혼합 또는 외상
2025.10.01. (차) 부가세대급금   2,000,000원   (대) 미지급금   22,000,000원
                  차량운반구   20,000,000원
· 1,000cc 이하의 경차는 부가가치세 매입세액공제가 가능하다.

[3] 매입매출전표입력
유형: 53.면세, 공급가액: 1,800,000원, 부가세: 0원, 공급처명: ㈜월클파이낸셜, 전자: 여, 분개: 혼합
2025.10.29. (차) 임차료(판)   1,800,000원   (대) 미지급금   1,800,000원
                                                             (또는 미지급비용)

[4] 매입매출전표입력
유형: 11.과세, 공급가액: 10,000,000원, 부가세: 1,000,000원, 공급처명: ㈜진산, 전자: 여, 분개: 혼합
2025.11.01. (차) 보통예금   3,000,000원   (대) 부가세예수금   1,000,000원
                  미지급금   8,000,000원   제품매출   10,000,000원

[5] 매입매출전표입력
유형: 61.현과, 공급가액: 1,760,000원, 부가세: 176,000원, 공급처명: ㈜코스트코코리아, 분개: 혼합
2025.11.20. (차) 부가세대급금   176,000원   (대) 보통예금   1,936,000원
                  비품   1,760,000원

문제 3

[1]

1. [공제받지못할매입세액내역] 조회기간 2025년 10월 ~ 2025년 12월

공제받지못할매입세액내역 | 공통매입세액안분계산내역 | 공통매입세액의정산내역 | 납부세액또는환급세액재계산

매입세액 불공제 사유	세금계산서		
	매수	공급가액	매입세액
①필요적 기재사항 누락 등			
②사업과 직접 관련 없는 지출			
③비영업용 소형승용자동차 구입 · 유지 및 임차			
④접대비 및 이와 유사한 비용 관련			
⑤면세사업등 관련	12	90,000,000	9,600,000
⑥토지의 자본적 지출 관련			
⑦사업자등록 전 매입세액			
⑧금 · 구리 스크랩 거래계좌 미사용 관련 매입세액			

2. [공통매입세액의정산내역] 조회기간 2025년 10월 ~ 2025년 12월

공제받지못할매입세액내역 | 공통매입세액안분계산내역 | 공통매입세액의정산내역 | 납부세액또는환급세액재계산

산식	구분	(15)총공통 매입세액	(16)면세 사업확정 비율			(17)불공제매입 세액총액 ((15)×(16))	(18)기불공제 매입세액	(19)가산또는 공제되는매입 세액((17)-(18))
			총공급가액	면세공급가액	면세비율			
1.당해과세기간의 공급가액기준		3,800,000	500,000,000.00	150,000,000.00	30.000000	1,140,000	500,000	640,000

[2] [부가가치세신고서] 조회기간 2025년 04월 ~ 2025년 06월

구분				정기신고금액 금액	세율	세액
과세표준및매출세액	과세	세금계산서발급분	1	500,000,000	10/100	50,000,000
		매입자발행세금계산서	2		10/100	
		신용카드 · 현금영수증발행분	3	50,000,000	10/100	5,000,000
		기타(정규영수증외매출분)	4			
	영세	세금계산서발급분	5		0/100	
		기타	6	30,000,000	0/100	
	예정신고누락분		7			
	대손세액가감		8			-500,000
	합계		9	580,000,000	㉮	54,500,000
매입세액	세금계산서 수취분	일반매입	10	320,000,000		32,000,000
		수출기업수입분납부유예	10-1			
		고정자산매입	11			
	예정신고누락분		12	10,000,000		1,000,000
	매입자발행세금계산서		13			
	그 밖의 공제매입세액		14	11,000,000		1,100,000
	합계(10)-(10-1)+(11)+(12)+(13)+(14)		15	341,000,000		34,100,000
	공제받지못할매입세액		16			
	차감계 (15-16)		17	341,000,000	㉯	34,100,000
납부(환급)세액(매출세액㉮-매입세액㉯)					㉰	20,400,000
경감공제세액	그 밖의 경감 · 공제세액		18			10,000
	신용카드매출전표등 발행공제등		19			
	합계		20		㉱	10,000
소규모 개인사업자 부가가치세 감면세액			20-1		㉲	
예정신고미환급세액			21		㉳	3,000,000
예정고지세액			22		㉴	
사업양수자의 대리납부 기납부세액			23		㉵	
매입자 납부특례 기납부세액			24		㉶	
신용카드업자의 대리납부 기납부세액			25		㉷	
가산세액계			26		㉸	10,000
차가감하여 납부할세액(환급받을세액)㉰-㉱-㉲-㉳-㉴-㉵-㉶-㉷+㉸					27	17,400,000
총괄납부사업자가 납부할 세액(환급받을 세액)						

구분				금액	세율	세액
7.매출(예정신고누락분)						
예정누락분	과세	세금계산서	33		10/100	
		기타	34		10/100	
	영세	세금계산서	35		0/100	
		기타	36		0/100	
	합계		37			
12.매입(예정신고누락분)						
예정누락분	세금계산서		38	10,000,000		1,000,000
	그 밖의 공제매입세액		39			
	합계		40	10,000,000		1,000,000
	신용카드매출 수령금액합계	일반매입				
		고정매입				
	의제매입세액					
	재활용폐자원등매입세액					
	과세사업전환매입세액					
	재고매입세액					
	변제대손세액					
	외국인관광객에대한환급세액					
	합계					
14.그 밖의 공제매입세액						
신용카드매출 수령금액합계표	일반매입		41	8,000,000		800,000
	고정매입		42	3,000,000		300,000
의제매입세액			43		뒤쪽	
재활용폐자원등매입세액			44		뒤쪽	
과세사업전환매입세액			45			
재고매입세액			46			
변제대손세액			47			
외국인관광객에대한환급세액			48			
합계			49	11,000,000		1,100,000

구분		금액	세율	세액
16.공제받지못할매입세액				
공제받지못할 매입세액	50			
공통매입세액면세등사업분	51			
대손처분받은세액	52			
합계	53			
18.그 밖의 경감·공제세액				
전자신고 및 전자고지 세액공제	54			10,000
전자세금계산서발급세액공제	55			
택시운송사업자경감세액	56			
대리납부세액공제	57			
현금영수증사업자세액공제	58			
기타	59			
합계	60			10,000

25.가산세명세					
사업자미등록등		61		1/100	
세 금 계산서	지연발급 등	62	1,000,000	1/100	10,000
	지연수취	63		5/1,000	
	미발급 등	64		뒤쪽참조	
전자세금 발급명세	지연전송	65		3/1,000	
	미전송	66		5/1,000	
세금계산서 합계표	제출불성실	67		5/1,000	
	지연제출	68		3/1,000	
신고 불성실	무신고(일반)	69		뒤쪽	
	무신고(부당)	70		뒤쪽	
	과소·초과환급(일반)	71		뒤쪽	
	과소·초과환급(부당)	72		뒤쪽	
납부지연		73		뒤쪽	
영세율과세표준신고불성실		74		5/1,000	
현금매출명세서불성실		75		1/100	
부동산임대공급가액명세서		76		1/100	
매입자 납부특례	거래계좌 미사용	77		뒤쪽	
	거래계좌 지연입금	78		뒤쪽	
신용카드매출전표등수령명세서미제출·과다기재		79		5/1,000	
합계		80			10,000

문제 4

[1] 일반전표입력
2025.12.31.　(차) 장기차입금(은혜은행)　20,000,000원　(대) 유동성장기부채(은혜은행) 20,000,000원

[2] 일반전표입력
2025.12.31.　(차) 선급비용　2,250,000원　(대) 임차료(판)　2,250,000원
· 선급비용 : 3,000,000원 × 9/12 = 2,250,000원

[3] 일반전표입력
2025.12.31.　(차) 이자비용　13,600,000원　(대) 미지급비용　13,600,000원
· 미지급비용 : 300,000,000원 × 6.8% × 8개월/12개월 = 13,600,000원

[4]
1. [결산자료입력]
> 기간 : 2025년 01월~2025년 12월
> 2.매출원가　　> 7).경비　　> 2).일반감가상각비　　> 기계장치 4,000,000원 입력
> 4.판매비와 일반관리비　> 4).감가상각비　> 건물 20,000,000원 입력
> 4.판매비와 일반관리비　> 6).무형자산상각비　> 영업권 3,000,000원 입력
> F3 전표추가

[5] [결산자료입력]
> 기간 : 2025년 01월~2025년 12월
> 2.매출원가　　> 1).원재료비　　> ⑩기말원재료 재고액 4,700,000원 입력
　　　　　　　　> 8).당기 총제조비용　> ⑩기말재공품 재고액 800,000원 입력
　　　　　　　　> 9).당기완성품제조원가　> ⑩기말제품 재고액 21,300,000원 입력
> F3 전표추가
· 도착지 인도조건으로 매입하여 운송 중인 미착원재료 2,300,000원은 기말재고에 포함하지 않고, 위탁제품 중 판매되지 않은 5,000,000원은 기말재고에 포함한다.

문제 5

[1] [사원등록] 메뉴>[부양가족명세] 탭

※ 단, 부친 김경식의 기본공제 항목 선택 : "60세 이상"과 "장애인" 모두 가능

[2] [연말정산추가자료입력] 메뉴

1. [부양가족] 탭

(1) 인적공제

연말관계	성명	내/외국인	주민(외국인,여권)번호	나이	기본공제	부녀자	한부모	경로우대	장애인	자녀	출산입양	위탁관계
0	이철수	내	1 840505-1478521	41	본인							
3	강희열	내	1 850630-2547858	40	부							
1	이명수	내	1 571012-1587428	68	60세이상							
4	이현수	내	1 150408-3852611	10	20세이하					○		
4	이리수	내	1 201104-4487122	5	20세이하							

(2) 보험료

① 이철수(본인)

자료구분	국세청간소화	급여/기타	정산	공제대상금액
국민연금_직장		2,160,000		2,160,000
국민연금_지역				
합 계		2,160,000		2,160,000
건강보험료-보수월액		1,701,600		1,701,600
장기요양보험료-보수월액		220,320		220,320
건강보험료-소득월액(납부)				
기요양보험료-소득월액(납부				
합 계		1,921,920		1,921,920
고용보험료		384,000		384,000
보장성보험-일반	300,000			300,000
보장성보험-장애인				
합 계	300,000			300,000

② 이명수(부친)

자료구분	국세청간소화	급여/기타	정산	공제대상금액
국민연금_직장				
국민연금_지역				
합 계				
건강보험료-보수월액				
장기요양보험료-보수월액				
건강보험료-소득월액(납부)				
기요양보험료-소득월액(납부				
합 계				
고용보험료				
보장성보험-일반	150,000			150,000
보장성보험-장애인				
합 계	150,000			150,000

③ 이현수(아들)

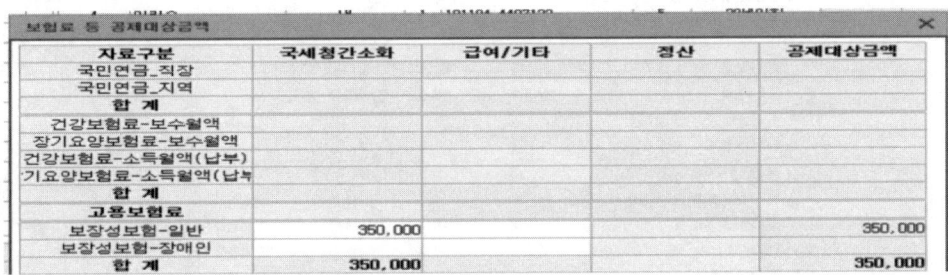

(3) 교육비

① 이철수(본인)

교육비	
일반	장애인특수
5,000,000 4.본인	

② 이현수(아들)

교육비	
일반	장애인특수
8,000,000 2.초중고	

※ 또는 3,000,000

③ 이리수(딸)

교육비	
일반	장애인특수
1,800,000 1.취학전	

2. [신용카드 등] 탭

3. [의료비] 탭 : 국외 의료비는 공제 대상 의료비에서 제외된다.

4. [연말정산입력] 탭 : F8 부양가족탭 불러오기 실행

구분			지출액	공제금액	구분		지출액	공제대상금액	공제금액
특별소득공제	건강보험료		1,921,920	1,921,920	특별세액공제	61.보장 일반	800,000	800,000	800,000	96,000
	고용보험료		384,000	384,000		성보험 장애인				
	34.주택차입금 원리금상환액	대출기관				62.의료비	1,300,000	1,300,000		
		거주자				63.교육비	14,800,000	14,800,000	9,800,000	1,041,612
	34.장기주택저당차입금이자상					64.기부금				
	35.기부금-2013년이전이월분					1)정치자금기부금	10만원이하			
	36.특별소득공제 계			2,305,920			10만원초과			
37.차감소득금액				25,384,080		2)고향사랑기부금	10만원이하			
38.개인연금저축							10만원초과			
그밖의소득공제	39.소기업,소상공인 공제부금	2015년이전가입				3)특례기부금(전액)				
		2016년이후가입				4)우리사주조합기부금				
	40.주택마련저축소득공제	청약저축				5)일반기부금(종교단체외)				
		주택청약				6)일반기부금(종교단체)				
		근로자주택마련				65.특별세액공제 계				1,137,612
	41.투자조합출자 등 소득공제					66.표준세액공제				
	42.신용카드 등 사용액		32,500,000	4,000,000		67.납세조합공제				
	43.우리사주조합출연금	일반 등				68.주택차입금				
		벤처 등				69.외국납부	▶			
	44.고용유지중소기업근로자					70.월세액				

제116회 기출문제

이론시험

01	①	02	①	03	③	04	②	05	③	06	③	07	④	08	②	09	②	10	④
11	②	12	④	13	④	14	①	15	③										

01. ① 자산을 비용으로 계상하면 자산과 당기순이익 및 자본이 과소계상 된다. 부채에는 영향이 없다.

02. ① 영업권은 무형자산에 해당한다.

03. ③ 재고자산 평가방법의 변경은 회계정책의 변경에 해당한다.

04. ② 신주발행비는 주식의 발행대금에서 차감한다.

05. ③ 17,000,000원
  · 반품률 추정 불가 상품 2,000,000원 + 고객이 구매의사표시를 하지 않은 시송품 2,000,000원 + 담보제공 저당상품 9,000,000원 + 선적지 인도조건으로 매입한 미착상품 4,000,000원 = 17,000,000원

06. ③ 가공원가는 직접노무원가와 제조간접원가를 합한 금액이다.

07. ④ 종합원가계산은 공정별로 원가를 집계하므로 재공품 원가의 개별확인이 불가능하여 원가계산 기간말 현재 가공 중에 있는 재공품의 원가를 별도로 추정해야 한다.

08. ② 단계배분법은 보조부문 상호 간의 용역수수관계를 일부 반영하는 방법이다.

09. ② 72,000원
  · 당월 발생 보험료 : 당월 지급액 100,000원 – 전월 미지급액 30,000원 + 당월 미지급액 20,000원 = 90,000원
  · 당월 발생 보험료 중 제조부문에 대한 배부율이 80%이므로 72,000원(= 90,000원 × 80%)이 당월 제조간접원가로 계상된다.

10. ④
  · 평균법 : 1,100개 + 200개 × 60% = 1,220개
  · 선입선출법 : 300개 × 80% + 800개 + 200개 × 60% = 1,160개

11. ② 일반적인 여객운송 용역은 부가가치세를 면제한다. 다만, 고속철도에 의한 여객운송 용역은 부가가치세를 면제하는 용역에서 제외한다.

12. ④ 부가가치세법 제42조에 의하여 매입세액공제가 가능하다.

13. ④ 근로소득 원천징수시기에 대한 특례
- 2025년 11월 귀속 근로소득을 2026년 1월에 지급한 경우, 원천징수시기는 2025년 12월 31일이다.
- 1월부터 11월까지의 근로소득을 해당 과세기간의 12월 31일까지 지급하지 않은 경우, 그 근로소득은 12월 31일에 지급한 것으로 보아 소득세를 원천징수한다.
- 12월 귀속 근로소득을 다음 연도 2월 말일까지 지급하지 않은 경우, 그 근로소득은 다음 연도 2월 말일에 지급한 것으로 보아 소득세를 원천징수한다.

14. ① 복식부기의무자의 경우 사업용 유형자산의 처분으로 발생하는 이익을 사업소득에 포함시킨다.

15. ③ 배우자가 있는 여성인 경우 배우자의 소득유무에 불구하고 부녀자공제를 받을 수 있다.

실무시험

문제 1

[1] 일반전표입력
2025.01.03. (차) 보통예금   2,000,000원   (대) 외상매출금(하남상회) 3,400,000원
              받을어음(하남상회)   1,400,000원

[2] 일반전표입력
2025.01.15. (차) 도서인쇄비(판)   25,000원   (대) 현금   25,000원

[3] 일반전표입력
2025.08.20. (차) 토지   19,500,000원   (대) 보통예금   30,000,000원
              매도가능증권(178) 10,500,000원

[4] 일반전표입력
2025.10.25. (차) 임금(제) (※ 또는 급여(제)) 3,500,000원   (대) 보통예금   5,332,740원
              상여금(제)   3,000,000원   예수금   1,167,260원

[5] 일반전표입력
2025.12.01. (차) 미지급금(㈜은성기계) 22,000,000원 (대) 미지급금(신한카드) 22,000,000원

문제 2

[1] 매입매출전표입력
유형: 11.과세, 공급가액: 1,000,000원, 부가세: 100,000원, 공급처명: 미래전자, 전자: 여, 분개: 혼합
2025.01.02. (차) 미수금   1,000,000원   (대) 기계장치   5,000,000원
              현금   100,000원   유형자산처분이익   300,000원
              감가상각누계액(207) 4,300,000원   부가세예수금   100,000원

[2] 매입매출전표입력
유형: 54.불공, 공급가액: 7,100,000원, 부가세: 710,000원, 공급처명: ㈜롯데백화점 중동, 전자: 여, 분개: 혼합
불공제사유:④기업업무추진비 및 이와 유사한 비용 관련
2025.02.12. (차) 기업업무추진비(판) 7,810,000원   (대) 보통예금   7,810,000원

[3] 매입매출전표입력
유형: 12.영세, 공급가액: 18,000,000원, 부가세: 0원, 공급처명: ㈜봉산실업, 전자: 여, 분개: 혼합
영세율구분: ③내국신용장·구매확인서에 의하여 공급하는 재화
2025.07.17. (차) 현금   1,800,000원   (대) 제품매출   18,000,000원
              외상매출금   16,200,000원

[4] 매입매출전표입력
유형: 62.현면, 공급가액: 2,000,000원, 부가세: 0원, 공급처명: ㈜하나로마트, 분개: 현금 또는 혼합
2025.08.20. (차) 복리후생비(제)   600,000원   (대) 현금   2,000,000원
              복리후생비(판)   1,400,000원

[5] 매입매출전표입력
유형: 51.과세, 공급가액: 1,000,000원, 부가세: 100,000원, 공급처명: 풍성철강, 전자: 부, 분개: 외상 또는 혼합
2025.09.10. (차) 원재료(153)   1,000,000원   (대) 외상매입금   1,100,000원
              부가세대급금   100,000원
※ 해당 전표 선택 후 [Shift]+[F5] 〉 예정신고누락분 확정신고 〉 확정신고 개시연월 : 2025년 10월 입력
  또는 상단 [F11 간편집계..▼] 〉 SF5 예정 누락분 〉 확정신고 개시연월 : 2025년 10월 입력

문제 3

[1] [부가가치세신고서] 조회기간 : 2025년 04월 01일 ~ 2025년 06월 30일

※ 부가가치세법 시행령 제19조의2 제3호, 경조사와 관련하여 직원에게 제공한 제품 등은 연간 100,000원 이하까지 재화의 공급으로 보지 않는다.

※ 단, 종이 세금계산서 발급분 가산세는 지연발급 등(62) 또는 미발급 등(64)에 입력한 답안 모두 정답으로 인정합니다.

[2] [대손세액공제신고서]

문제 4

[1] 일반전표입력

2025.12.31.	(차) 부가세예수금	12,500,000원	(대) 부가세대급금	9,500,000원
	세금과공과(판)	240,000원	잡이익	10,000원
			미지급세금	3,230,000원

[2] 일반전표입력

2025.12.31.	(차) 매도가능증권(178)	1,200,000원	(대) 매도가능증권평가이익	1,000,000원
			매도가능증권평가손실	200,000원

· 2024년 말 인식한 매도가능증권평가손실 200,000원을 2025년 말 발생한 매도가능증권평가이익과 우선 상계하여 회계처리한다.

[3] 일반전표입력

2025.12.31.	(차) 선급비용	800,000원	(대) 보험료(판)	800,000원

· 당기 보험료 : 1,200,000원 × 4/12 = 400,000원
· 선급비용 : 1,200,000원 - 400,000원 = 800,000원

[4] 일반전표입력

2025.12.31.	(차) 이자비용	755,111원	(대) 보통예금	1,000,000원
	사채할증발행차금	244,889원		

또는

2025.12.31.	(차) 이자비용	755,110원	(대) 보통예금	1,000,000원
	사채할증발행차금	244,890원		

※ 문제의 조건에 따라 원단위 이하를 절사하여 입력한 전표도 정답으로 인정합니다.
· 시장이자율<액면이자율 : 사채가 할증발행된다.
· 2025년 이자비용 : 10,787,300원 × 7% = 755,111원
· 사채할증발행차금 상각액 : 1,000,000원 - 755,111원 = 244,889원

[5] [결산자료입력]

> 기간 : 2025년 1월~2025년 12월
> 2.매출원가   > 7)경비   > 2).일반감가상각비   > 건물 10,000,000원 입력
>   > 기계장치 8,000,000원 입력
> 4.판매비와 일반관리비   > 4).감가상각비   > 차량운반구 7,000,000원 입력
>   > 비품 3,000,000원 입력
> F3 전표추가

문제 5

[1]
1. [사원등록] 메뉴 → [기본사항] 탭

2. [급여자료입력] 메뉴 → [수당등록] 탭

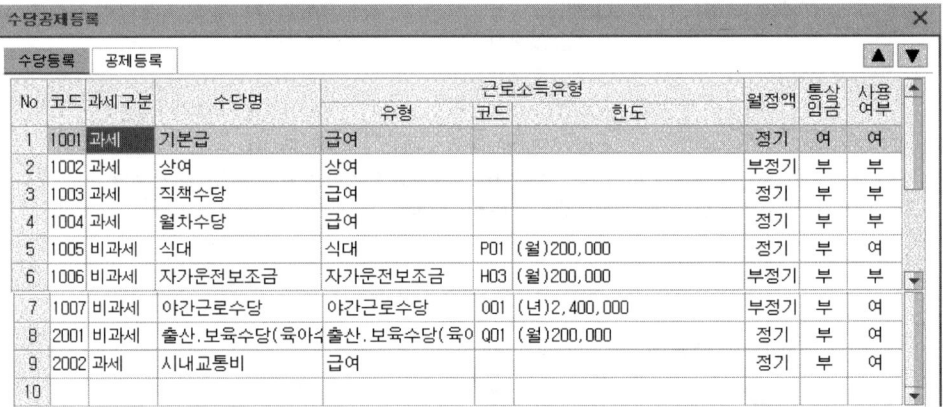

3. [급여자료입력] 귀속년월 2025년 09월 지급년월일 2025년 09월 30일

[2] [사원등록] 메뉴 → 우미영 사원의 퇴사년월일 입력

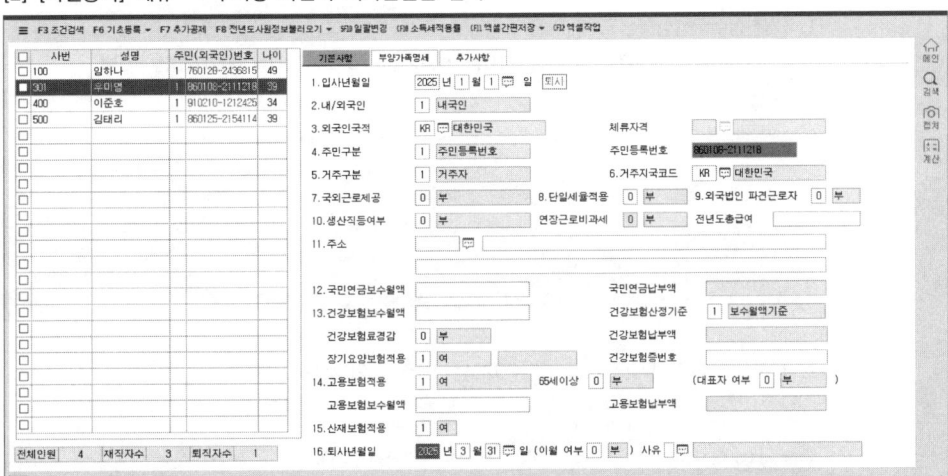

2. [급여자료입력] 메뉴 → 상단 F7 중도퇴사자정산 반영
   귀속년월 2025년 03월 지급년월일 2025년 04월 05일

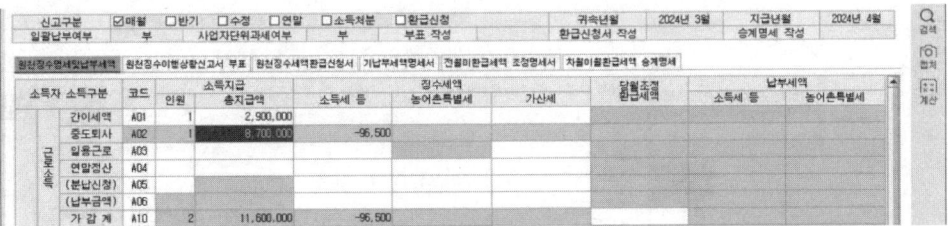

3. [원천징수이행상황신고서] 메뉴
   귀속기간 2025년 03월 ~ 2025년 03월 지급기간 2025년 04월 ~ 2025년 04월

[3]
1. [원천징수이행상황신고서] 마감
귀속기간 2025년 10월 ~ 2025년 10월   지급기간 2025년 10월 ~ 2025년 10월

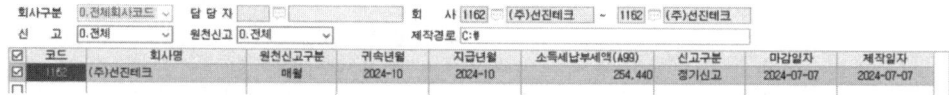

2. 전자신고 파일 제작   지급기간 2025년 10월 ~ 2025년 10월

3. 홈택스 전자파일 변환 및 제출

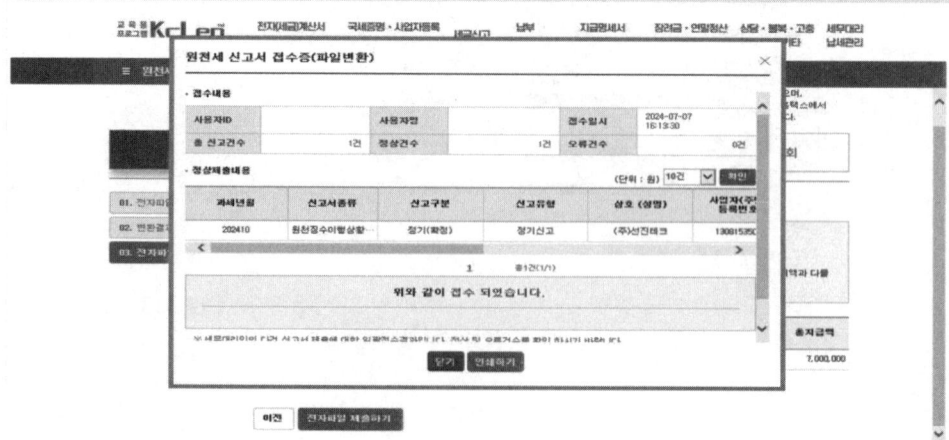

제117회 기출문제

이론시험

01	②	02	①	03	③	04	④	05	③	06	①	07	①	08	④	09	③	10	①
11	②	12	③	13	②	14	④	15	②										

01. ② 사채는 비유동부채이다.

02. ①
② 내부적으로 창출한 영업권은 원가를 신뢰성 있게 측정할 수 없을 뿐만 아니라 기업이 통제하고 있는 식별가능한 자원도 아니기 때문에 자산으로 인식하지 않는다.
③ 연구단계에서 발생한 지출은 무형자산으로 인식할 수 없고 발생한 기간의 비용으로 인식한다.
④ 무형자산의 상각기간은 독점적, 배타적인 권리를 부여하고 있는 관계 법령이나 계약에 정해진 경우를 제외하고는 20년을 초과할 수 없다.

03. ③
· 채무증권 : 단기매매증권, 매도가능증권, 만기보유증권
· 지분증권 : 단기매매증권, 매도가능증권, 지분법적용투자주식

04. ④ 연수합계법은 자산의 내용연수 동안 감가상각액이 매 기간 감소하는 방법이다.

05. ③ 중대한 오류수정은 중대한 오류의 영향을 받는 회계기간의 재무제표 항목을 재작성한다.

06. ① 전기요금은 변동원가, 가공원가에 해당한다.

07. ① 기초제품재고액은 재무상태표와 손익계산서에서 확인할 수 있다.

08. ④ 개별원가계산을 설명하는 내용이다.

09. ③
· 제조간접원가 배부액 : 5,000,000원/5,000시간×4,000시간=4,000,000원
· 제조원가 : 2,000,000원+4,000,000원+4,000,000원=10,000,000원

10. ① 210,000원
· 보조부문 X의 제조부문 B에 대한 배분액 : 100,000원×600회/1,000회=60,000원
· 보조부문 Y의 제조부문 B에 대한 배분액 : 300,000원×300회/600회=150,000원
· 제조부문 B에 배분된 보조부문원가 : 60,000원+150,000원=210,000원

11. ② 영세율은 단지 세율만 0%로 적용하며 납세의무는 면제되지 않는다.

12. ③
- 부가가치세법 제10조 제7항 본문에 따른 위탁판매 또는 대리인에 의한 매매의 경우에는 수탁자 또는 대리인의 공급을 기준으로 하여 제1항부터 제9항까지의 규정을 적용한다. 다만, 부가가치세법 제10조 제7항 단서에 따른 위탁자 또는 본인을 알 수 없는 경우에는 위탁자와 수탁자 또는 본인과 대리인 사이에도 별개의 공급이 이루어진 것으로 보아 제1항부터 제9항까지의 규정을 적용한다.

13. ② 그 납부하려는 과세기간 개시 20일 전에 관할세무서장에게 신청해야 한다.

14. ④ 교육비, 의료비, 보험료 세액공제는 근로소득에 대한 종합소득산출세액을 초과하는 경우 공제되지 않는다.

15. ② 2명 이상으로부터 근로소득을 받는 자가 연말정산하여 소득세를 납부함으로써 확정신고납부를 할 세액이 없는 경우에는 과세표준확정신고를 하지 아니할 수 있다.

실무시험

문제 1

[1] 일반전표입력
2025.01.05. (차) 보통예금   585,000,000원   (대) 단기차입금(㈜대명) 600,000,000원
              이자비용   15,000,000원

[2] 일반전표입력
2025.04.20. (차) 보통예금   60,000,000원   (대) 자본금   50,000,000원
                                                       주식할인발행차금   3,000,000원
                                                       주식발행초과금   7,000,000원

[3] 일반전표입력
2025.07.17. (차) 보통예금   11,000,000원   (대) 대손충당금(109)   10,000,000원
                                                       부가세예수금   1,000,000원

[4] 일반전표입력
2025.08.01. (차) 보통예금   100,253,800원   (대) 정기예금   100,000,000원
              선납세금   46,200원   이자수익   300,000원

[5] 일반전표입력
2025.11.01. (차) 부가세예수금   950,000원   (대) 보통예금   978,500원
              잡손실   28,500원

문제 2

[1] 매입매출전표입력
유형: 57.카과, 공급가액: 300,000원, 부가세: 30,000원, 공급처명: 시설수리전문여기야, 분개: 카드 또는 혼합
신용카드사: 국민카드
2025.01.04. (차) 수선비(제)   300,000원   (대) 미지급금(국민카드)   330,000원
              부가세대급금   30,000원

[2] 매입매출전표입력
유형: 55.수입, 공급가액: 42,400,000원, 부가세: 4,240,000원, 공급처명: 인천세관, 전자: 여, 분개: 혼합
2025.02.03. (차) 부가세대급금   4,240,000원   (대) 보통예금   4,240,000원

[3] 매입매출전표입력
유형: 53.면세, 공급가액: 100,000원, 부가세: 0원, 공급처명: 풍성화원, 전자: 여, 분개: 혼합
2025.02.15. (차) 기업업무추진비(판)   100,000원   (대) 미지급금 또는 미지급비용 100,000원

[4] 매입매출전표입력
유형: 11.과세, 공급가액: 10,500,000원, 부가세: 1,050,000원, 공급처명: 이배달, 전자: 여, 분개: 혼합
2025.02.18. (차) 보통예금   9,750,000원   (대) 차량운반구(208)   18,000,000원
              선수금   1,800,000원   부가세예수금   1,050,000원
              감가상각누계액(209)   6,000,000원
              유형자산처분손실   1,500,000원

[5] 매입매출전표입력
유형: 51.과세, 공급가액: 110,000,000원, 부가세: 11,000,000원, 공급처명: ㈜양주산업, 전자: 여, 분개: 혼합
2025.03.07. (차) 건물   110,000,000원   (대) 미지급금   121,000,000원
              부가세대급금   11,000,000원
· 상거래 이외의 어음발행은 미지급금 계정과목으로 처리하여야 한다.

문제 3

[1]

1. [공제받지못할매입세액명세서] 메뉴 → [공제받지못할매입세액내역] 탭
   조회기간 : 2025년 10월 ~ 2025년 12월

매입세액 불공제 사유	세금계산서		
	매수	공급가액	매입세액
①필요적 기재사항 누락 등			
②사업과 직접 관련 없는 지출			
③개별소비세법 제1조제2항제3호에 따른 자동차 구입·유지			
④기업업무추진비 및 이와 유사한 비용 관련			
⑤면세사업등 관련	8	20,000,000	2,000,000
⑥토지의 자본적 지출 관련			
⑦사업자등록 전 매입세액			
⑧금·구리 스크랩 거래계좌 미사용 관련 매입세액			

2. [공제받지못할매입세액명세서] 메뉴 → [공통매입세액의정산내역] 탭

산식	구분	(15)총공통매입세액	(16)면세 사업확정 비율			(17)불공제매입세액총액((15)*(16))	(18)기불공제매입세액	(19)가산또는공제되는매입세액((17)-(18))
			총공급가액	면세공급가액	면세비율			
1.당해과세기간의 공급가액기준		5,000,000	250,000,000.00	50,000,000.00	20.000000	1,000,000	800,000	200,000

[2]

1. [수출실적명세서] 조회기간 2025년 07월 ~ 2025년 09월

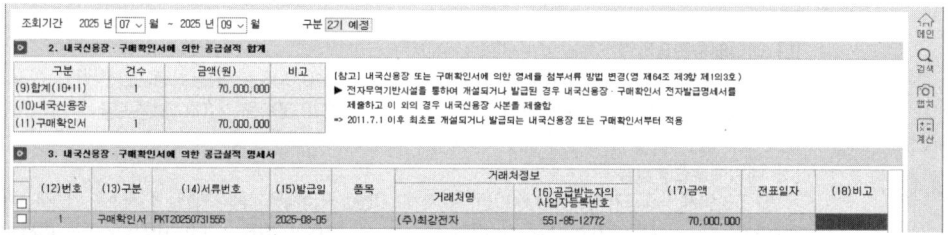

2. [내국신용장·구매확인서전자발급명세서]

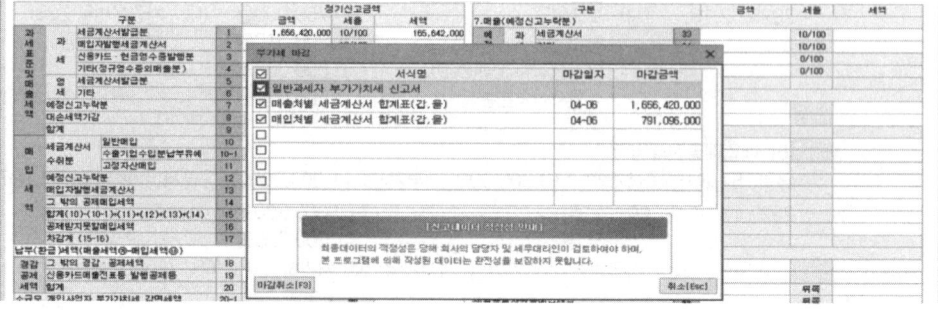

[3] [부가가치세신고서] 조회기간 2025년 04월 01일 ~ 2025년 06월 30일
메뉴 상단 마감 확인 !!

2. 전자신고파일 제작 및 제출 : 신고년월 2025년 04월 ~ 2025년 06월

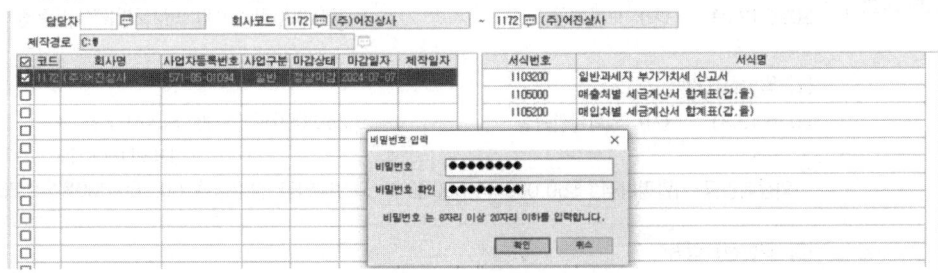

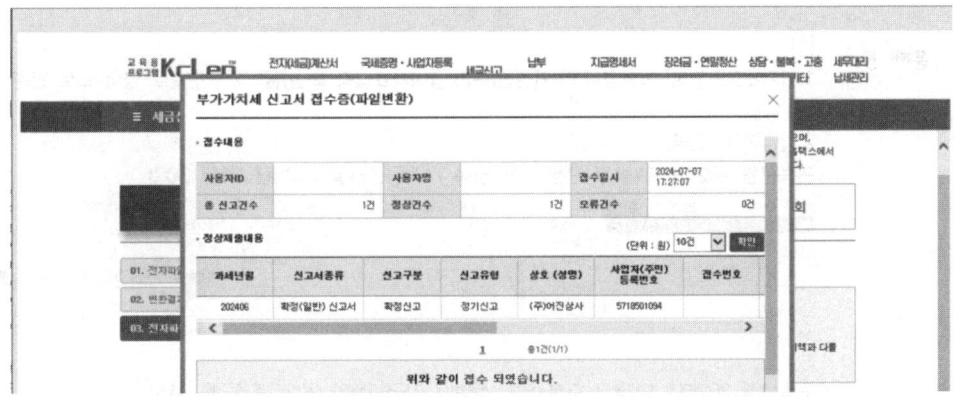

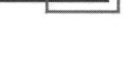

문제 4

[1] 일반전표입력
2025.12.31. (차) 보통예금   5,700,000원   (대) 단기차입금(국민은행) 5,700,000원

[2] 일반전표입력
2025.12.31. (차) 외화환산손실   9,250,000원   (대) 외상매입금   9,250,000원
                                                    (INSIDEOUT)
· 외상매입금 기말평가액 : $50,000×1,390원/$ - 외상매입금 장부금액 60,250,000원 = 9,250,000원

[3] 일반전표입력
2025.12.31. (차) 임차료(제)   6,000,000원   (대) 선급비용   6,000,000원

[4] 결산자료입력
>기간 : 2025년 1월~2025년 12월
>F8 대손상각 >대손율(%) 2% 입력 >추가설정액(결산반영) >108.외상매출금 306,950원 입력
                                                       >110.받을어음 (-)2,364,000원 입력
                                                       >F3 전표추가

[5]
1. [결산자료입력]
>기간 : 2025년 1월~2025년 12월
>4. 판매비와 일반관리비 >6).무형자산상각비 >영업권 8,100,000원 입력
                                >F3 전표추가

문제 5

[1]
1. [기초코드등록]→[환경등록]→[원천]→[5.급여자료입력 화면]을 "2.구분별로 입력"으로 변경

2. [급여자료입력]
귀속년월 2025년 11월 / 구분 : 1. 급여 / 지급년월일 2025년 11월 30일

사번	사원명	감면율	급여항목	금액	공제항목	금액
300	김성민		기본급	3,000,000	국민연금	135,000
			월차수당		건강보험	106,350
			식대	200,000	장기요양보험	13,770
			자가운전보조금		고용보험	24,000
			야간근로수당		소득세(100%)	74,350
					지방소득세	7,430
					농특세	

귀속년월 2025년 11월 / 구분 : 3. 상여 / 지급년월일 2025년 12월 31일

사번	사원명	감면율	급여항목	금액	공제항목	금액
300	김성민		상여	2,500,000	고용보험	20,000
					소득세(100%)	207,020
					지방소득세	20,700
					농특세	

3. [원천징수이행상황신고서]
귀속기간 2025년 11월 ~ 2025년 11월   지급기간 2025년 11월 ~ 2025년 11월

소득자 소득구분		코드	소득지급		징수세액				당월조정 환급세액	납부세액	
			인원	총지급액	소득세 등	농어촌특별세	가산세			소득세 등	농어촌특별세
	간이세액	A01	1	3,200,000	74,350						
	중도퇴사	A02									

귀속기간 2025년 11월 ~ 2025년 11월   지급기간 2025년 12월 ~ 2025년 12월

신고구분	■매월 □반기 □수정 □연말 □소득처분 □환급신청	귀속년월	2024년 11월	지급년월	2024년 12월
일괄납부여부	부 사업자단위과세여부 부 부표작성	환급신청서 작성		승계명세 작성	

원천징수명세및납부세액 | 원천징수이행상황신고서 부표 | 원천징수세액환급신청서 | 기납부세액명세서 | 전월미환급세액 조정명세서 | 차월이월환급세액 승계명세

소득자 소득구분	코드	소득지급		징수세액			당월조정 환급세액	납부세액	
		인원	총지급액	소득세 등	농어촌특별세	가산세		소득세 등	농어촌특별세
간이세액	A01	1	2,500,000	207,020					
중도퇴사	A02								

[2]

1. [연말정산추가자료입력] 메뉴 → [소득명세] 탭

구분	합계	주(현)	납세조합	종(전) [1/2]
9.근무처명		(주)어진상사		(주)경기
9-1.종교관련 종사자		부		부
10.사업자등록번호		571-85-01094		412-81-24785
11.근무기간		2025-12-01 ~ 2025-12-31	~	2025-01-01 ~ 2025-11-30
12.감면기간		~	~	~
13-1.급여(급여자료입력)	55,000,000	5,500,000		49,500,000
13-2.비과세한도초과액				
13-3.과세대상추가(인정상여추가)				
14.상여				
15.인정상여				
15-1.주식매수선택권행사이익				
15-2.우리사주조합 인출금				
15-3.임원퇴직소득금액한도초과액				
15-4.직무발명보상금				
16.계	55,000,000	5,500,000		49,500,000
18.국외근로				
20.비과세소득 계				
20-1.감면소득 계				
공제보험료 직장 건강보험료(직장)(33)	1,992,750	166,750		1,826,000
장기요양보험료(33)	204,090	17,090		187,000
고용보험료(33)	489,550	49,550		440,000
국민연금보험료(31)	2,618,700	218,700		2,400,000
공적연금보험료 공무원 연금(32)				
군인연금(32)				
사립학교직원연금(32)				
별정우체국연금(32)				
세액 기납부세액 소득세	2,869,850	289,850		2,580,000
지방소득세	286,980	28,980		258,000
농어촌특별세				

2. [연말정산추가자료입력] 메뉴 → [부양가족] 탭

연말관계	성명	내/외국인	주민(외국인)번호	나이	기본공제	세대주구분	부녀자	한부모	경로우대	장애인	자녀	출산입양
0	이태원	내	1 741210-1254632	51	본인	세대주						
3	김진실	내	1 781214-2458694	47	배우자							
1	최명순	내	1 450425-2639216	80	부							
4	이민석	내	1 040505-3569879	21	부							
4	이채영	내	1 090214-4452141	16	20세이하						○	

3. 보험료

(1) 본인

자료구분	국세청간소화	급여/기타	정산	공제대상금액
국민연금_직장		2,618,700		2,618,700
국민연금_지역				
합 계		2,618,700		2,618,700
건강보험료-보수월액		1,992,750		1,992,750
장기요양보험료-보수월액		204,090		204,090
건강보험료-소득월액(납부)				
기요양보험료-소득월액(납부)				
합 계		2,196,840		2,196,840
고용보험료		489,550		489,550
보장성보험-일반	840,000			840,000
보장성보험-장애인				
합 계	840,000			840,000

4. 교육비

(1) 본인

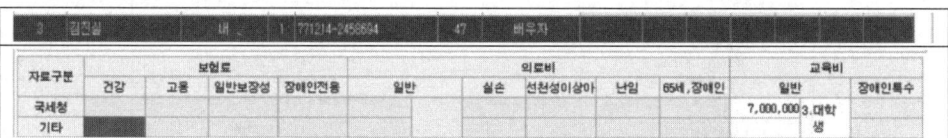

(2) 김진실

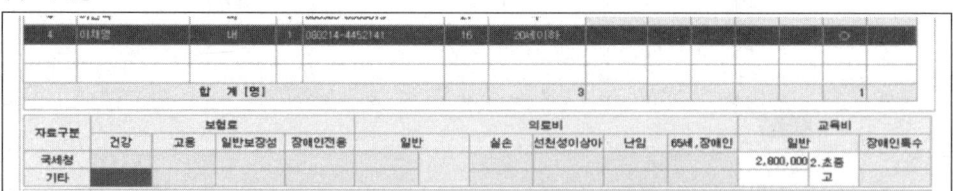

(3) 이민석

(4) 이채영

※ 수업료 2,000,000원 + 교복구입비 500,000원 + 현장체험학습비 300,000원 = 2,800,000원

5. 의료비

6. 연말정산입력 → F8 : 부양가족 탭 불러오기

구분		지출액	공제금액	구분		지출액	공제대상금액	공제금액
32.공무원연금				세액공제 ① 출산.입양 명)				
공적연금 군인연금				58.과학기술공제				
사립학교교직원				59.근로자퇴직연금				
별정우체국연금				60.연금저축				
33.보험료		2,686,390	2,686,390	60-1.ISA연금계좌전환				
건강보험료		2,196,840	2,196,840	61.보장 일반	840,000	840,000	840,000	100,800
고용보험료		489,550	489,550	성보험 장애인				
34.주택차입금	대출기관			62.의료비	5,300,000	5,300,000	650,000	97,500
원리금상환액	거주자			63.교육비	24,800,000	24,800,000	24,800,000	2,635,936
34.장기주택저당차입금이자상				64.기부금				
35.기부금-2013년이전이월분				1)정치자금 10만원이하				
36.특별소득공제 계			2,686,390	기부금 10만원초과				
37.차감소득금액			32,694,910	2)고향사랑 10만원이하				
38.개인연금저축				기부금 10만원초과				
39.소기업.소상 2015년이전가입				3)특례기부금(전액)				
공인 공제부금 2016년이후가입				4)우리사주조합기부금				
40.주택 청약저축				5)일반기부금(종교단체외)				
마련저축 주택청약				6)일반기부금(종교단체)				
소득공제 근로자주택마련				65.특별세액공제 계				2,834,236

구분		소득세	지방소득세	농어촌특별세	계
73.결정세액					
기납부	74.종(전)근무지	2,580,000	258,000		2,838,000
세액	75.주(현)근무지	289,850	28,980		318,830
76.납부특례세액					
77.차감징수세액		-2,869,850	-286,980		-3,156,830

강선생 전산세무 2급

www.nanumant.com

VIII 전자신고

chapter 1 부가가치세 전자신고

chapter 2 원천징수 전자신고

Chapter 1 부가가치세 전자신고

[부가가치세 전자신고 연습] ㈜세아산업(1082)

※ 다음 자료를 이용하여 2025년 제1기 예정신고기간(01.01~03.31.)에 대한 부가가치세신고서를 마감하고, 전자신고 메뉴를 활용해서 전자신고를 수행해 보시오.

1. 1기 예정신고기간(01.01.~03.31.) 세금계산서합계표, 계산서 합계표를 마감(F7)합니다.

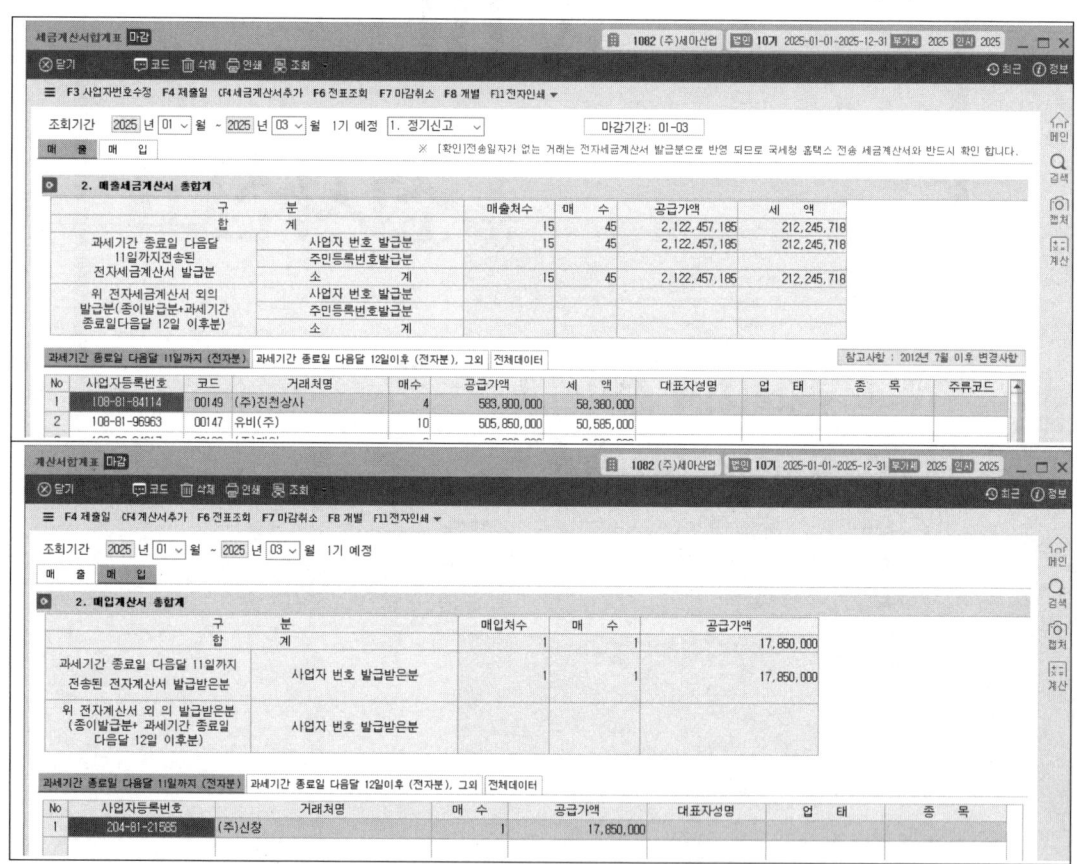

2. 부가가치세신고서 1기예정신고서(01.01 ~ 03.31)를 마(F3)감합니다.

3. 전자신고 파일생성

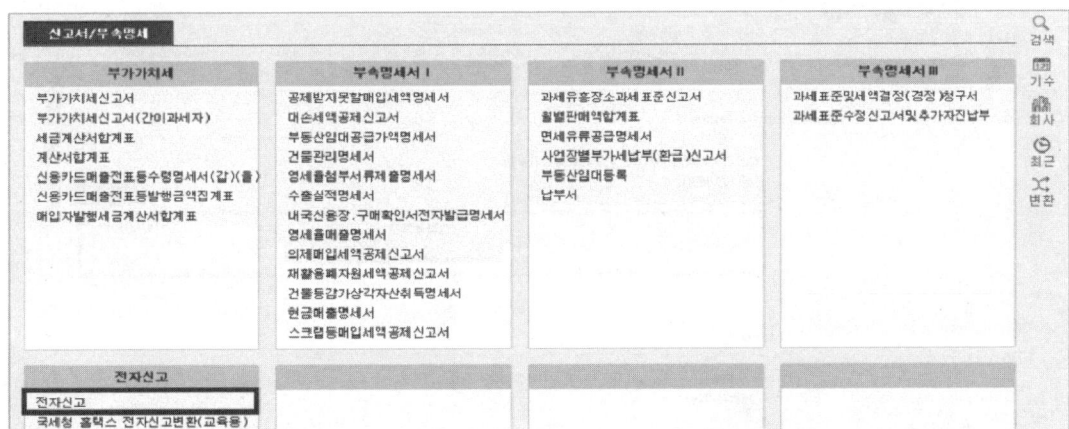

① 전자신고제작 - 01월 ~ 03월 - 정기신고 조회

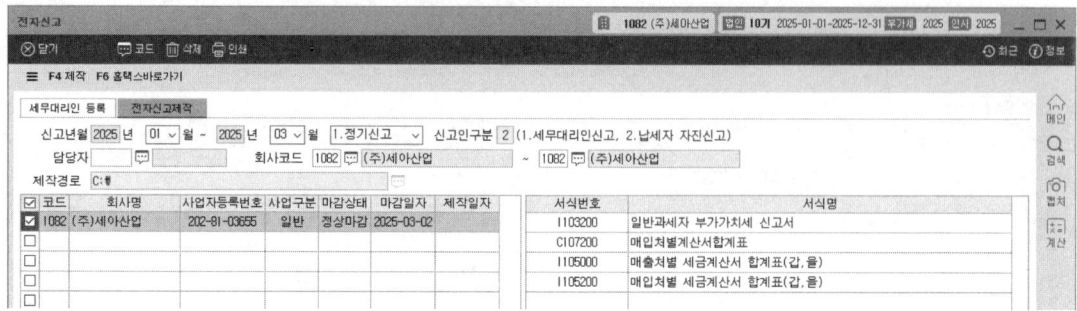

② F4번 제작 - 비밀번호 12341234
③ F6번 홈택스 바로가기

4. 홈택스 전자신고

① 전자신고 메뉴에서 제작한 파일을 [찾아보기] 기능을 통해 불러옵니다. 파일을 불러오면 선택한 파일내역에 전자파일명과 파일크기가 반영됩니다.

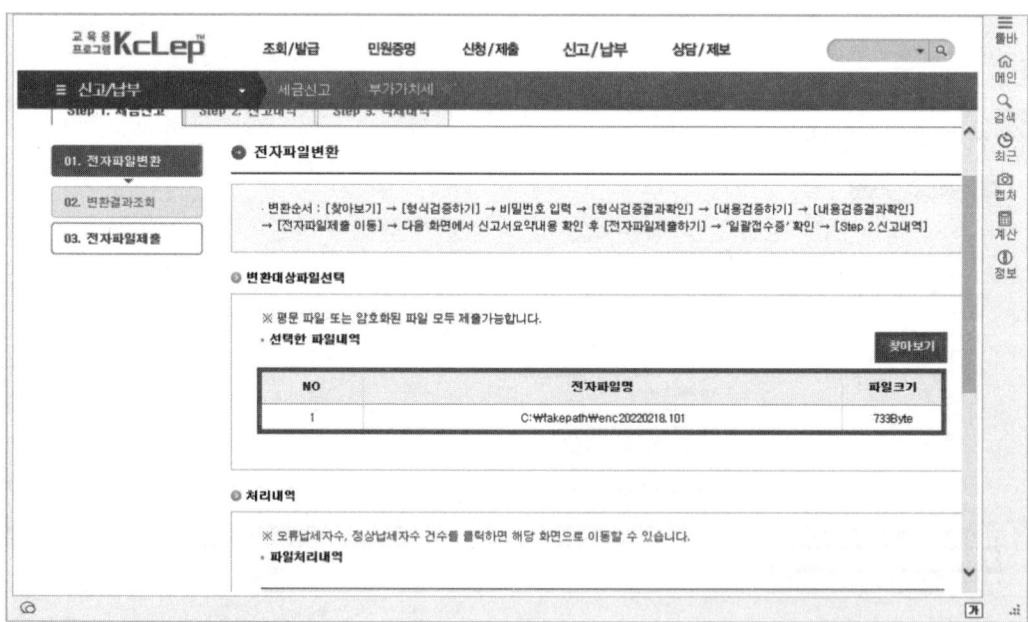

② 형식 검증하기를 클릭하여 전자신고파일 제작시 입력한 비밀번호를 입력합니다.

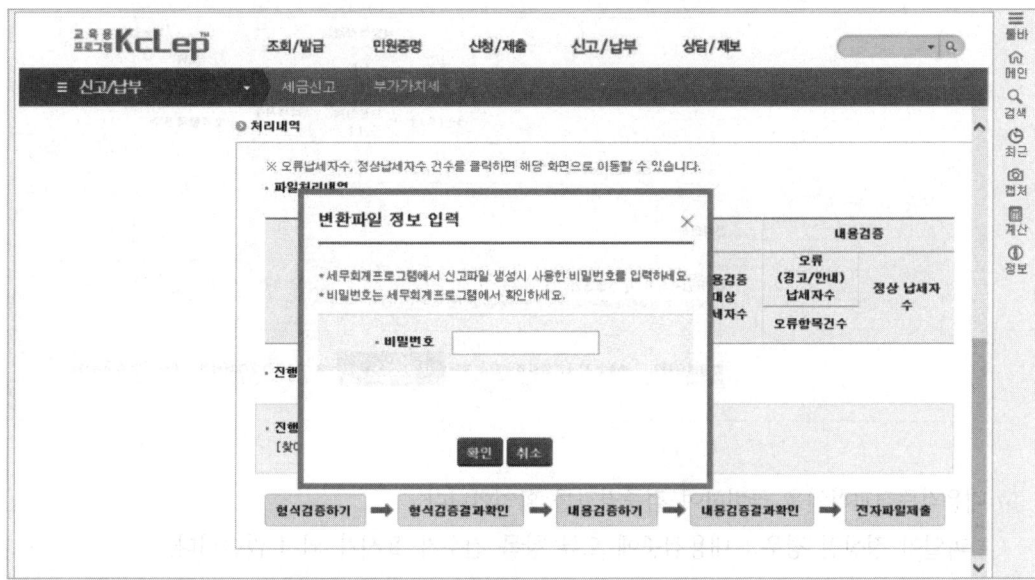

③ 형식검증결과 확인을 클릭하여 형식검증을 진행합니다.

④ 내용검증하기를 클릭하여 내용검증을 진행합니다.

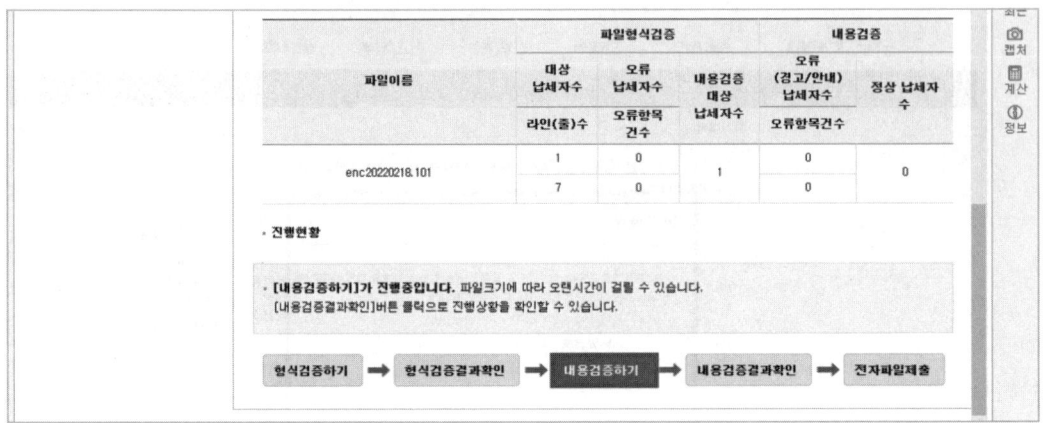

⑤ 내용검증결과확인을 클릭하여 검증결과를 확인합니다.
  - 파일이 정상일 경우 : 내용검증에 오류 항목 건수가 표시가 되지 않습니다.

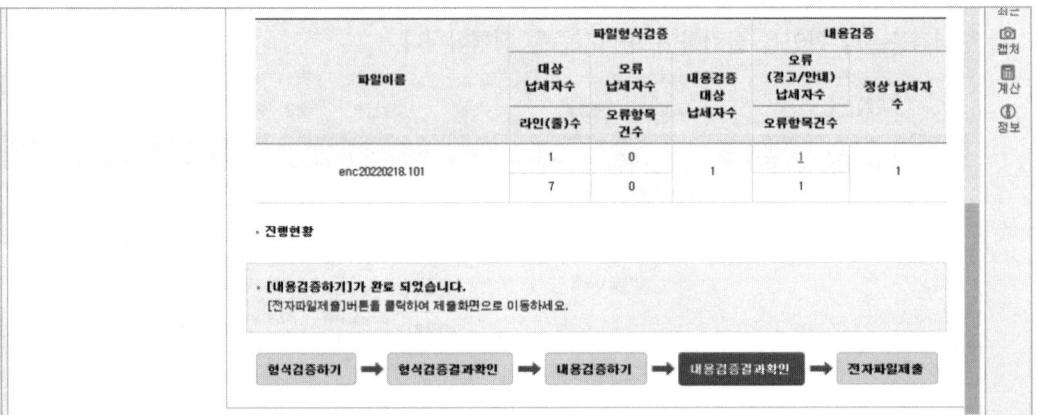

⑥ 내용검증결과확인을 클릭하여 검증결과를 확인합니다.
  - 파일이 오류일 경우 : 내용검증에 오류 항목 건수가 표시가 되며, 건수를 클릭 시 결과를 조회할 수 있습니다. 결과 조회에서 사업자등록번호를 클릭하면 오류내역 조회됩니다.

chapter 1. 부가가치세 전자신고

⑦ 내용검증결과확인을 클릭하여 검증결과를 확인합니다.
- 부가가치세 마감 시 경고오류만 있을 경우: 내용검증에 오류 항목 건수가 표시가 되며, 건수를 클릭시 결과를 조회를 할 수 있습니다. 결과 조회에서 내용 검증(경고/안내)로 표시되며, 사업자(주민)등록번호를 클릭하면 경고 내용을 확인할 수 있습니다. 다음으로 클릭 시 전자파일 제출이 가능합니다.

⑧ 전자파일제출을 클릭하면 정상 변환된 제출 가능한 신고서 목록이 조회되며, 전자파일 제출하기를 클릭하여 제출합니다.

563

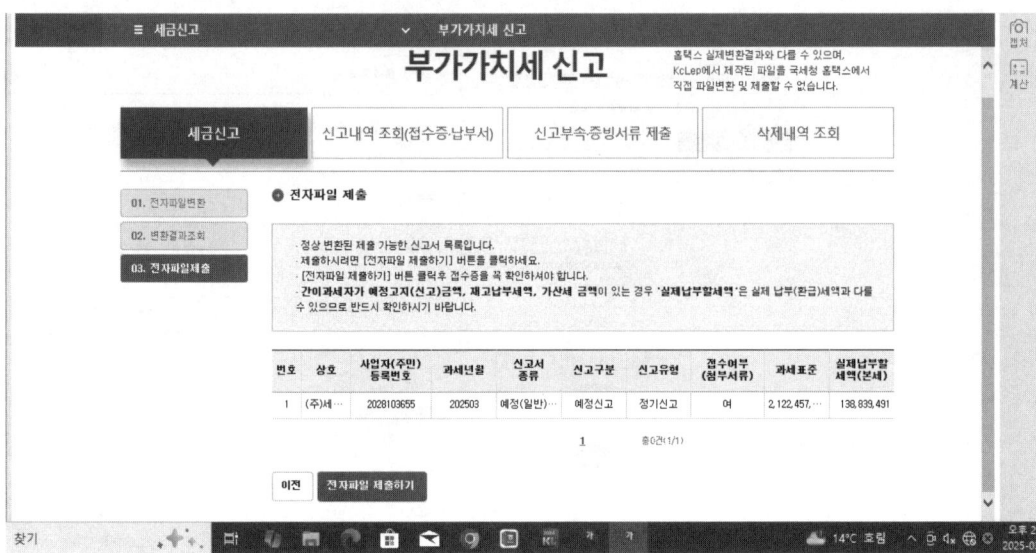

⑨ 제출이 완료되면 접수증이 나오며, 접수내용을 확인 할 수 있습니다.

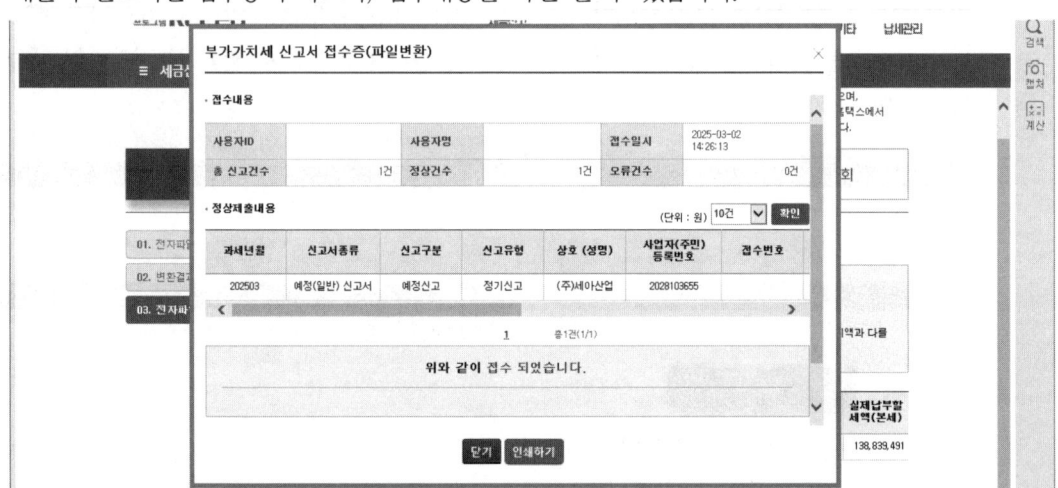

Chapter 2. 원천징수 전자신고

[원천징수신고 전자신고 연습]

※ 다음은 본사에서 근무하는 김기안(사번 : 1, 주민번호 730121-1352114, 입사일 2025.01.01)의 급여 내역 및 관련 자료이다. 해당 자료를 이용하여 필요한 수당공제를 등록하고, 01월분 급여자료입력 및 원천징수이행상황신고서를 작성후 마감하여 전자신고를 수행해보시오.

---

1. 01월 급여명세내역

〈급여항목〉		〈공제항목〉	
• 기 본 급 :	3,500,000원	• 국 민 연 금 :	184,500원
• 식 대 :	100,000원	• 건 강 보 험 :	140,630원
• 자 가 운 전 보 조 금 :	300,000원	• 장 기 요 양 보 험 :	16,200원
• 월 차 수 당 :	200,000원	• 고 용 보 험 :	33,600원
• 직 책 수 당 :	600,000원	• 소 득 세 :	237,660원
		• 지 방 소 득 세 :	23,760원

2. 추가 자료 및 요청 사항
   (1) 01월분 급여지급일은 01월 31일이다.
   (2) 급여항목 내역
      • 식대 : 회사는 근로자에게 별도로 식사 또는 기타 음식물을 제공하지 않는다.
      • 자가운전보조금 : 직원 단독 명의의 차량을 소유하고 있고, 그 차량을 업무수행에 이용하고 있다. 또한, 시내교통비를 별도로 지급하고 있지 않다.

3. 공제항목 내역 : 불러온 데이터는 무시하고 직접 작성한다.

4. 수당공제등록
   (1) 수당등록은 모두 월정액 "여"로 체크하고, 사용하는 수당 이외의 항목은 "부"로 체크하기로 한다.
   (2) 공제등록은 그대로 둔다.

전산세무 2급

1. 급여자료입력메뉴에 급여자료를 입력합니다.

2. 전자신고 파일생성
   ① 원천징수이행상황신고서를 작성하여, F8마감을 실행한다.

   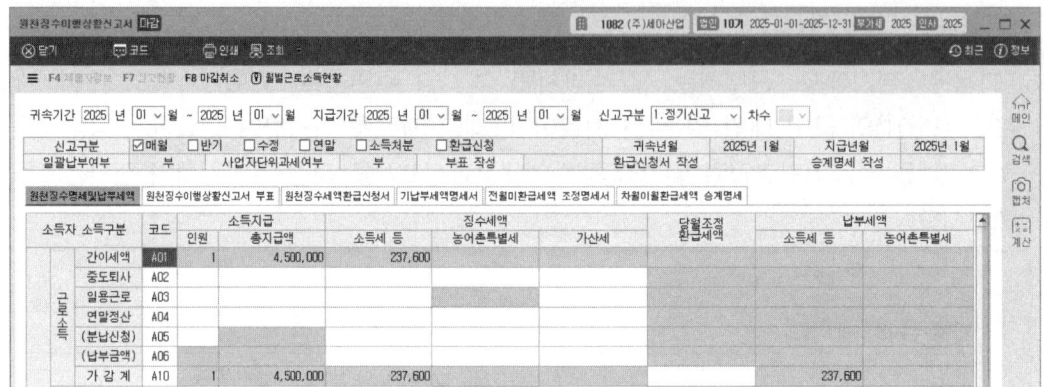

   ② 원천징수이행상황신고서를 마감한 후, [전자신고] 메뉴를 클릭한다.

   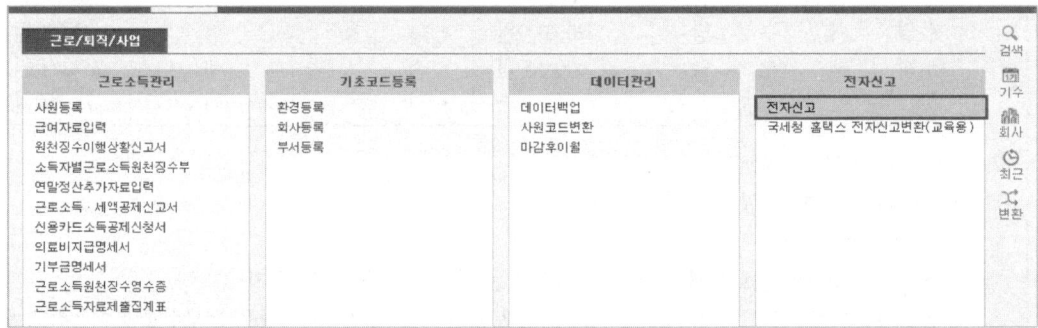

   ③ 원천징수이행상황제작 - 납세자 자진신고 클릭 - 지급기간 01월 ~ 01월 입력 후
   상단 F4 제작을 클릭합니다. 비밀번호 12345678 입력 후 홈택스 바로가기

3. 홈택스 전자신고

① 전자신고 메뉴에서 제작한 파일을 [찾아보기] 기능을 통해 불러옵니다. 파일을 불러오면 선택한 파일 내역에 전자파일명과 파일 크기가 반영됩니다.

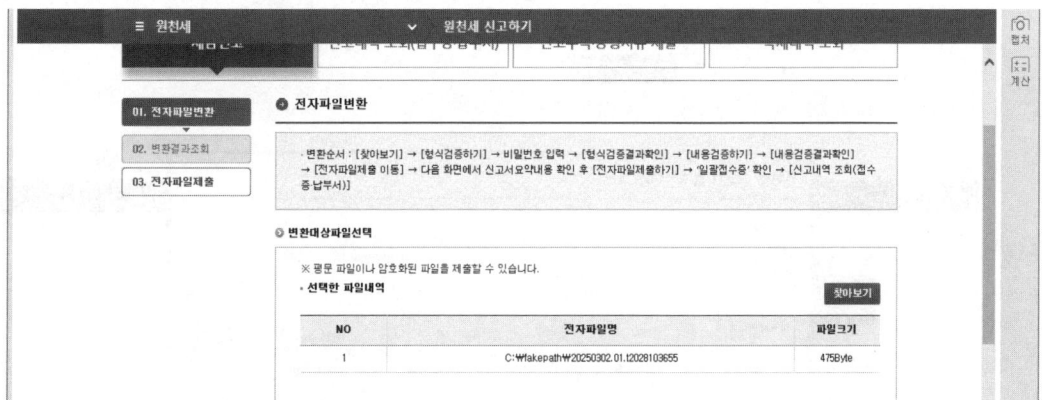

② 형식 검증하기를 클릭하여 형식검증을 진행합니다.

③ 형식검증결과확인을 클릭하여 형식검증을 진행합니다.

④ 내용 검증하기를 클릭하여 내용검증을 진행합니다.

⑤ 내용검증결과확인을 클릭하여 검증결과를 확인합니다.
   - 파일이 오류일 경우 : 내용검증에 오류 항목 건수가 표시가 되며, 건수를 클릭 시 결과를 조회할 수 있습니다. 결과 조회에서 사업자등록번호를 클릭하면 오류 내역이 조회됩니다.

⑥ 전자파일제출을 클릭하면 정상 변환된 제출 가능한 신고서 목록이 조회되며, 전자파일 제출하기를 클릭하여 제출합니다.

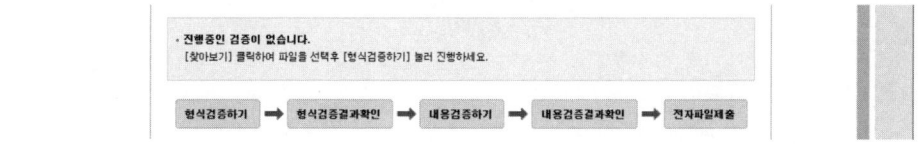

⑦ 제출이 완료되면 접수증이 나오며, 접수내용을 확인할 수 있습니다.

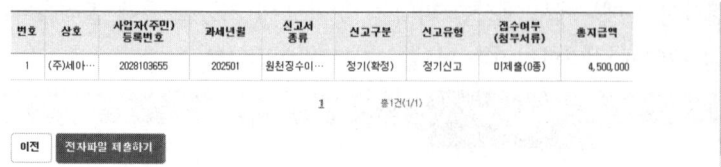

강선생 전산세무2급 기출문제 풀이집

편 저 강원훈	6판발행	2025년 3월 11일
발 행 인 이윤근		
발 행 처 나눔에이엔티		

등   록   제307-2009-58호
주   소   서울시 성북구 보문로35길 39
홈페이지   www.nanumant.com
전   화   02-924-6545
팩   스   02-924-6548
ISBN   978-89-6891-440-9 (13320)

@2025 나눔에이엔티

가격 24,000원

파본은 구입하신 서점이나 출판사에서 교환해 드립니다.

> 나눔 A&T는 정확한 지식과 정보를 독자분들께 제공하고자 최선의 노력을 다하고 있습니다. 본서가 모든 경우에 완벽성을 갖는 것은 아니므로 주의를 기울이시고 필요한 경우 전문가와 사전 논의를 하시기 바랍니다. 본서의 수록내용은 특정사안에 대한 구체적인 의견 제시가 될 수 없으므로 본서의 적용결과에 대해서 책임지지 않습니다.